크리스천의 생활을 위한 주제별 상담 가이드
A topical index for Christian living

Biblical Counseling Manual
성경적 상담 매뉴얼

척 스미스 지음

이요나 감역

홀리북스

성경적 상담 매뉴얼(Biblical Counseling Manual)

지은이   척 스미스(Chuck Smith)
편역자   이 요 나(Jonah Lee)
디자인   김 상 우
펴낸곳   홀리북스(holybooks)
등 록   제2014-000225호
주 소   서울 강남구 언주로 608
출판일   2023. 6. 17.
판 형   신국판(152×225)
가 격   17.000원
전 화   (02)546-5811
팩 스   (02)798-5412
이메일   ccseoul@gmail.com
Web.   www.holybook.kr
ISBN   979-11-979889-7-4

홀리북스는 홀리라이프 후원으로 운영하며 수익금은 탈동성애운동에 전액 사용됩니다.
후원: 우리은행 070-7565-3535 (홀리라이프)

척 스미스(Chuck Smith)
(1927~2013)

BIBLICAL COUNSELING
A topical Index for Christian Living

by Chuck Smith

무엇이 사람을 변하게 하는가?

심리학자들은 사람은 자신의 잠재력을 극대화 할 수 있는 능력이 내재되어 있다 주장한다. 그들은 사람의 기본 문제는 자기존중(self-esteem)과 자기사랑이 부족하기 때문이라고 주장한다. 그러나 이러한 이론들은 불신자들에 의해서 만들어졌다.

크리스천들은 다음과 같이 반문한다. "왜 나는 예수를 믿은지 십여년이 되었는데 변화되지 않을까요? 나의 구원에 문제가 있는 걸까요? 아직 내 안에 악한 영들이 남아 있는 걸까요?" 그러나 그들은 모두 구원받은 하나님의 자녀이고 악한 영들에게서 해방된 예수 그리스도의 성도들이다. 문제는 그들의 비성경적 생활 곧 말씀과의 관계이다.

1965년도에 미국 갈보리채플을 설립하고 말씀운동을 시작한 척 스미스 목사는 17년동안 침례교회 목사로 헌신하였으나 가는 곳마다 실패하였다. 그는 당시 정치, 경제적 혼란 속에 방황하던 히피들에게 신구약 성경을 심구깊게 가르치기 시작했다. 그것이 오늘날 미국 최대교회 25개 중 12개를 석권한 갈보리채플의 예수혁명이다.

나는 서른살에 예수를 믿고 열성적인 신자로서 신학교를 전전하면서도 변화되지 못한 채, 더러운 생활에 빠졌다. 그렇다고 예수를 사랑하지 않은 것이 아니다. 내 심령은 예수 없이 살아갈 수 없는 광신자처럼 교회를 찾았다. 그리고 사십이 되어서야 갈보리채플 목사를 만나 성경을 배웠고, 성령의 충만함을 받아 43살에 온전한 변화를 받았다.

사람을 변화시키기 위한 성경적 상담의 토대는 오직 문제의 관점을 성경에서 찾는 것이다. 그리고 성경의 진리를 깨달아 성령의 역사 속에서 성경적 변화를 이루는 것이다. 많은 크리스천들이 여기서 실패한다. 교회를 다니면서도 세상의 방법대로 살기 때문이다.

그러나 더 큰 문제는 교회가 성경 전체를 심구깊게 가르치지 않는 것이다. 하나님은 그의 성도들을 온전케 하기 위해 성경을 주셨고(딤후3:16,17). 그것을 가르치기 위해 목사와 교사를 보내셨다(엡4:11). 그러므로 교회는 오직 성경 전체를 심구깊게 가르쳐 하나님의 사람들을 온전케 하여 그리스도의 교회를 세우도록 해야 한다(엡4:12).

척 스미스 목사의 성경적 상담은 성도들의 삶의 모든 문제들을 오직 성경으로 답변한다. 그 이유는 우리는 모두 하나님의 자녀이고 모두 예수 그리스도와 함께 하나님의 기업을 물려 받기 위해 택하시고 부르신 성도이기 때문이다. 아멘!

성경적 상담 자기대면 교수 이요나 목사

소개(Introduction)

오늘의 말씀사(The Word For Today)는 성경이 제시하는 인생의 문제들을 주제별로 구성한 척 스미스 목사의 핵심 주석 그리고 성경적 상담과 교육을 위한 성구들을 소개하게 된 것을 기쁘게 생각합니다. 물론 이 책은 성령의 인도하심을 대체하지 않습니다. 그러나 이 책은 당신을 하나님의 말씀 속으로 인도하기 위해 당신의 손으로 만질 수 있는 훌륭한 자료입니다.

척 스미스 목사는 개인적인 딜레마로 격동하거나 마음이 상한 사람들을 상담할 때 이렇게 간단히 대답했습니다.

"내가 할 수 있는 최선의 것은 내 생각과 견해가 아닌 하나님의 말씀을 전하는 것입니다"

척 스미스 목사는 인생의 혼란을 겪는 사람들을 향하여 기회가 있을 때마다 다음과 같이 말씀하셨습니다.

우리가 성경이 우리 믿음을 위한 절대 권위라는 것을 이해할 때, 어떠한 혼란이 삶의 문제로 나타날 때에라도 그것을 제거할 수 있습니다. 우리가 성경을 하나님의 권능의 말씀으로 인정할 때, 인도하심과 방향을 찾는 기초를 갖게 됩니다.

성경의 교훈을 따르는 것은 우리를 영적인 성숙으로 인도하며 하나님을 기쁘시게 하는 삶을 살 수 있게 합니다. 우리가 그 길을 벗어날 때, 하나님의 말씀은 우리를 바로잡아 주고, 가르쳐 주며, 제자리로 인도해 줍니다. 하늘로부터 온 이 지혜는 우리로 그 어떠한 위기라도 직면할 수 있게 하며 또한 어려운 상황에 있는 다른 사람을 도울 수 있게 합니다.

하나님과 떨어져 있는 삶은 공허합니다. 그러나 하나님의 말씀의 순종으로 하나님께 드려진 인생은 풍요롭고 풍성합니다. 주께서 하나님의 말씀으로 당신을 강건하게 하셔서 그의 얼굴 빛 안에서와 당신이 그의 법도와 교훈을 지킴으로 얻어지는 깨달음 속에서 그의 선한 길을 걷게 되시길 바랍니다.

사랑하는 하나님 아버지, 당신의 말씀을 공부하고 습득할 수 있도록 도와주소서. 그래서 우리 모두가 변화되고 모든 선한 일에 준비되게 하소서. 성경으로 다른 이들을 위로할 수 있도록 도와주소서. 예수 이름으로 기도합니다. 아멘.

사용법(How to use)

우리가 사랑하는 척 스미스 목사님의 생애는 세 가지 자질이 분명하게 드러난다. 하나님을 향한 그의 사랑, 하나님의 말씀에 대한 그의 사랑, 그리고 사람들을 향한 그의 사랑이다. 안타깝게도 그는 주님의 영원한 하늘의 상급을 받기 위해 우리 곁을 떠났지만, 감사한 것은 하나님의 말씀을 한 장씩, 한 구절씩 공부한 위대한 유산을 우리에게 남겨주었다. 척 스미스 목사님은 주를 믿는 성도들에게 다음과 같이 권고하였다.

"우리가 믿음으로 한 걸음 내딛을 때 우리는 하나님의 말씀 위를 걷게 됩니다"

본서 성경적 상담 매뉴얼(Biblical Counseling)은 크리스천의 삶을 위한 주제별 토픽 색인으로, 우리 개개인과 성도와 불신자의 인생에서 한 번 혹은 여러 번 직면하게 되는 어려운 상황을 설명하는 200여개 이상의 주제별 모음집이다. 주제들은 알파벳 순서대로 목록화되었으며, 몇몇 주제들은 상황의 다른 측면을 다루기 위한 소주제가 있다. 예를 들면, 낙태라는 주제를 보면, "낙태 고민"과 "낙태 후 용서"라는 소주제를 볼 수 있다.

다음으로 당신의 특정한 상황에 적용을 돕는 척 스미스 목사의 핵심 주석을 넣었다. 당신은 이 주석들이 하나님께서 말씀하시고자 하는 것을 분명하고 간단하게 설명하는 예화임을 깨닫게 될 것이다. 그리고 척 스미스 목사의 주석 다음에는 각 주제를 설명하는 다음과 같은 참조 성구 목록을 발견하게 된다.

· 하나님의 관점: 하나님은 그 상황을 어떻게 보시는지, 그에 대한 명령이나 혹은 책망.
· 하나님의 약속: 하나님의 말씀에 복종하는 사람을 위한 장래 계획들.
· 변화하기: 어떻게 사람이 하나님을 기쁘시게 하는 방식으로 살 수 있는지.
· 성경적 예시: 그 주제를 묘사하는 성경 속 사건과 인물들의 증거.
· 성경적 기도: 기도의 예시로서 혹은 따라하기 위한 실제 기도문.

척 스미스 목사는 하나님의 인도하심이 필요한 사람들에게 다음과 같이 권고하였다.

"인도하심이 필요할 때, 사람의 상담이 당신을 혼란스럽게 하고 낙심시킬 때, 하나님의 말씀으로 가세요. 하나님께서는 이미 자신의 답변을 당신에게 주셨기 때문입니다. 부디 그분의 말씀을 당신의 마음에 간직하여 주께 범죄치 않기를 바랍니다. 주님의 계명에 복종하기를 바라며 그분의 길로 행하며 그의 성령에 인도함을 받으며, 그분을 기쁘시게 하여 그분께 인정받는 삶을 살기 위한 모든 것을 구하시기 바랍니다"

주제별 목차(TOPICS)

자

차

가족(Family)

(디모데전서 5:8) "누구든지 자기 친족 특히 자기 가족을 돌보지 아니하면 믿음을 배반한 자요 불신자보다 더 악한 자니라"

오늘날 미국에서 엄마는 주부이며, 오직 아빠만 일하는 부모와 함께 사는 아이들은 단지 15%라는 통계가 나왔다. 그러므로 대부분의 아이들은 깨어진 가정, 재혼 가족, 혹은 맞벌이 부부 가정에 살고 있다. 이러한 가족 문화 환경으로 가족의 가치 상실, 높은 이혼율, 가족 연합의 붕괴로 인한 수많은 근본적인 사회 문제를 직면하고 있다.

건강한 가족 연합을 갖기 위해, 아이들은 집에서 하나님의 말씀을 읽어야 할 필요가 있으며, 그들의 생각과 마음을 하나님의 말씀으로 씻어내는 성경적 생활의 영향을 갖게 해야 한다.

아이들의 생각은 그들이 보고 듣는 것에 의해 발달된다. 그러므로 부모로서 우리는 가정에서 하나님을 경배하는 열정을 가져야 하며, 하나님께서 우리에게 주신 경건 생활의 관계들을 귀히 여겨야 한다. 이것이 우리가 온 마음으로 하나님을 섬기는 가정이 되는 열쇠이다.

....

하나님의 관점	하나님의 약속	변화하기
신명기 4:9	창세기 18:19	시편 78:5-7
시편 68:6	역대상 17:27	에베소서 6:1, 4
잠언 13:24	**성경적 예시**	골로새서 3:20-21
잠언 15:5	여호수아 24:15	**기도**
잠언 17:21		사무엘하 7:29
잠언 20:11		
잠언 22:6, 15		
시편 127:3-5		
시편 128		

간음(Fornication)

(히브리서 13:4) "모든 사람은 혼인을 귀히 여기고 침소를 더럽히지 않게 하라 음행하는 자들과 간음하는 자들을 하나님이 심판하시리라"

간음은 결혼 관계 밖에서 갖는 성관계이다. 세상은 이것을 "사랑 만들기"라고 표현하지만 이것은 사랑의 행위가 절대 아니다. 이것은 정욕의 행위이다. 따라서 어떤 사람이 다른 누군가를 간음 행위로 유혹하는 것은 이기적인 행동이다. 그들은 다른 사람을 고려하지 않고 단지 자신의 욕정을 충족하는 것을 생각하기 때문이다. 간음은 사랑이 없는 행위이며, 이것이 사랑의 행위라고 생각하는 사람은 사탄의 속임에 걸린 것이다.

간음죄를 범하는 크리스천을 향하여 바울은 "너희 몸이 그리스도의 지체인 줄을 알지 못하느냐 내가 그리스도의 지체를 가지고 창녀의 지체를 만들겠느냐 결코 그럴 수 없느니라" 책망하였다(고전 6:15). 더 나아가 예수님은 "간음하지 말라 하였다는 것을 너희가 들었으나 나는 너희에게 이르노니 음욕을 품고 여자를 보는 자마다 마음에 이미 간음하였느니라"(마 5:27-28) 말씀하셨다. 이와 같이 예수님은 사람의 마음을 보신다. 그러므로 그런 마음을 가질 때 당신이 직접 간음하지 않았을지라도 그것은 유죄이다.

만약 어떤 사람이 마음에 정욕을 품었지만 행하지는 않았다면, 그 사람은 자기 의로움을 자랑하며 "나는 음행하지 않았다. 나는 한 번도 간음하지 않았다" 말할 것이다. 그러나 그의 마음은 이미 간음을 행한 것이다. 그러나 만약 그 사람이 자기의 양심에 가책을 받고 "오 하나님. 나는 더러운 생각을 가진 자입니다. 하나님, 나는 부정한 사람입니다. 나를 용서하소서" 고백한다면, 그는 하나님의 자비의 은혜에 자신을 던진 사람이다. 그렇게 함으로써 그는 믿음으로 주어지는 예수님의 의로움을 얻게 되고 정욕적인 생각들을 이겨내고 그리스도인의 온전한 삶을 살 수 있다.

....

하나님의 관점	하나님의 약속	변화하기
잠언 5:20-23	이사야 55:7	사도행전 15:20. 29
잠언 6:23-25	요한일서 1:9	고린도전서 6:18
잠언 7:4-5	계시록 22:14-15	에베소서 5:3-5
마태복음 15:19-20	**성경적 예시**	골로새서 3:5
마가복음 7:21-23	요한계시록 2:14	디모데전서 4:12
고린도전서 6:9-11	**기도**	디모데후서 2:22
갈라디아서 5:19-21	시편 51:7, 10	
히브리서 13:4		

간음의 피해자들(Adultery Victims)

(고린도후서 2:10) "너희가 무슨 일이든지 뉘게 용서하면 나도 그리하고 내가 만일 용서한 일이 있으면 용서한 그것은 너희를 위하여 그리스도 앞에서 한 것이니 "

마가복음에는 바리새인들의 사악한 질문에 대한 예수님의 명쾌한 답변이 기록되었다. 바리새인들이 예수께 나아와 예수님을 시험하여 "사람이 아내를 내어 버리는 것이 옳으니이까?" 물었다. 예수님은 그들에게 "모세는 너희에게 어떻게 명하였느냐?" 되물으니 그들은 "모세는 이혼 증서를 써주어 내어버리기를 허락하였습니다" 대답하였다.

이에 예수께서 저희에게 "모세가 너희 마음의 완악함을 인하여 그러한 명령을 하였거니와 창조시로부터 저희를 남자와 여자로 만드셨으니 이러므로 사람이 그 부모를 떠나서 그 둘이 한 몸이 될지니라 이러한즉 이제 둘이 아니요 한 몸이니 그러므로 하나님이 짝지어 주신 것을 사람이 나누지 못할지니라"(막10:2-9) 말씀하였다. 이 말씀은 시대를 떠나 지켜야할 혼인에 대한 아주 귀중한 좌우명이다

이 구절을 읽으면 간음죄로 인해 생겨나는 모든 고통과 슬픔들이 떠오른다. 슬픔과 눈물, 상처받고 망가진 아이들, 간음으로 파괴된 가정과 그 가족 간의 유대 관계들이 떠오른다. 그러므로 하나님께서 일곱째 계명을 주심은 확실히 옳다. 그럼에도 간음한 배우자가 회개했을 때 그 배우자를 용서할 수 있는 사람은 정말로 큰 믿음과 사랑의 소유자라 할 수 있다.

하나님의 관점	하나님의 약속	변화하기
고린도전서 14:4-7	시편 34:18	에베소서 4:26-27
빌립보서 4:8	시편 37:3-8	히브리서 12:14-15
성경적 예시	시편 46:1-3	야고보서 5:16
예레미야 3:6-14	이사야 26:3	베드로전서 4:8
호세아 3:1-5		

간증(Witnessing)

(계시록 12:11) "또 우리 형제들이 어린 양의 피와 자기들이 증언하는 말씀으로써 그를 이겼으니 그들은 죽기까지 자기들의 생명을 아끼지 아니하였도다"

누군가에게 당신의 구원의 증거를 고백한다는 것은 당신이 복음의 메시지를 제시하는 것이다. 그것은 당신 입으로 하나님이 누구인지, 그가 당신의 삶에서 무엇을 하셨는지 증거하는 것이다. 이와 같이 그리스도인으로서 다른 사람들과 구원의 복음을 나누는 것은 중요하다.

그러나 우리가 간증할 때 성령의 능력이 필요하다. 예수님은 제자들에게 "오직 성령이 너희에게 임하시면 너희가 권능을 받고 예루살렘과 온 유대와 사마리아와 땅끝까지 이르러 내 증인이 되리라"(행 1:8) 말씀하셨다. 사람들은 말보다 행동으로 더 많은 것을 증거하려한다. 그러나 무엇보다 당신의 고백적 간증이 당신의 정체성에 더 가깝다.

바울은"내가 복음을 부끄러워 하지 아니하노니 이 복음은 모든 믿는 자에게 구원을 주시는 하나님의 능력이 됨이라"(롬 1:16) 증거했다. 그는 주께 그리스도의 복음을 받았고 그것이 그의 삶을 변화시켰기 때문에 자신을 예수 그리스도께 빚진 자로 여겼다. 그 이후 바울은 복음을 전파하려는 노력에 지칠 줄 몰랐다.

복음의 능력은 변하지 않았다. 여전히 효력이 있다. 여전히 사람들의 삶에 변화를 가져올 수 있다. 예수님을 증거하고 그분의 가르침을 전파하는 것은 큰 특권이다. 우리는 "내가 세상 끝 날까지 너희와 항상 함께 있으리라"(마 28:20)하신 주님의 약속을 가지고 있다.

하나님의 관점	하나님의 약속	변화하기
시편 22:31, 89:1, 96:3	사도행전 1:8	역대상 16:8
시편 96:3, 105:1	요한일서 4:14-15	시편 9:11, 145:4-6, 10-12
잠언 11:30	**성경적 예시**	마태복음 5:13-16
이사야 52:7	시편 40:9-10	에베소서 6:15
마태복음 28:18-20	마태복음 4:19	디모데후서 1:8-12, 4:2-5
마가복음 16:15	마가복음 1:17, 5:20	베드로전서 3:15
누가복음 21:12-13	누가복음 8:39	유다서 22-23
누가복음 24:47-48	요한복음 4:28-30	**기도**
요한복음 15:16-17	사도행전 4:33, 5:42	시편 40:10, 71:15-18
요한복음 20:21-22	사도행전 20:26	

간통(Adultery)

(히브리서 13:4) "모든 사람은 결혼을 귀히 여기고 침소를 더럽히지 않게 하라 음행하는 자들과 간음하는 자들을 하나님이 심판하시리라"

간음의 정의는 결혼한 사람이 배우자가 아닌 다른 사람과 성관계를 갖는 것이다. 하나님의 일곱 번째 계명은 "간음하지 말라"(출 20:14)이다. 또한 레위기 20:10과 신명기 22:22에 언급된 율법에는 만일 사람이 간음죄를 범하면 그를 사형에 처하라 명하였다.

산상수훈에서 예수님은 "또 간음하지 말라 하였다는 것을 너희가 들었으나 나는 너희에게 이르노니 여자를 보고 음욕을 품는 자마다 마음에 이미 간음하였느니라"(마 5:27-28) 말씀하셨다. 여기서 예수님은 모세의 율법과 모순된 말씀을 하신 것이 아니라 율법을 확대해서 설명하신 것이다. 서기관들과 바리새인들이 가르친 간음은 기본적으로 육체적인 것이었다. 아무리 욕정을 탐하고 음란한 상상을 했을지라도 육체적 행위를 하지 않는 한 그는 간음을 한 것이 아니었다. 그러나 그러한 행위는 마음으로부터 나온다는 것을 기억해야 한다.

건강한 가족은 우리 사회를 지탱하는 기초이다. 그러나 가족 간의 유대가 파괴되었을 때 사회 전체가 무너지는 것은 시간문제이다. 혹시 당신이 간음죄와 씨름하고 있다면 속히 예수께 고백해라. 그러면 주께서 용서해 주실 것이다. "만일 우리가 우리 죄를 자백하면 저는 미쁘시고 의로우사 우리 죄를 사하시며 모든 불의에서 우리를 깨끗케 하실 것이요"(요일 1:9). 간음의 죄를 버리고 용서를 얻으면 평안을 얻게 된다. 예수님은 "수고하고 무거운 짐진 자들아 다 내게로 오라 내가 너희를 쉬게 하리라… 그러면 너희 마음이 쉼을 얻으리니"(마 11:29-29) 말씀하셨다.

하나님의 관점	하나님의 약속	변화하기
출애굽기 20:14	잠언 28:13	잠언 5:15-18
레위기 20:10	이사야 1:16-18	잠언 7:1-5, 21-27
신명기 5:18, 22:22	계시록 22:14-15	고린도전서 6:15-20
잠언 5:3-6, 20-23	**성경적 예시**	고린도전서 7:3-4
잠언 6:27-29, 32	요한복음 8:2-11	에베소서 5:3-4
잠언 22:14, 23:26-28		요한일서 1:8-9
마태복음 5:27-32		
마태복음 15:19		
롬 7:2-3. 고전6:9-11		
야고보서 1:14-15		

감사(Thankfulness)

(데살로니가전서 5:18) "범사에 감사하라 이는 그리스도 예수 안에서 너희를 향하신 하나님의 뜻이니라"

범사에 감사할 수 있으려면 나는 내가 하나님을 사랑하고 곧 그 뜻대로 부르심을 입었으니 모든 것이 합력하여 선을 이룬다는 것을 알아야만 한다(롬 8:28). 하나님이 나를 사랑하시고 그 하나님이 내게 어떤 일이 일어나도록 허락하셨으며, 또한 내 안에서 하나님의 영원한 목적을 이루고 계신다는 사실을 깨닫는다면 나는 지금 겪고 있는 시험조차 하나님께 감사할 수 있다. 하나님께서 내 안에서 하나님의 일을 완성하고 계시고 그 일을 통해 내가 전적으로 하나님만 신뢰하고 하나님께만 의지하도록 가르치고 계심을 알기 때문이다.

누가복음 17장에서 우리는 멀리 계신 예수님을 발견하고 "예수 선생님이여 우리를 긍휼히 여기소서" 소리높여 부르짖던 열 명의 문둥병자들을 볼 수 있다. 이들이 모두 다 병고침을 받은 후에 열 명 중 단 한 명만이 돌아와서 예수님께 감사했다. 이때 예수님은 그에게 "네 믿음이 너를 구원하였느니라" 말씀하셨다. 그는 9명의 다른 사람들이 놓친 축복을 추가로 받았다. 그의 감사의 태도 덕분에 그는 믿음으로 말미암아 육신은 물론 영적 고침을 함께 받은 것이다. 이와 같이 감사할 줄 아는 언행으로 예수께 나아온 사람은 단지 병고침만을 받는 것이 아니라 그 이상의 축복을 받는다.

예수님은 그를 보며 "열 사람이 다 깨끗함을 받지 아니하였느냐 그 아홉은 어디 있느냐" 물으셨다. 우리들도 그 아홉 명처럼 하나님의 도움과 축복을 받고서도 하나님께 감사할 마음을 갖지 않던 때가 몇 번이나 있었는지 생각해 보아야 한다.

하나님의 관점	하나님의 약속	변화하기
시편 50:14	역대상 16:8, 34	에베소서 5:18-21
시편 95:2	시편 100:1-5	골로새서 3:15
시편 105:1	**성경적 예시**	데살로니가전서 5:18
시편 106:1	에스라 3:11	히브리서 13:15
로마서 1:18, 21	다니엘 6:10	**기도**
고린도전서 15:57	누가복음 17:12-19	시편 34:1, 79:13
고린도후서 2:14		계시록 7:12
고린도후서 9:15		계시록 11:17

거듭남(Born Again)

(요한복음 3:3) "진실로 진실로 네게 이르노니 사람이 거듭나지 아니하면 하나님 나라를 볼수 없느니라"

성경은 우리가 거듭나야 한다고 말씀하신다. 왜일까? 육으로 난 것은 육이요 영으로 난 것은 영이기 때문이다. 믿는 우리는 영적인 출생이 반드시 필요하다. 그러므로 사도 바울은 "우리가 이것을 말하거니와 사람의 지혜의 가르친 말로 아니하고 오직 성령의 가르치신 것으로 하니 신령한 일은 신령한 것으로 분별하느니라 육에 속한 사람은 하나님의 성령의 일을 받지 아니하나니 저희에게는 미련하게 보임이요 또 깨닫지도 못하나니 이런 일은 영적으로라야 분변함이니라"(고전 2:13-14) 기록하였다.

예수 그리스도를 믿고 거듭나야만 주님을 아는 것이 얼마나 기쁜 일인지 알 수 있다. 사람이 영으로 거듭났을 때 육에 속한 사람은 알 수 없고 말로는 그 영화로움과 아름다움을 도저히 표현할 수 없는 전혀 다른 차원의 세상이 펼쳐진다. 그 영적인 세상에 들어가기 전에는 누구라도 결코 하나님을 알지 못한다. 내가 하루종일 설명하더라도 당신이 직접 체험하기 전까지 절대 알 수 없다. 그러므로 시편 기자는 "너희는 여호와의 선하심을 맛보아 알찌어다 그에게 피하는 자는 복이 있도다"(시 34:8) 선언하였다.

당신은 아마도 오늘 삶의 새로운 차원 즉 당신이 진정으로 하나님을 알고 하나님의 능력과 하나님의 가까이 계심과 삶 속에서 하나님의 손길을 느끼게 되는 경지를 체험해 보고 싶을 것이다. 그렇다면 당신의 삶을 예수 그리스도께 맡겨 하나님이 당신의 실제가 되는 영적 차원으로 거듭나기를 권한다.

하나님의 관점	하나님의 약속	변화하기
에스겔 11:19-20	로마서 8:2-4	에스겔 18:31-32
에스겔 36:26-27	**성경적 예시**	마태복음 18:3
요한복음 6:28-29	요한복음 1:12-13	요한복음 3:3-7
사도행전 4:10, 12		베드로전서 1:22-23
요한일서 5:4		

거룩함(Holiness)

(베드로전서 1:15) "오직 너희를 부르신 거룩한 이처럼 너희도 모든 행실에 거룩한 자가 되라"

오늘날 하나님은 교회를 성결의 삶으로 부르고 계신다. 하나님은 우리를 더러움으로 부르신 것이 아니라 성결함으로 부르셨기 때문이다. 그러므로 시편기자는 "청년이 무엇으로 그 행실을 깨끗케 하리이까 주의 말씀을 따라 삼갈 것이니이다"(시 119:9) 고백하였다.

오늘날 많은 교회들이 말씀 그대로를 강해하는 설교를 하지 않는다. 교인들에게 위로가 되는 설교 중심으로 가는 경향이 있다. 그래서 비록 죄 많은 삶을 사는 사람일지라도 예배를 마치고 기분 좋은 얼굴로 교회문을 나선다. 그러나 이것은 비극이다. 이러한 유형의 신자들은 자신의 죄에 대한 진정한 책망을 받지 못하고 일시적으로 안심하도록 속은 것이기 때문이다.

그러므로 당신이 듣는 설교에서 하나님의 거룩한 말씀이 생략되면 성령을 좇는 삶이 아니라 육신을 좇는 삶이 계속된다. 우리는 세상과 따로 구분된 삶을 살도록 부름을 받았다. 그것은 곧 거룩함의 삶, 순결의 삶, 육신이나 육신의 소욕을 좇지 않고 영을 좇아 사는 삶이다.

....

하나님의 관점
레위기 18:24, 30
레위기 20:7
데살로니가전서 4:7
베드로후서 3:11
요한일서 2:5-6

성경적 예시
창세기 39:7-13
에스라 6:21
다니엘 1:8

하나님의 약속
로마서 12:1-2
히브리서 12:10

기도
시편 19:13
시편 119:133
시편 141:4

변화하기
레위기 11:44-45
에스라 10:11
시편 34:12, 119:9
에스겔 20:7, 37:23
로마서 6:12-13, 19
고린도후서 6:17, 7:1
에베소서 4:21-24
골로새서 3:1-2, 17
디모데후서 2:22
히브리서 12:14
베드로전서 1:15-16

거절(Rejection)

(요한복음 1:11,12) "자기 땅에 오매 자기 백성이 영접지 아니하였으나 영접하는 자 곧 그 이름을 믿는 자들에게는 하나님의 자녀가 되는 권세를 주셨으니"

당신의 사랑이 거절되거나 퇴짜를 맞는 것은 정말 고통스러운 일이다. 누군가 당신에게 "나는 더 이상 당신을 사랑하지 않으니 내 인생에서 사라져주세요" 말한다면 참으로 괴로울 것이다. 나는 사랑하는 사람으로부터 거절당하고 버림받은 후 고통 속에서 살아가는 사람들을 많이 보았다.

선지자 이사야는 "그는 멸시를 받아서 사람에게 싫어 버린바 되었으며 간고를 많이 겪었으며 질고를 아는 자라"(사 53:3) 예언했다. 그 말씀과 같이 예수님은 멸시를 받으시고 사람들에게 버림받았다. 또한 다니엘 선지자는 "기름부음을 받은 자가 끊어져 없어질 것"(단 9:26)이라고 예언했다. 이 예언처럼 예수님은 끊어져 없어졌다. 오늘날 우리들 중에서 예수님의 부르심에 바로 응답한 사람이 얼마나 있을까 싶다.

누가복음 9장에는 사마리아 사람들이 예수님을 거절하자 야고보와 요한이 이에 크게 분개하는 이야기가 나온다. 그들은 예수님께 하늘에서 불을 내려 그 마을을 사르게 해야 할지 물었다. 그러자 예수님은 그들을 꾸짖으시며 "나는 사람의 생명을 멸하러 온 것이 아니라 구원하러 왔다" 말씀하셨다. 예수님은 그들의 거절에 매우 온유하게 대응하셨다. 그러므로 우리도 누구에게 거절 당하거나 버림받았을 때 예수님의 온유하심을 본보기로 삼아야 할 것이다.

삶의 가장 힘든 상황에서 주님이 나와 함께 하신다는 것을 아는 것은 매우 기쁜 일이다. 다른 사람들이 모두 다 나에게 등을 돌렸을 때에도 실패했을 때에도 주님은 여전히 나와 함께 계신다. 다른 사람들이 나를 버리거나 거절하고 등을 돌릴지라도 하나님은 "내가 과연 너희를 버리지 아니하고 과연 너희를 떠나지 아니하리라"(히 13:5) 약속하셨다. 할렐루야!

하나님의 관점	성경적 예시	변화하기
요한복음 1:11-12, 6:37	창세기 37:17-18	신명기 31:6, 8
하나님의 약속	출애굽기 2:13-15	기도
시편 27:10	사무엘상 18:6-10	시편 23:4-6
사도행전 10:35	이사야 53:3-5	에베소서 1:3
로마서 8:18	사도행전 13:50	유다서 24-25
엡 1:6, 히 13:5b	히브리서 11:35-37	

거짓 선지자(False Prophets)

(마태복음 7:15-16) "거짓 선지자들을 삼가라 양의 옷을 입고 너희에게 나아오 나 속에는 노략질하는 이리라 그들의 열매로 그들을 알지니"

무엇이 거짓 선지자로 만드는가? 이는 근본적으로 누구를 의존하도록 당신을 인도하느냐이 다. 누가 당신 자신의 능력과 정신력에 의존하도록 인도하는가? 아니면 그에게 의존하도록 의도하거나 그의 사역을 전적으로 지원하라고 강요하는가? 아니면 당신이 온전히 예수 그 리스도를 의존하도록 인도하는가? 이것을 분별하는 것이 참된 선지자와 거짓 선지자를 구 분하는 방법이 된다.

거짓 선지자는 예수 그리스도 외에 다른 것을 의존하도록 인도할 것이기 때문이다. 그러므 로 그 사람의 열매를 보는 것이 중요하다. 그가 가르치는 교리와 삶의 방식. 또 그의 삶이 어 떤 열매를 맺고 있는가? 과연 그의 헌신과 사역이 사랑과 기쁨의 특징들 곧 화평, 오래참음, 친절, 선함, 온유, 인내와 충성의 열매들인가?

....

하나님의 관점
신명기 18:21-22
예레미야 23:16
마태복음 7:15
마태복음 24:24-25
마가복음 13:22-23
고린도후서 11:13-15
골로새서 2:8-10
디모데전서 4:1-3
요한일서 4:1-3
요한이서 9
계시록 2:2-3

하나님의 약속
시편 91:3
성경적 예시
예레미야 14:13-14
사도행전 17:11
베드로후서 2:1-3

변화하기
에베소서 5:11
요한이서 10
기도
시편 141:9-10

거짓말(Lying)

(골로새서 3:9) "너희가 서로 거짓말을 하지 말라 옛 사람과 그 행위를 벗어 버리고 새 사람을 입었으니 이는 자기를 창조하신 이의 형상을 따라 지식에까지 새롭게 하심을 입은 자니라"

우리가 왜 자녀들에게 진실을 말하게 하고 정직의 중요성을 가르쳐야 하는지 그 이유에 대해 생각해 본 적이 있는가? 그 이유는 아이가 거짓말을 하는 것은 매우 자연스러운 일이기 때문이다. 따로 가르쳐 주지 않아도 아이들은 거짓말하는 법을 스스로 배운다. 나는 사람들이 자신들의 죄나 죄의식을 감추기 위해 종종 거짓말을 지어내는 것을 알고 있다. 죄를 덮으려 하고 죄의식을 감추려 하는 한, 그가 죄사함을 받는 것은 불가능하다.

성경은 "너희가 서로 거짓말을 말라"(골 3:9) 명하였다. 또한 "거짓 입술은 여호와께 미움을 받으니"(잠 12:22), "너희는 각기 이웃으로 더불어 진실을 말하라"(슥 8:16) 가르친다. 만약 "내가 곧 길이요 진리요 생명이라" 말씀하신 예수께서 그 어떤 상황에서라도 우리에게 거짓말을 하도록 부추기셨다면 그것은 앞뒤가 안 맞는 이야기이다. 그러므로 나는 상황에 따라 거짓말도 정당화될 수 있다고 보지 않는다. 그럴 때는 차라리 침묵하는 것이 지혜라고 생각한다.

성경은 무엇이 선한 것이고 무엇이 옳은 것인지를 구별해 분명하게 칭찬하고 있지만 그런 것들은 저절로 되는 것이 아니다. 진실을 말하도록 가르침을 받아야 한다. 왜일까? 그것은 우리의 본성이 죄인이기 때문이다. 우리가 정직해지기 위한 가장 큰 비결은 하나님의 말씀이라는 진실을 우리의 마음속에 품는 것이다. 그러면 성령께서 우리 삶 가운데 역사하셔서 항상 진실만을 말하는 모범을 우리에게 남기신 예수 그리스도의 형상을 본받게 하실 것이다.

....

하나님의 관점		하나님의 약속
출애굽기 20:16	이사야 63:8	계시록 22:14-15
레위기 19:11-12	예레미야 9:3	**변화하기**
민수기 32:23	스가랴 8:16-17	에베소서 4:23-25
잠언 10:18-19,	마태복음 5:37	골로새서 3:9
잠언 11:13	요한복음 8:44-47	베드로전서 2:21-22
잠언 12:19, 22,	요한복음 14:6	**성경적 예시**
잠언 14:5, 25	요한일서 1:6-10	사도행전 5:1-11
잠언 17:20,	요한일서 21:8	
잠언 19:9, 26:28		

걱정(Worry)

(마태복음 6:34) "그러므로 내일 일을 위하여 염려하지 말라 내일 일은 내일이 염려할 것이요 한 날의 괴로움은 그 날로 족하니라"

복음서에서 예수님은 반복해서 "걱정하지 말라" 말씀하셨다. KJV 성경은 이 구절을 "너의 삶에 대해 생각하지 말라" 번역하였다. 헬라어로 "생각"이라는 단어는 "불안"을 뜻한다. 그러므로 예수님은 기본적으로 우리가 내일이나 미래에 대해 걱정하지 말것을 말씀하시는 것이다. 만약 당신이 믿음이 있다면 걱정하지 않을 것이고, 걱정한다면 믿음이 없는 것이다. 따라서 당신은 믿음있는 걱정꾼이 될 수 없다. 그럼에도 당신은 하나님을 믿고 신뢰하면서도 당신의 필요에 대해 걱정한다. 당신은 인생을 초조해하고 걱정하면서 보낼 수도 있고, 하나님이 보살피기로 약속하셨다는 것을 기뻐하며 보낼 수도 있다. 그러나 분명한 사실은 당신은 그의 자녀이고 하나님은 그의 약속하신 대로 하실 것이다.

예수님은 걱정의 치료제로 무엇을 주셨는가? 주님은 새들을 예로 들어 "공중의 새를 보라 심지도 않고 거두지도 않고 창고에 모아들이지도 아니하되 너희 하늘 아버지께서 기르시나니"(마 6:26) 말씀하셨다 그는 창조주이다. 당신의 아버지께서 새들을 먹이신다면 분명히 당신을 배고프게 하지 않을 것이다. 그러므로 예수님은 "너희는 이것보다 귀하지 아니하냐?" 말씀하셨다. 그가 새들을 돌보아 주셨다면 분명히 당신에게 훨씬 더 많은 것을 주실 것이다. 그러나 만약 당신이 두려움과 걱정으로 잠을 못 이루고 있다면 그것은 당신의 염려를 주님께 온전히 넘기지 않았다는 증거이다. 당신의 삶을 주님께 맡겼다면 당신은 주님의 것이며 주님이 당신을 사랑하신다는 것을 깨닫게 될 것이며, 그는 반드시 당신을 돌보실 것이다. 그가 당신에게 허락하신 것이 무엇이든 당신은 그의 사랑과 주권의 영역 안에 있다. 그러므로 당신의 마음이 주님의 사랑에 반응하고 주님께 사랑으로 보답할 때 모든 두려움은 쫓겨날 것이다.

하나님의 관점	하나님의 약속	변화하기
시편 27:1, 34:4	시편 46:1	시편 37:7, 62:1-2, 8
잠언 12:25	시편 55:22	잠언 3:5-6
하박국 2:4, 3:17-19	잠언 12:25	요한복음 14:1
요한일서 4:18-19	예레미야 17:7-8	빌립보서 4:6-7
성경적 예시	요한복음 14:27	베드로전서 5:6-7
누가복음 10:41-42	로마서 8:28	**기도**
누가복음 12:22-23, 27-31	로마서 15:13	시편 42:5-6, 56:3
	데살로니가후서 3:16	마태복음 6:11

게으름(Laziness)

(잠언 10:4) "손을 게으르게 놀리는 자는 가난하게 되고 손이 부지런한 자는 부하게 되느니라"

어떤 사람들은 자신의 책임에 대해 매우 수동적인 태도를 취한다. 그들은 주께서 내가 일하기를 원하신다면 누군가를 통해 반드시 나의 일자리를 줄 것이라고 생각한다. 아니다. 그건 틀렸다! 일자리를 위해 기도하고 난 후에 나가서 가능한 많은 문을 두드리면서 주님께서 올바른 문을 열어주실 것이라고 믿어야 한다. 이와 같이 기도는 당신의 노력을 필요없게 만드는 것이 아니라 노력에 앞 서 행하는 순서이다. 그러므로 기도를 당신이 아무것도 하지 않기 위한 핑계로 삼지 말라. 당신이 기도한 것에 최선을 다하고 나머지는 주님께 맡기라.

어떤 사람들은 하루 종일 잠만 자면서 "30분만 더…"라고 한다. 성경은 그런 사람의 결국은 가난이라고 알려준다. 결국, 내가 게으르면 나 자신과 식구들만 고생한다는 말이다.

예수님은 달란트의 비유에서 한 달란트를 받아 땅에 감춰둔 자에게 "악하고 게으른 종아!"(마 25:26) 꾸짖었다. 예수님은 분명하게 말씀하셨다. 악한 것은 그가 귀한 것을 낭비했기 때문이며, 게으른 것은 그가 자기에게 맡겨진 일을 하나도 하지 않았기 때문이다. 성경은 "자기의 일을 게을리하는 자는 패가하는 자의 형제니라"(잠18:9) 하였다. 그러므로 게으름과 패가망신은 형제지간이다. 부주의한 사람도 그렇다. 같은 일을 한 번에 끝내지 않고 귀한 시간과 물자만 낭비할 뿐이다. 그러나 받은 달란트에 충실했던 사람에게는 주께서 더 많이 돌려주셨다. 주님께 당신의 충실함을 증명하라. 그러면 더 큰 기회를 주실 것이다. 예수님은 당신이 받은 달란트를 부지런히 사용하기를 원하신다.

하나님의 관점	하나님의 약속	변화하기
잠언 6:6-11	잠언 20:13	역대하 24:13
잠언 10:4-5	잠언 22:29	잠언 24:30-34
잠언 12:11, 24,	에베소서 4:28	데살로니가후서 3:7-11
잠언 13:4, 14:23	골로새서 3:23	디모데전서 4:15
잠언 15:19, 17:2	데살로니가전서 4:11-12	
잠언 18:9, 19:15	디모데후서 2:15	
잠언 20:4, 21:25	디도서 3:14	
잠언 26:13-16, 30:24-25		
디모데전서 5:8		

격려(Encouragement)

(히브리서 3:13) "오직 오늘이라 일컫는 동안에 매일 피차 권면하여 너희 중에 누구든지 죄의 유혹으로 완고하게 되지 않도록 하라"

매우 깊은 구덩이 안에 있는 시간들이 있다. 출구를 찾을 수 없고 위안과 위로를 얻지 못하는 때이다. 그러한 때에는 주변의 다른 이들이 내가 구덩이에 빠졌다는 것을 아는 것이 좋다. 마치 시편 기자의 증언처럼 말이다. 많은 시편들이 하강 비트로 시작하지만, 마지막에는 거의 상승 비트로 끝난다. 처음에 우리는 시편기자가 얼마나 낙심했는지를 보게 되지만, 그가 기도함으로 하나님은 그의 마음이 다음과 같이 선포하도록 격려하신다.

"하나님께서 나에게 승리를 주실 것을 나는 안다. 하나님께서 승리하실 것을 나는 안다. 오히려 당신께 찬양하리라"

우리의 기도와 찬양이 우리 마음을 어떻게 변하게 하였는지 알고 있다. 기도는 상황에 대한 우리 태도를 변하게 한다. 격려와 지혜를 발견하고 결국 승리의 길을 발견하는데, 그것은 내가 자각하고 하나님의 주권 속으로 들어갈 때에 이루어진다. 당신이 다른 사람에게 줄 수 있는 가장 최선의 격려는 그들과 함께 기도하고 그들의 초점을 하나님께 재조정하는 것이다.

....

하나님의 관점	하나님의 약속	변화하기
시편 33:20-21	시편 32:7	시편 31:24
에베소서 5:19-20	마태복음 28:20	시편 32:11
골로새서 3:16	요한복음 16:33	잠언 3:5-6
성경적 예시	갈라디아서 6:9	빌립보서 4:6-7
사무엘상 30:6	요한계시록 21:4-7	데살로니가전서 5:11
		기도
		시편 43:5
		시편 71:5

결혼(Wedding)

(에베소서 5:31-32) "그러므로 사람이 부모를 떠나 그의 아내와 합하여 그 둘이 한 육체가 될지니 이 비밀이 크도다 나는 그리스도와 교회에 대하여 말하노라"

신약에서 남편과 아내의 모습은 그리스도와 교회와의 관계를 묘사하는 데 사용된다. 바울은 고린도 사람들에게 "내가 하나님의 열심으로 너희를 위하여 열심을 내노니 내가 너희를 정결한 처녀로 한 남편인 그리스도께 드리려고 중매함이로다"(고후 11:2) 말하였다. 그러므로 우리 모두는 남편이신 예수 그리스도에게 온전히 헌신해야 한다. 우리의 예배는 그에게로 향한 것이다. 그에 대한 우리의 사랑은 다른 모든 사랑을 능가해야 한다. 다른 것에 대한 사랑이 주님에 대한 우리의 사랑을 넘어서면 우리는 영적인 간음을 범하는 것이다.

결혼식은 하나님께서 우리를 위해 가지고 계신 모든 것을 보여준다. 그는 신랑이고 우리 교회는 신부이다. 언젠가는 예수와 교회가 하나가 될 것이다. 우리는 그의 의로 옷을 입고 준비 된 교회로서 예수님을 기다려야 한다. 그리고 하나님의 완벽한 타이밍에 우리는 어린 양의 멋진 결혼 잔치에 참여할 것이다. 바로 어린 양의 결혼 만찬이다.

결혼식에서 첫 번째로 신랑과 신부는 부부가 되리라고 선언한다. 그리고 바로 그들은 예수께서 그들을 위해 하신 일을 기념하기 위해 떡과 잔을 들고 하나님 앞에서 남은 평생을 함께 살겠다고 서약하며 성찬식을 거행한다.

나는 결혼식 첫 번째 선언으로 부부의 관계에서 항상 그리스도가 중심되심을 인정하고 있다는 사실에 항상 감명을 받는다. 그 다음 성찬을 나눈 신랑과 신부는 삶에서 예수 그리스도를 최우선시 할 것을 서약한 것이다. 이것이 결혼 생활을 구축하는 토대이다. 성찬식 후에 그들은 사랑의 입맞춤을 한다. 먼저 영적인 것을 진행하는 아름다운 결혼식은 미래의 삶 속에 주님의 자리를 인정하는 것이다.

....

하나님의 관점
창세기 2:18, 24
아가서 3:11
이사야 62:5
마태복음 19:4-6
마가복음 10:7-9
고전 6:16-17. 고후 11:2
에베소서 5:23-27, 31-32

하나님의 약속
예레미야 2:2
호세아 2:19-20
요한계시록 19:7-9

변화하기
마태복음 22:1-14
마태복음 25:1-13

겸손(Humility)

(빌립보서 2:3) "아무 일에든지 다툼이나 허영으로 하지 말고 오직 겸손한 마음으로 각각 자기보다 남을 낫게 여기고"

겸손은 사람의 아름다운 인격이다. 빌리 그래함 목사가 내게 남겼던 가장 깊은 인상은 겸손함이었다. 하나님께서 그에게 허락하신 지위와 그가 전 세계적으로 누리던 유명세를 생각해 보면 그는 누구도 범접하기 불가능한 사람이었을 것으로 생각하기 쉽지만 실제는 전혀 그렇지 않았다. 아마도 그러한 겸손함 때문에 하나님께서 계속해서 그를 들어 쓰셨던 것이 아닌가 생각한다.

예수님은 사람이 위로 올라가는 길은 내리막 길이고, 내려가는 길은 오르막 길이라고 말씀하셨다. 그러므로 자기를 높이는 자는 낮아지고 자기를 낮추는 자는 높아질 것이다. 어디 가서 말석에 앉으면 사람들이 더 상석에 앉을 것을 권할 것이지만 처음부터 가장 높은 상석에 가서 앉는다면 아마도 아래로 내려가라는 말을 들을 것이다.

베드로와 야고보는 모두 하나님이 교만한 자를 물리치시고 겸손한 자에게 은혜를 주신다고 기록했다. 이와 같이 교만하면 하나님께서 물리치실 것이다. 교만은 자신을 위한 존귀와 영광을 구하는 자기예찬이기 때문이다. 존귀와 영광은 오직 하나님께 드려야 한다. 자기가 스스로 영광을 취하고자 함은 하나님께 속한 것을 취하려 하는 것과 같다.

....

하나님의 관점	하나님의 약속	변화하기
시편 51:17	잠언 22:4	잠언 27:2
시편 101:5	누가복음 14:11	로마서 12:3, 16
시편 138:6	야고보서 4:6	빌립보서 2:3
잠언 15:33	**성경적 예시**	골로새서 3:12
잠언 16:19	역대하 34:26-28	베드로전서 5:5-6
잠언 18:12	누가복음 18:13	
이사야 66:2	사도행전 20:19	

경고(Warnings)

(히브리서 12:25) "너희는 삼가 말하신 자를 거역 하지 말라 땅에서 경고하신 자를 거역한 저희가 피하지 못하였거든 하물며 하늘로 좇아 경고하신 자를 배반하는 우리일까보냐"

나는 하나님께서 나에게 무언가를 경고하실 때마다 주의를 기울이는 것이 현명하다는 것을 깨달았다. 가끔 나는 이렇게 말하곤 한다. "주님, 감사합니다만 그럴 필요가 없으세요. 그일은 제가 처리할 문제예요. 지금까지 아무 문제도 된 적 없는 영역이에요" 이렇게 나는 주님의 경고를 그냥 제쳐두려고 한다. 그러나 알다시피 그것은 매번 내가 얻어맞는 이유이다. 그러므로 만약 하나님께서 어떤 문제나 사람에 대해 경고하시면 극히 조심하는 것이 좋다. 왜냐하면 정말로 필요하지 않는 한 하나님께서는 우리에게 경고하지 않으시기 때문이다.

잠언 29장 1장은 "자주 책망을 받으면서도 목이 곧은 사람은 갑자기 패망을 당하고 피하지 못하리라" 선언하였다. 주님은 바리새인에 대해 "그들이 능히 믿지 못한 것은 이 때문이니"(요12:39)라고 말씀하셨다. 그들은 나아가지 않은 것이 아니라 믿을 수 없는 곳으로 나아간 것이다. 하나님은 우리가 주님의 음성을 들을 수 있도록 도와주신다. 예수께서 여러 번 교회를 향하여 "귀 있는 자는 성령이 교회들에게 하시는 말씀을 들을지어다"(계 3:22) 경고하셨다. 이는 단지 듣는 것을 말한 것이 아니라 순종으로 반응할 것을 경고하신 것이다.

잃어버린 자를 구원하는 것은 당신이나 나에게 달려 있지 않다. 오직 성령만이 그들을 구원할 수 있기 때문에 우리는 순종하여 하나님의 진리를 전하는 것으로 그들을 경고해야 한다. 그들이 오늘은 듣지 않을지 모르지만, 나중에 하나님의 말씀에 귀를 기울일지는 알 수 없다. 그들이 열려 있을 때에 우리도 마음을 열고, 긍휼로서 하나님의 자비를 베풀어야 한다.

하나님의 관점	하나님의 약속	성경적 예시
창세기 6:3	잠언 11:19-21	고린도후서 36:14-16
시편 19:7-11	에스겔 18:21, 32	느헤미야 9:29
잠언 29:1	에스겔 33:11	누가복음 13:1-5
사 5:20-21. 겔 3:19-21	마태복음 16:26-27	사도행전 20:31
로마서 6:23	**변화하기**	골로새서 1:28
고전 10:11-12, 고후 5:10	사도행전 3:19	히브리서 11:7
히브리서 6:4-6, 10:26-27	갈6:7-8, 히 2:1-4	요한계시록 2:5
베드로후서 2:20-22	요한계시록 3:19	요한계시록 3:22

계명(Commandments)

(요한복음 14:15) "너희가 나를 사랑하면 나의 계명을 지키리라"

우리는 종종 하나님의 계명들을 우리가 인생을 즐기는 데 방해가 되는 요소로 생각한다. 그 계명들은 결국 규제라고 생각하면서 이러한 규제들을 혐오하거나 배척한다. 그러나 하나님의 계명들은 우리 유익을 위해 주신 것이다.

당신이 고속도로에서 자동차를 시속 200km로 운전하는 스피드광이라고 상상해 보자. "요리조리 차선을 바꿔가면서 다른 차들을 추월할 때마다 오는 그 짜릿함…!" 그때 당신은 시속 100km라는 제한속도를 매우 싫어한다. 그러나 당신에게는 이 속도제한이 질주를 즐기지 못하게 하는 규제로 보이겠지만 사실 이것은 당신에게 유익하라고 만들어진 제도이다.

어느 날 큰 추돌사고를 내고 온몸에 깁스를 한 채 병원 침대에 누워 앞으로 걷기 힘들 것이라는 의사의 말을 듣는 순간, 당신은 절망감과 고통에 휩싸여 후회할 것이다. 그제서야 당신은 이 법이 당신을 위해 만들어졌다는 사실을 실감할 것이다. 이와 마찬가지로 하나님의 계명들도 당신을 위해 존재하는 것이다.

하나님의 관점	하나님의 약속	변화하기
신명기 10:12-13	시편 1:1-2	요한복음 14:15
사무엘상 15:22-23	시편 19:7-11	야고보서 1:21-25
이사야 48:17-19	잠언 3:1-2	
마태복음 7:21	잠언 4:4	
로마서 13:4	잠언 6:23	
요한일서 2:3-6	잠언 7:2	
요한일서 3:23-24	잠언 13:13	
요한일서 5:23	누가복음 11:28	
요한이서 1:6	요한복음 15:10-11	

계획(Plan-Relocation)

(신명기 1:33) "그는 너희 앞서 행하시며 장막 칠 곳을 찾으시고 밤에는 불로 낮에는 구름으로 너희의 행할 길을 지시하신 자니라"

잠언서 기자는 우리에게 "너는 마음을 다하여 여호와를 의뢰하고 네 명철을 의지하지 말라 너는 범사에 그를 인정하라 그리하면 네 길을 지도하시리라"(잠3:5-6) 권면하였다.

당신의 딜레마가 아주 간단히 해결될 수 있다는 것을 아는가? 당신은 인도하심을 위해 하나님께 간구하거나 하나님께서 당신을 인도해 주실 것을 믿는가? 쉬운 일 같지만 우리는 종종 여기서 넘어진다. 너무 명백한 것처럼 보여 내 스스로 계획을 세우고 하나님께는 구하지 않는 것이다.

그러나 성경의 "네 명철을 의지하지 말라 너는 범사에 그를 인정하라 그리하면 네 길을 지도하시리라" 말씀하신 단순한 진리를 거역하는 실수를 범하지 말라. 앞으로 나아가기 전에 항상 하나님의 인도를 구하라.

신명기에는 하나님이 이스라엘 백성보다 먼저 가서 그들이 장막 칠 곳을 찾아주셨다고 한다. 나는 이 구절을 매우 좋아한다. 하나님은 내가 어디로 이동하든지 항상 내 앞에 가신다는 것, 내가 어디에 있든 그곳은 하나님께서 나를 데려가시려고 찾아주신 완벽한 곳이라는 것을 생각하면 늘 위로가 된다. 할렐루야!

....

하나님의 관점
시편 37:23-24
잠언 16:9
잠언 19:21
잠언 20:24

성경적 예시
창세기 12:1
신명기 1:30-33
히브리서 11:8

하나님의 약속
신명기 7:9
시편 32:8, 121:7-8
시편 139:5
잠언 3:26
이사야 40:31
이사야 43:2
나훔 1:7
하박국 3:19
로마서 8:37

변화하기
잠언 3:5-6

기도
시편 23:1-4
예레미야 10:23-24

고난(Afflictions)

(요한복음 16:33) "이것을 너희에게 이르는 것은 너희로 내 안에서 평안을 누리게 하려 함이라 세상에서는 너희가 환난을 당하나 담대하라 내가 세상을 이기었노라"

우리는 편안한 것을 좋아한다. 반대로 편안한 안전지대에서 벗어나는 것을 좋아하지 않는다. 고통은 우리에게 불안을 주지만 종종 우리가 겪은 역경들이 불가능했던 하나님과의 더 깊은 관계를 이루게 해 줌으로써 우리는 더 큰 영적 성장을 경험하게 된다.

우리가 이젠 더 이상 어떻게 할 수가 없다고 절망할 때 갑자기 하나님께서 자신의 사랑을 보여주시고, 그 사랑을 통해 우리가 하나님의 자녀로서 누리는 놀라운 기업을 깨닫게 하심으로 우리 마음이 주님이 주시는 기쁨으로 가득 찰 때가 있다. 그때 우리는 고통스럽던 짐이 그다지 무겁게 느껴지질 않고, 시험의 한가운데서 느끼는 새로운 힘이 복음의 막강한 증거가 되는 체험을 하게 된다.

시험과 시련은 모두 하나님의 프로그램의 일부이다. 우리로 하여금 그분의 영원한 기쁨과 즐거움이 충만한 순간을 체험할 수 있게 해주는 그분의 프로그램의 일부이다.

....

하나님의 관점
시편 62:1-2
마태복음 11:28-30
요한복음 16:33
고린도후서 1:8-10
고린도후서 4:16-18
고린도후서 5:7
베드로전서 1:6-7

하나님의 약속
시편 55:22
시편 119:75-76
이사야 26:3
이사야 38:15, 17
로마서 5:3-4
로마서 8:28, 31-32
야고보서 1:2-4

변화하기
시편 119-67-68, 71-73
성경적 예시
욥기 1:20-22
시편 31:22
요한복음 9:1-3
사도행전 16:22-25
고린도후서 12:7-10

고통(Suffering)

(계시록 21:4) "모든 눈물을 그 눈에서 닦아 주시니 다시는 사망이 없고 애통하는 것이나 곡하는 것이나 아픈 것이 다시 있지 아니하리니 처음 것들이 다 지나 갔음이러라"

고난은 그리스도인의 삶 가운데 극히 정상적인 일부분이다. 우리가 그 과정들을 눈으로 관찰할 수는 없지만 하나님께서는 종종 일시적인 고난과 폭풍우를 통해서 뜻하신 일들을 이루신다. 폭풍우가 휘몰아쳤던 삶의 순간순간들을 뒤돌아 보면 두려움과 의심과 불확실성 속에서도 주님이 나와 함께 계셨음을 깨닫게 된다. 주님은 내 삶 속에서 복음의 능력이 뿌리를 내리고 확장되도록 그 순간들을 사용하신 것이다. 문제가 생겼을 때 나는 하나님의 말씀 앞으로 나아가 기도한다. "주님, 도와주세요. 주님의 도움이 필요합니다. 무슨 일이 곧 닥칠지 몰라 내 마음이 몹시 어지럽습니다" 기도하면 얼마 안되어 위로가 되는 성경구절을 만나게 된다. 그것은 위로가 될 뿐만 아니라 희망이 된다.

바울은 "현재의 고난은 장차 우리에게 나타날 영광과 족히 비교할 수 없도다"(롬 8:17-18) 증거했다. 우리에게 나타날 영원한 하나님의 영광을 바라보는 것이 무엇보다 중요하다. 고난을 보지 말고 그 뒤에 계시는 하나님을 보라. 그렇다. 비록 고난과 역경과 굴욕이 우리 앞을 가로막고 있을지라도 장차 우리에게 나타날 영광은 현재의 고난과 족히 비교할 수 없을 만큼 크다. 하나님을 믿는다고 해서 고난을 겪지 않을 것이라고 보장받는 것은 아니다. 히브리서 11장은 믿음의 조상들이 다 구원을 받고 그외에 다른 사람들은 멸망했다고 증거하는데, 왜 경건한 사람들이 고난을 겪어야 하는지 이해하기 어렵다. 그러나 나는 우리의 승리의 믿음이 빛나기도 하지만 고난 가운데 믿음이 더 잘 드러난다고 믿는다.

....

하나님의 관점	성경적 예시	하나님의 약속
사도행전 9:16	창세기 41:51-52	이사야 41:10
로마서 5:3-5, 8:16-18	요한복음 15:18-21	누가복음 21:18
빌립보서 1:29	고린도후서 12:7-9	야고보서 1:2-4, 12
데살로니가후서 1:4-7	골로새서 1:23-24	계시록 21:4
디모데후서 3:12	디모데후서 1:8	**변화하기**
히브리서 12:2	히브리서 11:35-40	야고보서 5:10-11
베드로전서 1:6-7	**기도**	벧전 3:15, 4:12-16, 19
베드로전서 2:19-20	시편 119:49-50, 71, 75	계시록 2:10

고용 관계(Employee Relationship)

(골로새서 3:23, 24) "무슨 일을 하든지 마음을 다하여 주께 하듯 하고 사람에게 하듯 하지 말라 이는 기업의 상을 주께 받을 줄 아나니 너희는 주 그리스도를 섬기느니라"

우리 교회 본당을 건축할 때 교회 사람 중 몇을 고용했었다. 그들은 8시에 출근해서 기도모임을 가졌다. 1시간 기도 후 그들은 화장실을 갔다. 그 다음은 커피를 마시는 휴식시간이었다. 교인이라고 해서 이렇게 되어서는 절대로 안 된다. 그들도 시급을 받기 때문이다. 물론 기도도 중요하겠지만 그들은 기도하기 위해 간증하기 위해 혹은 개인의 시간으로, 혹은 다른 사람들과 더불어 잡담을 하기 위해 온 것이 아니다.

크리스천으로서 당신은 직장에서 최고의 직원이 되어야 한다. 당신은 남들보다 몇 마일 더 가기를 추구해야 하고 가능한 모든 힘을 다해 성실하여 하나님이 바라시는 모범이 되어야 한다. 또한 회사 사장이 말할 때, 말대답을 하거나 토를 달아서도 안 된다. 뭔가 지시를 받으면 논쟁하지 말고 주께 하듯 해야 한다. 이것이 성경적 가르침이다.

또한 회사에서 당신이 저평가받을 때 자신을 방어하지 말아야 한다. 오히려 부족한 영역을 어떻게 발전시킬지를 상사에게 물어야 한다. 그리고 직장의 것을 집으로 가져갈 자유가 있다고 생각하지 말아야 하는데, 심지어 작은 볼펜이나 혹은 초과된 쉬는 시간도 사실은 회사의 것을 훔치는 것이 되기 때문이다.

어떤 직원은 사장이 돌아보기 전까지 게으름을 피우다가 사장이 오면 진짜 열심히 일하는 것처럼 행동한다. 그러나 당신은 그러면 안 된다. 당신은 사람을 기쁘게 하는 자가 되어선 안 된다. 당신이 행하는 모든 자세는 사람이 아닌, 주께 행하는 것과 같이해야 한다. 만일 내가 주께 하듯 일을 한다면, 불평거나 불만을 갖지 말아야 하는데, 그것은 주님은 정말 불평하는 종을 싫어하시기 때문이다. 언제나 기쁜 마음을 가지라. 주께 하듯 일하고 궁극적으로는 주로부터 상을 받게 될 것을 알아야 한다.

....

하나님의 관점	하나님의 약속	변화하기
누가복음 12:45-46	골로새서 3:23-24	전도서 9:10a
로마서 13:1-5	**성경적 예시**	에베소서 6:5-9
디도서 2:9-10	창세기 31:5-6	골로새서 3:17
	창세기 39:2-4	디모데전서 6:1-3
	다니엘 6:4	베드로전서 2:18-21

고용주를 위해(For Employers)

(골로새서 4:1) "상전들아 의와 공평을 종들에게 베풀지니 너희에게도 하늘에 상전이 계심을 알지어다"

통치를 받지 않으면 누구라해도 제대로 통치할 수 없다. 고용주로서 당신은 언젠가 주님께 답변해야 하는 날이 있다는 것을 깨달아야 한다. 당신의 주인은 하늘에 있고 그분 앞에서 당신의 인생을 결산하게 된다.

백부장이 자신의 종을 치료해 달라고 예수께 요청했을 때, 예수님은 "내가 가서 그를 고치리라" 말씀하셨다. 그러나 백부장은 "주여 내 집에 들어오심을 나는 감당하지 못하겠사오니 다만 말씀으로만 하옵소서 그러면 내 하인이 낫겠사옵나이다 나도 남의 수하에 있는 사람이요 내 아래에도 군사가 있으니 이더러 가라 하면 가고 저더러 오라 하면 오고 내 종더러 이것을 하라 하면 하나이다"(마 8:8-9) 대답하였다.

백부장의 말을 다르게 표현하면 "나는 권위를 알고 있습니다. 나 또한 권위있는 자이지만, 나는 당신의 권위 아래 있는 사람입니다" 말한 것이다. 이것이 권위의 연쇄성이다. 예수님은 그의 믿음에 놀라셨다. 사람이 하나님의 권위 아래 있다는 것을 이해하지 못한 사람이 다스리는 자리에 앉게 되면 그는 독재자로 발전하게 된다. 그러므로 당신이 고용주이거나 혹은 사업주로서 직원을 두고 있다면 공정한 처우와 정당한 급여를 주어야 한다.

우리는 항상 "주님 내가 관리자의 위치에 있다면, 당신께 책임을 가진 것을 깨닫게 도와주소서. 친절함과 사랑으로 나의 위치를 사용하도록 도우소서. 아멘" 기도하여야 한다.

....

하나님의 관점	하나님의 약속	변화하기
레위기 19:13	에베소서 6:8-9	누가복음 6:31
레위기 25:43	**성경적 예시**	골로새서 4:1
신명기 24:14-15	역대하 10:7	
예레미야 22:13		
마태복음 20:25-28		

고통의 아픔(Pain of Pain)

(예레미야 29:11) "너희를 향한 나의 생각은 내가 아나니 재앙이 아니라 곧 평안이요 너희 장래에 소망을 주려하는 생각이라"

큰 고통을 느낄 때나 혹은 혹독한 시련을 겪고 있을 때는 그것이 영원히 지속될 것 같이 느껴진다. 고통의 통증은 시간을 느리게 가게 만드는 힘이 있다. 그러나 우리의 인생 가운데 벌어지는 이 모든 일들에는 하나님이 세워 놓으신 계획과 그분의 목적이 있다는 걸 알아야 한다. 내가 현재 상황에만 초점을 맞춘다면 현실은 항상 왜곡될 수 밖에 없다. 비록 전체 그림을 보지 못하여 내일 혹은 내년에 내게 닥칠 일을 알 수는 없어도 우리는 항상 하나님께 소망을 두어야 한다.

사탄은 하나님이 당신을 부정적으로만 생각하고 늘 심판이나 징벌만을 내리려 한다고 비방할 것이다. 그러나 절대 그렇지 않다. 하나님께서는 "너희를 향한 나의 생각은…너희 장래에 소망을 주려하는 생각이라" 말씀하셨다. 하나님이 우리를 생각하실 때는 항상 영원이라는 관점을 가지고 생각하신다. 그런데 문제는 거기서 발생할 수 있다. 고통 중에서는 영원의 관점에서 생각할 수 없을 때가 많기 때문이다. 그러나 하나님은 나를 생각하실 때나 나를 대하실 때 그 길의 끝을 보시고 내 삶에 영원한 가치와 선을 가져다주는 일들을 허락하신다.

하나님은 영원한 유익을 고려하기 때문에 일시적인 유익은 주지 않으실 때가 많다. 그럴 때 나는 내 삶에서 역사하시는 하나님의 방식을 이해하지 못한 채, 당장 느끼는 고통이나 불편함에 대해 불평 불만하거나 낙담한다. 그것들이 못마땅해서 나는 하나님께 "하나님, 정말 저를 사랑하신다면 왜 이런 나쁜 일들을 허락하시나요?" 묻는다. 그러나 하나님은 저 너머를 내다 보시며 내 안에서 그리고 나를 통해 역사하신다. 나를 만드시고 빚으셔서 하나님 자신의 모양을 따라 하나님 자신의 형상으로 만드신다.

하나님의 관점	하나님의 약속	변화하기
시편 119:71, 75, 165	하나님의 약속	시편 55:22
요한복음 14:1	이사야 40:29	잠언 3:5-6
고린도후서 4:16-18	예레미야 29:11	롬 5:3-5, 빌 4:6-7
히브리서 4:15-16	고린도전서 10:13	히브리서 12:11-12
베드로전서 4:12-13	**성경적 예시**	베드로전서 4:12
요한계시록 21:4	욥기 19:25-26	**기도**
	고린도후서 12:9	시편 27:13, 119:50
		이사야 50:7

교만(Pride)

(잠언 16:18) "교만은 패망의 선봉이요 거만한 마음은 넘어짐의 앞잡이니라"

하나님은 교만한 사람을 싫어하신다. 하나님께 교만은 가증한 것이다(잠 6:16-17). 교만은 하나님보다 자신을 높이는 것이며, 교만은 하나님을 힘과 권세와 능력의 근원으로 인정하지 않는 것이다. 교만은 그럴만한 자격이 없는 수준으로까지 자신을 지극히 높이 생각하는 것이다. 그것은 자신에 대한 과대평가이다.

우리가 하나님으로부터 받은 축복이 자신의 천재성, 능력, 혹은 재치 때문이라고 착각하는 사람은 우리 안에 있는 모든 가치있고 선한 것이 하나님께로부터 온 것을 망각한 사람이다. 빌립보서에는 "각각 자기보다 남을 낫게 여기라"(빌2:3) 기록하였다. 그와 반대로 자기를 남보다 더 낫게 여기는 것이 교만이다. 그런 사람은 자존심이 강하고 자기 확신에 차 있다. 그러나 그런 사람도 언젠가는 자신이 감당할 수 없을만큼 큰 어려움에 봉착할 것이다. 그럴 때 세상적인 지식들을 동원해 해결해 보려 해도 아무것도 바꿀 수 없다는 사실을 깨달을 것이다. 세상적 지식은 교만을 낳을 뿐이지만 하나님의 성령은 삶을 변화시키는 능력을 낳는다

하나님께 쓰임받기 위해서는 겸손이 필요하다. 교만이 내 마음을 지배하도록 내버려 두면 안 된다. 하나님은 교만한 사람을 싫어하신다(잠 6:16-17). 교만은 당신을 통째로 망가뜨릴 수 있는 큰 적이다. 예수님께 나아오기 위해서는 겸손과 순종이 필요하다. 당신이 누구든 간에 자존심을 버리고 하나님의 도우심이 없이는 나 자신을 바꿀 수 없음을 인정해야 한다. 하나님께서 우리를 그분의 도구로 사용하실 수 있도록 하나님 앞에 겸손해지는 것이 굉장히 중요하다.

"주 앞에서 낮추라 그리하면 주께서 너희를 높이시리라"(약 4:10)

하나님의 관점	성경적 예시	하나님의 약속
신명기 8:17-18	열왕기하 19:22	잠언 22:4
시편 101:5, 138:6	역대하 26:16	이사야 57:15
잠언 3:34, 6:16-17, 8:13	사 14:13-14, 23:9,47:5	마태복음 20:26-27
잠언 11:2, 16:2,5, 29:23	에스겔 16:49	야고보서 4:6
사 2:22, 5:21, 렘 9:23-24	다니엘 4:30-37	**변화하기**
마태복음 6:1-4	사도행전 20:18-19	잠언 30:32
마가 7:21-23, 누가 14:11	고린도전서 5:2	미가 6:8
고린도전서 4:7, 10:12	**기도**	야고보서 4:10
요한일서 2:16	시편 131:1-3, 140:8	베드로전서 5:5-6

교제(Fellowship)

(요한일서 1:3) "우리가 보고 들은 바를 너희에게도 전함은 너희로 우리와 사귐이 있게 하려 함이니 우리의 사귐은 아버지와 그의 아들 예수 그리스도와 더불어 누림이라"

'교제'라는 단어는 흥미로운 헬라어 '코이노니아'로부터 왔는데 이 단어는 영어로 번역하기 어려운 말이다. 그 단어와 완전히 동등한 영어 단어가 없기 때문이다. '코이노니아'는 우리가 평범하게 교제를 통해 경험하는 것보다 더 깊은 것이다. 그것은 때때로 '연합'으로 번역되며 때론 '하나'로 번역된다. 그것은 하나됨이기 때문이다. 그리스도의 몸은 서로가 각 부분이 되는 것이며 연합하여 그의 사랑을 나누는 것이다.

내가 발견한 인생의 진정한 행복은 당신이 사랑하는 누군가와 '코이노니아'를 나누는 것이다. 당신 혼자서는 그 놀라운 경험을 하기란 정말 어렵다. 특히 우리가 하나님에게 경배와 찬양으로 나아올 때와 주께 노래할 때 그렇다. 그처럼 하나님은 이 아름다운 우주를 만드셨고 그것을 공유하기를 원하시고 그것을 사랑할 수 있도록 우리를 창조하셨다.

하나님은 '코이노니아'를 통해서 하나님과 의미있고 깊은 사랑의 관계를 가질 수 있는 선택의 능력을 우리에게 부여하셨다. 그래서 그의 영광과 기쁨을 함께 나누고 그가 창조하신 우주의 아름다움과 만물들과 그의 사랑을 함께 하도록 하셨다.

하나님의 관점	성경적 예시	하나님의 약속
신명기 8:17-18	열왕기하 19:22	잠언 22:4
시편 101:5, 138:6	역대하 26:16	이사야 57:15
잠언 3:34, 6:16-17, 8:13,	이사야 14:13-14, 23:9, 47:5	마태복음 20:26-27
잠언 11:2, 16:2, 5, 18, 29:23	에스겔 16:49	야고보서 4:6
이사야 2:22, 5:21	다니엘 4:30-37	**변화하기**
예레미야 9:23-24	사도행전 20:18-19	잠언 30:32
마태 6:1-4, 누가14:11	고린도전서 5:2	미가 6:8
고린도전서 4:7, 10:12	**기도**	야고보서 4:10
요한일서 2:16	시편 131:1-3, 140:8	베드로전서 5:5-6

교회(Church)

(마태복음 16:18) "또 내가 네게 이르노니 너는 베드로라 내가 이 반석 위에 내 교회를 세우리니 음부의 권세가 이기지 못하리라"

나는 오래전 신학교에서 교회의 주된 목적은 온 세상의 복음화라고 배웠고 또 그렇게 믿었다. 그래서 나는 일찌감치 예수 그리스도께 헌신해 온 세상에 복음을 전하기로 결심했었다. 그러나 목회 초기에 에베소서를 공부하면서 교회의 일차적인 목적이 성도를 온전하게 하여 그들로 하여금 그리스도의 복음을 맡게 하는 것임을 알게 되었다.

예수님은 제자들에게 온 천하에 다니며 만민에게 복음을 전파하라는 사명을 주셨다. 그러나 교회의 목적은 그리스도의 몸을 세우고 섬기는 것, 그리스도인을 영적으로 성숙하게 하여 각 사람이 주님을 섬길 곳을 찾도록 도우며, 성도들을 한 사람씩 하나님의 사역을 위해 온전하도록 세우는 것이다. 그러므로 하나님의 말씀으로 성도들이 튼튼해지면 교회가 그 목적을 이루는 것이다. 교회로 함께 모이는 것이 중요한 이유가 여기에 있다.

히브리서 10:24-25에는 "서로 돌아보아 사랑과 선행을 격려하며 모이기를 폐하는 어떤 사람들의 습관과 같이 하지 말고 오직 권하여 그날이 가까움을 볼수록 더욱 그리하자"기록되었다. 그러므로 혼자서 하나님을 예배하고 찬양할 수 있다고 생각하지 말라. 악이 만연한 이 마지막 시대를 사는 우리는 더욱더 서로와의 연합을 필요로 한다.

[그리스도의 몸된 교회]

하나님의 관점	하나님의 약속
요한복음 17:25-26	요한계시록 21:3
사도행전 9:31, 20:28	**변화하기**
로마서 12:4-8	고린도전서 1:10
고전 12:4-7,12-13, 25-26	에베소서 4:1-6
에베소서 1:18-23	히브리 10:24-25
에베소서 2:19-22	히브리 13:17
에베소서 4:11-13	
에베소서 5:23-25	
디모데전서 5:17	
베드로전서 2:5	

[교회/예배 장소]

하나님의 관점	하나님의 약속
시편 5:7	계시록 21:3
시편 26:8	**성경적 예시**
시편 84:1-2, 10	사도행전 7:44-4
시편 132:7	
전도서 5:1	

구원(Salvation)

(로마서 10:9) "네가 만일 네 입으로 예수를 주로 시인하며 또 하나님께서 그를 죽은 자 가운데서 살리신 것을 네 마음에 믿으면 구원을 받으리라"

예수, 그의 이름은 그의 사명을 암시한다. 마태복음 1장 21절에는 "아들을 낳으리니 이름을 예수라 하라 이는 그가 자기 백성을 그들의 죄에서 구원할 자이심이라 하니라" 기록되었다. 예수라는 이름은 그리스어로 '조슈아'로 '구원'을 뜻하는 하나님의 이름 '야훼'와 '슈아'의 축약형이다. 여호수아로 합쳐서 '하나님의 구원'이라는 뜻이다. 그러므로 그의 이름은 그의 속성과 오신 이유를 나타낸다.

죄는 항상 사람을 하나님으로부터 끊어지게 하는데, 예수님이 십자가에 못 박혀 죽으실 때 세상의 죄가 예수께 전가되어 십자가에 죽으심으로 그가 아버지 하나님과 경험했던 교제, 공존, 하나됨이 깨져 버렸다. 이는 예수께서 모든 사람을 위해 친히 죽음을 체휼하신 것으로 그로인해 당신과 나는 예수님의 구원의 은혜로서 하나님과의 단절에서 벗어났다.

하나님으로부터 의롭다함을 얻는 것은 단순히 신이 존재한다거나 예수님이 십자가에 못 박혀 죽으셨다는 사실을 믿는 것 이상의 것이다. 예수 그리스도를 믿는다면 멸망하지 않고 영원한 생명을 얻게 될 것이다. 이것은 예수가 당신의 죄를 사하시고 당신이 구원을 얻도록 당신의 자리에서 죽으신 것을 믿는 것을 의미한다. 그리고 예수 그리스도에 대한 당신의 그 믿음을 통해 하나님은 당신을 '의롭다' 선언하셨다. 이와 같이 그것은 일반적인 것 이상의 믿음이다. 그것은 예수 그리스도께서 참된 구세주라는 하나님의 약속 안에 있는 믿음이다.

하나님의 관점	하나님의 약속	변화하기
마태복음 9:12-13	이사야 51:6	에스겔 18:31-32
마가복음 10:26-27	마태복음 1:21	로마서 10:9-10
누가복음 2:21	요한복음 5:24	요한일서 1:9
요한복음 3:16-18	로마서 6:23, 8:1	기도
사도행전 4:10-12	베드로후서 3:9	시편 9:14, 20:5, 35:9
로마서 3:21-24	성경적 예시	시편 40:16, 56:13
에베소서 2:8-9	누가복음 19:7-10	이사야 61:10
디도서 3:4-7	사도행전 16:26-31	하박국 3:18

구원을 의심(Doubting One's Salvation)

(히브리서 10:22) "우리가 마음에 뿌림을 받아 악한 양심으로부터 벗어나고 몸은 맑은 물로 씻음을 받았으니 참 마음과 온전한 믿음으로 하나님께 나아가자"

바울은 예수 그리스도의 복음 안에서 갈라디아에 교회를 세웠다. 그러나 유대주의자들이 바울을 따라와 바울은 온전한 진리를 전하고 있지 않다고 훼방하였다. 그들은 온전한 구원을 받기 위해서는 율법을 지켜야할 필요성을 주장하였다.

당신이 누군가에게 그들이 소유한 영생의 소망에 대해 물을 때, 만약 그들이 "내 믿음은 예수 그리스도 안에 있어요" 말한다면 올바른 대답을 한 것이다. 그러나 만약 그들이 "내 믿음은 예수 그리스도 안에 있어요. 그러나..."라고 그들이 무언가 더하려고 하는 순간 그들은 문제가 있는 것이다. 그것은 믿음으로의 구원에 의심을 부추긴 것이다. 성경은 우리의 믿음과 구원에 대하여 다음과 같이 증거하였다.

베드로 사도는 우리에게 "너희가 알거니와 너희 조상의 유전한 망령된 행실에서 구속된 것은 은이나 금 같이 없어질 것으로 한 것이 아니요 오직 흠 없고 점 없는 어린양 같은 그리스도의 보배로운 피로 한 것이니라"(벧전 1:18-19) 증거하였다.

그러므로 예수 그리스도의 보배로운 피를 흘리신 것은 당신의 죄로부터 당신을 속량하기 위한 것이다. 죄없으신 하나님의 아들께서 우리의 죄를 속량하기 위해 값이 치루어진 것이다. 그 이상도 없고 그 이하도 없고 전혀 의심할 것도 없다.

"너희가 그 은혜를 인하여 믿음으로 말미암아 구원을 얻었나니 이이 너희에게서 난 것이 아니요 하나님의 선물이라 행위에서 난 것이 아니니 이는 누구든지 자랑치 못하게 함이니라" (엡 2:8-9)

하나님의 관점	하나님의 약속	변화하기
마가복음 16:16	사도행전 16:31	히브리서 10:22
요한복음 3:16, 5:24	로마서 3:24-26	베드로전서 1:22-25
요한복음 6:37, 10:27-28	로마서 5:9-10	요한일서 1:9
사도행전 13:39	로마서 8:16, 29-30, 38-39	
갈라디아서 3:26	로마서 10:9-10	
에베소서 2:8-9	에베소서 1:13-14	
히브리서 7:25	빌립보서 1:6	
요한일서 5:10-12	요한일서 5:13	

구원의 확신(Assurance of Salvation)

(데살로니가전서 1:5) "이는 우리 복음이 말로만 너희에게 이른 것이 아니라 오직 능력과 성령과 큰 확신으로 된 것이니 우리가 너희 가운데서 너희를 위하여 어떠한 사람이 된 것은 너희 아는 바와 같으니라"

바울은 복음을 위해 그 많은 고통과 수치를 당하면서도 "이로 말미암아 내가 또 이 고난을 받되 부끄러워하지 아니함은 내가 믿는 자를 내가 알고 또한 내가 의탁한 것을 그 날까지 그가 능히 지키실 줄을 확신함이라"(딤후1:12) 고백하였다.

우리 자신이 믿는 자를 안다는 것은 그 얼마나 영광스럽고 복된 일인가? 그 믿음으로 우리는 고된 세상의 삶 속에서 기쁨과 보람을 누리게 된다. 그러므로 베드로는 우리를 향하여 "오직 우리 주 곧 구주 예수 그리스도의 은혜와 그를 아는 지식에서 자라 가라 영광이 이제와 영원한 날까지 그에게 있을지어다"(벧후 3:18) 축복하였다.

세례 요한은 "그러므로 회개에 합당한 열매를 맺으라… 좋은 열매 맺지 아니하는 나무마다 찍어 불에 던지우리라"(마 3:8, 10) 증거했다. 그러므로 내 믿음의 증거는 내가 사는 삶 전체가 곧 주님께 순종하고 성령을 따라 행하는 삶이다. 이 삶의 증거로 나는 나의 구원에 대한 확신을 갖게 된다. 그러나 명백하고 분명한 성경의 가르침을 거스르는 삶을 사는 사람은 구원의 확신을 갖지 못할 것이다.

....

하나님의 관점	하나님의 약속	변화하기
요한복음 3:16	잠언 28:13	사도행전 16:31
요한복음 5:24	로마서 5:9-10	로마서 10:9-10
요한복음 10:27-28	로마서 8:37-39	요한일서 1:9
로마서 8:16-17, 28-30	에베소서 1:13-14	**성경적 예시**
고린도전서 2:5	에베소서 2:8-9	욥기 19:25-27
디도서 3:4-7	빌립보서 1:6	
요한일서 3:1-3	디모데후서 1:12	
요한일서 4:13-16	히브리서 7:25	
요한일서 5:11-13	베드로전서 1:3-5	

권위에 대한 복종(Obedience to Authority)

(로마서 13:1) "각 사람은 위에 있는 권세들에게 복종하라 권세는 하나님으로부터 나지 않음이 없나니 모든 권세는 다 하나님께서 정하신 바라"

모든 권위는 하나님께서 세우신 것이며 성경은 그러한 정부의 권력과 권위에 복종해야 한다고 가르친다. 이는 정부의 방침에 동의할 때뿐만 아니라 언제나 마땅히 따라야 할 원칙이라는 것이다.

바울은 로마교회 성도들을 향하여 "각 사람은 위에 있는 권세들에게 굴복하라 권세는 하나님께로 나지 않음이 없나니 모든 권세는 다 하나님의 정하신 바라 그러므로 권세를 거스리는 자는 하나님의 명을 거스림이니 거스리는 자들은 심판을 자취하리라 관원들은 선한 일에 대하여 두려움이 되지 않고 악한 일에 대하여 되나니 네가 권세를 두려워하지 아니하려느냐 선을 행하라 그리하면 그에게 칭찬을 받으리라 그는 하나님의 사자가 되어 네게 선을 이루는 자니라 그러나 네가 악을 행하거든 두려워하라 그가 공연히 칼을 가지지 아니하였으니 곧 하나님의 사자가 되어 악을 행하는 자에게 진노하심을 위하여 보응하는 자니라 그러므로 굴복하지 아니할 수 없으니 노를 인하여만 할 것이 아니요 또한 양심을 인하여 할 것이라"(롬 13:1-5) 증거했다.

솔직히 말해 나는 모든 정부의 권위가 하나님께서 세우신 것이라는 말씀에 동의하기 어렵다. 그러나 바울이 로마의 신자들에게 이 편지를 쓴 시점은 로마제국이 네로라는 흉악한 폭군에 의해 악의 정점에 놓였던 때였다. 그러므로 우리는 하나님의 계획을 항상 이해할 수는 없다. 때로는 하나님이 세우신 지도자를 거부할 때 하나님은 그들이 원하는 지도자를 주시기도 했다. 또한 사람들이 하나님께 반역하기를 원하면 하나님은 그것까지도 허용하셨다. 그러나 우리의 역할은 하나님께서 세상의 모든 것을 다 주관하시며 하나님께서 허락하신 일은 다 목적이 있음을 깨달아 우리 위에 세우신 지도자를 용납하는 것이다.

......

하나님의 관점	하나님의 약속	변화하기
신명기 17:12-13	로마서 13:3	잠언 24:21-22
시편 75:6-7	골로새서 3:22-24	전도서 10:4
전도서 8:3-5	디모데전서 2:1-4, 5:17	로마서 13:1-2
마태복음 22:21	**성경적 예시**	에베소서 6:5
베드로후서 2:9-11	사도행전 23:1-5	빌립보서 2:12-15
기도	벧후 2:10, 유다서 1:8-9	데살로니가전서 5:12-13
잠언 5:13-14		딛3:1-2, 히 13:17

그리스도께 인도하는 법(How to lead to CHRIST)

(로마서 5:10) "곧 우리가 원수 되었을 때에 그의 아들의 죽으심으로 말미암아 하나님과 화목하게 되었은즉 화목하게 된 자로서는 더욱 그의 살아나심으로 말미암아 구원을 받을 것이니라"

"선을 행하고 전혀 죄를 범하지 아니하는 의인은 세상에 없기 때문이로다"(전도서 7:20). 이 말씀은 무슨 뜻인가? 우리 모두는 우리 죄를 씻기 위해 그리고 하나님과 바른 관계를 갖기 위해 예수 그리스도가 필요함을 의미한다. 왜냐하면 우리가 아는 바와 같이 죄의 영향은 항상 하나님과 멀어지게 하기 때문이다.

죄는 하나님으로부터 우리를 분리하고 하나님으로부터 분리된 삶은 공허하고 의미 없다. 그러나 사람의 존재의 목적은 하나님과의 교제이다. 그것이 우리가 창조된 이유이다. 그러나 죄는 하나님과의 관계로부터 우리를 분리시킨다.

하나님은 사람과의 관계를 회복하기 위하여, 유일한 아들 예수 그리스도를 보내셔서 우리 죄의 형벌을 받게 하셨다. 이사야 선지자가 "우리는 다 양 같아서 그릇 행하여 각기 제 길로 갔거늘 여호와께서는 우리 모두의 죄악을 그에게 담당시키셨도다"(사 53:6) 말한 것과 같다.

세상의 모든 죄가 예수 그리스도께 전가되었을 때, 그는 죄의 영향을 경험했는데 그것은 하나님으로부터의 분리였다. 그러므로 예수님은 십자가 위에서 아버지께 "나의 하나님, 나의 하나님, 어찌하여 나를 버리셨나이까"(마 27:46) 외치셨다.

하나님은 거룩하신 분이기 때문에 하나님과 죄와 불의는 절대로 교제가 불가능하다. 그것은 서로 상반된다. 그러므로 성경은 우리가 예수를 믿을 때, 그가 우리 죄를 담당하신 사실을 인정하는 것으로 우리의 죄 용서함을 받는다고 선언한다. 죄 없으신 하나님의 아들 예수께서 하나님과 분리되게 하는 우리 죄를 용서하기 위한 화목제물이 되셨기 때문에 우리의 죄가 사하여졌으므로 우리는 하나님과 교제할 수 있다.

하나님의 관점	하나님의 약속	변화하기
로마서 3:10, 23	요한복음 3:16	로마서 1:16
로마서 5:1	사도행전 16:30-31	로마서 5:9
로마서 6:23	로마서 5:10	로마서 10:10
로마서 8:1, 38-39	고전도전서 1:18	로마서 10:13
로마서 10:9-10, 13	고린도후 7:10	

근친상간(Incest)

(신명기 27:22) "그의 자매 곧 그의 아버지의 딸이나 어머니의 딸과 동침하는 자는 저주를 받을 것이라 할 것이요 모든 백성은 아멘 할지니라"

레위기 18장은 근친상간을 다루고 있는데, 하나님께서 그것을 철저히 금하셨다는 것으로 충분하다. 그 이상의 부연 설명이 필요없다. 창세기 19장에서 우리는 근친상간 죄에 이르게 된 원인과 그 결과에 대해 읽을 수 있다. 롯이 재물을 따라 가족을 이끌고 소돔으로 이주하여 결국 가족 모두의 도덕적 타락을 자초했다. 사람이 무엇을 심든지 심은대로 거둔다. 우리가 육체를 위하여 심으면 육체에서 썩어질 것을 거두게 될 것이다.

성적 타락으로 널리 알려진 소돔과 고모라로 주거를 옮김으로써 롯은 그의 가족을 패역한 환경에 노출시켰다. 그러나 심판의 날, 곧 하나님께서 그 땅을 멸하실 때 롯과 딸들은 겨우 살아 남았지만 아내와 친지들을 모두 잃었다. 그러나 그 두 딸조차 소돔의 패역한 환경에 물든 나머지 아버지 롯에게 술을 먹여 만취하게 한 후 성관계를 가졌다. 결과적으로 모압과 암몬 족속은 근친상간으로 탄생한 민족인데 이들은 오늘날까지 이스라엘 민족에게 끊임없는 문제를 일으키고 있다.

고린도전서 5장 1절에는 근친상간 사건이 나온다. 한 청년이 아버지의 첩과 통간을 하고 있었는데 교회에서 그를 내쫓지 않았다. 그만큼 고린도 사람들은 그런 일을 중요시 하지 않았다. 이에 바울은 "그 자를 내쫓으라! 내가 사탄에게 내어 주어 육은 망하고 영은 그리스도의 날에 살리려 함이라!" 엄히 책망했다. 그러나 나중에 그가 회개했을 때 바울은 "그런즉 너희는 차라리 저를 용서하고 위로할 것이니 저가 너무 많은 근심에 잠길까 두려워하노라"(고후2:7) 편지를 보냈다.

바울이 그를 내쫓으라고 했던 것은 이 죄를 지은 자로 하여금 그리스도의 몸된 교회와의 교제를 떠난 삶이 어떠한 것인가를 몸소 체험케 하기 위해서이다. 궁극적인 목적은 그가 이 죄를 회개하고 하나님의 용서를 받아 그 영혼이 회복되고 구원받게 하는 것이다. 우리도 그처럼 하나님께서 금하신 것들을 멀리하고 그런 행위를 한 자들을 교회가 용납하지 않음으로써 그리스도의 몸된 교회가 주님 앞에서 순결을 유지할 수 있게 되기를 소망한다.

....

하나님의 관점	변화하기	성경적 예시
레위기 18:6-18	고린도전서 5:1-5	창세기 19:30-38
레위기 20:12, 14, 17, 19-22	고린도후서 7:10-11	사무엘하 13:11-12
신명기 22:30, 27:22		고린도전서 5:1-5
로마서 10:9-10, 13		

금식(Fasting)

(요엘 2:12) "여호와의 말씀에 너희는 이제라도 금식하고 울며 애통하고 마음을 다하여 내게로 돌아오라 하셨나니"

금식의 목적은 육체를 굶게 하고 영을 살찌게 하는 것이다. 보통 우리는 일관적이고 규칙적으로 우리 육체를 먹이지만, 영의 양식의 공급은 일관적이지 않다. 그래서 금식의 목적은 그 일반적인 방향을 반대로 돌리는 것이다. 곧 육을 굶게 하고 영을 먹이기 위해 성경을 읽고 찬양하며 기도 시간을 통하여 영을 배부르게 하는 것이다. 우리 육체가 약해질수록 우리 영은 강해질 것이며 그로하여 우리는 영적인 승리를 취하기 시작할 것이다.

구약 성경에 언급된 사람들의 금식의 이유 중 하나는 하나님의 관심을 그들이 직면한 상황에 이끌기 위함이었다. 그래서 그들은 재를 뒤집어쓰고 베옷을 입고 슬퍼했다. 그러나 금식은 또한 참회와 회개의 표출이며 자신이 행한 일에 대한 진정한 슬픔을 보이는 것이다. 세상 것을 끊고 금식하며 성경 읽기와 찬양과 기도로서 우리 영을 풍성케 하여 영적으로 성숙하게 한다.

오늘날도 어떤 사람들은 하나님으로부터 뭔가를 얻기 위해 금식한다. 마치 하나님이 그들의 열망을 성취해야 하는 의무가 있는 것처럼 말이다. 그러나 그것은 금식의 의미와 정반대되는 것이다. 금식은 육체를 부정하는 것이다. 만일 우리가 육을 배부르게 하는 것처럼 일관적으로 영을 배부르게 하면, 영적으로 우리는 영적 거인이 될 것이다. 이것이 성경적 금식의 이유다. 혹시 금식의 경험이 없다면 금식이 아니면 경험할 수 없는 영적인 능력을 발달시키는 믿음의 금식을 추천한다. 이를 위해 예수께서 금식의 주제를 가르치신 것이다(마6:16-18).

하나님의 관점	성경적 변화	성경적 예시
이사야 58:6-9a	로마서 7:18	사무엘상 7:6
요엘 2:12	로마서 8:5-8, 13	사무엘하 12:16-20
스가랴 7:5-6	갈라디아서 5:17	에스라 8:22-23
마태복음 6:16-18		에스더 4:16
		시편 35:13,
		시편 69:10, 109:24
		다니엘 1:8, 10:2-3
		마태복음 4:2-4
		사도행전 13:2-4,14:23

기도(Prayer)

(시편 91:15) "그가 내게 간구하리니 내가 그에게 응답하리라 그들이 환난 당할 때에 내가 그와 함께 하여 그를 건지고 영화롭게 하리라"

예수님은 기도의 사람이었다. 예수님이 제자들과 함께 계실 때 한 제자가 "주여 우리에게 기도하는 법을 가르쳐 주소서"(눅11:1) 부탁했다. 이에 예수님은 주기도문이라고 알려지게 된 기도의 한 모델을 가르쳐 주셨다. 그러나 맹목적인 암송이 되어서는 안 되는 주기도문에는 기도의 핵심이 담겨져 있다. 가장 중요한 것은 올바른 기도의 수신자로, 예수님은 먼저 "하늘에 계신 우리 아버지"라고 지칭하셨다. 이는 하나님의 자녀가 아니면 아버지께 나아갈 수 없음을 전제한다. 구약 시대에 하나님께 나아가는 것은 제사장을 통한 제사로 이루어졌지만 이제는 예수 그리스도로 말미암아 거듭난 그리스도인으로서 우리는 하나님의 자녀 곧 아버지와 아들의 관계로 누구나 직접 하나님께 나아갈 수 있다.

또한 기도의 진정한 목적은 우리의 뜻을 하나님의 뜻에 맞추는 것인데 이것은 매우 중요하다. 즉 우리에게 하나님의 뜻이 이루어지는 것이기 때문이다. 이와 같이 예수님은 우리의 뜻이 이루어지게 하는 수단으로 기도의 법을 가르치지 않으셨다. 또한 기도는 하나님께서 당신과 당신 주변 사람들의 삶 속에서 놀라운 일들이 일어나게 하실 수 있도록 문을 열어준다. 우리의 역동적인 기도생활은 마음을 온유하게 바꿔주고 산을 움직이게 하며 하나님과의 더욱 깊은 관계로 인도한다.

하나님의 관점	성경적 예시	하나님의 약속	변화하기
시편 91:15	시편 55:16-17	시편 86:7	로마서 12:12
예레미야 29:12	시편 66:17-20	잠언 18:10	에베소서 6:18
디모데전서 2:8	누가복음 18:1-8	빌립보서 4:6-7	골로새서 4:2
야고보서 1:6-8	사도행전 12:5	요한일서 5:14	살전 5:16-18

[기도하는 법]

하나님의 관점	성경적 예시
마태복음 6:5-13	사도행전 4:24
마가복음 11:24	사도행전 7:59-60
디모데전서 2:8	**변화하기**
야고보서 1:6	마태복음 26:41
기도	마가복음 11:25
누가복음 11:1-4	베드로전서 3:7

[성령 안에서 기도하기]

하나님의 관점	하나님의 약속
이사야 28:11	로마서 8:26
요한복음 4:24	**변화하기**
고전 14:13-15, 19, 2	고전14:1-5, 40
성경적 예시	
행전 2:4, 10:46, 19:6	
에베소서 6:18-19	

기쁨(Joy)

(로마서 15:13) "소망의 하나님이 모든 기쁨과 평강을 믿음 안에서 너희에게 충만케 하사 성령의 능력으로 소망이 넘치게 하시기를 원하노라"

기쁨과 행복은 다르다. 행복은 감정적 상황에 근거한다. 당신에게 좋은 일이 생기면 행복해진다. 그러나 기쁨은 영적 경험이며 외부 환경과 무관하다. 큰 환난 중에도 넘치는 기쁨을 누릴 수 있는 것은 기쁨이 하나님과의 바른 관계에서 오는 것이기 때문이다.

예수님은 하나님 안에 거함으로 오는 충만한 기쁨에 대해 말씀하셨다. 또 기도하는 삶에서 오는 충만한 기쁨에 대해서 말씀하셨고, 하나님과의 교제에서 오는 기쁨에 대해서도 말씀하셨다. 그러므로 우리가 영원이라는 관점을 가질 때 기쁨을 체험할 수 있다.

우리는 예수님을 통해서 기쁨의 완벽한 모범사례를 볼 수 있다. 한 예로 예수님은 곧 다가올 십자가를 마주하셨을 때, 곧 놀림과 조롱과 매질과 채찍질과 모욕과 굴욕을 받으시면서 겪을 고통을 잘 알고 계셨다. 이에 대하여 히브리서 기자는 예수께서 "그 앞에 있는 즐거움을 위하여 십자가를 참으셨다"(히12:2) 증거했다. 우리는 예수님 앞에 놓였던 그 모든 어려움을 생각할 때, 오히려 "기쁨? 무슨 기쁨이요?" 반문하겠지만 그러나 예수님의 소망한 즐거움과 기쁨은 자신으로 말미암아 죄인 된 인간이 죄로부터 속량받는 것에 있었다.

예수님은 섬김을 받으러 오신 것이 아니라 섬기러 오셨다. 그리고 우리 역시 자기중심적인 마음가짐이 아니라 다른 사람들을 섬기고자 하는 마음을 가질 때 기쁨이 무엇인지 알게 된다. 기쁨은 하나님 중심의 삶, 내가 아닌 다른 사람들이 중심이 된 삶에서 온다. 그러므로 우리는 첫째는 예수님, 둘째는 나의 이웃들, 그리고 내가 마지막이 되어야 한다. 이 순서로 사는 사람들에게는 기쁨이 충만할 수 밖에 없다.

하나님의 관점	하나님의 약속	변화하기
느헤미야 8:10	시편 5:11, 16:11, 30:5	시편 98:4, 149:2
시편 28:7, 35:9, 63:5	요한복음 15:10-11, 16:22	하박국 3:17-18
잠언 21:15	에베소서 3:19	누가복음 10:20
이사야 49:13, 61:10	베드로전서 1:6-7	요한복음 16:24
누가복음 2:10	**성경적 예시**	데살로니가전서 5:16
로마서 14:17	느헤미야 12:43	야고보서 1:2-4
갈라디아서 5:22-23	누가복음 24:52	**기도**
벧전 4:12-13. 요일 1:3-4	히브리서 12:2	시편 51:12

나쁜 습관들(Bad Habits)

(로마서 12:2) "너희는 이 세대를 본받지 말고 오직 마음을 새롭게 함으로 변화를 받아 하나님의 선하시고 기뻐하시고 온전하신 뜻이 무엇인지 분별하도록 하라"

나쁜 습관에 사로잡혀 울부짖으며 도움을 요청했는데도 탈출구가 없다고 느낀다면, 그런 당신에게 하나님은 "내가 보고 듣고 알고 그래서 내가 너희를 구하기 위해 왔노라" 말씀하신다(출3:7–8 참조). 하나님은 당신을 종노릇하던 삶에서 해방시켜 하나님의 자녀로서 누리는 영광스러운 자유 속으로 이끌기 원하신다. 예수님은 당신을 흑암의 권세에서 자유롭게 할 수 있다.

예를 들어, 당신이 텔레비전을 너무 많이 보는 나쁜 습관이 있다면 일단 일주일 동안만이라도 텔레비전을 끄라. 그 대신, 당신이 시청하던 그 시간에 텔레비전에서 흔히 나오던 천박한 쓰레기 대신 성경의 말씀을 읽으며, 성령의 일들로 마음을 채우고, 사람들의 마음을 부패시키는 전파 공해에서 우리 자녀들을 구원해 주시기를 간절히 기도하라.

당신이 온 마음으로 하나님을 향할 때, 당신은 하나님이 당신을 위해 하시고자 하는 그 일을 할 수 있는 기회를 하나님께 드리는 것이다. 하나님은 성령으로 당신을 변화시키고, 새로운 마음과 새로운 영을 주셔서 필요한 변화들을 일으키실 수 있다. 그때 당신은 하나님께서 사용하실 수 있는 귀한 그릇이 되는 것이다. 오늘부터 텔레비전부터 끄자!

하나님의 관점	하나님의 약속	변화하기
잠언 28:13	하나님의 약속	시편 119: 9, 11
누가복음 9:23	요한일서 4:4	로마서 6:11-14
갈라디아서 5:16-18		로마서 12:1-2
		골로새서 3:5-7
		디모데후서 2:15
		야고보서 4:7-8

낙심(Discouragement)

(시편 55:22) "네 짐을 여호와께 맡기라 그가 너를 붙드시고 의인의 요동함을 영원히 허락하지 아니하시리로다"

크리스천의 삶을 사는 것은 쉽지 않다. 우리는 자기 믿음의 헌신을 결심하지만, 우리의 믿음은 시험을 견뎌내는 것보다 더 앞서면 안 된다. 우리는 시련과 시험들을 만나기 시작할 때, 낙심할 수 있다. 물론 시험을 견디는 것은 쉬운 일은 아니지만, 그러나 주님은 당신의 삶의 환경 위에서 지켜보고 계시며, 당신을 돌보신다. 그렇게 당신이 어떤 길을 통과할지라도, 주님의 뜻은 당신이 그것을 통과하는 것이며 그것은 당신이 주님께 당신의 길을 맡겼기 때문이다. 당신은 그러한 자신감으로 살 수 있다.

크리스천 삶은 기쁨의 충만한 삶으로 묘사되기 때문에 당신은 하나님과의 관계와 동행을 즐겨야 한다. 그것이 당신이 가질 수 있는 강한 증거이다. 가장 어려운 상황 가운데서 주님의 기쁨을 소유하는 것이 중요하다. 낙심하지 말라. 그리스도의 위로를 기다리라. 말씀을 굳게 붙잡고 하나님을 신뢰하라.

"그러나 주께 피하는 모든 사람은 다 기뻐하며 주의 보호로 말미암아 영원히 기뻐 외치고 주의 이름을 사랑하는 자들은 주를 즐거워하리이다"(시 5:11)

하나님의 관점	변화하기	성경적 예시
창세기 28:15	시편 27:14	신명기 20:1
이사야 43:1-3	시편 31:24	열왕기하 6:15-18
예레미야 1:7-8	디모데전서 6:12	마가복음 15:43
하나님의 약속	히브리서 10:23	기도
신명기 31:8	히브리서 12:1-3, 12	시편 119:28
여호수아 1:9	베드로전서 5:6-7	
역대상 22:13		
시편 55:22		

낙태(Abortion)

(시편 127:3) "보라 자식들은 여호와의 기업이요 태의 열매는 그의 상급이로다"

오늘날 아기의 생명이 실제로 언제부터 시작되는지에 대한 논쟁이 활발하게 전개되고 있다. 낙태 찬성론자는 아기가 태어나 처음으로 숨을 쉬고 울기 시작할 때 비로소 생명이 시작된다고 말한다. 그러나 낙태 반대론자는 생명이 수태되는 순간부터 시작된다고 주장한다. 그러나 성경은 생명이 잉태되기 이전부터 시작되었다고 선언한다. 하나님은 예레미야에게 "내가 너를 복중에 짓기 전에 너를 알았고 네가 태에서 나오기 전에 너를 구별하였노라"(렘 1:5) 말씀하셨다. 또한 다윗은 "주께서 내 장부를 지으시며 나의 모태에서 나를 조직하셨나이다 나를 지으심이 신묘막측하심이라 주의 행사가 기이함을 내 영혼이 잘 아나이다 내 형질이 이루기 전에 주의 눈이 보셨나이다"(시 139:13-14, 16) 고백하였다.

성경은 "곧 창세 전에 그리스도 안에서 우리를 택하사 우리로 사랑 안에서 그 앞에 거룩하고 흠이 없게 하시려고"(엡1:4) 기록하여 하나님께서 창세 이전부터 우리 각자를 위한 계획을 가지고 계셨음을 선언하였다. 이와 같이 당신이 잉태되기 전, 창세 전에 하나님은 이미 당신에 대해 모든 것을 알고 계셨다. 그런 당신의 생명이 어머니의 태에서 창조됨은 하나님의 놀라운 신비이자 경이로움이다. 그러나 "내 몸은 내 것이니 내 마음대로 해도 된다"고 말하는 사람들이 있다. 이것이 오늘날 우리가 낙태의 자유라는 명목으로 자주 듣는 말이다. 그러나 세상 사람들은 그렇게 말할지 모르겠지만 우리는 하나님의 자녀로서 구원받은 사람이다.

하나님께서 값을 치르고 당신을 사셨다. 당신은 한때 육신의 정욕에 매인 노예였지만 그러나 예수님은 자신의 피로 당신을 사셨다. 예수님은 당신을 그 종노릇하던, 잃었던 상태에서 구속하셔서 이제 자유롭게 주님을 섬기고 경배하며 당신의 몸으로 하나님께 영광을 돌릴 수 있도록 하셨다.

....

[낙태 고민]		[낙태 후 용서]	
하나님의 관점	하나님의 약속	하나님의 관점	하나님의 약속
시편 139:13-16	시편 127:3	시편 103:8-12	시편 32:1-2
예레미야 1:5	로마서 8:28	이사야 1:18	시편 103:2-5
고린도전서 6:19-20	**변화하기**	**변화하기**	고후 5:17
	에베소서 1:4	시편 32:5	**기도**
		요한일서 1:9	시편 51:9-10

노숙자/빈민사역(Homeless Ministery)

(잠언 17:5) "가난한 자를 조롱하는 자는 그를 지으신 주를 멸시하는 자요 사람의 재앙을 기뻐하는 자는 형벌을 면하지 못할 자니라"

성경 전체에 걸쳐 하나님은 가난한 사람들에게 커다란 관심을 갖고 계신다. 신명기에 기록된 복지 프로그램에는 "네가 네 감람나무를 떤 후에 그 가지를 다시 살피지 말고 그 남은 것은 객과 고아와 과부를 위하여 버려두며 네가 네 포도원의 포도를 딴 후에 그 남은 것을 다시 따지 말고 객과 고아와 과부를 위하여 버려두라"(신24:20-21) 기록되었다. 그 땅의 가난한 사람들은 추수하는 사람들을 따라가서 남은 것들을 주워갈 수 있었다. 가난한 사람들은 함께 살아가는 사람들 속에서 자연스럽게 보살핌을 받았다. 나는 이것이 매우 훌륭한 법이라고 생각하며 오늘날 우리도 그렇게 하면 좋을 것이라 생각한다.

하나님은 항상 가난한 사람들을 보호하고 돕고자 하시며 우리도 그래야 한다. 그러나 도움이 필요한 사람들을 돌볼 때도 지혜로워야 한다. 가게 앞에서 작은 양동이를 들고 "노숙자를 도와주세요!" 말하며 기부를 호소하는 사람들을 볼 때, 나는 그들이 정말 노숙자를 돕는 단체 소속인지 아닌지 모르기 때문에 기부하지 않는다. 그들의 열매를 관찰할 기회가 없기 때문이다. 만일 기부를 한다면 나는 그 돈이 원래 목적으로 쓰일 것인지, 아니면 종종 그렇듯이 엉뚱한 사람의 유흥자금으로 쓰이지는 않는지 알고 싶다. 그러므로 우리는 주님의 재물을 어디에 투자할지 매우 조심하여야 한다.

하나님의 관점	하나님의 약속	변화하기
잠언 14-20-21, 31	잠언 19:17	레위기 25:35
잠언 17:5	이사야 58:6-11	신명기 15:7-8, 11
고린도후서 9:13	**성경적 예시**	욥기 31:16-23
	룻기 2:2, 7-8, 15-16	누가복음 6:35, 38
	사도행전 2:45-45	누가복음 14:13
	사도행전 11:29	로마서 12:10, 13
	로마서 15:26	갈라디아서 6:10
		디도서 3:14
		요한일서 3:17-18

노화(Aging)

(잠언 16:31) "백발은 영화의 면류관이라 공의로운 길에서 얻으리라"

나는 단지 늙었다는 이유로 자기 일을 포기하지 않는 사람들을 매우 존경한다. 우리는 갈렙이 85세였을 때 보여준 그의 투지를 잘 알고 있다. 그는 85세였지만 마흔 살 때만큼 강건하다고 자랑했다. 실제로 그는 젊었을 때와 마찬가지로 노년에도 전쟁에 나갈 수 있었다(수 14:7-12 참조). 이 남자의 힘의 비결은 무엇이었나? 성경은 세 번씩이나 "그가 그의 하나님 여호와를 온전히 좇았다" 증거했다. 그러므로 주님을 온전히 좇는 사람은 나이를 불문하고 무적의 용사가 될 수 있다.

우리 사회는 65세가 되면 젊은 사람들에게 방해되지 않도록 뒤로 물러나라고 한다. 그래서 사람이 은퇴할 나이가 되면 그동안 수고했으니 이젠 편안하게 쉬면서 여생을 즐길 궁리나 하라고 은근히 강요한다. 그러나 갈렙은 그렇게 하기를 거부했다. 갈렙이 주님을 위해 이룩한 가장 큰 업적들은 그가 85세 생일을 맞은 이후에 이룬 것들이었다.

사람은 아무리 늙어도 이제 삶을 하나님께 온전히 헌신하기에 너무 늙었다고 말할 수 없다. 자신을 하나님께 온전히 맡기기 전까지는 하나님이 당신을 위해 언제 어떤 계획을 갖고 계시는지 알 수 없다. 갈렙의 이야기는 그가 하나님께 자신의 삶을 전부 바침으로써 시편 1편에서 말하는 것처럼 "그 잎사귀가 마르지 아니하였음"을 보여준다. 그는 강건하고 힘이 넘쳐났다. 여든 다섯 살 나이에도 젊은이들과 함께 전쟁터에 나갈 수 있었다. 아! 저 갈렙처럼 하나님께 온전히 자신을 바치는 사람을 통해 드러내시는 하나님의 권능은 얼마나 놀라운가! 나는 나이 먹은 사람들이 무덤자리를 찾으려 하지 않고 하나님을 섬기는 일에 분주한 모습을 보면 절로 기쁨이 솟아난다.

하나님이 당신을 이 형편없고 타락한 세상에 남겨두신 이유는 당신이 이룰 하나님의 목적이 있기 때문이다. 당신의 사업을 위해서가 아니다. 그것은 시간 낭비일 뿐이다. 그렇게 한다면 차라리 천국에 가는 편이 더 나을 것이다. 하나님은 당신을 위해 이 땅에서 당신이 해야 할 일을 예비해 놓으셨다.

하나님의 관점	하나님의 약속	변화하기
창세기 24:1	열왕기상 3:14	잠언 23:22
신명기 32:7	시편 91:16, 92:14	전도서 9:10
욥기 5:26, 12:12, 32:7	잠언 17:6. 이사야 46:4	디도서 2:2-5
시 90:10, 143:5. 잠 16:31	**기도**	**성경적 예시**
마 6:10, 딤전 5:1-2	시편 71:9, 18, 90:12	신 34:7, 수 14:7-12

뉴에이지 운동(New Age Movement)

(디모데전서 2:5) "하나님은 한 분이시요 또 하나님과 사람 사이에 중보자도 한 분이시니 곧 사람이신 그리스도 예수라"

사람이 신이라고 선언하며 새 옷을 입은 힌두교는 뉴에이지 운동이다. 그들은 과거의 오래된 전통적 사고의 한계에서 자유롭게 되어 우주적 의식으로 도약하려는 변화된 의식상태로 들어가도록 유도한다. 그렇게 하면 자신이 하나님임을 깨닫게 된다고 말한다. 그 결과 나는 운명을 주관하며 자기의 사고를 통해 자신의 새로운 현실을 만들 수 있다고 주장한다. 그들은 나는 내가 생각하는 의식 그 자체이며, 어떤 외부의 힘이나 능력이나 신에게 의지해 도움을 구할 필요가 없다고 가르치며 그 결과 자기 안의 신을 발견하게 되는데, 그 신은 바로 자신라고 믿으며 가르친다.

실존주의 철학자들은 "이성은 당신을 절망에 빠지게 하기 때문에 이성적 행동 대신에 믿음의 도약을 통해 비현실 속으로 들어가야 한다"고 말한다. 즉 스스로 자신만의 비현실을 창조하기 위해 정신적으로 그것을 상상하는 것이다. 다시 말해 희망을 가져다 줄 환상과 상상을 통해 지어내는 것이다. 이는 이방인들이 작은 우상을 조각하고 나서 거기다 대고 "이것은 나의 신이며 나는 이 신을 숭배할 것이다" 말하는 것과 다를 바 없다.

어떤 사람들은 "나는 우상을 숭배하는 것 같은 어리석은 짓은 하지 않는다" 말하면서도 "내가 만약 하나님이라면 이런 일을 할 것이다" 말한다. 그러나 성경은 "정직하게 행하는 자는 여호와를 경외하여도 패역하게 행하는 자는 여호와를 경멸하느니라"(잠 14:2) 가르친다. 우리의 대제사장이신 예수님은 하나님께도 손을 뻗으실 수 있고 내게도 손을 뻗으실 수 있다. 나는 그러한 예수님을 통해 유일하고 영원하신 하나님을 만날 수 있다.

....

하나님의 관점	하나님의 약속	변화하기
잠언 14:12	베드로전서 1:3-9	이사야 45:22
이사야 45:21, 46:9-10	요한일서 2:23	에베소서 5:5-7
예레미야 17:9-10	요한일서 5:11-12	유다서 1: 21
마 7:13-14, 눅 13:24	**성경적 예시**	
요한복음 14:6	이사야 14:14-15	
사도행전 4:12	에스겔 14:1-11	
로마서 6:23		
빌립보서 2:5-11		
딤전 2:5-6, 요이 1:9		

다이어트(Diet)

(고린도전서 10:31) "그런즉 너희가 먹든지 마시든지 무엇을 하든지 다 하나님의 영광을 위하여 하라"

레위기에서 하나님은 이스라엘 백성이 무엇을 먹고 무엇을 먹지 말아야 하는 지에 대한 광범위한 지침을 주셨다. S. I. 맥 밀렌 박사의 저서 "이 질병들 중 아무 것도"라는 재미있는 책에는 식이요법과 정결례에 대한 의학적인 이유를 자세히 설명하였다.

우리는 안 좋은 음식을 먹으면서도 내가 하나님께 기도하면 건강해 질 것이라고 생각할 때가 있다. 그것은 모순이다. 나는 종종 신학교 친구들과 집으로 돌아올 때, 아이스크림 가게에 둘러 휘핑크림과 초코렛과 바나나 시럽을 올린 아이스크림 한 통과 바나나 크림 파이를 산다. 우리는 이것들이 살찌게 하는 것인 줄 알면서도 "누가 축복기도 할래?" 말하면 나는 재빠르게 "농담하지 마! 지금 하나님께 축복해 달라는 것은 양심적이지 않아. 그냥 먹고 살찌는 고통을 감수해!" 말한다. 이와 같이 당신 몸에 좋지 않다는 것을 알면서도 하나님의 축복을 구하지 말라. 매번 그걸 먹으면서 하나님께서 도우실 것을 기대하는 것은 어리석은 일이다.

바울은 우리에게 "그런즉 너희가 먹든지 마시든지 무엇을 하든지 다 하나님의 영광을 위하여 하라"(고전10:31) 권면했다. 이 얼마나 위대하고 근본적인 원리인가! 우리가 다른 원리를 고수하지 않는다면, 하나님은 이 진리를 붙잡도록 도우신다. 우리 존재 목적은 그분의 영광을 위해 사는 것이다. "당신은 하나님의 영광을 위해 그것을 할 수 있는가?" 이 질문이 당신이 어떤 일을 해야 하고 하지 말아야 하는지에 대해 도움이 되기를 기대한다.

....

하나님의 관점	하나님의 약속	변화하기
레위기 11:45	신명기 28:1-6	고린도전서 9:24-25
시편 136:25	**성경적 예시**	고린도전서 10:23, 31
마태복음 4:4	다니엘 1:8	골로새서 3:1-2, 17
누가복음 12:29-31		**기도**
요한복음 6:36		시편 103:2-5
로마서 14:12		
고린도전서 6:12, 19-20		

데이트(Dating)

(고린도후서 6:14,15) "너희는 믿지 않는 자와 멍에를 함께 메지 말라 의와 불법이 어찌 함께 하며 빛과 어둠이 어찌 사귀며 그리스도와 벨리알이 어찌 조화되며 믿는 자와 믿지 않는 자가 어찌 상관하며"

당신은 "나는 데이트를 통해 이 사람을 전도할거야!" 말하면서 소위 "전도 데이트"를 하고 있지는 않은가? 나는 자매에게 환심을 사기 위해, 마치 예수를 믿는 것처럼 위장하는 청년들을 본 적이 있다. 이들은 예배 끝에 예수님을 영접할 사람들은 앞으로 나오라는 구원의 초대에 응하기도 하고, 성경도 읽는 척하면서 정기적으로 자매와 함께 예배에 참석한다. 그러나 그것은 결혼식을 올리는 그 순간까지만이다. 대부분 교회에서 올린 결혼식이 그가 마지막으로 교회에 나간 때가 된다. 그의 믿음은 모두 거짓으로 결국 그 둘은 경건하지 못한 백년해로를 하게 된다. 그러므로 어떤 남녀 관계라도 자칫 감정에 눈이 멀어 믿지 않는 자와 멍에를 메는 결혼생활이 되지 않도록 조심해야 한다.

믿음 좋은 자매들이 구원받지 못한 청년들에게 빠져 잠시 판단력을 잃고 결혼을 해버린 경우들 많다. 이들은 하나같이 남편들이 술독에 빠져 있거나 다른 여자와 바람을 피우는 등 결혼생활이 위기에 처하게 된다. 자매들은 결혼만 하면 어떻게 해서든지 자신의 사랑으로 저들을 예수께 돌아오도록 할 수 있다고 확신했었다. 그러나 착각이다. 남편은 자기 아내와는 전혀 다른 가치관을 갖고 있어 엄숙한 결혼서약을 했다는 사실조차 잊어버린다. 그녀는 믿지 않는 자와 멍에를 멘 것이다. 하나님의 말씀은 진리이고 하나님의 경고는 신실하다.

하나님의 관점	하나님의 약속	[순결 지키기]	
출애굽기 34:16	고린도후서 6:16-1	하나님의 관점	변화하기
신명기 7:3-4	변화하기	고린도전서 6:11	사 1:16, 겔 18:31
잠언 22:24-25	에스라 9:12	데살로니가전서 4:3-6	고전 6:18, 히10:22
고린도전서 5:11	고린도후서 6:14	하나님의 약속	기도
고린도전서 7:39	기도	에스겔 36:25-29	시편 51:2, 7
야고보서 4:4	시편 101:3-7	마태 5:8, 요한 1:7	

[경건한 아내 찾기]		[결혼/ 독신으로 살기]	
하나님의 관점	하나님의 약속	하나님의 관점	하나님의 약속
잠언 12:4	에스겔 36:25-29	고전 7:2, 8-9, 26-27	잠언 18:22
잠언 31:10-11	마태복음 5:8	빌립보서 4:11-12	잠언19:14
	요한복음 1:7		

도적질(Stealing)

(누가복음 12:15) "그들에게 이르시되 삼가 모든 탐심을 물리치라 사람의 생명이 그 소유의 넉넉한 데 있지 아니하니라"

여덟 번째 계명은 "도적질하지 말찌니라" 이어서 열 번째는 "네 이웃의 소유를 탐내지 말찌니라"이다(출 20:15, 17, 신 5:19, 21).

우리는 탐심은 그다지 나쁜 죄로 생각하지 않는 경향이 있다. 그러나 성경에서 탐심이 열거되어 있는 곳들을 보면 그것이 정말로 가증한 죄임을 알 수 있다. 탐심에서 도적질과 같은 많은 악한 죄들이 시작되기 때문이다. 다윗이 이웃의 아내를 탐냈던 결과는 밧세바와의 간음으로 이어졌고, 결국은 그녀의 남편을 살해하기에 이르렀다. 그러므로 예수님은 "모든 탐심을 물리치라 사람의 생명이 그 소유의 넉넉한데 있지 아니하니라"(눅 12:15) 말씀하셨다.

사람의 생명은 하나님과의 관계에 있다. 그러나 탐심이 당신에게 초래할 궁극적인 결과는 절대적인 불행뿐이다. 당신이 탐낸 그것을 갖지 못하면 살고 싶지 않다고 느낄 수도 있지만 탐심의 결과는 기쁨과 행복이 아니라 대부분 불행한 일이다.

사탄이 우리에게 늘 사용하는 거짓말이 하나 있다. "만일 내게 … 만 있다면 행복할 것이다"는 가정이다. 빈칸은 당신이 그때그때 채워 넣을 수 있다. 그러나 그것은 사탄이 당신에게 손을 내밀면서 "이것 봐, 이걸 가지면 넌 정말 행복할 거야"라고 유혹하는 속임수이다. 사탄은 우리가 바라는 것을 갈망하고 사모하게 만들어 우리 안에 탐심이 생기도록 유혹한다. 그렇게만 되면 우리들의 마음은 그것을 훔치기 위해 교묘한 술수를 고안해 낸다. 그러므로 우리는 하나님께서 허락하신 자기의 분복을 누리며 살아가야 한다.

하나님의 관점	성경적 예시	변화하기
출애굽 20:15, 17, 21:16	사무엘하 12:1-7	미가 6:8
레위기 19:11, 13	왕상 21:1-4, 7, 9-10, 19	고린도전서 6:9-11
신명기 5:19, 21, 24:7	시편 50:18-23	에베소서 4:28
하박국 2:6	기도	디도서 2:9-10
스가랴 5:3-4	잠언 30:7-9	
마태복음 19:18-19		
누가복음 12:15		
로마서 2:21, 13:8-10		
베드로전서 4:14-15		

도박(Gambling)

(잠언 23:5) "네가 어찌 허무한 것에 주목하겠느냐 정녕히 재물은 스스로 날개를 내어 하늘을 나는 독수리처럼 날아가리라"

도박은 중독적인 힘이 있다. 사람은 이 중독의 지배 아래 있는 것을 발견하게 되고 그 능력 아래 매우 빠르게 지배된다. 죄악된 불법 행위, 도박과 같은 것에 연루된 한 사람을 보면, 그들은 죄의 종으로 스스로를 바치고 있음을 알 수 있다.

성경은 "너희 자신을 종으로 내주어 누구에게 순종하든지 그 순종함을 받는 자의 종이 되는 줄을 너희가 알지 못하느냐 혹은 죄의 종으로 사망에 이르고 혹은 순종의 종으로 의에 이르느니라"(롬 6:16) 경고하였다. 누구든지 죄에 자신을 드리는 순간, 그는 사탄의 능력 아래에 있게 된다. 그리고 그가 한 번 사탄의 권세 아래 있게 되면, 사탄은 절대 놓아 주지 않는다. 사탄의 능력은 사람의 저항 능력보다 더 강하다. 이와 같이 도박에 중독된 사람은 사탄의 종이다. 세상의 그 어떤 프로그램도 중독의 사슬에서 영원히 자유롭게 하지 못한다. 그 사람을 죄의 사슬에서 자유롭게 할 수 있는 분은 오직 예수 그리스도이다.

시편 기자는 매우 지혜롭게 "그 죄가 나를 주장하지 못하게 하소서"(시 19:13) 기도하였다. 그러므로 만약 어떤 것이 당신을 그의 영향력과 권세 아래로 이끌려고 한다면, 당신의 자유의지로 하여 그 유혹을 피하게 하는 것이 지혜의 첫 걸음이다.

하나님의 관점	하나님의 약속	변화하기
출애굽기 20:17	마태복음 6:33	누가복음 12:15
잠언 23:4-5	고린도전서 10:13	고린도전서 10:31
잠언 28:22	히브리서 13:5	갈라디아서 5:1
전도서 5:10	베드로전서 5:2-4	골로새서 3:2, 5-7
에스겔 33:31	**기도**	디모데전서 6:17
마태복음 6:24	시편 19:13	
고린도전서 6:12	잠언 30:8-9	
디모데전서 6:6-10		

독신(Singleness)

(시편 101:6) "내 눈이 이 땅의 충성된 자를 살펴 나와 함께 살게 하리니 완전한 길에 행하는 자가 나를 따르리로다"

당신은 아직 독신이지만 장차 결혼하길 원하는가? 혹시 미래를 당신 혼자 살아 갈것을 생각하면 끔찍한 마음이 들지는 않는가?

구약시대에는 평생을 독신으로 주인을 섬겨야 했던 내시들이 있었다. 이들은 보다 더 완벽하게 주인을 섬기기 위해 결혼을 포기하고 평생을 독신으로 살았다. 사도 바울은 이와 관련하여 "장가 가지 않은 자는 주의 일을 염려하여 어찌하여야 주를 기쁘시게 할까 하되 장가 간 자는 세상 일을 염려하여 어찌하여야 아내를 기쁘게 할까 하여 마음이 갈라지며"(고전 7:32-33)라고 증거했다.

또한 예수님은 제자들에게 "어미의 태로부터 된 고자도 있고 사람이 만든 고자도 있고 천국을 위하여 스스로 된 고자도 있도다 이 말을 받을만한 자는 받을찌어다"(마 19:22) 말씀하셨다. 이로서 독신은 선택일 수도 있음을 알 수 있다. 그러나 모든 사람이 독신의 은사를 갖는 것은 아니다. 바울은 독신으로 살면서 유혹을 이기지 못할 사람에게는 "정욕이 불같이 타는 것보다 혼인하는 것이 나으니라"(고전 7:9) 권고하였다. 그러므로 독신은 유용한 은사이지만 누구나 가질 수 있는 은사는 아니다.

성경은 "아내를 얻는 자는 복을 얻고 여호와께 은총을 받는 자니라"(잠 18:22) 기록하였다. 성경은 결혼을 폄하지 않았고, 인간을 향한 하나님의 계획이자 목적이 있는 것으로 높은 가치를 부여하였다. 그러므로 결혼은 자연스러운 일이다. 그러나 결혼이 하나님의 온전한 뜻 안에서 이루어지려면 하나님의 계명을 따라 하나님의 때에 이루어져야 한다.

만약 당신이 독신으로 살기를 헌신했다면, 당신이 오늘 어디에 있든 그곳은 당신을 위한 완벽한 환경이다. 당신이 있는 그곳에 그대로 머무르면서 하나님께 순종하라. 하나님의 계명을 따르고 하나님을 사랑하며 하나님과 의미있는 관계를 가지라. 그리고 하나님께서 당신에게 오늘 어떤 일을 맡기시든지 그 일에 충실하고 하루가 끝나면 만족하고 휴식을 취하라.

하나님의 관점	하나님의 약속	변화하기
시편 101:6	신명기 31:6	고린도후서 13:11
이사야 41:10	느헤미야 8:10	히13:5. 벧전 5:7
이사야 54:5, 10	시편 37:4, 37, 46:1	**성경적 예시**
이사야 56:3-5	요엘 2:26. 마 19:12	고린도전서 7:7-9, 32-35

돈을 사랑함(Love of Money)

(전도서 5:10) "은을 사랑하는 자는 은으로 만족하지 못하고 풍요를 사랑하는 자는 소득으로 만족하지 아니하나니 이것도 헛되도다"

돈 그 자체는 문제가 없다. 상품이나 물건을 교환하는 수단이다. 그러므로 성경은 돈이 악하다고 말하지 않는다. 그러나 부자가 되는 것이 당신에게 가장 중요한 일이고 당신이 더 많은 돈이나 소유물을 얻고자 하는 집착에 사로잡혀 있다면, 돈은 그때 비로소 악이 되는 것이다. 돈에 대한 사랑이 살아계신 하나님에 대한 사랑보다 더 클 때, 당신은 하나님을 섬기는듯 해도 실제로는 맘몬 신을 섬기고 있는 것이다. 그런 당신은 머지않아 "미혹을 받아 믿음에서 떠나 많은 근심으로써 자기를 찌른"(딤전6:10) 당신의 모습을 발견하게 될 것이다.

성경에는 하나님이 큰 재물로 복을 주신 사람들이 많이 나오는데, 그들의 재물이 하나님보다 더 중요해진 순간 그것은 구원의 올무가 되었다. 예수님을 만난 부자 청년의 경우가 그러했다. 그의 재물은 그가 예수 그리스도를 따르는 데 방해가 되었다. 예수님은 "나를 따르라" 말씀하셨으나 그 청년은 재물이 많으므로 이 말씀을 듣고도 근심하며 영원한 생명의 길되신 예수님의 부르심을 거절했다(마19:20-22).

재물 그 자체로 잘못된 것이 아니다. 그러나 당신의 재물이 당신 삶의 주인이 되어서 당신이 그것에 의해 지배되고 그것이 하나님과의 관계보다 우선이라면 그것은 큰 잘못이다. 이것이 재물의 본질이요 속성이다. 당신은 영생을 원하는가? 그렇다면 재물을 따르지 말고 예수님을 따르라. 그것이 영생에 이르는 진리이다.

"돈을 사랑함이 일만 악의 뿌리가 되나니 이것을 탐내는 자들은 미혹을 받아 믿음에서 떠나 많은 근심으로써 자기를 찔렀도다"(딤전 6:10).

하나님의 관점	하나님의 약속	변화하기
신명기 8:17-20	고린도후서 9:8	시편 62:10
잠언 3:9-10, 13:7, 15:16	빌립보서 4:19	잠언 3:9-10, 23:5
전도서 5:10	**성경적 예시**	디모데전서 6:17-19
마태복음 6:21, 24	마태복음 19:21-24	히브리서 13:5
누가복음 12:15, 16:13	누가복음 19:8	**기도**
디모데전서 3:8, 6:10	빌립보서 4:11-12	역대상 29:12-13
디도서 1:7		잠언 30:8-9

동성애(Homosexuality)

(고린도전서 6:11) "너희 중에 이와 같은 자들이 있더니 주 예수 그리스도의 이름과 우리 하나님의 성령 안에서 씻음과 거룩함과 의롭다 하심을 받았느니라"

선지자 에스겔은 소돔의 죄가 교만함, 풍족함, 태평함 그리고 가난한 자와 궁핍한 자를 도와주지 않은 데서 시작되었다고 증거하였다(겔 16:49-50 참조). '남색'(소돔행위, sodomy)은 명백한 죄다. 그러나 하나님은 소돔의 죄를 분석하시면서 이 사람들의 마음을 꿰뚫어보시고 좀 더 교묘한 원인, 곧 그 죄가 열매를 맺기 전의 그 근원 된 뿌리를 보셨다. 사람이 그것들을 용납할 때 곧 자라나 사악한 열매를 맺는 죄의 뿌리들이다. 그러므로 동성애는 실제로 사람들의 여러 가지 죄들이 자라나서 결과로 드러난 최종적 징후라고 할 수 있다.

성경은 동성애가 하나님을 대적하는 것임을 분명하게 증거하였다. 하나님은 남편과 아내가 서로에게만 헌신하는 사랑의 지고한 표현이 되도록 성적 감정을 주셨고 그 사랑의 열매를 통해 인류가 번성하면서 영속할 수 있게 계획하셨다. 나만의 쾌락을 위해서가 아니라 부부가 나누는 아름다운 선물로 설계된 것이다. 그러나 동성애를 하는 사람들은 하나님의 뜻을 좇지 않고 자신의 육신의 쾌락을 좇는 삶을 택한 것이다. 성경은 그것이 죄라고 말한다. 그것은 받아들여서도 용인되어서도 안 된다.

우리 중 누구도 육체의 문제로부터 완전히 자유로울 수는 없다. 우리는 육신의 지배를 받을 것인지 아니면 내 영이 하나님의 영에 복종하고 하나님과 조화를 이루도록 살 것인지에 대한 끊임없는 싸움이 있다. 만약 당신이 정기적으로 교회에 출석하면서도 이런 죄를 짓고 있다면 예배를 드리는 것만으로 그 죄를 덮을 수 있을 것이라고 스스로 기만해서는 안 된다. 만일 그 죄가 예수 그리스도를 향한 당신의 헌신보다 더 높은 자리에 있다면 그것은 교만과 우상숭배의 죄이며, 당신은 결국 하나님의 나라를 결코 상속받지 못할 것이다.

하나님의 관점	하나님의 약속	변화하기
창세기 1:27; 2:24; 5:2	시편 138:6	고린도전서 6: 11
레위기 18:1, 22, 20:13	잠언 11:21	에베소서 4:20-24
에스겔 16:49-50	고린도전서 10:13	디모데후서 2:22
잠언 16:5, 18:12, 21:4	고린도후서 5:17	베드로전서 5:5
이사야 3:9, 오바댜 1:3	디모데후서 1:7	기도
마태복음 19:4-5	베드로후서 2:4-10	시편 19:13
로마서 1:24-32, 6:9-10	성경적 예시	시편 119:133
유다서 4, 6-7	창세기 19:4-5, 24-25	

두려움(Fear)

(요한일서 4:18) "사랑 안에 두려움이 없고 온전한 사랑이 두려움을 내어 쫓나니 두려움에는 형벌이 있음이라 두려워하는 자는 사랑 안에서 온전히 이루지 못하였느니라"

우리는 우리 주위에 악한 일들을 본다. 거기에는 매우 많은 위험들이 도사리고 있기 때문에, 지극히 높으신 분의 은밀한 곳에 거하는 것이 더욱 중요하다. 거기서 우리는 보호하심과 피난처와 하나님의 도움을 얻을 수 있다. 어둠 속을 걸을 때의 질병과 낮에 황폐케 하는 멸망을 두려워할 필요가 없다.

그 모든 두려움을 떨쳐버리는 열쇠는 지극히 높으신 분의 은밀한 곳에 거하는 것이다. 그리스도께서 스스로 내 마음과 내 삶의 고향이 되신 것에 감사하며, 그분의 집 안에 내가 있다는 것에 감사한다. 나를 둘러싼 상황과 환경에도 불구하고, 하나님의 주권 안에 완전하고 전적인 믿음을 가질 때, 나는 두려울 필요가 없다.

바울은 "그런즉 이 일에 대하여 우리가 무슨 말 하리요 만일 하나님이 우리를 위하시면 누가 우리를 대적하리요"(롬8:31) 증거하였다. 그러므로 믿는 당신은 그 어떤 것이라도 두려워할 필요가 없다. 주께서 우리를 지키시고 그가 우리에게 평안과 기쁨을 주실 것이기 때문이다.

"너는 밤에 찾아오는 공포와 낮에 날아드는 화살과 어두울 때 퍼지는 전염병과 밝을 때 닥쳐오는 재앙을 두려워하지 아니하리로다"(시 91:5,6)

하나님의 관점	하나님의 약속	기도
하나님의 관점	출애굽기 33:14	시편 28:7
시편 18:2, 46:1, 121:5	시편 68:35	시편 62:1
잠언 24:10	이사야 40:28-31	시편 73:26
예레미야 12:5	이사야 41:10	시편 138:3
변화하기	예레미야 31:25	에베소서 4:14-16
갈라디아서 6:9-10	마태복음 11:28-30	
에베소서 6:10	로마서 8:31	
빌립보서 4:13	고린도전서 15:58	
데살로니가후서 3:13		
히브리서 4:16		

로마서의 길(The Romans road)

(로마서 1:17) "복음에는 하나님의 의가 나타나서 믿음으로 믿음에 이르게 하나니 기록된 바 오직 의인은 믿음으로 말미암아 살리라 함과 같으니라"

'로마서의 길'은 사도 바울이 증거한 로마서의 말씀을 인용하여 로마서의 복음을 간단히 서술한 것이다.

로마서는 신약성서 중 가장 신학적 체계적인 것으로 알려져 있다. 그것은 신앙의 본질에 대한 상세한 가르침이며, 복음에 대해 깊이 설명하는 역할을 한다. 로마서신 전체가 구원의 필요성과 하나님께서 우리에게 의를 주시는 방법에 대해 설명한다.

바울은 로마서에서 예수님께서 죽으신 목적과 필요성을 설명하고, 그 진리들의 실질적인 교리의 의미를 설명하였는데, 그것은 예수 그리스도를 믿음으로 오는 유대인과 이방인의 연합을 포함한다.

성경은 "선을 행하고 전혀 죄를 범하지 아니하는 의인은 세상에 없기 때문이로다"(전 7:20) 증거한다. 이것은 무슨 의미인가? 이것은 우리 모두는 우리를 죄에서 깨끗하게 하고 하나님과 관계를 형성하기 위해서는 예수 그리스도가 필요하다는 것을 뜻한다. 당신이 보는 바와 같이 죄는 항상 하나님으로부터 멀어지게 한다. 죄는 당신을 하나님과 갈라놓고 그렇게 하나님과 멀어지게 되면 삶은 공허하고 무의미해진다.

사람이 존재하는 진정한 목적은 하나님과의 교제이다. 그것이 당신이 창조된 이유이다. 그러나 죄는 하나님과의 교제로부터 당신을 갈라놓는다. 하나님께서는 사람과 다시 교제하기 위해 오직 하나밖에 없는 아들 예수 그리스도를 보내셔서 당신의 죄의 값으로 십자가 죽음의 형벌을 받게 하셨다.

그러므로 성경은 사람이 예수를 믿음으로써, 그가 당신의 죄를 담당하셨다는 사실을 받아들임으로써, 당신의 죄가 용서받는다고 선언한다. 예수께서는 하나님이 당신의 죄를 용서하시는 자비를 베푸실 정당한 근거를 마련하신 것이다. 하나님과 당신을 갈라놓았던 죄가 이제는 없어져 하나님과 교제를 갖게 되었다.

....

[로마서의 가르침]

로마서 3:10	로마서 5:8	로마서 5:1
로마서 3:23	로마서 10:9-10	로마서 8:1
로마서 6:23	로마서 10:13	로마서 8:38-39
이사야 56:3-5		

마리아 경배(Worshiping Mary)

(마태복음 12:48, 50) "누가 내 모친이며 내 동생들이냐 누구든지 하늘에 계신 내 아버지의 뜻대로 하는 자가 내 형제요 자매요 모친이니라 하시더라"

가톨릭 교회는 마리아를 숭배하는 관습을 제정했다. 천주교인들은 마리아를 "주의 어머니"라고 부르는데 이것은 성경에서 사용되지 않는 말이다. 또한 천주교는 마리아가 죄 없는 몸으로 예수 그리스도를 잉태하였으며 하늘로 승천했고 거기서 당신과 예수님 사이를 중보하는 중보자라고 공언한다.

그들은 당신이 마리아에게 기도할 때, 마리아는 차마 어머니의 부탁을 거절못하실 예수께 당신이 기도하는 바를 구할 것이라고 주장한다. 그러나 이러한 믿음은 성경에서 찾아볼 수 없다. 오히려 예수님은 실제로 가나 혼인잔치에서 예수 앞에 나서는 어머니이신 마리아를 책망하셨고(요 2:4), 후에는 마리아를 모든 제자들과 같은 위치에 두셨다.

우리가 한 가지 주목해야 할 것은 하나님이 그의 아들을 세상에 보내시기 위한 도구로 지금까지 살았던 모든 여성들 중에서 마리아를 선택하셨다는 것이다. 그러므로 비록 마리아가 다른 여인들보다 매우 영적이고 경건한 여성이었지만 숭배를 받아서는 안 된다. 마리아는 우리와 같은 죄의 몸을 가진 여인으로 하나님의 아들을 낳기 위해 택함을 받은 믿음의 여인으로 예수님과 제자들과 그의 교회 심긴 거룩한 성도이다.

"그러나 네게 책망할 일이 있노라 자칭 선지자라 하는 여자 이세벨을 네가 용납함이니 그가 내 종들을 가르쳐 꾀어 행음하게하고 우상의 제물을 먹게 하는도다"(계2:20)

....

[오직 하나님만 경배]

하나님의 관점	변화하기	성경적 예시
출애굽기 20:3-6	시편 29:2	시편 29:2
신명기 5:7-10	에베소서 5:5-7	에베소서 5:5-7
시편 73:25	요한일서 5:20-21	
이사야 43:10-11, 44:6, 8		
이사야 45:21-22		
예레미야 25:6		
마태복음 4:10		
누가복음 8:20-21		
고린도전서 8:5-6		
골 2:18. 딤전 2:5		

마술(Occult)

(로마서 6:21) "너희가 그 때에 무슨 열매를 얻었느냐 이제는 너희가 그 일을 부끄러워하나니 이는 그 마지막이 사망임이라"

마술 활동이 증가할 때, 일반적으로 마약 사용량이나 마약남용으로 인한 사고가 급증한다. 마약은 항상 사술 혹은 마술과 관련가 있다. 바울은 갈라디아서에서 육신의 행위들을 열거하였는데 여기서 '마술' 혹은 '술수'라고 번역된 단어는 '파르마케이아'(pharmakeia)라는 헬라어이다. 흥미롭게도 이 단어는 '마약사용'이라는 뜻을 가지고 있다(갈 5:20, 계18:23 참조).

모세 시대의 애굽에서는 마술이 고도로 발달해 모세가 행한 기적을 애굽의 술객들도 그대로 흉내낼 수 있었다. 그들이 지팡이를 던지자 지팡이는 뱀이 되었다. 그러나 하나님은 아론의 뱀으로 하여금 그들의 뱀을 삼키게 하여 우월하심을 증명하셨다(출 7:8-13 참조).

나는 이 술객들은 오늘날의 오컬트와 유사한 마귀의 능력이 있었다고 믿는다. 모든 마술의 기원은 여기에서 비롯된다. 고대사와 애굽의 역사를 가르치는 어느 교수가 내게 마술에 관련된 책을 몇 권 주면서 "이건 그냥 참고하라고 주는 것이니 읽고 나서 바로 태워버리시오. 그냥 놔둬서 다른 사람이 읽게 되면 큰일나니 반드시 태워 버리세요!" 말했었다. 나는 그 책들을 읽지도 않고 그냥 태워버렸다. 만일 당신이 어떤 마술이건 마술을 공부하게 된다면 당신이 공부하는 마술은 궁극적으로 고대 애굽의 마술로 연결될 것이다.

바울은 로마서에서 "너희가 선한데 지혜롭고 악한데 미련하기를 원하노라"(롬 16:19) 당부하였다. 선한 일에는 지혜롭고 악한 일에는 차라리 무식한 것이 좋다. 그럼에도 그런 일들만 특별히 관심갖는 사람들이 있다. 그들은 세상에서 이루어지고 있는 여러 가지 악한 행위들에 대해 모두 알고 싶어한다. 그들은 죽은 사람의 혼령과 교류를 시도하는 교령회, 정령숭배, 오컬트 등에 많은 관심을 갖고 있다. 그들은 이에 대해 끊임없이 책을 읽거나 기타 다른 방법으로 배우고 연구한다. 그러나 이런 것들에 대해서는 무식한 편이 더 바람직하다.

하나님의 관점	하나님의 약속	변화하기
레위기 19:26, 31, 20:6-7	고후 10:4, 골 2:15	로마서 13:12
신명기 18:9-14	**성경적 예시**	고린도후서 6:14-18
이사야 8:19-22, 47:13-15	출7:11-13, 삼상 28:3, 6	갈라디아서 5:16-21
로마서 16:19	열왕기하 17:17-18	에베소서 5:11-17
디모데전서 4:1	사도행전 8:18-24, 13:6-12	에베소서 6:10-12
요한일서 4:1-4.	사도행전 16:16-18	빌립보서 4:8-9
계시록 21:8	사도행전 19:19-20	

몰몬교(Mormonism)

(베드로후서 2:2) "여럿이 저희 호색하는 것을 좇으리니 이로 인하여 진리의 도가 훼방을 받을 것이요"

몰몬교(예수그리스도후기성도교회)는 예수가 루시퍼의 형제이며 루시퍼가 타락한 천사이기 때문에 예수도 천사라고 주장한다. 그들은 또한 '모로나이'라는 천사가 그들의 종교 지도자이자 몰몬교 창시자인 조셉 스미스에게 몰몬 경전이 새겨진 금판들이 땅에 묻힌 것을 계시해 주었다고 믿는다.

몰몬교도들은 일부다처제를 믿는다. 그들은 몰몬교를 충실히 따르면 그들의 결혼이 성전에 봉인되어, 죽으면 우주의 다른 행성들로 가서 그곳에서 자신들도 신이 될 것이라고 주장한다. 그곳에 도착하면 그들은 천상의 아내들과 더불어 그 행성들에 자손을 퍼뜨리고 그것들을 발전시켜 나갈 것이라 믿는다.

몰몬교도들도 예수님이 그들의 죄를 위해 죽으셨다고 믿는다. 그러나 그들은 자신들이 믿는 예수님은 루시퍼의 형제였다고 주장한다. 그들은 예수님과 루시퍼는 세상을 구원하기 위해 각각 다른 계획을 세워서 엘로힘(하나님)께 제시했는데, 하나님이 예수님의 계획을 받아들여 루시퍼는 분개했고 그래서 사탄은 예수님의 계획을 뒤엎기로 작정하였기 때문에 이 일은 하늘에서 형제 간의 대립된 것이라고 주장한다. 이러한 믿음은 성경과 모순되는 이단이다.

하나님의 말씀은 예수님이 하나님이심을 거듭해서 선언한다. 그래서 예수님을 피조물인 천사의 부류로 강등시켜 하나님보다 낮은 존재로 만들려 해선 안 된다. 요한은 예수님에 대해 말하면서 "태초에 말씀이 계시니라 이 말씀이 하나님과 함께 계셨으니 이 말씀은 곧 하나님이시니라"(요1:1) 증거했다. 예수님은 하나님과 함께 천사들을 창조하셨고 비록 사람으로 오셨으나 그들보다 월등히 우월하신 분이다. 예수님은 루시퍼의 형제가 아니다. 그러므로 베드로는 거짓 선지자들이 나타나 주님을 부인하고 "멸망케 할 이단을 가만히 끌어들일"것이며, "여럿이 저희 멸망케 할 것을 좇으리니"(벧후 2:1-2)라고 경고하였다.

....

하나님의 관점

이사야 9:6, 43:10, 44:6, 8	빌립보서 2:9-11
마태복음 16:15-16	골로새서 1:19; 2:8-9
요한복음 1:1, 3:16,	디모데전서 1:3
요한복음 8:42-47	히브리서 1:4-14
고린도후서 11:3-4	베드로후서 2:1
갈라디아서 1:6-9	요한일서 5:20

하나님의 약속

마태복음 23:12
누가복음 18:14

성경적 예시

창 3:13-15, 사14:12-15

변화하기

베드로전서 5:8-9

무관용(Zero Tolerance)

(고린도후서 11:19,20) "너희는 지혜로운 자로서 어리석은 자들을 기쁘게 용납하는구나 누가 너희를 종으로 삼거나 잡아먹거나 빼앗거나 스스로 높이거나 뺨을 칠지라도 너희가 용납하는도다"

우리 성도의 삶에는 죄에 대한 용인이나 용납이 없어야 한다. 로마서 13장 14절은 "오직 주 예수 그리스도로 옷 입고 정욕을 위하여 육신의 일을 도모하지 말라" 기록하였다. 따라서 당신은 육체적인 정욕과 언약을 맺지 말라. 육체와 평화롭게 공존할 수 없다. 그러므로 하나님은 "너희 육체를 죽여라" 명령하셨다.

사도 바울은 "우리의 옛 사람이 예수와 함께 십자가에 못 박힌 것은 죄의 몸이 죽어 다시는 우리가 죄에게 종노릇하지 아니하려 함이니"라고 증거했다(롬6:6,11 참조). 그러므로 육신의 정욕에 나약해지거나 예외를 두지 말라. 육신을 위해 죄의 영역을 열어두면 다시 돌아와서 당신을 파괴할 것이다. 당신은 그것을 십자가에 못 박아 죽은 것으로 간주해야 한다. 그리하여 당신이 성령을 따라 살며 하나님께서 당신에게 약속하신 모든 것을 상속받아야 한다.

안타까운 것은 모든 사람이 성령 충만의 풍성한 삶의 약속으로 들어가지 않는다는 것이다. 분명히 거기 있어도 그것을 소유하지 않는다. 여호수아가 약속의 땅으로 들어왔을 때에 하나님은 "너희 발바닥으로 밟는 곳은 모두 내가 너희에게 주었노니"(수1:3) 약속하셨다. 하지만 이스라엘은 그것이 자신의 것이 되기 전에 발로 밟아야만 했다.

당신이 발을 딛고 예수님의 이름으로 육신의 영역을 이기겠다는 모든 상황에서 하나님은 당신에게 "내가 그것을 너에게 줄 것이다" 하시지 않고 "너에게 이미 주었다" 말씀하셨다. 당신이 해야 할 모든 것은 믿음으로 그것을 점유하고 살며 성령 안에서 행하는 것이다.

하나님의 관점	변화하기	성경적 예시
창세기 4:7. 출애굽기 17:16	출애굽기 23:32-33	창세기 3:6-7
잠언 25:28	로마서 6:6, 11-13	출애굽기 17:13-14
마태복음 5:29-30	로마서 8:8, 12-13, 13:14	신명기 7:1-2, 25:17-19
요한복음 3:3-6, 16, 4:24	고린도전서 6:19-20, 9:27	사무엘상 15:13-23
로마서 5:12, 6:16, 23	갈라디아서 2:20, 5:16-17	기도
갈라디아서 5:17	에베소서 4:21-24	열왕기상 3:9
하나님의 약속	골로새 3:5-10. 딤후 2:22	시편 139:23-24
로마서 8:6	베드로전서 2:11	누가복음 18:13
고린도후서 5:17	요한일서 2:15-17	유다서 1:23, 계시록 3:4

무기력(Fatigue)

(로마서 8:31) "그런즉 이 일에 대하여 우리가 무슨 말 하리요 만일 하나님이 우리를 위하시면 누가 우리를 대적하리요"

하나님은 당신에게 환난이 없을 것을 약속하지 않으셨다. 당신은 환난을 겪을 것이다. 그러므로 당신 자신의 능력을 바라보면, 당신의 능력은 충분하지 않기 때문에 곧 지치고 무기력하게 된다. 그러나 하나님을 바라보라. 그는 당신을 버리지 않으신다. 당신이 쓰러지지 않게 하신다. 당신을 도우시고, 지탱해 주시고, 강하게 하실 것이다. 그에게 시선을 고정하라. 그렇게 할 때 하나님의 지각으로 당신의 상황을 밝히 보게 될 것이며, 미래의 불확실성을 제거할 것이다. 주께서 당신과 함께 하시기 때문에 두려움과 염려와 걱정을 제거하신다. 당신이 섬기는 하나님은 당신의 모든 것이 무너질 때 당신을 지키시며 붙잡아 주신다.

모든 것이 실패했을 때, 하나님은 당신의 힘과 도움이 되실 것이다. 당신이 지치고, 약하고, 불충분하거나 능력이 없어도 문제가 되지 않는다. 하나님께서 당신이 끝까지 볼 수 있도록 모든 필요를 주실 것이기 때문이다. 하나님은 졸지도 주무시지도 않고 결코 지치지 않으신다. 이 얼마나 큰 마음의 위로인가? 그러므로 우리는 밖으로 나아가 나를 대적하는 세상과 마주할 수 있다. 어떤 상황 속에서도 하나님께서 나를 도우시므로 나는 삐뚤어진 세대 가운데서 바로 살 수 있다. 나를 둘러싼 세상이 무너질 때에도 나는 설 수 있다. 그러므로 당신은 먼저 무기력한 마음에서 일어나야 한다.

바울은 실의에 빠진 데살로니가 성도들에게 "그러므로 이러한 말로 서로 위로하라"(살전 4:18) 권면하였다. 우리도 그런 사람들에게 도우시는 하나님으로부터 오는 복된 위로로서 하나님은 그의 나라의 영광 안에 당신과 영원히 함께할 계획이 있음을 깨닫게 해야 한다.

하나님의 관점	하나님의 약속	변화하기
시편 18:2	출애굽기 33:14	갈라디아서 6:9-10
시편 46:1	시편 68:35	에베소서 6:10
시편 121:5	이사야 40:28-31	빌립보서 4:13
잠언 24:10	이사야 41:10	데살로니가후서 3:13
예레미야 12:5	예레미야 31:25	히브리서 4:16
	마태복음 11:28-30	기도
	로마서 8:31	시편 28:7, 62:1
	고린도전서 15:58	시편 73:26, 138:3

물질주의(Materialism)

(야고보서 5:5) "너희가 땅에서 사치하고 연락하여 도살의 날에 너희 마음을 살 지게 하였도다"

물질주의는 육신의 것들에 대한 욕심, 곧 세상적인 것들을 향한 소유욕이다. 예수님께서 우리에게 "너희를 위하여 보물을 땅에 쌓아 두지 말라 거기는 좀과 동록이 해하며 도적이 구멍을 뚫고 도적질하느니라 오직 너희를 위하여 보물을 하늘에 쌓아 두라 거기는 좀이나 동록이 해하지 못하며 도적이 구멍을 뚫지도 못하고 도적질도 못하느니라 네 보물 있는 그 곳에는 네 마음도 있느니라"(마 6:19-21) 경고하셨다. 이것은 결론이다. 당신의 마음은 어디에 있는가? 하늘의 것을 원하는가? 땅의 것을 원하는가? 자동차, 아프트, 좋은 옷을 원하는가? 아니면 하나님에 대한 더 큰 믿음, 사랑과 은총과 같은 영적인 것을 원하는가? 당신이 가장 소중히 여기는 것이 무엇인가는 결국 당신 마음이 어디에 있는가를 드러낸다.

물질주의로 인해 사람은 너무도 자명한 이치에 눈이 멀게 될 수도 있다. 하나님은 우리에게 집과 가족, 우리가 누릴 수 있는 모든 것을 주셨으나 물질주의라는 죄는 하나님의 축복을 저주로 변하게 할 수도 있다. 우리에게 누리라고 주신 이것들이 우리의 주인이 되고 우리는 세상적인 것들의 노예가 되는 것이다.

확실한 것은 우리가 하나님과 맘몬 중 오직 하나만을 섬길 수 있고, 둘 다 섬길 수는 없다는 것이다. 빛과 어둠을 함께 섞을 수 없는 것과 같다. 맘몬은 세상 재물의 신이다. 그러므로 우리는 하나님께서 주신 분별과 선택의 능력을 가지고 하나님을 섬길 것인지 맘몬을 섬길 것인지를 결정해야만 한다. 우리의 마음과 삶의 중심을 영원한 것에 둘지, 아니면 곧 사라질 것들에 둘 것인지를 선택해야 할 사람은 바로 우리 자신이다.

"한 사람이 두 주인을 섬기지 못할 것이니 혹 이를 미워하며 저를 사랑하거나 혹 이를 중히 여기며 저를 경히 여김이라 너희가 하나님과 재물을 겸하여 섬기지 못하느니라"(마6:24)

하나님의 관점	변화하기	성경적 예시
시편 49:6-20	마태복음 6:19-21	누가복음 12:16-20
잠언 22:4	마가복음 4:18-20	기도
잠언 23:4-5	누가복음 12:15	잠언 30:8-9
전도서 5:10	갈라디아서 5:16	
마태복음 6:24	골로새서 3:2-4	
누가복음 16:13	디모데전서 6:17	
딤전 6:6-10. 히 11:24-26	히 13:5. 요일 2:15	

미움(Hate)

(로마서 12:9) "사랑엔 거짓이 없나니 악을 미워하고 선에 속하라"

하나님께서 내가 모든 사람을 사랑하길 원하신다는 것을 나는 안다. 하지만 내 주변 사람들 중에는 내가 도저히 견딜 수 없는 사람들도 있다. 그들의 개성이 나와는 너무 맞지 않아서 그들을 미워하게끔 나를 만든다. 그들과 어떤 문제가 생길 때, 나는 하나님께 "하나님 나에게 많은 사랑을 주셔서 감사합니다. 그러나 주님, 이 사람을 위해서 저는 사랑이 조금 부족합니다. 그러니 그들을 용납할 수 있도록 사랑을 더해 주세요. 그러면 나의 사랑이 더욱 온전해지지 않을까 싶습니다" 어쩌면 이런 기도가 좋아 보이지만, 실상은 솔직하지 않다. 가식적이고, 내 마음에도 없는 말이다.

내가 솔직해지길 원한다면, 나는 하나님께 나아와 "하나님, 나는 그들이 밉습니다. 견딜 수 없습니다. 그들은 나를 짜증나게 합니다. 뭐라고 설명할 필요도 없이 그냥 그들이 밉습니다. 그러나 주님은 내가 그들을 미워하는 것을 원치 않으신다는 것을 압니다. 그러니 저를 도와주세요. 그들을 향한 나의 태도를 변화시켜 주세요. 내 마음을 변화시켜 주세요. 쓴 뿌리와 미움을 제하여 주세요"라고 고백해야 한다. 만약 우리가 하나님 앞에 솔직하면, 하나님은 그런 나를 온전한 길로 인도하실 것이다. 그러나 내가 거짓 겸손을 떤다면, 하나님은 우리를 도우시지 않을 것이다.

....

하나님의 관점	성경적 예시	변화하기
레위기 19:17	창세기 27:41, 37:4-5, 8	누가복음 6:27-28
잠언 10:12, 15:17	사무엘하 6:16	로마서 12:9
잠언 26:24-26	열왕기상 22:8	갈라디아서 5:15, 19-21
요한일서 2:8-11, 3:15		에베소서 4:31
요한일서 4:19-20		히브리서 12:14-15

[의로운 미움]

하나님의 관점	성경적 예시	변화하기
시편 31:6, 101:3	마태복음 21:12-13	시편 97:10
시편 119:104, 163		아모스 5:15
잠언 8:13		로마서 12:9
이사야 1:14, 61:8		

믿음(Faith)

(로마서 10:17) "그러므로 믿음은 들음에서 나며 들음은 그리스도의 말씀으로 말미암았느니라"

히브리서 기자는 "믿음은 바라는 것들의 소망, 보이지 않는 것의 증거"(11:1)라고 정의한다. 이와 같이 믿음에는 실체가 있다. 그것은 바로 "보이지 않는 것의 증거"이다. 비록 당장에는 볼 수 있는 증거가 없다 하더라도 하나님이 약속하신 것은 이루실 것을 믿으며 그분은 여전히 신실하실 것을 믿는 것이다.

히브리서 기자는 계속해서 "믿음이 없이는 하나님을 기쁘시게 하지 못하나니 하나님께 나아가는 자는 반드시 그가 계신 것과 또한 그가 자기를 찾는 자들에게 상 주시는 이심을 믿어야 할지니라"(히11:6) 증거하였다. 이와 같이 하나님은 우리가 그를 믿고 신뢰할 때에 기뻐하신다. 그러나 하나님은 우리가 그분을 신뢰하지 않을 때 그분의 약속을 의심할 때 그리고 우리가 두려움과 염려로 살아갈 때 기뻐하지 않으신다.

그러면 믿음은 어디에서 오는 것일까? 바울은 "믿음은 들음에서 나며 들음은 그리스도의 말씀으로 말미암는다" 증거하였다. 그러므로 우리는 지속적으로 주를 신뢰하기 위하여 성경의 말씀으로 권면을 받아야 한다. 우리가 그분의 말씀을 믿을 때 하나님을 기쁘시게 한다. 우리와 함께 하신 주님은 당신의 삶에 시작하신 일을 반드시 이루실 것이다.

"너희 안에서 착한 일을 시작하신 이가 그리스도 예수의 날까지 이루실 줄을 우리는 확신하노라"(빌 1:6)

하나님의 관점	하나님의 약속	변화하기
이사야 43:1-3	시편 138:8	요한복음 6:29
로마서 1:17	로마서 10:9	요한복음 14:1
로마서 10:17	에베소서 2:4-7	디모데전서 6:12
고린도후서 1:9	빌립보서 2:13	유다서 20-21
에베소서 2:8-9	데살로니가전서 5:23-24	**기도**
데살로니가후서 2:13	디모데전서 4:10	시편 6:4
베드로전서 1:18-21	디도서 3:4-6	시편 25:20
성경적 예시	히브리서 11:6	시편 31:16
요한복음 11:27	요한일서 5:4	
사도행전 15:11		
사도행전 16:31		

믿음의 부족(Lack of Faith)

(히브리서 11:6) "믿음이 없이는 기쁘시게 못하나니 하나님께 나아가는 자는 반드시 그가 계신 것과 또한 그가 자기를 찾는 자들에게 상 주시는 이심을 믿어야 할지니라"

수년 전 내가 부모님으로부터 받은 믿음이 점점 멀어지고 있을 때, 그리고 내 자신의 이해력과 선택을 추구할 무렵에 하나님의 존재에 대한 의문을 갖기 시작한 적이 있었다. 물론 그것은 오래 지속되지는 않았는데 왜냐하면 하나님을 믿는 것이 믿지 않는 것보다 훨씬 쉬운 것을 깨달았기 때문이다.

내가 무신론자의 입장을 취하려했을 무렵, 나는 하나님이 반드시 존재해야 한다고 결론지었는데, 그때 나는 사람의 몸과 몸의 모든 놀라운 모양들을 생각할 때였다. 나는 우리의 몸이 단지 우연한 돌발적인 상황을 통해 발생한 것이 아니라, 몸의 모든 모양들이 독특하게 디자인 되었다는 것을 발견한 순간, 성경은 그 디자이너가 창조주임을 선포하고 있다는 것을 깨달았다. 그래서 나는 하나님은 존재한다고 결론지었으며 그것이 내 믿음의 첫 번째 기초석이 되었고, 그 위에 나의 믿음을 건축하기 시작했다. 그렇다. 하나님과 그 아들과 그의 성령은 존재한다.

"그러므로 믿음은 들음에서 나며 들음은 그리스도의 말씀으로 말미암았느니라"(롬 10:17)

하나님의 관점	하나님의 약속	변화하기
이사야 41:10	마가복음 9:23	고린도전서 16:13
마태복음 6:27	**성경적 예시**	히브리서 3:12-13
마태복음 14:31	마태복음 8:26-27	히브리서 11:6
마태복음 17:20	요한복음 20:29	**기도**
마가복음 4:40	로마서 4:20	시편 42:11
마가복음 11:22		
누가복음 12:28-31		

믿음의 시련(Trials in Faith)

(요한복음 16:33) "이것을 너희에게 이르는 것은 너희로 내 안에서 평안을 누리게 하려 함이라 세상에서는 너희가 환난을 당하나 담대하라 내가 세상을 이기었노라"

예수님은 제자들에게 "가라사대 너희 믿음이 적은 연고니라 진실로 너희에게 이르노니 너희가 만일 믿음이 한 겨자씨 만큼만 있으면 이 산을 명하여 여기서 저기로 옮기라 하여도 옮길 것이요 또 너희가 못할 것이 없으리라"(마17:20) 말씀하셨다.

이 말씀은 극도로 광범위한 믿음의 능력을 예수께서 주실 때 하신 약속이다. 그러나 모든 사람들에게 하신 말씀이 아니고 그의 제자들에게 하신 말씀이다. 그리고 주님은 제자가 되기 위해 반듯이 해야 할 일에 대하여 "누구든지 나를 따라오려거든 자기를 부인하고 자기 십자가를 지고 나를 따를 것이니라"(마 16:24) 말씀하셨다.

자신을 부인하는 사람은 자신의 풍요를 위해 이 광범위한 권능의 약속을 이용하려고 하지 않는다. 그러므로 하나님은 주와 완전히 일치된 믿음의 사람들에게 하나님의 권능을 가능케 하신다. 그렇다고 당신의 믿음이 어려운 시련이 다가오지 않게 하는 것은 아니다. 다만 그 믿음이 그 어려운 시간 속에서 당신을 지킬 것이다.

믿음은 다니엘의 친구들을 맹렬한 풀무불로 들어가지 않도록 지키지 않았다. 그러나 그들이 극한 풀무불 한가운데 있을 때 그들을 지켰다.

하나님의 관점	하나님의 약속	변화하기
이사야 41:10	시편 91:3-5	시편 27:13-14
예레미야 32:26-27	예레미야애가 3:22-24	시편 37:7
마가복음 11:24	누가복음 21:15-19	잠언 3:5-6
요한복음 17:15	디모데후서 4:18	**기도**
고린도후서 5:7	야고보서 1:2-3	시편 16:1
베드로전서 1:6-9	**성경적 예시**	시편 32:7
	히브리서 11:1-6	시편 91:15

믿지 않는 배우자(Unbelieving Spouse)

(고린도전서 7:13,14) "어떤 여자에게 믿지 아니하는 남편이 있어 아내와 함께 살기를 좋아하거든 그 남편을 버리지 말라 믿지 아니하는 남편이 아내로 인하여 거룩하게 되고 믿지 아니하는 아내가 남편으로 인하여 거룩하게 되나니 그렇지 아니하면 너희 자녀도 깨끗지 못하니라 그러나 이제 거룩하니라"

바울은 믿지 않는 사람들과 결혼한 그리스도인들에게 구원받지 못한 배우자를 떠나서는 안 된다고 말했다. 그러나 이 말은 배우자가 기독교인과 결혼했다고 해서 구원받는다는 뜻은 아니다. 여기서 "거룩해진다"라는 말은 "구별된다"를 뜻한다. 경건하고 모범적인 삶을 사는 그리스도인은 예수님의 실체를 보여주는 예가 될 수 있다. 믿지 않는 배우자에게는 그와 같은 모범을 갖는 것이 유익하고, 그 삶은 그들을 구원의 길로 인도할 수 있다. 그러므로 바울 사도는 "아내 된 자여 네가 남편을 구원할는지 어찌 알 수 있으며 남편 된 자여 네가 네 아내를 구원할는지 어찌 알 수 있으리요"(고전 7:14, 16) 증거하였다.

그러나 믿지 않는 아내나 남편이 "나는 더 이상 당신과 함께 살 수 없어요. 나는 당신이 성경을 읽는 것을 참을 수 없고 나는 이런 식으로 살지 않을 거에요!" 말한다면 바울은 그들이 떠나도 좋다. 당신은 속박 아래 있지 않다고 명하였다(고전 7:15 참조). 그러나 이러한 결단은 얼마나 어디까지 참고 갈 수 있느냐 하는 견해이다. 그렇다면 바울의 말은 당신이 그들 곁에 남아 있어야 한다는 뜻인가, 아니면 이혼하고 다른 사람과 결혼할 자유가 있다는 뜻인가? 많은 사람들은 당신이 언약한 혼인의 속박아래 있지 않기 때문에 이제 당신은 자유이며 당신이 원하는 사람과 결혼할 수 있다고 해석한다. 이것은 일반적인 해석 중 하나이다.

만약 당신이 어떻게 해야할지 딜레마에 빠져 있다면, 당신이 할 수 있는 최선의 방법은 하나님의 뜻을 보여달라고 기도하는 것이다. 내가 하나님의 뜻에 맞지 않는 것을 구한 것이라면 나는 화가 날지라도 하나님은 그냥 무시하실 것이다. 당신은 자신에 대하여는 제일 잘 안다고 생각했겠지만 당신이 기도를 하므로서 당신의 일에 대하여 하나님이 가장 잘 알고 계시다는 것을 발견할 것이다.

· ·

하나님의 관점	하나님의 약속	변화하기
아모스 3:3	고린도후서 6:14-17	베드로전서 3:1-4
고린도전서 7:12-16	요한일서 5:14	
베드로후서 3:9		

반역(Rebellion)

(사무엘상 15:23) "이는 거역하는 것은 사술의 죄와 같고 완고한 것은 사신 우상에게 절하는 죄와 같음이라"

본문 말씀은 매우 극단적인 표현이지만 사실 사람들의 내면에는 누구나 반항심이 들어있다. 내가 고등학교 다닐 때 학교 앞 상가 문에 "페인트 안 말랐음! 만지지 마시오!"라는 경고문을 볼 때마다 만져보고 싶은 충동을 느꼈었다. 내 안에 "이게 말랐는지 안 말랐는지"를 도전해 보고 싶은 마음이 있었기 때문이다.

반항심이 없는 사람은 없고 이 반항심은 우리가 태어날 때부터 시작된다. 아이는 한 번도 나쁜 말을 가르쳐 준 적이 없는데도 "싫어!"라고 하면서 부모의 말을 거역하기 시작한다. 아이들은 이러한 불법과 불순종을 어디서 배웠을까? 그것은 아담과 이브가 처음 죄를 지었을 때부터 시작되었고 그 즉시로 인류사회 전체로 감염되었다. 그러므로 성경은 "죄를 짓는 자마다 불법을 행하나니 죄는 불법이라 하나님의 아들이 나타나신 것은 마귀의 일을 멸하려 하심이니라 하나님께로서 난 자마다 죄를 짓지 아니하나니"(요일 3:4, 8-9) 증거하였다.

그러나 내가 하나님의 법을 지켜 죄를 짓지 않을 수 있는 것은 오직 성령의 능력에 의한 초자연적인 힘이 있기 때문이다. 그러므로 우리는 반드시 성령으로 거듭나야 한다. 성령 안에서 행하면 하나님의 영이 내 안에서 역사하여 나를 변화시키신다. 그러므로 예수님은 "육으로 난 것은 육이요 성령으로 난 것은 영이니 내가 네게 거듭나야 하겠다 하는 말을 기이히 여기지 말라"(요3:6-7) 말씀하셨다.

이 세상은 하나님의 통치에 반역하고 있다. 우주 전체가 하나님의 질서 안에 궤도가 설정되어 있는데 우리가 살고 있는 지구는 이 광대한 우주 중에 하나님과 조화를 이루지 못하는 유일한 곳이다. 하나님은 그것을 허락하셨다. 그러나 잠시뿐이다. 하나님은 그의 계획과 목적을 갖고 계시므로 결단코 반역의 죄를 용납하지 않으실 것이다.

하나님의 관점	하나님의 약속	변화하기
민수기 15:30	시편 1:1-3	역대하 30:8-19
신명기 17:12	시편 119:1-7	시편 51:16-17, 95:8
사무엘상 15:23	**성경적 예시**	이사야 1:19-20
시편 68:8, 78:7-8	출애굽기 7:4	베드로전서 5:5
잠언 17:11	사사기 2:2-4	**기도**
사 30:1, 65:1-2, 렘 19:15	열왕기하 17:14	시편 19:12-13
로마서 1:20-21, 8:7	에스겔 2:3-8	

방언(Tongues)

(사도행전2:4) "저희가 다 성령의 충만함을 받고 성령이 말하게 하심을 따라 다른 방언으로 말하기를 시작하니라"

성경은 방언으로 말하는 이는 사람에게 말하고 있는 것이 아니라 성령의 도우심으로 하나님께 말하는 것이라고 증거한다. 사도 바울은 고린도전서 14장 전체를 할애하여 방언의 목적을 명확히 규정하였다.

첫째로 바울은 우리가 대중집회로 모일 때는 개인의 덕보다 온 교회의 덕을 세우는 데 더 힘을 써야 한다고 말한다. 그런 의미에서 대중집회에서는 방언보다 예언을 하는 것이 더 바람직하다고 하였다. 방언 통역의 은사는 방언의 은사와 짝을 이루는 은사이다. 이 은사를 주신 목적은 누군가 일어나 방언으로 말할 때 이 방언 통역의 은사를 가진 사람이 우리에게 통역해 주지 않는다면 방언으로 말하는 것을 이해하지 못하기 때문이다. 통역을 못한다면 방언은 그저 의미없는 소리이다. 그런 방언들은 우리에게 도움이 되지도 못하고, 덕을 세우지도 못한다. 그저 소음일 뿐이다.

방언은 하나님을 향한 것이다. 그것은 찬양, 경배, 감사, 혹은 중보기도일 수도 있다. 바울은 "내가 만일 방언으로 기도하면 나의 영이 기도하거니와 나의 마음은 열매를 맺지 못하리라" 증거했다. 즉 자기도 무슨 말인지 이해하지 못한다는 뜻이다. 그러나 내가 알 수 없는 방언으로 기도할 때, 나의 영이 기도하지만 내 마음은 그것을 이해하여 열매를 맺지 못한다. 그러나 그것은 가장 높은 형태의 예배 중 하나이다. 예수께서 "하나님은 영이시니 예배하는 자가 신령과 진정으로(영과 진리로) 예배할찌니라"(요 4:24) 말씀하셨기 때문이다.

"그러면 어떻게 할꼬 내가 영으로 기도하고 또 마음으로 기도하며 내가 영으로 찬미하고 또 마음으로 찬미하리라"(고전 14:14-15)

....

하나님의 관점	하나님의 약속	성경적 예시
이사야 28:11-12	마가복음 16:7	사도행전 2:1-11
마가복음 16:15-17	유다서 20-21	사도행전 10:45-46
고린도전서 12:7-11	**변화하기**	사도행전 19:6
고린도전서 14:2-6	고린도전서 13:1	
고린도전서14:13-15		
고린도전서14:22-25		
고린도전서 14:39-40		

방탕(Prodigal)

(에베소서 4:19,20) "저희가 감각 없는 자 되어 자신을 방탕에 방임하여 모든 더러운 것을 욕심으로 행하되 오직 너희는 그리스도를 이같이 배우지 아니하였느니라"

누가복음에서 예수님은 방탕하고 죄 많은 삶을 살았던 탕자의 비유를 말씀하신다. 그는 돈이 바닥나자 돼지를 먹이는 일 외에는 일자리를 구할 수가 없었다. 유대인이 돼지에게 먹이를 주는 일을 해야 한다는 것은 얼마나 굴욕적인 상황인가! 그러나 그것이 바로 죄가 불러온 결과이다. 죄는 사람을 사랑하는 사람들과 함께 살던 집에서 끌어내어 외톨이로 만들고 끝내는 더러운 돼지우리 안에 팽개쳐 버린다. 그러나 탕자가 정신을 차리고 자신을 바로 볼 수 있었던 것은 바로 지옥같은 나락으로 떨어졌을 때였다. 그는 그 때서야 초라한 자신을 보며 집에서 여유있게 지내던 과거를 떠올리며 즉시 그곳을 떠나 아버지의 집으로 향했다.

여기서 우리는 그 아버지가 집 나간 탕자를 찾아 나서지 않았음을 주목하자. 아버지는 아들이 자신의 어리석음을 깨닫고 집으로 돌아올 날만을 기다리고 있었다. 마침내 아들이 돌아오자 아버지는 두 팔을 벌려 환영했다. 이와 같이 하나님께서도 잘못된 길에 들어선 우리들을 여전히 사랑하신다. 그러나 탕자의 형은 아버지가 방탕한 동생을 다시 받아들이자 크게 화를 냈다. 이런 태도는 천국에 어울리지 않는 태도이다. 천국은 잃어버린 아들이 집으로 돌아오는 것을 기뻐한다. 이것이 죄많은 우리들을 향한 하나님의 은혜이자 복음이다.

만약 당신의 방탕한 아들 혹은 딸이 아직도 돌아오지 않고 있다면, 그것은 하나님께서도 알고 계시므로 탕자 된 자녀를 쫓아다니지 말라. 그가 갈 데까지 간 후 하나님이 그의 눈을 뜨게 해주실 때까지 기다리며 기도하라. 그의 삶 속에서 하나님의 사랑과 은혜가 역사하도록, 그리고 하나님이 그를 위해 예비하신 최선의 장소로 그를 데려가시도록 하나님께 기도하라. 당신의 태도가 하나님의 마음과 일치하게 도와주시고, 집을 나간 자녀를 긍휼히 여겨 용서해서 그가 뉘우치고 집으로 돌아올 수 있게 되도록 하늘에 계신 아버지께 기도하라.

하나님의 관점	하나님의 약속	변화하기
시편 44:20-21	신명기 30:1-6, 8	이사야 44:22, 55:7
이사야 44:3, 50:10	잠언 22:6, 스가랴 1:3	에스겔 18:31, 33:11
예레미야 33:3, 에스겔 34:16	데살로니가전서 5:24	로마서 2:4
마태복음 18:14	성경적 예시	기도
누가 5:32, 15:1-2, 19:10	사무엘상 1:27-28	시편 80:3, 85:4
로마서 5:8, 벧후 3:9	누가복음 15:11-32	시편 119:37

배역(뒤로 미끄러짐)(Backsliding)

(잠언14:14) "마음이 배역한 자는 자기 행위로 마음이 채워지겠고 선한 자는 하늘로부터 오는 만족으로 채워지리라"

당신이 생각하기를 "나는 이전에 주님과 더 가까이 동행했을 때가 있었다" 혹은 "나도 주님의 임재와 그의 능력을 더 많이 경험했을 때가 있었다"고 기억한다면 당신은 이미 뒤로 미끄러져 주께 배역을 하고 있는 것이다.

주님과 동행하는 삶은 항상 앞으로 나아가야 하며, 더 깊고 충만한 관계가 매일 매일 느껴져야 한다. 만약 당신이 하나님의 은혜가 새롭게 임하는 것을 마음으로 매일 체험하고 있다면 그럴 수밖에 없다. 바로 오늘이 내 인생에서 예수님과 동행하는 흥분된 날이어야 한다.

예수님은 에베소 교회를 향하여 "너를 책망할 것이 있나니 너의 처음 사랑을 버렸느니라"(계 2:4) 책망하셨다. 그 어떤 다른 욕망, 야망, 직업, 인간관계, 아파트, 자동차, 요트, 여가활동 등 무엇이든 마음의 최우선 순위에 두게 되면 당신은 그 순간 배역의 길을 걷기 시작한 것이다. 배역은 항상 마음으로부터 시작된다. 그러므로 하나님은 당신의 삶에서 다른 그 무엇보다 더 최우선되고 당신의 마음속 최고의 위치에 계셔야 한다.

하나님의 관점	하나님의 약속	변화하기
신명기 4:9	역대기하 7:14	신명기 5:32
잠언 14:14 (NKJV)	이사야 55:7	시편 105:4-5
예레미야 2:19, 17:5-6	예레미야 3:22	이사야 55:6-7
누가복음 9:62	호세아 14:4	히브리서 3:12-13
고린도전서 3:1-3	갈라디아서 6:9	
히브리서 10:37-38	야고보서 5:19-20	
베드로후서 2:20-21		
요한일서 1:6-7, 3:8-10		
요한계시록 2:4-5		

번영(Prosperity)

(신명기 29:9) "그런즉 너희는 이 언약의 말씀을 지켜 행하라 그리하면 너희의 하는 모든 일이 형통하리라"

성경 속의 번영은 항상 하나님의 율법을 지키는 것과 관련이 있다. 또한 번영은 주님의 계명을 지키고 행하는 것과 밀접하게 연결되어 있다. 그러나 우리가 번영에 대해 말할 때 바로 물질적 풍요에 대해 생각하는 경향이 있지만 그러나 성경에서의 풍요는 물질과 정반대인 영적인 풍요를 의미할 때가 더 많다.

흥미롭게도 세상에서 번영할 때에 비극이 종종 일어나는데 그것은 그때가 사람의 마음이 주님의 일로부터 멀어졌기 때문이다. 사람들은 세상 일들에 마음을 쏟고 하나님으로부터 돌아선다. 이와 마찬가지로 국가도 건국 초기에 어려움을 겪고 있을 때나 희생이 요구되는 시기에는 멸망한 적이 드물지만 번영을 누리면서부터 안으로부터 허약해져 간다. 도덕적 해이가 한때 그 나라를 지탱하고 그 나라를 강하게 만들었던 국가의 기틀에 스며들어 나라를 조금씩 무너뜨린다. 이스라엘은 쇠퇴한 후에 적들에게 먹힌 것이 아니라 안으로부터 썩어 들어가서 궁극적으로는 망하게 되었는데, 그 시발점은 대게 국력이 강하고 번영되었을 때였다.

번영과 축복의 때에 우리가 하나님께 등을 돌리고 제멋대로 행동하지 않는 것이 얼마나 중요한 일인가? 우리가 계속해서 주님을 찾고 주님을 따르며, 그분의 율법과 계명을 따라 우리 삶에서 주님을 첫째로 삼아 동행함으로써 하나님의 축복이 계속 우리에게 임하도록 하는 것이 얼마나 중요한 일인가? 그러므로 물질적 풍요보다 예수 그리스도의 일에 풍성하기를 기원해야한다. 그것이 훨씬 더 중요하다. 조심하라! 네 마음에서 하나님을 절대로 잊지 마라!

하나님의 관점	하나님의 약속	변화하기
신명기 8:11-18, 30:5	신명기 28:1	여호수아 1:7-8
누가복음 12:15, 16:13	신명기 29:9	잠언 23:17
로마서 2:4, 9:23, 11:33	삼성 2:7. 왕상 2:3	골로새서 2:2
성경적 예시	시편 1:1-3	**기도**
창세기 14:22-23, 24:1	잠언 10:22	역대상 29:12
창세기 26:13, 39:3, 23	마태복음 6:31-33	에베소서 3:16
역대하 16:7	빌립보서 4:19	요한삼서 2
욥기 42:12		
히브리서 11:8-10		

보호(Protection)

(베드로전서1:5) "너희가 말세에 나타내기로 예비하신 구원을 얻기 위하여 믿음으로 말미암아 하나님의 능력으로 보호하심을 입었나니"

우리는 누구나 위험으로부터 보호받기를 원한다. 문제는 나의 보호자로 누구를 원하는가이다. 사람인가? 아니면 하나님인가? 우리는 가끔 하나님의 자녀로서 하나님이 나를 보호하신다는 생각이 들지 않을 때가 있다. 욥도 그 많은 고난을 겪으면서 그렇게 생각했을 것이다. 그러나 하나님은 종종 우리의 일시적 안전뿐만 아니라 영원한 안전을 위해 우리가 가고 있는 길에서 벗어나게 하신다. 하나님께서는 우리가 비극으로 실패로 또는 훼방으로 느낄 수 있는 일들을 통해서 우리를 위험으로부터 지켜주실 때도 종종 있다.

타이어 펑크로 인해 시간이 조금 지연되고 다시 출발할 때까지 15분이 추가로 소요되었을 때 나는 늘 그것이 오히려 하나님이 나를 사고로부터 보호해 주시는 것이라고 믿었다. 우리는 지연된 시간에 대해 불평할 수도 있지만, 그것은 우리를 무언가로부터 보호하기 위한 하나님의 도구일 수 있다. 나는 일이 중단될 때마다 하나님께서 내가 모르는 함정이나 위험에 빠지지 않도록 나를 구해주시는 것이고, 하나님의 타이밍은 언제나 완벽하다는 것을 배웠다. 자칫 화를 낼 수도 있는 상황을 만났을 때 오히려 하나님을 찬양하는 버릇이 생긴다.

당신을 쓰러뜨리기 위해 마귀가 어떤 무기로 공격해 오더라도 당신은 쓰러지지 않을 것이다. 그것은 당신이 얼마나 유능한가? 혹은 당신이 그럴만한 자격이 있는가? 심지어는 애초에 당신이 뭔가 잘못해 그런 공격을 받았던 것 아닌가? 이 중 어느 것과도 상관이 없다. 마귀의 모든 공격들이 실패한 것은 우리가 의롭기 때문이 아니라, 하나님이 우리에게 그의 의를 주셨기 때문이다. 그러므로 나를 보호하는 것은 자신의 의가 아니라 주의 의로움이다. 하나님의 자녀가 되면 하늘로부터 오는 권리이자 하나님의 유산으로 이러한 보호가 주어진다.

....

하나님의 관점	하나님의 약속	성경적 예시
신명기 1:30, 3:22, 20:4	사무엘하 2:9, 22:3, 31	출애굽기 14:13-14
욥기33:18, 잠언 3:24-26	시편 5:12, 7:10, 28:7	사무엘상 14:6b
이사야 54:17. 렘 15:20-21	시편 33:20, 34:7-8, 37:23	열왕기하 6:15-17
요한복음 17:1, 15,	시편 84:11, 91:4-7, 9-11	역대하 20:22-23, 32:7-8
요한계시록 3:10	시편 112:7, 121:7-8	기도
변화하기	잠언 1:33, 2:7, 18:10, 30:5	시편 3:3, 59:9
여호수아 1:9	사 43:2, 렘 1:18-19	시편 71:3, 119:114
시편 62:8, 115:11	마태 16:18, 누가 21:16-18	

복수(Revenge)

(히브리서 10:30) "원수 갚는 것이 내게 있으니 내가 갚으리라 하시고 또 다시 주께서 그의 백성을 심판하리라 말씀하신 것을 우리가 아노니"

하나님의 본성 중에는 내가 사랑하는 것과 싫어하는 것이 있다. 바로 오래 참음과 인내심이다. 나에게 있어서 정말 좋은 것이지만, 나를 부당하게 대한 사람들과 관련된 것이라면 정말 싫다. 누가 내 차에 흠집을 내었을 때 나는 하나님께서 즉시 응징하시기를 바란다. 그러나 내가 잘못했을 때에는 나를 친절하게 다루심에 감사드린다.

우리 개개인의 내면에는 복수의 기본적인 욕구가 있다. 문제는 그 욕구가 내 손에 있을 때, 나는 정의 이상의 것을 원한다는 것이다. 만약 어떤 남자가 내 눈을 때렸다면 나는 그의 눈을 멍들게 하고 코피를 흘리게 복수하고 싶다. 하나님은 "눈에는 눈, 이에는 이"라는 규칙을 세우셨다. 이것은 우리에게 그런 마음이 있다는 것을 아시기 때문이다. 그러나 하나님은 우리에게 "원수 갚는 것이 내게 있으니 내가 갚으리라"(히 10:30) 말씀하셨다.

그리스도인으로서 당신은 그리스도 안에서 새로운 삶을 살게 된다. 그리고 성령은 당신을 예수 그리스도의 이미지로 변화시키기 위해 당신 안에서 일하고 계신다. 그것이 당신의 삶 속에 계신 하나님의 성령의 목적이다. 그의 계획은 당신을 예수처럼 만드는 것이다. 따라서 예수님은 우리를 만들어 가는 모델이다. 그러므로 내게 적대적인 상황이 오면, 나는 이것이 단지 과정일 뿐이라는 것을 깨닫고 온전히 주께 헌신하기를 힘쓴다. 그 이유는 하나님은 나를 그 아들의 형상으로 만드시기 때문이다. 그것은 육체적 이미지가 아니라 영적인 이미지이다.

하나님의 관점	하나님의 약속	성경적 예시
레위기 19:18	잠언 20:22	사무엘상 24:12
신명기 32:35	잠언 24:29	사무엘상 26:9-11
에스겔 25:17	데살로니가후서1:6, 8	기도
마태복음 5:38-39, 43-48	변화하기	시편 54:1
누가복음 18:7-8	로마서 12:17-19	시편 94:1
히브리서 10:30	데살로니가전서 5:15	예레미야 20:12
요한계시록 6:10		

부모공경(Honoring Parents)

(에베소서 6:1-3) "자녀들아 너희 부모를 주 안에서 순종하라 이것이 옳으니라 네 아버지와 어머니를 공경하라 이것이 약속 있는 첫계명이니 이는 네가 잘 되고 땅에서 장수하리라"

이 성경 구절은 내가 어렸을 때 어머니께서 귀에 딱지가 안도록 가르쳐 주신 말씀이다. 그때 나는 어머니는 매우 현명하신 분이라고 생각했다. 이 말씀은 대인관계와 가족관계를 다루는 첫 계명이다. 이것으로 우리는 하나님께서 자녀들이 부모를 공경하는 일에 큰 우선순위를 두신 것을 알 수 있다.

반면, 자녀가 부모의 권위에 도전하도록 부추기려는 시도는 매우 위험하다. 오늘날 우리 사회의 학교 시스템은 학생 자신들에게 무엇이 옳은지 스스로 결정할 수 있도록 해야 한다고 설득하면서 아이들 스스로 결정을 내리도록 요구하는데 그들이 결정해야 할 문제 가운데는 어른에게도 혼란스러울 수 있는 것들도 많다. 그러나 "네 부모를 공경하라"하신 이 말씀은 모든 인간관계의 기본임을 알아야 한다.

하나님의 관점	하나님의 약속	변화하기
출애굽기 20:12,	신명기 5:16	잠언 6:20-22
출애굽기 21:15, 17	잠언 1:8-9	잠언 23:22, 25
레위기 19:3	**성경적 예시**	에베소서 6:1-2
신명기 27:16	요한복음 19:26-27	
잠언 15:20		
잠언 19:26		
잠언 20:20		
잠언 28:24		
잠언 30:17		
마태복음 15:4-6		
로마서 1:28-32		
디모데후서 3:2-5		

부모에게 순종(Obedience to Parents)

(골로새서 3:20) "자녀들아 모든 일에 부모에게 순종하라 이는 주 안에서 기쁘게 하는 것이니라"

사회의 기본 토대 중 하나는 서로 좋은 관계 안에서 사는 가족이다. 부모는 사랑으로 서로 존경하고 자녀들은 그 부모에게 순종하며 공경한다. 이것이 기본적인 가족 구조이다. 그리고 그 가족 구조가 무너지면 사회도 무너진다.

아이들은 아주 일찍부터 부모의 권위에 반항하기 시작한다. 아이들은 부모가 밤에 몇 시까지 들어와야 한다고 정해 주는 것을 거절하며 "내게 뭘 먹어라. 뭘 먹지 말아라 간섭하지 마세요. 난 콜라와 햄버거가 좋고 야채는 싫단 말이에요!"라고 얼굴을 붉히며 화를 낸다. 이와 같은 권위에 대한 반항은 아주 어렸을 때부터 발달하기 시작한다. 그것이 인간의 본성이기 때문이다. 그러나 만일 권위가 없다면 세상은 무정부 상태가 되고 사회는 멀지않아 붕괴될 것이라는 것을 우리는 잘 알고 있다.

성경은 "자녀들아 너희 부모를 주안에서 순종하라 이것이 옳으니라 네 아버지와 어머니를 공경하라 이것이 약속 있는 첫계명이니 이는 네가 잘 되고 땅에서 장수하리라"(엡 6:1-3) 가르친다. 여기서 우리는 "자녀들아 부모에게 순종하라"는 말씀에는 "주 안에서"라는 단서가 붙어있음을 주목해야 한다. 부모가 자녀들에게 요구하는 사항 중에는 그리스도인의 양심에 어긋나는 것도 있기 때문이다.

아무리 엄격한 부모라해도 합당치 못한 요구를 할 때는 자녀들은 그것을 지킬 의무는 없다. 그럼에도 우리 사회에서 아버지, 어머니라 불릴만한 자격조차 없는 부모들이 자녀들에게 경건치 못한 온갖 행위로 이끌고 가는 일들이 번번히 일어 나고 있는 것은 참으로 안타깝다.

....

하나님의 관점	하나님의 약속	변화하기
출애굽기 20:12	에베소서 6:1-3	잠언 1:8-9
신명기 5:16	골로새서 3:20	잠언 23:22
잠언 15:5	**성경적 예시**	디모데후서 3:1-2, 5
잠언 20:20	마태복음 15:4-9	
잠언 28:24	누가복음 2:51	
마가복음 10:19	누가복음 15:11-24	
누가복음 18:20		
로마서 1:28-32		

부활(Resurrection)

(디모데후서 2:18) "진리에 관하여는 저희가 그릇되었도다 부활이 이미 지나갔다 하므로 어떤 사람들의 믿음을 무너뜨리느니라"

만일 예수님께서 십자가에 못 박히시고 무덤에 안치되신 후에 부활하지 않으셨다면 우리에게는 복음이 없었을 것이다. 기독교 신앙도 없었을 것이다. 그러나 우리는 오늘날 이 신앙의 힘으로 많은 사람들이 치유되고, 희망이 없던 마약, 알코올 중독자가 중독에서 해방되며, 포르노 동성애 중독자가 회복해 새 삶을 시작하고, 깨졌던 가정이 되살아나는 일들을 우리 눈으로 똑똑히 목격할 수 있다.

이렇게 변화된 삶은 예수님이 죽은 자 가운데서 다시 살아나셨다는 사실에 대한 증거가 곧 부활의 증거이다. 예수님이 부활하지 않으셨다면 우리의 모든 믿음은 헛된 것이다. 예수님은 자신이 말씀하신 그대로 정확하게 부활하심으로써 자신이 하나님의 아들이심을 증명하셨다. 죽은 자 가운데서 부활하신 것이 그 표적이다. 그리고 그것은 기쁜 소식이다.

그 기쁜 소식으로 인하여 우리는 산 소망을 가진다. 왜일까? 예수님께서 살아나셨으므로 우리도 살아날 것이기 때문이다. 영생에 대한 우리의 소망은 예수 그리스도께서 죽은 자 가운데서 부활하셨음에 기인한다. 그러니 그것은 소망 그 이상이다. 그것은 산 소망이다. 영원히 죽지 않을 산 소망이다.

하나님의 관점	하나님의 약속	변화하기
욥기 19:25-26	베드로전서 1:3-5	로마서 6:4
이사야 26:19	**성경적 예시**	갈라디아서 2:20
요한복음 2:19	마태복음 28:5-6	골로새서 3:1
요한복음 10:18	누가복음 24:1-8	**기도**
요한복음 11:25-27	요한복음 20:27	시편 16:8-11
요한복음 14:19		
고전 15:1-8, 14, 20-22		
요한계시록 1:18		

부활절(Easter)

(히브리서6:2) "세례들과 안수와 죽은 자의 부활과 영원한 심판에 관한 교훈의 터를 다시 닦지 말고 완전한 데 나아갈지니라"

우리는 매년 부활절 주일 아침에 예수님이 죽음에서 부활하셨음을 기념한다. 하나님은 인간의 죄를 위하여 아들을 보내어 죽게 하실 약속을 이루셨다. 하나님의 아들은 그 말씀대로 죽어서 장사되었고, 사흘째 되던 날 자신이 하나님의 아들이라는 사실을 증명하기 위해 죽음에서 부활하셨다. 이것은 성경의 예언을 이룬 것이다. 돌아가시기 전 예수님은 제자들에게 자신이 죽임을 당할 것이나 "사흘째 되는 날 다시 살아나리라" 증거하시며 "이는 내가 살았고 너희도 살겠음이라" 말씀하셨다. 예수님이 부활하셨기 때문에 우리도 죽지 않고 영원히 살 것이라는 말씀이다(요 14:19 참조).

예수님이 죽음에서 부활하심은 우리에게 소망을 준다. 그리고 우리가 가진 이 소망은 우리로 하여금 소망이 없는 사람들처럼 죽음을 슬퍼하지 않게 해준다. 베드로는 "찬송하리로다 우리 주 예수 그리스도의 아버지 하나님이 그 많으신 긍휼대로 예수 그리스도의 죽은 자 가운데서 부활하심으로 말미암아 우리를 거듭나게 하사 산 소망이 있게 하시며"(벧전 1:3)라고 증거했다. 그러므로 부활절에 우리가 가지는 소망은 단순한 소망이 아니다.

예수님의 부활로 인해 우리에게는 산 소망이 있게 되었다. 무덤을 막고 있던 돌이 그 자리에서 옮겨졌다! 이것은 우리 하나님이 우리를 용서하시고, 긍휼히 여기시며, 우리를 사랑하시는 하나님이심을 의미한다. 우리가 구원받을 수 있다는 것을 의미한다. 우리 죄가 주홍같이 붉을지라도 눈같이 희게 될 수 있다는 뜻이다. 아무리 엉망인 삶을 살았을지라도 새로운 삶을 시작할 수 있다. 하나님을 만나기 위해 그 어떤 종교적 행위도 필요없고 그저 예수 그리스도를 믿고 그분을 신뢰하면 된다. 그러면 하나님께서 당신을 받아주시고 용서해 주시고 당신은 하나님과의 교제 안에서 하나님이 당신에게 원하시는 새 삶을 살 수 있다.

하나님의 관점	하나님의 약속	변화하기
마태복음 12:39-40	욥기 19:26	로마서 6:6-11
마태복음 28:5-6	시편 16:10	에베소서 4:21-24
마가복음 10:32-34	다니엘 12:2	빌립보서 3:21
누가복음 24:46	베드로전서 1:3-4	골로새서 3:1-5
요한복음 2:22. 14:19	**성경적 예시**	**기도**
사도행전 2:30-32	마가복음 16:1-6	시편 17:15
고전 15:12-14, 16-17	누가복음 24:4-8, 23-37	

분노(Anger)

(에베소서 4:26,27) "분을 내어도 죄를 짓지 말며 해가 지도록 분을 품지 말고 마귀에게 틈을 주지 말라"

당신은 일이 잘 풀리지 않을 때 꼭지가 돌아버릴 만큼 성미가 급한가? 그러나 주변 사람들에게는 당신의 모습이 예수 그리스도에 대해 알게 되는 유일한 표본이 될 수도 있다. 당신은 예수님을 제대로 대변하고 있다고 생각하는가? 당신이 대변하고 있는 예수님은 작은 일에도 쉽게 기분이 상하거나 화를 내는 사람이었는가?

우리가 그분의 진정한 대변인이 될 수 있는 유일한 방법은 오직 성령의 능력에 의한 것이다. 우리는 나를 화나게 하는 것만 생각하면서 살 수도 있고, 아니면 하나님의 인자하심과 선하심과 자비와 은혜를 생각하며 다른 사람들에게 나누어주면서 평생을 보낼 수도 있다.

화가 날 때 참는 것이야말로 지혜요, 남의 허물을 보고도 그것을 덮어주는 것이 참된 영광이다. 사랑은 허다한 죄를 덮는다. 어떤 상황에 대한 반응으로 마음에 분노를 품고 대응하지 말라. 화가 나더라도 그 분노가 가라앉을 때까지 행동을 미루라. 그렇게 한다면 당신은 곧 스스로 말할 것이다. "오, 이럴 수가 있나! 다친 사람이 아무도 없구나!" 특히 운전할 때 이렇게 하라. 누가 내 앞으로 끼어들거나 가로막거나 해도 화를 내거나 그 사람을 미워하지 말고 그가 저지른 과실을 덮어주겠다는 마음으로 용서해 주라.

이제부터는 당신을 화나게 하는 일이 생겼을 때 전혀 반응하지 않길 바란다. 대신 그동안 내가 받은 축복들을 세어보고 하나님이 당신에게 베푼 은혜에 대해 감사하라. 그리고 하나님의 선하심을 생각하며 마음으로 기뻐하라.

"노하기를 더디하는 것이 사람의 슬기요 허물을 용서하는 것이 자기의 영광이니라"(잠19:11)

....

하나님의 관점	하나님의 약속	변화하기
창세기 4:6,7	로마서 8:28	시편 37:8
잠언 10:12, 12:16	로마서 12:19	잠언 22:24-25
잠언 14:17, 29, 15:1	로마서 16:19,20	누가복음 6:28-29
잠언 19:11, 25:28, 29:22	빌립보서 4:6-7	에베소서 4:26-27, 30-32
전도서 7:8-9		골로새서 3:8
갈라디아서 5:19-21		야고보서 1:19-20

분별(Discernment)

(로마서 12:2) "너희는 이 세대를 본받지 말고 오직 마음을 새롭게 함으로 변화를 받아 하나님의 선하시고 기뻐하시고 온전하신 뜻이 무엇인지 분별하도록 하라"

정확한 교리가 중요하지만 정확한 행동도 필수적이다. 행동은 분별을 요구한다. 정확히 이해하지 않은 상태로 뭔가 듣고 보고 행하는 것이 가능하다. 이는 일반인 즉 하나님의 영이 결여된 사람들의 행동이다. 그들은 '영적으로 분별되는 것들'을 이해할 수 있는 기능이 없다.

예를 들면, 갈보리채플에 출석하는 한 커플에 대해 들었는데 그들은 동거하고 있었다. 나는 "그들은 성경이 그 행동이 죄라고 말하는 것을 정말 모르는 걸까?" 생각했었다. 우리는 영적인 분별을 갖기 위해서 그리스도의 생각을 가져야 한다. 바울은 자기를 완전히 비우고 하나님의 목적과 뜻에 순종하는 그리스도의 마음을 설명한다(빌 2:5-8 참조). 이것은 세상과 정반대이다. 세상은 항상 자기에게 영광을 돌리고 자기만족만 구한다.

우리는 판단하거나 정죄하지 않더라도 확실히 지혜롭게 분별해서 우리가 하나님의 거룩한 것을 신성모독으로 나타내지 않도록 해야 한다. 이를 위해 우리는 성령의 도우심이 필요하다. 그분은 우리 마음에 신호를 보내실 것이고, 그럴 때 우리는 순종할 필요가 있다. 때때로 예수님은 아무 말 없이 사람들과 아름다운 은혜와 사랑 그리고 하나님의 자비를 나누셨다. 그러므로 우리 또한 하나님의 진리를 나눌 때 사람들을 분별할 필요가 있다.

하나님의 관점	하나님의 약속	성경적 예시
잠언 9:7-10, 19:25, 23:9	말라기 3:18	열왕기상 3:9, 11-12
에스겔 44:23	**변화하기**	사도행전 13:45-46
마태복음 7:6, 10:14	잠언 23:9	**기도**
마태복음 13:45-46	요한복음 7:24	열왕기상 3:5-14
고린도전서 2:13-14	빌립보서 1:9-10	
빌립보서 3:2-3	히브리서 4:12	
히브리서 5:14	히브리서 5:14	
유다서 1:22-23		

불면증(Insomnia)

(마태복음 6:34) "그러므로 내일 일을 위하여 염려하지 말라 내일 일은 내일 염려할 것이요 한 날 괴로움은 그 날에 족하니라"

당신은 밤에 잠을 못 이루는가? 그렇다면 오직 하나님께 당신의 길을 맡기는 법을 배우기 바란다. 밤마다 무거운 짐을 지고 잠 못 이루며 뒤척이는 것은 비극이다. 나는 하나님께서 주신 불면증도 있다고 생각한다. 그것은 주께서 나를 깨우셔서 기도하게 하시기 위함이다. 하나님께서 나와 교제하기를 원하셔서 깨우셨을 것이다. 그럴 때는 잠 못 이루는 밤을 저주하기보다는 일어나서 중보기도와 찬양으로 귀한 시간을 보내기 바란다.

마음이 우울하거나 무엇에 눌리는 것 같을 때, 잠자리에 들었으나 잠이 오지 않을 때, 하나님은 그 고뇌의 한 가운데서 당신을 만나주신다. 한 때 내게 그러셨던 것처럼 하나님은 한밤중 잠 못 이루는 당신에게 노래를 선물하실 수도 있다. 아침에 일어났을 때는 전혀 기억이 나지 않을 수도 있는데 이는 그 노래가 오직 고통스러운 밤을 위해서 주신 것이기 때문이다.

나는 잠 못 이루는 날이면 자리를 털고 일어나 하나님의 말씀을 읽곤 했다. 그러다가는 다시 성경책을 내려놓고 눈을 감는다. 그리고 하나님의 공의로운 심판과 주님과 관련된 여러 가지 일들을 생각하노라면, 입에서 저절로 찬양이 나오면서 축복받은 기분이 들어 힘을 얻는다. 늦게 갔는데도 아침에 일어나면 마치 밤새 한 번도 깨지 않고 푹 잤던 것처럼 상쾌하다. 한밤중에 하나님과 교제하는 시간을 가졌었기 때문이다. 하나님에 대해 생각하고 하나님께 말을 걸며 하나님의 의를 묵상하며 보낸 밤이었기 때문이다.

두려움과 걱정으로 잠이 오지 않는다면 주님께 온전히 맡기지 않았다는 신호일 수 있다. 내 삶을 주님께 맡기면 나는 주님의 것이요, 주님은 나를 사랑하신다는 것을 깨닫게 된다. 주께서 나를 돌보아 주심을 믿게 된다. 주께서 내가 그것을 겪도록 허락하신 것은 그것이 무엇이든 주의 사랑 안에 있다. 그리하여 내 마음이 주님의 사랑에 응답하고 그 사랑에 대한 보답으로 주님을 찬양할 때 두려움은 쫓겨나고 나는 그의 평안 가운데 쉴 수 있게 된다.

하나님의 관점	하나님의 약속	성경적 예시
레위기 26:6	시편 121:3, 127:2	창세기 2:21, 28:11, 16
욥기 35:10	잠언 3:21-24, 18:10	시편 6:6-9, 단 2:1, 6:18
시편 3:5	베드로전서 5:7	마가복음 1:35
이사야 26:3	**변화하기**	누가복음 6:12
마태복음 11:28-30	시편 4:4, 63:5-6,	**기도**
요한복음 16:33	시편 77:6, 119:48	시편 4:8

불성실한 배우자(Unfaithful Spouse)

(잠언 6:32) "부녀와 간음하는 자는 무지한 자라 이것을 행하는 자는 자기의 영혼을 망하게 하며"

하나님 앞에서 맺은 결혼서약은 신성하고 거룩하게 지켜져야 한다. 이는 건강한 사회를 만들기 위한 하나님의 계획이다. 만약 율법시대에 만약 당신이 간통을 저질렀다면 두 사람 모두 돌로 쳐 죽임당했다. 그러나 지금도 하나님은 간음과 음행으로 몸을 더럽히는 사람을 심판하실 것이다. 왜냐하면 그 죄들은 결혼서약을 더럽히기 때문이다. 우리는 하나님을 두려워해야 한다. 다른 쪽에서 성관계를 찾지 말라. 하나님께서 세우신 테두리 안에서 완전히 만족하라. 그 안에서 온전한 관계를 나누라. 부부는 배우자를 통해 온전한 만족을 누려야 한다.

잠언서에는 "너는 네 우물에서 물을 마시며 네 샘에서 흐르는 물을 마시라"(5:15)기록되었다. 다시 말해서 당신의 아내와 관계를 맺으라는 것이다. "어찌하여 네 샘물을 집 밖으로 넘치게 하며 네 도랑물을 거리로 흘러가게 하겠느냐 그 물이 네게만 있게 하고 타인과 더불어 그것을 나누지 말라"(5:16-17). 이 말씀은 당신의 아내를 통해 얻은 자녀가 거리를 활보하도록 하라는 것이다. 많은 아이를 낳아 가족을 이루고 그들과 기쁨을 누리라. 다른 여자로부터 자녀를 낳지 말아야 한다. 그렇게 되면 많은 사생아들이 거리를 활보할 것이다.

"네 샘으로 복되게 하라 네가 젊어서 취한 아내를 즐거워하라"(잠5:18). 이것은 노인을 위한 지침이다. 젊은 남자들은 자신을 순결하게 유지해야 하고, 나이 많은 이들은 그들의 아내로 만족해야 한다. 만약 당신이 성적인 불결함에 연루되어 있다면, 바울은 "당신은 하나님의 나라에 얻을 자리도 없고 그의 기업을 얻지 못하리라" 책망하였고 더 나아가 "누구든지 헛된 말로 너희를 속이지 못하게 하라"(엡 5:5-6) 책망하였다. 성경은 당신이 정말 하나님과 동행한다면 육신을 따라 사는 것을 절대 그만둬야 한다고 분명히 말한다.

....

하나님의 관점	하나님의 약속	성경적 예시
출애굽기 20:14	시편 128:1-3	사무엘하 13:15
잠언 5:15-20, 6:32	요한계시록 22:14-15	마태복음 19:4-9
마태복음 5:28, 32	**변화하기**	
고린도전서 7:2	잠언 6:25-29	
고린도후서 5:10	고린도전서 6:18	
갈라디아서 5:19		
에베소서 5:5-6		
디모데전서 3:2, 12		

불신자(Unbeliever)

(로마서 1:20) "창세로부터 그의 보이지 아니하는 것들 곧 그의 영원하신 능력과 신성이 그가 만드신 만물에 분명히 보여 알려졌나니 "

하나님은 모든 생명체에 그의 흔적을 남기셨다. 그런데도 왜 사람들은 창조자 하나님을 믿지 않는 것인가? 청년 때에 내 인생에 하나님의 존재에 대해 의문을 품었던 때가 있었다. 갈수록 나는 무신론자의 입장에 처해졌지만 거기에는 답변할 수 없는 질문들이 너무나 많다는 것을 깨달았다. 꽃들과 곤충들, 동물들 그리고 사람을 관찰해볼 때, 먼저 그 디자인에 감탄하고 놀라게 되는데, 그들은 하나님은 없다고 말한다. 흥미롭게도 이미 하나님을 그들에 대하여 "어리석은 자는 그 마음에 이르기를 하나님이 없다 하도다"(시 53:1) 말씀하셨다.

솔로몬은 "여호와를 경외하는 것이 지식의 근본이거늘, 미련한 자는 지혜와 훈계를 멸시하느니라"(잠 1:7) 기록하였다. 솔로몬은 지혜가 지식보다 더 중요하다는 것을 깨달았다. 왜냐하면 지혜없는 지식은 잘못된 길로 인도할 수 있기 때문이다.

지혜는 지식의 알맞은 적용이다. 그럼에도 우리 교육 체계는 지혜를 가르치는 것에 집중하는 것보다 지식을 주입하고 있다. 그래서 많은 사람들이 지식을 자신의 신으로 만든다. 그들은 지식을 얻을수록 자신을 불가지론자로서 묘사하는 경향이 있다. 흥미롭게도 '불가지론'이라는 단어는 헬라어 '지식이 없는'(이그노라무스)에 뿌리를 두고 있다. 그러나 아무도 "나는 이그노라무스에요" 말하지는 않는다. 진정한 지식은 하나님을 두려워하고 존경하는 데서 비롯된다. 세상의 다른 지식을 인생의 기초로 삼는 사람들은 결국 무지한 자가 될 것이다.

하나님의 관점	하나님의 약속	변화하기
창세기 1:6-8, 14-15	전도서 3:11	이사야 55:6-7
시편 19:1-4, 33:6, 53:1	예레미야 29:13	요한복음 20:27
잠언 1:7, 9:10	요한복음 20:30-31	로마서 11:20
이사야 40:26	요한일서 4:9	히브리서 3:12
예레미야 10:12, 미가 6:8	요한계시록 21:6	히브리서 4:6, 11
요한복음 15:22, 24	**성경적 예시**	히브리서 11:3
사도행전 17:26-28	마가복음 16:4	요한계시록 22:17
로마서 1:18-23	데살로니가전서 1:9	**기도**
골로새서 1:14-18	히브리서 11:27-29	시편 104:24
히브리서 11:6		느헤미야 9:6
벧후 3:3-9. 계 21:8		

불신자와의 결혼(Marriage to an Unbeliever)

(고린도후서 6:14) "너희는 믿지 아니하는 자와 멍에를 같이하지 말라"

성경은 불신자와의 결합에 대해 분명하게 경고하고 있다. 그럼에도 불구하고 오늘날 수많은 사람들이 하나님의 분명한 명령을 어기고 시작한 결혼 생활에서 바로 그러한 불행을 겪고 있다. 그들은 어떻게든 사랑의 힘으로 신앙의 차이를 극복할 수 있을 것으로 생각했다. 일단 결혼하고 나면 얼마든지 상대방을 변화시킬 수 있다고 생각하는 바람에 엉망진창으로 전락한 결혼의 사례가 허다하다. 현실은 절대로 생각만큼 호락호락하지 않다. 각각 전혀 다른 세상에 살던 그리스도인과 불신자가 결혼하는 것은 명백히 실수이다. 뿐만 아니라 하나님의 계명과 정면으로 충돌하는 것이다.

만일 당신이 결혼 후에 믿음을 갖게 되었고 여전히 믿지 않는 배우자는 그리스도인이 된 당신과 함께 지내는 것이 싫어 떠나고자 한다면 바울은 그런 배우자는 떠나게 하라 한다. 구속받을 필요가 없다는 것이다. 그리스도와 당신과의 관계는 그 어느 관계보다 중요하다(고전 7:12-16 참조). 그러나 그가 머물고자 한다면 그 사람은 믿는 배우자로 인해 거룩하게 될 것이라고 한다. '거룩'이라는 말은 '따로 떨어져 구별됨'을 뜻한다. 경건하고 모범적인 삶을 사는 그리스도인 배우자는 예수님의 모습을 가까이서 친근하게 재현하는 셈이 된다. 믿지 않는 배우자에게는 모범을 가까이서 보며 사는 것이 큰 유익이요, 구원에 이르게도 할 수 있다.

사도 베드로는 믿지 않는 자와 함께 사는 아내에게 남편을 순종하라고 하면서 그렇게 하면 그 행위로 말미암아 남편을 구원받게 할 수도 있다고 권면한다(벧전 3:1-2 참조). 다시 말해서 사람들은 당신이 말 한마디 하지 않아도 당신의 삶을 보고 당신이 어떤 사람인지 알 수 있다는 것이다. 그러므로 베드로는 남편이 하나님의 말씀에 순종하지 않더라도 당신의 말이 아닌 행위로서 그들을 구원받게 할 수 있다고 선언하였다. 그들은 당신 안에 있는 하나님의 은혜와 예수님의 사랑을 볼 것이며 그 사랑으로 감동을 받아 구원에 이르게 될 것이다.

....

하나님의 관점	하나님의 약속	변화하기
출애굽기 34:12, 16	고린도후서 6:16	고린도전서 7:12-16
신명기 7:3-4		베드로전서 3:1-4, 7
여호수아 23:12-13		
에스라 9:1-2		
느헤미야 13:23-27		
잠언15:1. 아모스 3:3		
고후 3:2-3, 6:14-16		

불안(Anxiety)

(시편 37:7) "여호와 앞에 잠잠하고 참고 기다리라 자기 길이 형통하며 악한 꾀를 이루는 자 때문에 불평하지 말지어다"

우리가 살고 있는 세상은 온통 스트레스와 불안으로 가득 차 있다. 그렇게 때문에 하나님의 도움 없이는 스트레스와 불안에 시달려 살아가는 것이 불가능할 정도이다. 하나님의 위로의 말씀과 그 말씀을 마음에 새기지 않고서는 진정한 평안을 얻을 수 없다. 그러므로 기도할 때와 감사할 때 내 마음에 채워지는 하나님의 평안이 얼마나 감사한지 모른다.

내가 바른 정신으로 이 세상을 느긋하게 바라볼 수 있는 것은 오직 하늘에 계신 우리 아버지께서 세상 만물을 온전히 주관하신다는 것을 알고 있기 때문이다. 그리고 그가 온 우주를 보살피고 다스리실 수 있다면 당연히 나 하나쯤은 잘 돌봐주실 수 있을 것이기 때문이다. 그러므로 성경은 우리에게 다음과 같이 권고하였다.

"여호와 앞에 잠잠하고 참아 기다리라 자기 길이 형통하며 악한 꾀를 이루는 자를 인하여 불평하여 말지어다"(시 37:7)

하나님의 관점	하나님의 약속	변화하기
잠언 12:25	시편 27:1	시편 37:7
마태복음 6:25-34	시편 34:4	잠언 3:5-6
누가복음 12:27-31	시편 42:5	빌립보서 4:6-7
로마서 8:28	시편 46:1	베드로전서 5:6-7
	시편 55:22	
	시편 62:1-2, 8	
	예레미야 17:7-8	

불안정(Insecurity)

(시편 62:8) "백성들아 시시로 저를 의지하고 그 앞에 마음을 토하라 하나님은 우리의 피난처시로다(셀라)"

시편 기자의 이 말씀은 실로 성공적인 그리스도인의 삶을 살기 위한 비결이다. 모든 상황에서 주님을 신뢰하고 그분 앞에 마음을 쏟아 놓으라. 당신의 두려움에 대해, 당신이 불안해 하는 것들에 대해, 오직 주님께 말씀드려라. 또한 당신의 약점에 대해, 당신의 실패에 대해, 주님께 말씀드리라. 그 앞에 마음을 쏟아 놓으라

하나님은 신실하시며, 그런 하나님이 당신 안에서 선한 일을 시작하셨으니 결코 중도에 그만 두지 않을 것이다. 그 선한 일을 시작하신 이가 예수 그리스도의 날까지 계속 이루실 줄을 확신한다. 즉 주의 선한 일은 예수 그리스도께서 우리를 위해 오시거나 그분의 교회를 위해 오시는 그 날까지 계속해서 이루실 것이다.

하나님은 여기까지 데리고 와서 당신을 차버리려고 데려온 것이 아니다. 그는 계획하신 일들을 끝까지 다 마치실 것이다. 하나님께서 다 마치실 것을 확신하는 일은 정말 멋진 일이다. 할렐루야!

"너희 속에 착한 일을 시작하신 이가 그리스도 예수의 날까지 이루실 줄을 우리가 확신하노라"(빌 1:6)

하나님의 관점	하나님의 약속	성경적 예시
시편 62:2	사무엘상 2:9	시편 22:4-5
시편 146:5	시편 37:23-24	스가랴 4:6
이사야 50:10	시편 94:18	**기도**
요한복음 14:12-14	시편 121:3-8	욥기 13:15
고린도후서 3:4-6	잠언 3:26	시편 9:10
히브리서 10:35-37	잠언 14:26	시편 16:1, 8-9
요한일서 2:28	이사야 26:4	시편 25:20
	로마서 8:37	시편 34:1
	에베소서 1:3-6	빌립보서 4:13
	빌립보서 1:6	
	베드로전서 1:3-5	
	요한일서 5:14-15	

불임(Infertility)

(시편 127:3) ” 자식은 여호와의 주신 기업이요 태의 열매는 그의 상급이로다 “

성경 시대에는 아내가 아이를 낳지 못하면 하나님의 저주를 받은 것으로 여겨서 남편이 이혼하고 다른 여자와 재혼할 수 있었다. 당시 불임을 수치와 저주로 여기는 문화였다. 사무엘상 1장에는 한나라고 하는 여인이 아이를 갖게 해 달라고 하나님께 기도하는 이야기가 나온다. 그녀의 남편 엘가나는 한나가 아이를 갖지 못하자 브닌나라는 두 번째 아내를 취했는데 브닌나는 여러 자녀를 낳았다. 그러자 교만해진 브닌나는 한나가 자식을 낳지 못하는 것을 빌미로 그녀를 업신여기며 괴롭혔고, 그런 한나는 브닌나에게 상당한 질투심을 갖게 되었다. 여기서 우리가 주목해야 할 것은 성경은 한나의 태를 닫으신 것은 하나님이었다고 기록한 말씀이다(삼상 1:5).

하나님은 우리의 삶에서 역사하실 때 영원을 보는 관점을 가지고 일하신다. 한나가 아이를 갖지 못하게 하셨던 하나님은 그녀의 삶에서 하나님의 영원한 목적과 계획을 이루시기 위해 그렇게 하셨던 것이다. 크나큰 문제에 봉착해 등 떠밀리듯 하나님 앞으로 간 한나를 하나님께서는 들어 쓰셨다. 한나로 하여금 하나님의 목적에 맞는 아이를 갖게 하신 것이다. 그러나 그 전에 하나님은 한나에게 불임을 허락하심으로써 하나님의 목적과 한나의 기도가 일치하게 하셨다.

인간은 항상 단기적인 관점을 가지고 오늘 지금 당장 느끼는 불편함만을 생각하는데 그러나 하나님은 영원한 것에 초점을 맞추신다. 이와 같이 세상 일의 대부분은 모두 관점의 문제이다. 하나님은 영원한 계획을 이루시기 위해 지상에서 잠시의 불편함을 우리에게 허락하신다.

하나님의 관점	하나님의 약속	성경적 예시
이사야 41:10	시편 27:1	창세기 21:2, 25:21
이사야 55:8-9	시편 34:4	창세기 30:22
예레미야 33:3	시편 42:5	사사기 13:2-3, 24
	시편 46:1	사무엘상 1:18-20
	시편 55:22	누가복음 1:7, 24-25
	시편 62:1-2, 8	**기도**
	예레미야 17:7-8	시편 138:8

불치병(Terminal Illness)

(사도행전 24:15) "그들이 기다리는 바 하나님께 향한 소망을 나도 가졌으니 곧 의인과 악인의 부활이 있으리라 함이니이다"

열왕기하 13장 14절에는 하나님의 사람 엘리사가 불치병에 걸린 이야기가 기록되었다. 나는 하나님의 치유 기적을 믿지만 동시에 하나님이 항상 치유하신다고 생각하지 않는다. 우리의 질병에는 하나님의 목적이 있을 수 있다. 사람이 죽거나 치유되지 않는 것은 결코 믿음이 부족해서가 아니다. 사람은 누구나 죽는다. 세상의 어떤 믿음도 이 진리를 바꿀 수는 없다.

바울은 "만일 땅에 있는 우리의 장막 집이 무너지면 하나님께서 지으신 집 곧 손으로 지은 것이 아니요 하늘에 있는 영원한 집이 우리에게 있는 줄 아나니 과연 우리가 여기 있어 탄식하며 하늘로부터 오는 우리 처소로 덧입기를 간절히 사모하노니… 이러므로 우리가 항상 담대하여 몸에 거할 때에는 주와 따로 거하는 줄을 아노니… 우리가 담대하여 원하는 바는 차라리 몸을 떠나 주와 함께 거하는 그것이라"(고후 5:1-2, 6, 8) 증거하였다.

어느 날 나는 지금의 육체의 천막에서 나와 아름다운 맨션으로 이사할 것이다. 이와 같이 진정한 나는 영이고 몸은 내가 현재 살고있는 천막일 뿐이다. 어느날 내 육신에 큰 변화가 일어날 때 당신이 정말로 나를 사랑한다면 울지 않을 것이다. 오히려 당신은 "오! 당신은 참으로 행운아네요! 더 이상 썩어질 천막에서 살 필요가 없고 아름다운 맨션으로 이사를 가시겠군요!" 생각할 것이다. 그렇다. 죽음은 슬픈 것이 아니다. 그냥 주소가 바뀐 것 뿐이다.

예수님은 우리에게 "너희는 마음에 근심하지 말라 하나님을 믿으니 또 나를 믿으라 내 아버지 집에 거할 곳이 많도다 그렇지 않으면 너희에게 일렀으리라 내가 너희를 위하여 처소를 예비하러 가노니 가서 너희를 위하여 처소를 예비하면 내가 다시 와서 너희를 내게로 영접하여 나 있는 곳에 너희도 있게 하리라"(요 14:1-3) 약속하셨다. 아멘!

하나님의 관점	하나님의 약속	변화하기
시편 116:15	이사야 26:19, 단12:2, 호13:14	데살로니가전서 5:16-18
이사야 57:1	요한복음 5:28-29, 14:1-3	**성경적 예시**
요한복음 11:4	사도행전 24:15	열왕기하 13:14
고린도전서 15:54	로마서 5:3-5, 8:38-39, 14:7-8	욥기 19:27
고린도후서 5:1-2, 6, 8	고린도전서 15:20-22, 51-54	요한복음 11:21-26
고린도후서 12:9	골로새서 3:4,	**기도**
빌립보서 1:21, 23	데살로니가전서 4:13-14, 5:10	시편 23:4, 73:23-26
빌립보서 2:27	히브리 2:14-15, 계시록 14:13	

비통(Grief)

(요한복음 16:20) "내가 진실로 진실로 너희에게 이르노니 너희는 곡하고 애통하겠으나 세상은 기뻐하리라 너희는 근심하겠으나 너희 근심이 도리어 기쁨이 되리라"

우리가 사랑하는 사람을 잃는 것은 극도로 좌절되는 경험이다. 그로인하여 많은 사람들이 울며 파괴되는데 그것은 슬픔에 무능력하기 때문이다. 다만 우리가 하나님의 말씀에 감사하는 것은 우리에게 위로가 필요할 때 큰 인내가 되기 때문이다.

다윗이 가장 사랑하는 친구 요나단과 그의 아버지 사울의 소식을 들었을 때, 다윗은 극한 감정적인 반응을 일으켰다. 그들은 블레셋과의 전투에서 죽임을 당하였기 때문이다. 다윗은 슬피 울며 금식하며 저녁까지 통곡했다. 그럼에도 다윗은 홀연히 자리에 앉아 그들의 삶을 애도하며 찬사와 애가를 불렀다. 그리고 다윗은 더 나아가 그들의 죽음을 기념하기 위해서 유다 족속에게 명령하며, 유다 자손들에게 양궁 기술을 가르치고 훈련하도록 하였다. 그 이유는 요나단의 놀라운 활 솜씨를 높혀 그 업적을 길이 남기기 위함이었다(삼하 1:11-12, 17-18). 이와 같이 우리의 극한 슬픔의 눈물은 때로는 유익하고 삶의 큰 도움이 되기도 한다.

우리는 사랑하는 사람을 잃고 애곡할 때 마음을 닫고 애곡하는 경향이 있어 자기 스스로 슬픔에 깊게 묻혀버린다. 그러나 다윗은 슬픔을 다루는 경건한 예를 우리 앞에 제시한다. 그는 그의 슬픔을 다른 사람에게 나아가는 디딤돌로 사용하여, 그의 친구의 능력의 유산을 다음 세대에 전달한다. 이와 같이 극한 슬픔 속에서도 다윗은 주 안에 온전한 신뢰를 둠으로서 하나님의 완전한 위로를 발견했다.

....

하나님의 관점
시편 116:15
요한복음 11:25-26

하나님의 약속
시편 30:5
시편 34:18
마태복음 5:4
고린도후서 1:3-4
빌립보서 4:19
요한계시록 21:4

변화하기
요한복음 14:1-3
데살로니가전서 4:13
야고보서 1:2-4

성경적 예시
창세기 37:30, 35
사무엘하 1:11-12, 17-18

기도
시편 23:4-6
시편 31:9-10, 19

비판(Judging)

(마태복음 7:1) "비판을 받지 아니하려거든 비판하지 말라"

오늘 우리는 예수께서 하신 이 명령을 통해 의미하신 바를 정확히 아는 것은 중요하다. 결혼하지 않고 동거만 하는 커플에게 그의 잘못을 꾸짖으면 "형제, 그것은 나를 정죄하는 것입니다" 분노한다. 그러나 결코 당신은 그들을 정죄하지 않았다. 이미 하나님의 말씀이 그들의 행위를 죄라고 정죄하셨다. 이와 같이 어떤 사람에게 성경을 인용하는 것은 그들을 정죄하는 것이 아니다. 죄 가운데 있는 사람을 책망하는 것은 결코 그들을 정죄하는 것이 아니다.

예수님께서 "비판하지 말라 그러면 너희가 비판을 받을까 하노라"하신 말씀은 지나치게 비판적인 정신을 지적하신 것이다. 선하고 건설적인 비판도 있지만, 오히려 파괴적이고 해롭고 상처를 주는 비판도 있기 때문이다. 일반적으로 지나치게 비판적인 정신 뒤에는 독선이 있기 때문이다.

고린도전서 13장 7절에는 "사랑은 모든 것을 믿으며 모든 것을 바란다" 증거하였다. 그럼에도 사람들 중에는 항상 남들을 무조건 나쁘게 여기고 남이 하는 행동을 흠잡고 비난하려 하는 사람들이 있다. 예수님께서 "비판하지 말라 그러면 너희가 비판을 받을까 하노라"하신 말씀은 우리가 모든 사실을 파악하기 전에 자신의 견해를 성급하게 표하는 것을 지적하신 것이다. 또한 주님은 우리가 모든 사실을 파악한 후에도 비판보다는 오히려 그 사람의 처지를 공감하는 마음을 가지도록 말씀하신 것이다.

당신은 자신에게 적용할 너그러운 잣대와 자신에 대한 비판의 눈높이를 이미 마음속에 지니고 있다. 만약 당신이 남에게도 그처럼 자비로우면 하나님께서도 당신에게 자비를 베푸실 것이다. 그러므로 용서하라. 그러면 용서받을 것이다. 형제의 눈 속에 있는 티끌보다 자기 눈 속에 있는 들보를 먼저 생각해야 한다. 우리 삶 속에서 자기관리를 잘하는 것만도 풀타임 스케줄인데 남을 신경 쓸 시간이 있을까? 그러나 설혹 자신의 삶이 주님을 기쁘시게 하고 있을지라도 자신을 스스로 판단하도록 하자!

....

하나님의 관점	하나님의 약속	변화하기
이사야 59:8	고린도전서 4:3-5	마태복음 7:1-5
마 7:15-18, 눅16:15, 요7:24	**성경적 예시**	누가복음 6:36-37
로마서 2:1-2, 14:3-4, 10-13	디모데후서 2:16-17	로마서 16:17-18
고린도전서 2:15, 13:4-7	디모데후서 4:14	고린도전서 11:30-31
고린도후서 10:12		빌립보서 2:3
약 3:1, 4:11-12, 계 2:2		디모데후서 3:5

빚(Debt)

(잠언 22:26,27) "너는 사람으로 더불어 손을 잡지 말며 남의 빚에 보증이 되지 말라 만일 갚을 것이 없으면 네 누운 침상도 빼앗길 것이라 네가 어찌 그리하겠느냐"

오늘날 많은 사람들은 새 차, 새 집, 새 옷 같은 물질적인 것들을 원하는 욕망의 무덤에 자신을 파묻는 경향이 있다. 그들은 자기 수입으로는 도저히 감당할 수 없는 것들을 구매하느라 신용카드를 최대 한도까지 사용한다. 이같이 절제력과 통제력을 잃어버린 결과로 그들은 재정적 늪에 빠져 빚더미 속에 파묻히게 된다. 그러므로 잠언 기자는 "부자는 가난한 자를 주관하고 빚진 자는 채주의 종이 되느니라"(잠 22:7) 경고하였다.

이 모든 것에 대한 답은 하나님의 말씀에서 찾을 수 있다. "너희는 성령을 좇아 행하라 그리하면 육체의 욕심을 이루지 아니하리라"(갈 5:16). 물질의 소유나 감각적 만족으로는 당신의 갈증을 해소할 수 없다. 오직 하나님과의 의미있는 관계만이 진정으로 당신을 만족시켜 줄 수 있다. 그리고 그것은 당신이 삶을 온전히 예수 그리스도께 바칠 때만 가능하다.

하나님의 관점	하나님의 약속	변화하기
시편 37:21	마태복음 5:6	누가복음 12:15
잠언 3:9-10	에베소서 2:3-5	로마서 13:13-14
마 6:31-33, 요 6:27	빌립보서 4:19	히브리서 13:5-6
로마서 6:12, 8:5	**기도**	
갈라디아서 5:17	잠언 30:7-9	
디모데전서 6:6-10		

[빚 갚기]

하나님의 관점	변화하기	기도
잠언 3:27-28	신명기 15:6	잠언 3:9-10
잠언 22:7, 26-27	신명기 28:12	
누가복음 16:11-12	잠언 10:4	
	잠언 13:4	
	잠언 21:5	
	로마서 13:8	

사업관계(Business Relationships)

(고린도후서 6:14,15) "너희는 믿지 않는 자와 멍에를 함께 메지 말라 의와 불법이 어찌 함께 하며 빛과 어둠이 어찌 사귀며 그리스도와 벨리알이 어찌 조화되며 믿는 자와 믿지 않는 자가 어찌 상관하며

바울은 고린도후서 6장 14절에서 "너희는 믿지 않는 자와 멍에를 같이하지 말라" 명하였다. 이는 두루 적용될 수 있는 좋은 권면이다. 나는 이것이 결혼뿐만 아니라 비즈니스 파트너십에도 적용된다고 생각한다. 그리스도인이 아닌 친구가 백만불을 벌 수 있는 훌륭한 아이디어를 가지고 있을지 모르지만, 당신은 곧 그가 성경에서 가르치는 것과 다른 가치관을 가지고 있다는 사실을 알게 될 것이다.

당신은 장부를 속이지 않으며 정직하기를 원한다. 그래서 세금을 내지 않기 위해 매상을 줄여서 보고하거나 당신이 만든 제품에 대해 고객을 속인다든지 하는 일을 하려고 하면 마음이 불편하다. 그러나 당신의 친구는 "뭐 그까짓 걸 가지고 그래? 걸리지만 않는다면 별문제 될 것 없잖아?" 말한다. 그래서 결국 이익을 위해 하나님을 거역하는 문제와 그렇게 하면 하나님의 말씀을 어기는 것이라는 양심의 가책 사이에서 고민하게 된다. 그때에서야 많은 그리스도인들은 그들의 믿지 않는 비즈니스 파트너가 고객을 속일 수 있을 뿐만 아니라 파트너도 속일 수 있다는 사실을 곧 깨닫게 된다.

고린도후서 6장 14절 말씀은 우리가 따라야 할 훌륭한 규칙이다. 믿지 않는 자들과 멍에를 같이하지 말라. 그 멍에에 들어가지 말라. 그 멍에는 당신이 정말로 해서는 안 되는 일마저 서슴치 않고 하게 되는 수준으로 당신을 끌어내릴 것이기 때문이다.

"우리 혼이 새가 사냥군의 올무에서 벗어남 같이 되었나니 올무가 끊어지므로 우리가 벗어났도다"(시124:7)

....

하나님의 관점	성경적 예시	변화하기
신명기 22:10	시편 106:35-36	시편 124:7
잠언 22:24-25	전도서 9:12	
고린도전서 5:11		
고린도전서 15:33-34		
고린도후서 6:14-18		
에베소서 5:11		
야고보서 4:		

사탄(Satan)

(야고보 4:7) "그런즉 너희는 하나님께 순복할지어다 마귀를 대적하라 그리하면 너희를 피하리라"

사탄이라는 이름은 문자 그대로 '대적자'를 의미한다. 그는 하나님의 대적자이다. 사탄은 가장 높은 계급의 천사 중 하나로 창조되었다. 에스겔은 그가 덮는 기름부음받은 그룹이었고, 그가 반역하여 죄악이 발견될 때까지는 아름다움이 완전하고 지혜가 완전하며 모든 면에서 완전했다고 증거하였다. 그러나 그는 반역으로 그 지위에서 쫓겨났다(겔 28:14-16).

사탄은 타락한 후에도 여전히 하나님의 보좌에 접근할 수 있었다. 하나님은 그의 존재를 허락하시고 우리 자신에 대한 진리를 볼 수 있도록 그를 사용하여 우리를 시험하신다. 사탄은 하나님께서 허락하시는 동안 지속된다.

바울은 "우리의 씨름은 혈과 육을 상대하는 것이 아니요 통치자들과 권세들과 이 어둠의 세상 주관자들과 하늘에 있는 악의 영들을 상대함이라"(엡 6:12) 증거하였다. 여기서 바울은 오늘날 세상을 지배하는 세력이 사탄의 역사인 것을 인정하였다. 이 진리가 오늘날 세상에 일어나는 비극과 재난에 대해 하나님을 탓하고 원망하는 것이 완전히 잘못된 것임을 증명한다. 사실 이러한 것들은 사탄에 의해 통제되고 있는 것들이기 때문에 분명히 하나님의 책임이 아니다. 이러한 비극은 하나님의 권위에 대한 인간의 반역의 결과이다.

예수님은 십자가를 통해 사탄을 이기셨다. 그럼에도 지금 사탄이 당신에게 행사할 수 있는 것은 당신이 그의 힘을 허용하려 하기 때문이다. 그러나 하나님의 자녀로서 우리가 예수님의 이름으로 사탄을 대적할 때 십자가로 인해 그는 예수님의 권세에 굴복된다. 그러므로 예수 그리스도를 통해 하나님의 가장 연약한 자녀라할지도 사탄에 대한 권세와 능력을 가지고 있다. 이것 알 때 곧 우리의 적이 이미 패배했음을 알 때에 우리에게 평강이 임할 것이다. 그러므로 우리는 그의 승리로 인해 하나님께 항상 감사해야 한다.

....

하나님의 관점	변화하기	성경적 예시
사 14:12-15. 겔 28:12-19	에베소서 6:11-12	창세기 3:1-5
마가복음 3:26, 4:15,	야고보서 4:7	욥기 1:6-12
누가복음 10:18, 요한복음 8:44	베드로전서 5:8-9	스가랴 3:1-4
고린도후서 11:14		누가복음 4:1-13
에베소서 2:1-2, 유다서1: 6, 9		
계시록 12:3-4, 7-11, 13-17		
계시록 20:1-3, 7-10, 14-15		

살인(Murder)

(창세기 9:6) "무릇 사람의 피를 흘리면 사람이 그 피를 흘릴 것이니 이는 하나님이 자기 형상대로 사람을 지었음이니라"

인류 역사 초기에 하나님은 살인에 대한 법을 제정하셨다. 과실 치사는 사고나 과실로 사람을 죽이는 것이다. 2급 살인은 발작 중에 혹은 분노에 못이겨 사람을 죽이는 것이다. 그리고 1급 살인은 사전에 계획된 고의적인 살인으로 사형에 처해질 수 있는 범죄이다.

예수님은 구약의 율법을 언급하면서 "옛 사람에게 말한바 살인치 말라 누구든지 살인하면 심판을 받게 되리라 하였다는 것을 너희가 들었으나 나는 너희에게 이르노니 형제에게 노하는 자마다 심판을 받게 되리라"(마 5:21-22) 말씀하셨다.

헬라어에는 '노하다'를 뜻하는 두 가지가 있는데 하나는 '불이 확 붙다'라는 말로 성냥불을 켰을 때 불이 크게 일어났다가 사그러지며 계속 타오르는 모습이고, 또 하나는 '속으로 타오르다'라는 말이다. 이 단어는 어떤 문제에 대해 분을 삭히지 못하고 곱씹는 것을 의미하며 예수께서 여기서 사용한 단어이다.

예수님은 외적인 행위만이 아니라 마음을 보신다. 사람에 대한 분노는 살인으로 이어진다. 살인은 마음 속에서 시작되므로 살인을 막는 것도 마음 속에서 시작되어야 한다. 마태복음 5장 44절에서 예수님은 "나는 너희에게 이르노니 너희 원수를 사랑하며 너희를 핍박하는 자를 위하여 기도하라" 말씀하셨다. 당신에게 악을 행한 그 사람을 위해 기도한다면 그를 향해 당신이 가졌던 증오와 쓴 뿌리는 오래 가지 않을 것이다. 그러나 당신이 그 사람의 인격을 깎아내리는 험담으로 사람들의 마음속에서 그의 인격을 살인한다면 예수님의 말씀대로 당신은 지옥불에 던져지는 심판을 면하기 어려울 것이다.

하나님의 관점	성경적 예시	기도
창세기 9:6	창세기 4:8	시편 51:9-17
출애굽기 20:13, 21:14	사무엘하 2:9	
레위기 19:17	마태복음 19:16-19	
민 35:30-31, 신 5:17		
마태복음 5:21-22,		
마태복음 15:18-19, 18:15		
로마서 13:9, 갈라디아 5:19-21		
야고보 1:14-16, 계시록 9:21		

삼위일체(Trinity)

(디모데전서3:16) "크도다 경건의 비밀이여, 그렇지 않다고 하는 이 없도다 그는 육신으로 나타난 바 되시고 영으로 의롭다 하심을 받으시고"

하나님의 삼위일체는 매우 신비하다. 그러므로 우리는 성경이 하나님의 본성에 대해 선포하는 것을 고수하고 우리에게 아버지와 아들 그리고 성령 세 위격으로 나타나신 한 하나님이 있음을 가르쳐야 한다.

성경은 창세기 1장 1절을 "태초에 하나님이 천지를 창조하시니라" 시작하였다. 히브리어로 '하나님'은 복수형인 '엘로힘'(단수는 '엘')이다. 이와 같이 성경에서 하나님에 대한 첫 번째 언급은 단수형이 아닌 복수형을 사용한다. 물론 신약에서는 하나님의 삼위일체를 마태복음부터 요한계시록까지 일관되게 가르친다.

마태복음 3장 16절에는 "예수께서 세례를 받으시고 곧 물에서 올라오실새 하늘이 열리고 하나님의 성령이 비둘기같이 내려 자기 위에 임하심을 보시더니" 그리고 갑자기 하늘에서 "이는 내 사랑하는 아들이요 내 기뻐하는 자라"(마3:17) 기록되었다. 이와 같이 예수께서 침례를 받으셨고, 성령은 강림하셨고, 아버지는 하늘에서 말씀하셨다. 여기에는 하나님의 세 위격 모두 분명히 일하시고 계셨다.

요한복음 14장 16-17절에는 예수님의 요청에 따라 성령은 하나님으로부터 보내심을 받았다고 기록되었다. 또한 요한복음 14장 26절에도 "보혜사 곧 아버지께서 내 이름으로 보내실 성령"이라고 반복되었다. 다시 한번 주목하라. 하나님의 세 위격이 모두 분명히 나타난다.

사도 바울은 "몸이 하나요 성령도 한 분이시니 이와 같이 너희가 부르심의 한 소망 안에서 부르심을 받았느니라 주도 한 분이시요 믿음도 하나요 세례도 하나요 하나님도 한 분이시니"(엡 4:4-6)라고 증거하였다. 여기서도 한 성령, 한 분의 주, 한 하나님이신 삼위일체가 다시 선포되었다. 흡사 "1X 1= 1"과 같다.

....

하나님의 관점	하나님의 약속	성경적 예시
창세기 1:1-2, 26	요한복음 14:16-17	창세기 19:24
신명기 6:4	요한복음 15:26	시편 110:1
에베소서 4:4, 6		렘 50:40. 암 4:11
디모데전서 3:16		마태복음 3:16-17

생각(Thoughts)

(빌립보서 4:8) "무엇에든지 참되며 무엇에든지 경건하며 무엇에든지 옳으며 무엇에든지 정결하며 무엇에든지 사랑할만하며 무엇에든지 칭찬할만하며 무슨 덕이 있든지 무슨 기림이 있든지 이것들을 생각하라"

오늘날 우리의 마음을 오염시키고 마음속에 더러운 것들을 넣을 기회가 너무도 많다. 인터넷이나 영화 혹은 텔레비전에 등장하는 것들을 보면 사실상 그렇게 안 되기가 어려울 정도이다. 그러므로 모든 생각들을 틀어잡고 예수 그리스도께 순종하는 것이 매우 중요하다. 나쁜 생각들을 마음에 허용해선 안 된다. 그러면 함정에 빠지는 일은 시간문제일 것이기 때문이다. 마음에 더러운 것을 담지 말라. 더러운 것이 마음에 담기면 마음에서 나오는 것도 더러워진다. 그러므로 잠언 기자는 "무릇 지킬만한 것보다 더욱 네 마음을 지키라"(잠 4:23) 증거하였다.

마음에 문지기나 필터를 설치하라. 육체를 위하여 심고 육체를 살찌우면 우리는 반드시 육체로부터 썩어질 것을 거둘 것이요, 성령을 위하여 심는다면 우리는 성령으로부터 영생을 거둘 것이다. 생각의 영역에서도 우리는 승리할 수 있다.

더러운 것은 한 번 마음에 넣으면 꺼내서 버리기가 무척 어렵다. 그러나 순결하게 지킨다면 생각이 더럽혀지지 않고, 가능할 수 있는 가장 좋은 것과 가장 긍정적인 빛을 보고 들을 수 있다. 순결한 마음은 평화로운 마음이다. 마음은 육신의 지배를 받을 수도 있고 성령의 지배를 받을 수도 있다. 그리고 당신이 마음에 무엇을 심든 무엇을 먹이든 당신은 심은대로 혹은 먹은대로 그 열매를 거둘 것이다.

하나님의 관점	하나님의 약속	변화하기
창세기 6:5	시편 1:1-2	시편 104:34
시편 10:4, 94:11	이사야 26:3	잠언 4:23, 16:3
잠언 23:7	**성경적 예시**	예레미야 4:14
이사야 55:8-9, 59:7, 65:2	로마서 1:28-32	로마서 7:25, 15:6
예레미야 4:14		빌립보서 4:8
로마서 1:21, 8:6-7		골 3:1-2. 벧전 1:13
고린도전서 2:16		**기도**
고린도후서 10:4-6		시편 19:12, 51:2
디도서 1:15.		시편 139:23-24
히브리서 4:12		

생일(Birthday)

(이사야 43:7) "무릇 내 이름으로 일컫는 자 곧 내가 내 영광을 위하여 창조한자를 오게 하라 그들을 내가 지었고 만들었느니라"

우리 인생에서 가장 중요한 날 중 하나는 우리가 태어난 날이다. 우리는 매년 친구들을 불러모아 이 특별한 날을 축하하곤 한다. "오늘이 내 생일이야 우리 파티하자!" 이 날이 없었다면 우리가 이 세상에 존재할 수 없기 때문에 우리는 생일을 특별히 기념한다. 이것이 우리가 귀하게 여기는 육신의 생일이다.

그러나 하나님께서 여러분 각자가 알기를 원하시는 또 다른 특별한 생일이 있다. 바로 당신이 영으로 태어난 날, 즉 당신의 영적 생일이다. 당신의 영이 깨어나고 당신이 하나님과의 긴밀한 관계 속에서 삶을 살기 시작한 날이다. 이날 당신은 하나님을 인지하기 시작했고, 그분의 임재를 느끼기 시작했으며, 삶 속에서 역사하는 하나님의 능력을 체험하기 시작했다.

우리에게는 이 두 번째 탄생은 훨씬 더 중요하다. 왜냐하면 성경은 심판 날에 당신이 거듭나 있다면 심판을 피할 것이라고 선언하고 있기 때문이다. 심판을 피한 당신은 둘째 사망을 겪지 않을 것이다. 그러나 그때 거듭나 있지 않는다면 아예 한 번도 태어나지 않았던 편이 차라리 나았을 것이라고 성경은 말하고 있다.

한 번만 태어난다는 것은 사람이 겪을 수 있는 가장 큰 비극이다. 사람은 거듭 태어나야만 한다. 육체로 태어나고 그 후엔 다시 영으로 태어나야 한다. 그래야 영원히 하나님 나라의 일부가 될 수 있다.

....

하나님의 관점	하나님의 약속	변화하기
이사야 43:7	시편 100:3	요한복음 3:7
요한복음 3:3, 5-8	시편 118:24	고린도후서 6:2
사도행전 17:26-28	에베소서 2:10	**기도**
베드로전서 1:23		시편 119:73
		시편 139:13-16
		요한계시록 4:11

섭리(Providence)

(빌립보서 4:6) "아무 것도 염려하지 말고 오직 모든 일에 기도와 간구로, 너희 구할 것을 감사함으로 하나님께 아뢰라"

섭리는 당신을 위해 가장 좋은 것이 무엇인지 알고 계시는 하늘의 아버지가 설계하신 작품이다. 오늘날 흔히 쓰이는 말로는 '운'이다. 섭리와 운 사이에는 어마어마한 차이가 있다. 그러나 당신은 운에 의존할 수 없다. 상황이 자신에게 유리해질 때 우리는 안도감을 느끼고 기뻐할 수는 있다. 그러나 섭리는 운과 아무 관계가 없다. 섭리는 오직 그분의 목적을 이루기 위해 당신이 매일 겪는 상황들을 통해 역사하시는 하나님의 지혜와 능력과 사랑이 관계한다.

산상수훈은 염려와 두려움에 대한 예수님의 가르침 가운데 가장 중요한 내용들을 담고 있다. 산상수훈에서 예수님은 "그러므로 내일 일을 위하여 염려하지 말라 내일 일은 내일 염려할 것이요 한 날 괴로움은 그 날에 족하니라"(마 6:34) 말씀하셨다. 그럼에도 불구하고 일부 그리스도인들은 여전히 내일 일을 염려한다. 사도 바울은 믿는 사람들에게 아무것도 염려하지 말라고 당부했지만(빌 4:6 참조) 그리스도인들은 그래도 많은 것에 대해 염려한다. 성경은 "두려워 말라"고 반복해서 말하지만, 성경을 믿고 그 가르침대로 산다고 주장하는 사람들 역시 많은 두려움에 사로잡혀 있다.

예수님은 우리가 "종신토록 주 앞에서 성결과 의로 두려움 없이 섬길 수 있도록"(눅 1:75) 모든 형태의 정서적 감옥으로부터 우리를 해방시키시기를 원하신다. 하나님의 목적을 이루시기 위해 하나님은 역사하실 것이고, 만약 당신이 하나님의 섭리에 당신을 맡겨드릴 수 있다면 당신은 하나님께서 역사하시는 동안 쓰실 그분의 도구가 될 수 있다.

....

하나님의 관점	성경적 예시	변화하기
시편 37:23,103:19, 136:26	출애굽기 16:35, 17:6	시편 55:22
잠언 16:9, 19:21, 20:24	민수기 11:31-32, 20:8	누가복음 12:22-32
이사야 14:24, 45:9-12, 46:10	신명기 8:15-16	로마서 8:32
예레미야 18:5-6	느헤미야 9:15	베드로전서 5:7
하나님의 약속	에스더 4:14-16	요한일서 4:18
시편 104:27-28, 111:9	시편 105:40	기도
마태복음 6:25-34	사도행전 20:24	욥기 10:12
사도행전 14:17, 로마서 8:28,		시편 145:15-16
고린도전서 10:13		예레미야 10:23
에베소서 1:11, 히브리서 11:1		눅 1:74-75, 롬 11:36

성(Sex)

(히브리서 13:4) "모든 사람은 혼인을 귀히 여기고 침소를 더럽히지 않게 하라 음행하는 자들과 간음하는 자들을 하나님이 심판하시리라"

하나님은 우리가 생명을 유지할 수 있도록 우리 몸의 욕구들을 창조하셨다. 여기에는 호흡에 대한 욕구, 목마름에 대한 욕구, 배고픔에 대한 욕구 그리고 성에 대한 욕구가 있다. 이러한 욕구 자체는 잘못된 것이 아니다. 몸을 유지하기 위해서는 산소가 필요하고, 물이 필요하며, 음식이 필요하다. 그리고 지상에서 인류가 영속하기 위해서는 성욕이 필요하다. 그러나 쾌락이나 흥분을 위해서 무분별하게 성관계를 탐닉하는 것은 하나님이 의도하신 바가 아니다. 그렇게 하는 것은 하나님의 의도를 왜곡하고 하나님이 주신 선물을 오용하는 것이다. 성적 욕구를 주신 하나님의 의도는 평생을 함께 보내기로 약속한 부부가 누릴 수 있는 아름다운 육신적 결합이다. 이 결합으로 두 남녀는 비로소 한 몸이 된다.

솔로몬은 잠언에서 성적 관계에 대해 꽤 많은 언급을 했다. 그것은 주로 아들에게 성적 문란과 혼외정사의 위험에 대해 경고하고, 아내에게서 전적으로 만족을 얻는 부부관계를 독려하는 내용이다. 결혼은 하나님이 만드신 제도이다. 결혼은 귀한 제도이다. 그러므로 결혼하는 것보다 독신자의 금욕생활이 더 영적인 삶의 방식이라고 가르치는 사람들은 잘못된 것이다. 만일 하나님이 당신을 독신자로 부르셨다면 그 자체로는 문제가 없다. 그러나 그것이 당신을 더 영적인 사람으로 만들어 주지는 않을 것이다.

히브리서 13장 4절에는 결혼을 귀히 여기고 부부간의 침소가 더럽혀지지 않도록 하라고 경고하였다. 결혼한 부부 사이에서 이루어지는 성관계는 아무런 문제가 없다. 그러나 간음과 음행으로 성욕을 남용하는 자들은 하나님이 심판하신다. 그러한 죄들은 결혼이라는 약속을 모독하기 때문이다. 공개적으로 스킨십을 가질 수 있고 전적으로 만족을 누릴 수 있는 하나님께서 정해 놓으신 결혼이라는 울타리 안에서 온전히 만족해야 한다.

하나님의 관점	하나님의 약속	변화하기
창세기 1:27-28	시편 128:3	잠언 5:3-9, 18-20
창세기 2:24-25	잠언 18:22, 19:14	전도서 9:9
고린도전서 6:9-11	고린도전서 10:3	말라기 2:15
고린도전서 7:2-5	**성경적 예시**	사도행전 15:28-29
에베소서 5:5-7	창세기 2:22, 4:1,17	에베소서 5:28, 33
골 3:5-7. 히 13:4	창세기 16:4, 29:23	
요한계시록 22:14-15	룻기 4:13, 삼하 12:24	

성경(The Bible)

(디모데후서 3:16,17) "모든 성경은 하나님의 감동으로 된 것으로 교훈과 책망과 바르게 함과 의로 교육하기에 유익하니 이는 하나님의 사람으로 온전케 하며 모든 선한 일을 행하기에 온전케 하려 함이니라"

성경은 하나님께서 인간에게 자신을 계시하신 책이다. 사람이 하나님에 대한 진리를 알 수 있는 유일한 방법이 성경이다.

하나님은 자신이 하신 말씀과 모순되는 일을 하지 않으실 것이며, 하나님의 말씀에 금하신 어떤 행위로도 우리를 인도하지 않으실 것이다. 그러므로 우리는 하나님께서 이미 하나님의 말씀으로 선언하신 것과 완전히 일치하지 않는 다른 모든 말들은 거부해야 한다.

사람들은 수백 년 넘게 성경에 흠집을 내려 했지만 성경은 여전히 하나님의 영원한 진리로 남아 있다. 오직 시간이 지남에 따라 일부 단어의 의미가 변했기 때문에 단어만 약간 수정되었을 뿐이다. 성경은 오랜 세월 수많은 시험에도 불구하고 오늘날까지 건재한 참으로 놀라운 책이다.

하나님의 관점	하나님의 약속	변화하기
여호수아 1:8	이사야 56:10-11	시편 119:9
시편 119:105	디모데후서 3:16-17	에베소서 6:17
시편 138:2	베드로후서 1:19-21	골로새서 3:16
예레미야 23:28	**성경적 예시**	야고보서 1:21-22
마태복음 24:35	마태복음 4:3-4	디모데후서 2:15
누가복음 16:17	데살로니가전서 2:13	디도서 1:9
히브리서 4:12		**기도**
		시편 119:11

성경공부(Bible Study)

(히브리서 4:12) "하나님의 말씀은 살았고 운동력이 있어 좌우에 날선 어떤 검보다도 예리하여 혼과 영과 및 관절과 골수를 찔러 쪼개기까지 하며 또 마음의 생각과 뜻을 감찰하나니"

당신은 마음이 갈급할 때마다 이렇게 말할 것이다. "주님, 성경 말씀 속으로 깊이 들어가겠습니다. 성경공부를 더 열심히 하겠습니다. 매일같이 성경 한 장을 택해서 그 한 장의 내용을 하루종일 묵상하겠습니다. 얼마나 근사한 생각입니까!" 그래서 어떻게 되었나? 그냥 말만 한다고 무슨 일이 일어나는가? 그러니 성경공부가 필요하다고 말로만 하지 말고 행동으로 옮기라. 오늘부터 당장 하루에 한 장씩 삼키기 바란다.

이번 주부터 하루에 한 장씩 성경 말씀을 읽어 하나님의 말씀으로 삶의 변화를 시작하고, 두려움을 몰아내며, 의심이 사라지게 하고, 당신을 우울한 삶과 절망감의 수렁에서 건져 올리는 놀라운 체험을 하라. 아무리 하나님의 말씀이 귀한 보물이라 할지라도 당신이 성경을 읽지 않는다면 당신에겐 아무런 유익이 없다. 그러나 성경을 규칙적으로 읽는 그 날부터 당신은 마음속에 놀라운 기쁨을 느끼기 시작할 것이다.

하나님의 관점
잠언 1:5
로마서 15:4
디모데후서 3:16-17

하나님의 약속
여호수아 1:8
시편 1:1-3
데살로니가후서 2:13

성경적 예시
여호수아 8:34-35
열왕기하 23:1-2
에스라 7:10
느헤미야 8:2-3

변화하기
디모데전서 4:15-16
디모데후서 2:15-16

기도
시편 119:15-16, 147-148

성령(Holy Spirit)

(요한복음 7:38) "나를 믿는 자는 성경에 이름과 같이 그 배에서 생수의 강이 흘러나리라 하시니"

신약성경에 나오는 성령의 이름은 '파라클레토스'(parakletos)로서 이는 '위로자'를 뜻한다. 구약시대에는 하나님이 특정 사람들에게만 성령을 부어 주셨지만, 하나님은 요엘 선지자를 통해 장래에는 "내가 내 신을 만민에게 부어 주리라"(욜 2:28) 약속하셨다. 또한 예수님께서는 이 약속을 가리키면서 "성령이 너희에게 임하시면 너희가 권능을 받고 땅끝까지 이르러 내 증인이 되리라"(행 1:8) 약속하셨다.

내가 진정으로 하나님을 대변할 수 있는 유일한 방법은 성령으로 충만하여 성령 안에서 행하는 것 뿐이다. 그러기 위해서는 성령님과의 관계를 이해해야 한다. 첫째, 성령님은 당신이 회심하기 전부터 당신과 함께 하신다. 그분은 당신이 죄인임을 깨닫게 하시는 분이다. 성령님은 죄에 대하여 의에 대하여 그리고 심판에 대하여 세상을 책망하심으로써 오직 예수 그리스도만이 해답이심을 알려주시는 분이다.

둘째, 당신이 예수 그리스도께 당신의 삶과 당신의 마음문을 열고 그분이 들어오시도록 초청하는 순간, 성령님은 당신 안에 내주하시기 시작한다. 이것이 바로 성령으로 충만함을 받는 길이다. 그러므로 예수님은 "내가 아버지께 구하겠으니 그가 또 다른 보혜사를 너희에게 주사 영원토록 너희와 함께 있게 하시리라 저는 진리의 영이라… 저는 너희와 함께 거하심이요 또 너희 속에 계시겠음이라"(요 14:16-16) 약속하셨다.

세 번째로 주목해야 할 성령님과의 관계는 성령님이 당신 위에 임하실 때이다. 이것이 바로 성령세례이다. 곧 사도행전 1장 8절에 나오는 '권능'이라는 단어는 우리 주변으로 흘러넘쳐 세상을 감동시키는 역동적 힘 곧 예수 그리스도의 증인이 되는 능력을 뜻한다.

하나님의 관점	하나님의 약속	성경적 예시
요한복음 16:7-11	에스겔 11:19, 36:26	창세기 41:38
로마서 8:14-16, 26-27	요엘 2:28-29	출애굽기 31:1-3
고린도전서 2:14-16	요한복음 4:14. 7:38-39	민 11:16-17, 26. 27:18
엡 1:13-14. 벧후 1:21	요한복음 14:16-17, 16:13-14	삿 6:34. 삼상 16:13
변화하기	사도행전 1:5, 8, 11:16	사도행전 6:3, 5
마태복음 28:19-20	로마서 8:1	**기도**
갈 5:16, 25, 엡 5:18		시편 51:12

성령세례(Baptism of the Holy Spirit)

(사도행전 1:8) "오직 성령이 너희에게 임하시면 너희가 권능을 받고 예루살렘과 온 유대와 사마리아와 땅 끝까지 이르러 내 증인이 되리라 하시니라"

물로 세례를 받는 것은 성령세례와 다르다. 세례 요한은 물로 세례를 주었고 그것은 죄를 회개하는 세례였다. 옛 삶이 죽었다는 것을 인정하는 의식이다. 이로써 옛 삶은 물속에 잠긴 것이다. 사람은 죄를 회개하고 물에서 나와 성령 안에서 새 삶을 살게 되면서 성령의 충만함을 받는다.

성령세례는 성령이 당신의 삶 속을 가득 채우는 성령충만이 아니라 그것이 당신의 삶으로부터 밖으로 흘러나오는 것이다. 그것은 당신에게서 흘러나와 당신의 삶이 예수님을 닮은 모습으로 보이게 만드는 역동적인 힘이다. 바로 예수님의 증인이 되는 것이다.

베드로는 "이를 위하여 너희가 부르심을 입었으니 그리스도도 너희를 위하여 고난을 받으사 너희에게 본을 끼쳐 그 자취를 따라 오게 하려 하셨느니라"(벧전 2:21) 증거했다. 그러나 이것은 우리의 능력이나 힘으로는 할 수 없다. 성령의 열매는 사랑인데 이 사랑은 성령세례를 받을 때 나타난다.

성령의 역동적인 힘이 없이는 예수님처럼 온유하고 겸손할 수 없다. 본성의 변화는 내 스스로의 힘으로는 도저히 할 수 없는 일이다. 그러나 성령의 힘으로는 할 수 있다. 성령은 나를 변화시키실 수 있고 나를 변화시킬 뿐만 아니라 예수님의 형상을 따라 그분의 모양대로 만든다. 그것이 우리를 향한 하나님의 목적이자 원하시는 바이다. 바로 우리의 삶이 예수 그리스도를 닮게 되는 것이다.

"우리는 그의 만드신바라 그리스도 예수 안에서 선한 일을 위하여 지으심을 받은 자니 이 일은 하나님이 전에 예비하사 우리로 그 가운데서 행하게 하려 하심이니라"(엡2:10)

....

하나님의 관점	하나님의 약속	변화하기
마태복음 3:11	사도행전 1:5, 8	사도행전 2:38
마가복음 1:8	성경적 예시	
누가복음 3:16	요한복음 1:25-27	
요한복음 1:33-34	사도행전 8:14-17	

성령의 열매(The Fruit of the Holy Spirit)

(갈라디아 5:22) "오직 성령의 열매는 사랑과 희락과 화평과 오래 참음과 자비와 양선과 충성과 온유와 절제니 이같은 것을 금지할 법이 없느니라"

예수 그리스도와 관계를 맺으면 성령의 열매는 그러한 관계의 결과로 저절로 생기는 것이다. 그것이 하나님께서 원하시는 열매이다. 하나님은 단지 무성한 잎사귀만 원하시는 것이 아니다. 하나님은 열매를 원하신다.

하나님이 원하시는 열매는 무엇일까? 성령의 열매는 사랑이다. 갈라디아서 5:22-23에서 바울은 이 사랑을 묘사하는 단어, 곧 사랑의 특성들을 열거하였다. 바로 희락과 화평과 오래 참음과 자비와 양선과 충성과 온유와 절제가 그것이다. 이것이 바로 주님이 우리에게서 구하시는 것, 다시 말해서 주님과의 관계의 결과로 자연스럽게 나타나는 열매들이다.

....

하나님의 관점	하나님의 약속	변화하기
마태복음 7:16-18	요한복음 15:16	요한복음 15:4-5
누가복음 13:6-9	로마서 6:22	디모데전서 4:14
요한복음 15:1-2, 8	기도	디모데후서 1:6
갈라디아서 5:22-23	골로새서 1:9-10	베드로전서 4:10-11
에베소서 5:8-10		

성령의 은사(The Gift of the Holy Spirit)

(고린도전서 12:4-7) "은사는 여러 가지나 성령은 같고 직임은 여러 가지나 주는 같으며 또 역사는 여러 가지나 모든 것을 모든 사람 가운데서 역사하시는 하나님은 같으니 각 사람에게 성령의 나타남을 주심은 유익하게 하려 하심이라"

바울은 고린도 교인들에게 보낸 편지에서 성령의 은사들을 열거하면서 이 은사들은 하나하나가 모두 교회 전체의 유익을 위하여 주신 것이라 증거했다. 다시 말하면 하나님은 성령의 은사를 한 개인을 위해 주시지 않는다는 말씀이다. 이처럼 하나님의 사랑은 한 사람의 개인적 삶의 경계나 한 교회의 담장을 훨씬 뛰어넘는 것이다.

그러나 내가 소유할 수 있는 모든 은사, 내가 드릴 수 있는 모든 희생, 또는 내가 할 수 있는 모든 일은 가장 중요하고도 가장 큰 은사인 사랑이 없으면 아무 소용이 없다. 그러므로 바울은 그리스도의 성도들을 향하여 "너희는 더욱 큰 은사를 사모하라 내가 또한 제일 좋은 길을 너희에게 보이리라"(고전12:31) 하였고, 다시 "그런즉 믿음 소망 사랑 이 세 가지는 항상 있을 것인데 그 중에 제일은 사랑이라"(고전 13:13) 증거하였다.

....

하나님의 관점	변화하기	기도
고린도전서 12:7-11	로마서 12:6-8	고린도전서 12:31
고린도전서 13:1-3		
에베소서 4:11-12		

성인(Saints)

(로마서 1:7) "로마에 있어 하나님의 사랑하심을 입고 성도로 부르심을 입은 모든 자에게 하나님 우리 아버지와 주 예수 그리스도로 좇아 은혜와 평강이 있기를 원하노라"

가톨릭 교회가 성인이 되기 위한 긴 자격 항목을 마련해 놓았다는 것은 비극적인 일이라고 할 수 있다. 그 목록대로라면 성인으로 추대되기 위해서는 타의 모범이 되는 인생을 살아야만 하고 크고 놀라운 선행을 많이 행해야 한다. 그리고 자신이 죽은 뒤에도 그의 이름으로 드리는 기도에 응답할 수 있어야 한다. 즉 그 성인에게 누구누구의 병이 낫게 해달라고 기도했더니 그 사람의 병이 실제로 나았다는 증언이나 기타 기적들을 목격한 증인들이 있어야 한다.

이를테면 "성 찰스에게 기도했더니 그분이 이러저러한 일들을 해 주셨습니다"라는 식의 증언이나 증인들이 일정 수 이상 나오면 그 사람은 공식적인 성자가 된다. 그러나 주님께서는 그런 복잡한 절차를 거치지 않고 하나님의 은혜만으로 여러분을 바로 성인이라 불러 주셨다 (성경에는 성인이나 성도나 영어로는 같은 Saint임). 그러나 그 호칭은 내가 그렇게 불릴 만한 자격이 있어서가 아니라 주님을 믿을 때 주께서 주시는 칭호이다.

하나님의 관점	하나님의 약속	성경적 예시
시편 30:4	시편 31:23	사도행전 9:32, 41
로마서 1:7		고린도전서 6:2
로마서 12:13		디모데후서 4:7-8
고린도전서 6:2		
고린도후서 13:13		
에베소서 4:11-12		
요한계시록 14:12		

성적 부도덕(Sexual Immorality)

(에베소서 5:5) "너희도 이것을 정녕히 알거니와 음행하는 자나 더러운 자나 탐하는 자 곧 우상 숭배자는 다 그리스도와 하나님 나라에서 기업을 얻지 못하리니"

오늘날 교회의 가장 큰 폐단 중 하나는 음행, 혼외 동거, 동성애와 같은 성적 타락들을 용납하는 것이다. 그러나 이런 일들은 절대 양보해선 안 된다. 그런 일들은 조금도 용납하지 말고 오직 주 예수 그리스도로 옷 입어야 한다. 어둠의 행위들을 던져 버리고 빛의 갑옷을 입어야 한다. 그러려면 우선 음란한 사진들이 뜨지 못하도록 인터넷에 차단설정을 해야 한다. 종말의 때인 지금 예수 그리스도의 의 안에서 발견되기를 원하는 우리는 오로지 거룩함과 순결함 안에서 행해야 한다.

타락한 생활을 하면서도 여전히 그리스도인이 될 수 있다고 스스로를 속이는 사람들은 항상 존재한다. 그러나 사도 바울은 "음행하는 자나 우상숭배하는 자나 간음하는 자나 동성애하는 자나 남색하는 자나 도적이나 탐람하는 자나 술 취하는 자나 후욕하는 자나 토색하는 자들은 하나님의 나라를 유업으로 받지 못하리라"(고전 6:9-10) 분명히 말했다. 어쩌면 이것은 당신이 살았던 과거 삶의 일부였다. 그러나 당신이 하나님의 자녀가 되기를 원한다면 하나님께서는 당신의 삶을 깨끗하게 씻어주실 것이다. 다시는 과거로 돌아가선 안 된다.

어떤 사람은 "내 몸은 내 맘대로 할 수 있어!" 말한다. 특히 동성애자들이나 낙태 찬성론자들이 그렇게 말한다. 그러나 세상 사람들은 그리 말할 수 있을지 몰라도 하나님의 자녀는 그렇게 말할 수 없다. 당신의 몸은 더 이상 당신에게 속한 것이 아니다. 하나님께서 값을 주고 산 몸이다. 예수님은 길을 잃고 종노릇하던 당신을 속량하심으로써 이제 자유의 몸이 된 당신이 하나님을 섬기고 경배로 영광을 돌릴 수 있게 하셨다. 성경은 성적 타락의 최종 결과는 비참한 것이라고 가르친다. 그것은 당신과 당신의 삶을 파괴하고 당신을 가난하게 만들 것이다. 그것은 건강을 포함해 당신이 소유한 모든 가치 있고 좋은 것들을 앗아가 버릴 것이다.

....

하나님의 관점	변화하기	성경적 예시
창세기 2:24, 출애굽기 20:14	잠언 5:1-5, 8-9, 15-23	창세기 39:12
레위기 20:10, 신명기 5:18	잠언 6:23-29, 7:1-5, 24-27	고린도전서 6:15-17
잠언 2:16-19	로마서 6:12-13, 12:1-2	
마태복음 5:27-28, 15:19-20	로마서 13:14	
로마서 1:18, 22, 24, 26-29, 32	고린도전서 6:18-20	
고전 6:13b, 16, 갈 5:19-21.	골 3:5-7. 딤후 2:22	
살전 4:3-8. 히 13:4, 약 1:13-14	벧전 2:11, 요일 2:15-16	

성질(Temper)

(에베소서 4:31,32) "너희는 모든 악독과 노함과 분냄과 떠드는 것과 훼방하는 것을 모든 악의와 함께 버리고 서로 인자하게 하며 불쌍히 여기며 서로 용서하기를 하나님이 그리스도 안에서 너희를 용서하심과 같이 하라"

고약한 성격은 격노할 때마다 바다의 파도처럼 도무지 멈출 줄을 모른다. 그것은 폭발하기를 기다리고 있는 활화산과도 같다. 이런 성질을 가진 사람들은 "무슨 일에 반응을 보이기 전에 반드시 열까지 세고 나서 반응을 합니다"라고 말하는 등의 자신의 결점을 다스릴 방법을 찾는다. 화가 났을 때도 이렇게 함으로써 이성을 잃지 않으려 열심히 노력은 하지만 그래도 끝내는 못 참고 할 말 못 할 말을 다 쏟아붓고 만다. 그리고나서 그런 자신을 증오한다. 그렇지만 똑같은 상황이 되면 또 다시 폭발하고 만다.

하나님께는 더 나은 방법이 있다. 예수 그리스도를 따르겠다고 헌신한 사람은 성경 말씀 안에서 성령의 도움을 받아 모든 상황에 스스로 자족하는 법을 배운다. 그리하여 인내심이 커지고 성품이 온유해진다. 하나님이 내 삶을 통치하신다는 것을 알면 절제가 된다.

하나님에 의해 나의 분노가 조절되는 모습은 그것을 보는 눈을 의심하게 만든다. 자신의 힘으로는 도저히 할 수 없었던 일을 하나님께서 해내시는 모습을 보는 것은 참으로 흥미진진하다. 이제 그것은 하나님의 싸움이요, 하나님의 일이다. 그러니 당신의 불같은 성격을 하나님께 맡기고 그 분노를 극복할 수 있도록 성령님께서 당신을 도우시게 하라.

하나님의 관점	변화하기	성경적 예시
잠언 14:29	시편 37:8	사무엘상 20:27-33
잠언 15:1, 18	잠언 22:24-25	시편 106:32-33
잠언 25:28	에베소서 4:31	
잠언 29:22	골로새서 3:8	
전도서 7:9	야고보서 1:19-20	
갈라디아서 5:19-21		
디도서 1:7		

성찬식(Communion)

(요한복음 6:54,55) "내 살을 먹고 내 피를 마시는 자는 영생을 가졌고 마지막 날에 내가 그를 다시 살리리니 내 살은 참된 양식이요 내 피는 참된 음료로다"

유대 민족이 기념하는 유월절 의식은 그날에 어린 양을 잡고 그 피를 문지방 문설주에 바르며 애굽의 고통스러운 노예생활로부터 하나님의 구원하심을 기념하는 명절이다. 그러나 예수님이 떡을 들어 작게 떼어 제자들에게 나누어 주심으로써 유월절은 완전히 새로운 의미를 갖게 되었다. 예수님은 "이것은 너희를 위하여 주는 내 몸이라 너희가 이를 행하여 나를 기념하라" 하시고 다시 잔을 들어 "이 잔은 내 피로 세우는 새 언약이니 곧 너희를 위하여 붓는 것이라"(눅 22:19-20) 말씀하셨다.

그리스도인으로서 우리도 여전히 유월절을 기념하지만 그것은 애굽에서 유대인 조상들의 구원을 기념하는 것이 아니다. 우리가 기념하는 것은 세상의 죄를 위해 죽임을 당하신 하나님의 어린양이 흘린 피로 말미암아 우리가 죄의 권세에서 해방된 것을 기념하는 것이다. 믿는 자들은 성찬식에 참여할 때마다 예수님께서 당하신 고난과 우리의 허물을 위해 그의 몸이 찢기시고 우리의 죄를 위해 그가 피를 흘리신 것을 기억해야 한다. 그러므로 우리의 성찬식은 매우 엄숙하고 경건한 순간이어야 한다.

....

하나님의 관점	하나님의 약속	변화하기
마태복음 26:26-28	고린도전서 10:16-17	고린도전서 6:19,20
마가복음 14:22-24		
누가복음 22:14-20		
고린도전서 11:23-29		

성화(Sanctification)

(히브리서 10:10) "이 뜻을 좇아 예수 그리스도의 몸을 단번에 드리심으로 말미암아 우리가 거룩함을 얻었노라"

구약성경에서는 성막에서 하나님을 숭배할 때 사용하는 그릇들과 관련하여 '성화'라는 단어가 사용되었다. 이 그릇들은 하나님의 특별한 용도로 구별되어 다른 목적으로는 사용되지 않았다. 예를 들어 성전 그릇 중 하나로 샘물을 길으러 사용하지 않았다는 것이다. 그러므로 성전의 그릇들이 오직 하나님만을 위하여 구별되었던 것과 같이 오늘 우리의 삶도 하나님만 섬기기 위해 구별되어 오직 주님을 위해 살아가야 한다.

성결은 완전하고 전적인 희생으로 하나님을 위한 용도로 무언가를 구별한 성화와 같다. 레위기 8장에서, 주님은 모세에게 아론과 그의 아들들을 하나님을 섬기기 위해 거룩하게 하라 말씀하셨다. 아론과 그의 아들들은 제사 때에 오른쪽 귀와 오른쪽 엄지손가락과 오른쪽 발가락에 짐승의 피를 뿌려서 거룩하게 했다. 오른쪽 귀는 하나님의 말씀을 듣기 위해 성령의 음성을 듣는 것을 상징했다. 오른손 엄지는 하나님을 위한 봉사를 상징한다. 오른쪽 발가락은 주의 길로 걸어가고 기름부음 받고 인도함을 받는 것을 상징했다.

이것은 하나님의 음성을 들을 수 있는 성결한 귀, 하나님의 섬김을 위해 성결한 손, 하나님의 길을 걷기 위한 성결한 발을 가진다는 개념이다. 하나님의 대리자로서 우리 역시 세상의 것에 영향을 받지 않고 전적으로 하나님께 드려져야 한다. 그러나 성결과 성화는 이러한 의식이 아닌 오직 우리의 삶 안의 성령의 능력과 하나님의 말씀을 아는 것으로 이루어진다. 성화는 항상 하나님의 진리의 말씀과 거룩한 성령을 통해 이루어진다.

하나님의 관점	하나님의 약속	변화하기
레위기 10:8-11	여호수아 3:5	시편 1:1-2
고린도전서 6:11	데살로니가전서 5:23-24	로마서 12:2. 고전 1:30-31
데살로니가전서 4:3-8	베드로후서 1:5-10	고전 5:6-8. 고후 6:17
디모데전서 3:1-7	**성경적 예시**	에베소서 5:25-27
히브리서 9:13-14	레 8:1-2, 10-15, 22-24	살전 4:3, 살후 2:13-15
히 10:10, 14-18, 29	민수기 6:1-6	딤후 2:15, 20-22. 히13:12-15
베드로전서 1:1-2	사사기 13:7, 24	벧전 1:13-16, 4:2
베드로전서 3:15-17	요한계시록 18:4	**기도**
베드로전서 5:2-3		시편 119:46-48, 143:10
		요한복음 17:15-19

세대적인 죄(Generational Sin)

(민수기 14:18) "여호와는 노하기를 더디하고 인자가 많아 죄악과 과실을 사하나 형벌 받을 자는 결단코 사하지 아니하고 아비의 죄악을 자식에게 갚아 삼사대까지 이르게 하리라 하셨나이다"

'세대적인 죄'라는 죄의 형태는 출애굽 때에 광야에서 제정되었다. 성경은 "나 네 하나님 여호와는 질투하는 하나님인즉 나를 미워하는 자의 죄를 갚되 아버지로부터 아들에게로 삼사 대까지 이르게 하거니와 나를 사랑하고 내 계명을 지키는 자에게는 천 대까지 은혜를 베푸느니라"(출20:5) 기록하였다.

이 말씀은 당신의 부모님이 불의한 사람이라면 당신의 인생이 하나님의 진노를 만나게 될 것을 의미하지 않는다. 단 이 진노에는 조건이 있다. 만약 어떤 사람의 부모가 불의하고 그 자녀도 '계속' 하나님의 미워하심 속에 있으면, 그의 부모에게 나타난 하나님의 심판은 계속되어 그 부모의 죄는 하나님을 미워하는 자들의 3대, 4대까지 내려간다. 그러나 주의할 것은 하나님을 사랑하는 자들에게는 그 부모의 축복이 천 대까지 내려간다는 것이 성경의 약속이다.

오늘날 세상은 우리에게 "당신이 크리스천이 되길 원한다면 그렇게 해라. 그러나 당신의 자녀들에게는 강요하지 말라" 말한다. 또한 사탄은 절충안을 제시하며 "당신의 아이들이 친구들과 부도덕한 영화를 볼 때 막지 말라" 혹은 "당신의 아이들을 교회에 가게 한다면 친구들의 놀림거리가 될 것이다" 속삭인다. 그것은 거짓말이다. 당신의 자녀들에게 가장 풍요로운 축복을 줄 수 있는 것은 부모가 주를 사랑하고 예수 그리스도 안에 있는 견고한 믿음의 가정이 되는 것이다.

하나님의 자비는 하나님께 복종하고 그의 계명을 지키는 자들에게 천 대까지 전달된다. 부모가 주님의 계명에 복종하여 걸어가는 것이 굉장히 중요하며 그래서 하나님의 자비와 축복이 다음 세대로 전달되게 하는 것이 매우 중요하다.

하나님의 관점	하나님의 약속	성경적 예시
출애굽기 20:5-6	에스겔 18:2-3, 14, 17-20	요한복음 9:1-3
출애굽기 34:7	요한복음 8:36	기도
민수기 14:18	누가복음 1:50	시편 71:18
신명기 5:9-10	변화하기	시편 78:4, 8
시편 78:1-8. 렘31:29-30	요엘 1:3	시편 102:18
로마서 3:24-26	갈라디아서 5:1	시편 145:4

세속적임(Worldliness)

(야고보서 4:4) "간음하는 여자들이여 세상과 벗된 것이 하나님의 원수임을 알지 못하느뇨 그런즉 누구든지 세상과 벗이 되고자 하는 자는 스스로 하나님과 원수 되게 하는 것이니라"

이생의 자랑, 육체의 정욕, 안목의 정욕, 삶의 자부심 등을 사랑하는 것을 성경은 세속적인 것이라 분류한다. 성경은 우리에게 "이 세상이나 세상에 있는 것들을 사랑하지 말라 누구든지 세상을 사랑하면 아버지의 사랑이 그 안에 있지 아니하니"(요일 2:15)라고 훈계한다. 사탄에 의해 조종되고 다스려지는 세상과의 우정은 하나님과의 적이 된다. 그러므로 "누구든지 세상과 벗이 되고자 하는 자는 스스로 하나님과 원수되는 것이니라"(약 4:4) 경고하였다.

야고보는 우리에게 "너희 중에 싸움이 어디로부터 다툼이 어디로부터 나느냐 너희 지체 중에서 싸우는 정욕으로부터 나는 것이 아니냐 너희는 욕심을 내어도 얻지 못하여 살인하며 시기하여도 능히 취하지 못하므로 다투고 싸우는도다 너희가 얻지 못함은 구하지 아니하기 때문이요"(약 4:1-2) 책망하였다. 이와 같이 내적인 다툼은 우리 육체의 정욕, 다른 사람들이 가진 것에 대한 부러움, 그것을 내 것으로 만들려는 결심에서 나온다. 만약 합당하게 욕망을 채울 수 없다면, 불법적으로 그것을 얻으려 할 것이고 따라서 싸움과 전쟁이 일어날 것이다. 만약 내가 어떤 것을 갈망한다면 그것을 기도로 삼아 하나님께서 나의 욕망을 충족시키실 것인지, 아니면 대체하시거나 거부하실지를 결정하시도록 해야 한다.

그렇다면 세속적인 것을 어떻게 극복하거나 피할 수 있을까? 예수님은 우리에게 "너희는 먼저 그의 나라와 그의 의를 구하라 그리하면 이 모든 것을 너희에게 더하시리라"(마 6:31-33) 말씀하셨다. 그러므로 삶의 모든 길에서 하나님을 최우선 순위로 두라. 그러면 그분은 다른 모든 것을 돌보실 것이다. 하지만 세상의 일을 최우선으로 허용한다면 삶은 균형을 잃게 될 것이다. 하나님은 당신에게 필요한 것을 아시고 당신을 돌보실 것이다. 부디 그를 신뢰하라.

....

하나님의 관점
출애굽기 20:3
잠언 23:5, 28:6, 20, 22
전도서 5:10
마태복음 6:22-24
마가복음 11:24, 12:29-30
눅 16:13. 엡 2:1-2
딤전 6:10. 약 4:1-4

하나님의 약속
마태복음 6:31-33
요한일서 2:15-17
요한일서 5:14-15

성경적 예시
누가복음 12:16-21
히브리서 11:24-26

변화하기
민수기 15:39. 잠언 23:4
로마서 12:1-2. 골로새서 3:1-2
디모데전서 6:8-9
디도서 2:11-14. 히브리서 13:5
벧전 2:11. 요일 2:15

기도
시편 86:11, 119:37

소망(Hope)

(예레미야 29:11) "나 여호와가 말하노라 너희를 향한 나의 생각은 내가 아나니 재앙이 아니라 곧 평안이요 너희 장래에 소망을 주려하는 생각이라"

정부는 당신을 구원하지 않을 것이며 유엔은 세상을 구원할 수 없고 그린피스는 지구를 구원할 수 없으며 과학은 우주를 구원할 수 없다. 우리에게 소망을 주실 수 있는 분은 오직 한 분 예수 그리스도뿐이다.

어떤 사람은 소망을 잃을 때 하나님께 부르짖으며 "나는 다른 모든 것을 시도해 보았으나 아무것도 효과가 없었으니 이젠 예수 이름으로 한 번 시도해 보겠다!" 말한다. 그러나 몇 개월 후에 누가 "그래 주님과의 동행은 어떻게 되어 가나요?" 물으면 "글쎄요, 시도해 봤는데 별 볼 일 없더군요" 대답한다. 이 사람은 예수 그리스도께 진짜 헌신을 했던 것이 아니다. 이런 사람들은 예수님께서 말씀하셨던 돌밭에 떨어진 씨앗과 같다(막 4:16-17). 그저 시험삼아 한 번 해본 해프닝이었을 뿐 예수님께 그들의 삶을 진심으로 의탁했던 헌신이 아니었다.

그러므로 중요한 점은 하나님께 전적으로 당신의 마음을 복종시키고 성령의 지배하에 들어가는 길만이 당신이 가질 수 있는 유일한 소망이라는 사실을 깨닫는 것이다. 우리는 "하나님께서 나를 인도하시기를 원합니다. 다른 길은 생각하지 않겠습니다. 하나님께서 날 위해 계획하신 삶을 살기 원합니다. 하나님만이 나의 삶이요, 유일한 희망입니다. 나는 어떤 일이 있어도 하나님께 매달릴 것입니다" 고백해야 한다. 참된 소망을 원한다면 예수 그리스도께 진정으로 정직한 헌신을 해야 한다.

- 나라를 위한 소망-

교회는 나라를 위한 소망을 찾기 위해 서로 결속하여 사람들을 모아 기도하면 큰 뜻을 이룰 수 있다고 믿는다. 그러나 교회가 영적으로 깨어나지 못한다면 이 나라에는 더 이상 소망이라는 것이 있을 수 없다.

하나님의 관점	하나님의 약속	변화하기
욥기 8:13-15	시편 146:5-10,	시편 16:8-9, 31:24
잠언 13:12	시편 147:11	로마서 12:10-12
로마서 5:5	이사야 40:28-31	히브리서 10:23, 벧전1:13
로마서 8:24-25	예레미야 29:11	기도
로마서 15:4	예레미야애가 3:22-26	시편 39:7, 42:5, 71:5-6
디도서 2:13	베드로전서 1:3-5	로마서 15:13

소송(Lawsuits)

(시편 35:1,2) (다윗의 시) "여호와여 나와 다투는 자와 다투시고 나와 싸우는 자와 싸우소서 방패와 손 방패를 잡으시고 일어나 나를 도우소서"

요즘 사람들은 무슨 일이든 소송으로 해결하려고 하는 것 같다. 그런데 한 가지 이상한 점은 배심원 제도에서 어떤 배심원은 피고를 무죄로 판결하고, 어떤 배심원은 그를 유죄로 판결하는 것이다. 이것은 세상의 제도들을 아무리 잘 만든다 해도 결함이 없을 수는 없다는 사실을 증명한다.

고린도전서 6장에서 바울은 고린도 교인들이 믿지 않는 자들의 법정에서 서로 내가 옳네, 네가 틀리네 하며 소송을 벌이고 있는 것에 대해 책망한다. 바울은 이러한 문제가 이교도들의 법정이 아니라 교회 내에서 교인들에 의해 해결되어야 한다고 훈계한다.

미국에는 법정에 갈 필요가 없도록 크리스천 변호사들이 나서서 중재하는 제도가 있다. 이는 엄청난 소송비용을 절약할 수 있을 뿐만 아니라 그리스도인들끼리 법정이 아닌 기독교 환경 안에서 갈등을 해결할 수 있는 좋은 대안이다.

물론 믿는 사람들이라도 서로 의견이 달라 다툴 수 있다. 바울과 바나바 같은 사람들도 서로 의견 차이가 발생해 이 문제로 다투고 헤어졌다. 그러나 그들은 헤어진 사람들이 아니다. 그러므로 서로 의견이 달라도 다른 사람이 기분 상하지 않게 자기 의견을 피력해야 한다

어쩌면 세상적으로 살면서 그리스도인이 되겠다고 하는 것처럼 어리석은 일은 없다. 맞다. 살다 보면 시시비비도 가려야 하고 어떤 것이 죄인지 아닌지도 분명히 해야 한다. 그러나 옳고 그름 사이의 미세한 선을 긋는 것으로 문제가 다 해결되지는 않는다. 진짜 큰 문제는 내 삶이 주님을 기쁘시게 하는 삶인지 아닌지를 아는 것이다. 이것이 우리들 삶의 기본 명제가 되어야 한다. 당신이 하려는 일을 과연 하나님이 기뻐하시는가 먼저 생각해 보라.

하나님의 관점	변화하기	성경적 예시
출애굽기 23:1-3, 6-9	신명기 1:16	출애굽기 18:13, 17, 19-24
레위기 19:15	신명기 16:18	열왕기상 3:9, 24-28
신명기 1:7, 17, 17:8-11	신명기 17:9	기도
잠언 14:12, 17:14	신명기 25:2	시편 35:1
잠언 25:8-10, 30:33	마태복음 18:15-17	예레미야애가 3:58-59
마태복음 5:25		
누가복음 12:58		
고린도전서 6:1-6		

손금보기(Palm Reading)

(계시록 21:8) "그러나 두려워하는 자들과 믿지 아니하는 자들과 흉악한 자들과 살인자들과 음행하는 자들과 점술가들과 우상 숭배자들과 거짓말하는 모든 자들은 불과 유황으로 타는 못에 던져지리니 이것이 둘째 사망이라"

우리의 미래는 불확실하지만 장차 무슨 일이 일어날지 궁금하다고 해서 손금을 보거나 수정 구슬 타로 카드 혹은 위저 보드나 점괘판을 믿으면 안 된다. 이런 것들이 바로 주술에 손대기 시작하는 첫걸음이기 때문이다. 주술에 손을 댄다는 것은 마귀에게 신비스러운 방법으로 나의 운명을 이끌어 달라고 구하는 행위이다. 영의 세력들은 실제로 존재한다. 이사야 선지자는 "네가 많은 모략을 인하여 피곤케 되었도다 하늘을 살피는 자와 별을 보는 자와 월삭에 예고하는 자들로 일어나 네게 임할 그 일에서 너를 구원케 하여 보라"(사47:13) 경고하였다. 흥미롭게도 바벨론에는 많은 술객들이 있었음에도 불구하고 멸망하고 말았다.

오늘날 점성술과 운세는 엄청난 사업으로 성장했지만 궁극적으로 그것들은 도움이 되지 못한다. 오직 하나님만이 당신에게 도움과 힘을 주실 수 있다! 하나님의 말씀은 확실하다. 우리는 하나님이 말씀하셨던 일들이 정확하게 모두 다 일어났다는 사실을 역사 속에서 증명되었음을 쉽게 확인할 수 있다.

성경은 "들으라 너희 중에 말하기를 오늘이나 내일이나 우리가 아무 도시에 가서 거기서 일년을 유하며 장사하여 이를 보리라 하는 자들아 내일 일을 너희가 알지 못하는도다"(약 4:13-14) 경고하였다. 나는 비록 내일 일을 알지 못하나 누가 내일 일어날 모든 일들을 주관하실지와 누가 내 손을 꼭 잡고 가실지는 알고 있다. 또한 내일 내가 당면하게 될지도 모르는 문제들을 감당할 능력이 내게는 없어도 중요한 것은 나는 그것들을 능히 감당하실 수 있는 하나님과 동행하고 있다는 사실이다. 불확실한 나의 미래에 하나님은 나의 힘이요, 나의 안내자요, 나의 도움이 되시리라는 것을 나는 확실히 안다.

....

하나님의 관점	성경적 예시	변화하기
레위기 20:27	열왕기하 21:1-6	레위기 19:31
신명기 18:9-14, 29:29	역대상 10:13-14	레위기 20:6
사무엘상 15:23	누가복음 11:21-26	갈라디아서 5:19-21
사 47:13-15. 단 2:22, 28	사도행전 8:11-23	
마태 13:35, 행전1:7	사도행전 16:16-18	
딤전 3:13, 약 4:13-14, 16		
요한계시록 1:18, 21:8		

수간(Bestiality)

(출애굽기 22:19) "짐승과 행음하는 자는 반드시 죽일지니라"

구약시대에서는 짐승과의 행음은 사형에 해당하는 죄였다. 어떤 사람들은 이러한 하나님의 심판이 너무 엄격하다고 지적하며 "아, 이건 좀 너무 하지 않나? 사형이라니? 너무 심한 거 아니야?" 말한다. 그러나 하나님의 율법을 살펴보면 우리는 곧 그것이 우리 사회질서의 보존과 인류의 안녕을 위한 것임을 깨닫게 된다.

하나님이 세우신 이 율법들은 사람을 위한 것이었다. 그것들은 하나님이 임의로 명령하신 것이 아니다. 하나님께서 율법을 선언한 이유는 가정의 보존과 인간 생명의 신성함을 위한 것이다. 그러므로 하나님께서 그들을 "반드시 죽일찌니라"선포하셨을 때는 그들의 그러한 행동에 대한 불가피한 결과가 무엇인지를 선언하신 것이다.

....

하나님의 관점
출애굽기 22:19
레위기 18:22-25, 29
레위기 20:15-16
신명기 27:21
로마서 1:28-32
고린도전서 6:13

하나님의 약속
디모데후서 2:20-21
요한계시록 22:14-15

변화하기
고린도전서 6:18-20

기도
고린도전서 6:11

순종(Submission)

(로마서 16:19) "너희 순종함이 모든 사람에게 들리는지라 그러므로 내가 너희를 인하여 기뻐하노니 너희가 선한데 지혜롭고 악한데 미련하기를 원하노라"

순종한다는 것은 다른 사람의 힘이나 권위에 자신을 굴복시키는 것을 의미한다. 대부분의 사람들은 자기 원하는 대로 하고 싶어하고 남의 밑에 들어가는 것을 싫어한다. 다른 사람에게 순종한다는 것은 자기 위세를 잃는 것을 의미하기 때문이다.

야고보는 "그런즉 너희는 하나님께 순복할찌어다 마귀를 대적하라 그리하면 너희를 피하리라"(약4:7) 명령하였다. 그러나 그 정반대로 행하는 사람들이 있다. 그들은 하나님을 대적하고 사탄에게 순복하는 사람들이다. 이보다 더 어리석은 사람들이 또 있을까? 사탄은 당신이 망하기 원하는 존재이다. 만일 당신이 하나님을 대적하면 당신은 지금 창조주와 싸우고 있는 것이다. 당신을 향한 하나님의 계획은 당신이 꿈꾸는 그 어떤 그림보다 더 좋은 것이다. 하나님을 대적함으로 당신은 당신을 위해 준비된 가장 좋은 것들과 다투고 있는 셈이다.

창세기 22장에서 아브라함은 하나님의 명령을 따라 그의 아들 이삭을 하나님께 제물로 바치려 하였다. 이때 이삭의 나이는 이미 30대 중반으로 아버지의 뜻을 거역할 수 있었지만 기꺼이 순종하였다. 또한 예수님도 아버지의 뜻에 순종해 십자가에 달리셨다. 오히려 예수님은 "아버지여 만일 아버지의 뜻이어든 이 잔을 내게서 옮기시옵소서 그러나 내 원대로 마옵시고 아버지의 원대로 되기를 원하나이다"(눅 22:42) 기도하셨다. 문제를 일으키는 가장 큰 원인은 다른 사람을 지배하거나 그 사람을 내 마음대로 움직이려는 욕망이다. 바울은 "너희 안에 이 마음을 품으라 곧 그리스도 예수의 마음이니 그는 근본 하나님의 본체시나…자기를 비워 종의 형체를 가져 사람들과 같이 되었고…자기를 낮추시고 죽기까지 복종하셨으니 곧 십자가에 죽으심이라"(빌 2:5-8) 증거했다. 항상 자신의 영광만을 추구하는 이 세상과 얼마나 정반대인가?

....

하나님의 관점	하나님의 약속	변화하기
시편 66:3	엡 6:5-8. 빌 2:10	고린도전서 16:15-16
마 20:25-26. 막10:42-44	골로새서 3:18-19, 22-24	히브리서13:17
로마서 13:1-2, 5	베드로전서 5:5-6	야고보서 4:7
엡5:21-24. 빌2:3-8	**성경적 예시**	**기도**
딤전 2:11-15, 3:2-6	창세기 16:7-9, 22:6-12	누가복음 22:41-42
디도서 3:1	역대기상 29:24-25	
벧전 2:13-15, 17-23,3:1-6	눅 2:51. 요 6:38	

술(Alcohol)

(에베소서 5:18) "술 취하지 말라 이는 방탕한 것이니 오직 성령의 충만을 받으라"

사람의 영혼에는 물질적 혹은 감정적인 것으로는 채울 수 없는 갈증이 있다. 그 갈증을 해소시킬 수 있는 것은 오직 하나님과의 의미있는 관계이다. 때때로 사람들은 이 갈증을 술로 채울 수 있다고 생각한다. 그러나 그것은 갈증을 해소하기보다 우리의 정신을 흐릿하게 만들어 잠시 동안 갈증을 생각을 못하게 할 뿐이다. 때문에 술이 깨면 갈증은 그대로 남아 있다. 그러므로 알코올 중독은 문제를 해결하는 것이 아니라 이전보다 더 큰 새로운 문제들을 만들어 낼 뿐이다.

당신의 삶을 예수님께 돌려놓으면 예수님은 당신의 삶을 무너뜨리고 있는 그 문제로부터 당신을 해방시켜 주실 것이다. 그뿐 아니라 예수님은 당신의 목마른 영혼을 채워 주시고 만족을 주실 것이다. 성령으로 충만해지면 당신의 영과 혼이 그동안 갈망해 온 것들을 찾게 될 것이다.

비록 술을 마시는 것이 합법적이라 할지라도 당신의 육신과 정신을 지배할 수 있는 물질이라면 섭취하지 않는 것이 좋다. 전적으로 하나님께 헌신된 삶을 살아야 한다. 성경은 우리에게 이렇게 말한다.

"포도주는 거만케 하는 것이요 독주는 떠들게 하는 것이라 무릇 이에 미혹되는 자에게는 지혜가 없느니라"(잠 20:1)

하나님의 관점	하나님의 약속	변화하기
잠언 20:1, 21:17	요한복음 7:37-38	잠언 23:20-21
잠언 23:29-32	요한복음 8:36	누가복음 21:34
이사야 5:11, 22	고린도전서 10:13	로마서 13:12-14
하박국 2:15	고린도후서 5:17	고린도전서 5:11, 6:19-20
갈라디아서 5:19-21		고린도후서 7:1
		에베소서 5:18-21

[사역자를 위한 성구들]

하나님의 약속	변화하기
디모데전서 3:8-9	디모데후서 2:4
디도서 1:7-9	

슬픔(Sorrow)

(마태복음 5:4) "애통하는 자는 복이 있나니 저희가 위로를 받을 것임이요"

슬픔을 보는 올바른 태도는 무엇일까? 슬픔 안에서 하나님을 찾는 것이다. 그 안에서 하나님의 계획이 이루어지고 하나님의 목적이 성취되는 모습을 찾으라. 고난 중에도, 고통과 슬픔 속에서도, 하나님의 목적들은 내 삶에서 이루어지고 있으며 내 뿌리는 하나님 안으로 더욱 더 깊이 자란다. 내 삶이 절망적이고 소망이 없다고 느낄 때 나는 어디로 가야할지 알지 못한다. 폭풍이 내가 탄 배를 곧 침몰시키려고 한다. 어둡고 암담하다. 어떻게 어디로 향해야 할지 모른다. 그러나 이럴 때일수록 예수님께서 배의 키를 잡고 계신다는 것을 깨닫는 그 순간이 얼마나 큰 위안이 되는가? 내 배는 예수님이 운전하고 계신다. 그러므로 절망은 나로 하여금 하나님을 신뢰하고 모든 것을 하나님께 맡기도록 강요하는 기회이다.

성경기자는 욥은 그가 직면한 모든 역경 속에서도 "범죄하지 아니하고 하나님을 향하여 어리석게 원망하지 아니하였다"(욥 1:22) 기록하였다. 나는 이 욥이 참으로 놀랄만한 사람이라고 생각한다. 그는 자신의 슬픔이나 역경에 대해 조금도 하나님을 원망하지 않았는데 이는 정말로 감탄할만한 태도이다. 그러나 오늘날 욥과는 정반대로 "하나님이 나를 사랑하신다면 왜 나에게 이런 일이 일어나느냐?" 불평하는 사람들이 얼마나 많은가? 그것은 하나님을 잘못 알고 비난하는 어리석음이다. 그럼에도 불구하고 우리는 불완전한 데이터를 가지고 판단을 내리는 우를 범하고 만다. 그 이유는 우리는 전부를 알지 못하기 때문이다.

슬픈 일을 당하여 "하나님이 나를 사랑하셨다면 왜?"라고 외치고 싶을 때마다 당신은 모든 팩트들을 알지 못한다는 사실을 기억하라. 당신이 쓰는 자서전은 불완전하기 짝이 없다. 그러나 분명한 사실은 하나님은 지금 이 시간에도 일하고 계신다는 것이다. 그 어떤 어려운 상황 속에서도 하나님은 당신의 삶을 향한 계획과 목적을 위해 일하고 계신다. 그 일이 다 끝난 후에 당신은 "하나님은 진실로 좋으신 하나님, 지혜로운 하나님이십니다! 하나님의 역사는 정말로 놀랍습니다!" 경탄해 마지않을 것이다.

....

하나님의 관점	하나님의 약속	변화하기
이사야 35:10, 53:3-4	시편 30:5, 34:18, 126:5-6	전도서 7:2-3
예레미야애가 3:32-33	요한복음 16:20, 22	마태복음 11:28-29
마태복음 5:4	요한계시록 21:4	데살로니가전서 4:13
요한복음 14:1-3	**성경적 예시**	**기도**
고린도후서 1:3-4	욥기 1:13-22	시편 73:23-26
히브리서 4:15, 12:2	눅 19:41. 요 11:32-33, 35	시편 119:49-50

시기(Envy)

(고린도전서 3:3) "너희가 아직도 육신에 속한 자로다 너희 가운데 시기와 분쟁이 있으니 어찌 육신에 속하여 사람을 따라 행함이 아니리요"

이기적인 삶의 결과는 무엇일까? 제일 먼저 탐욕이다. 자기를 위해 많은 것을 더 원하기 때문이다. 이 탐욕은 시기로 발전되는데 그 이유는 내가 가진 것으로 만족하지 못하고 다른 사람이 가진 것을 갈구하게 되기 때문이다.

사람들은 다른 사람들이 가진 것에 질투를 느끼고 그것을 탐하여 어떻게 취할 수 있을지, 어떻게 나의 것으로 만들지 계략을 세운다. 결국 싸움과 다툼을 시작하고 전쟁으로 발전되어 결과는 항상 비참함과 슬픔과 비애로 끝난다.

자기중심의 삶은 궁극적으로 자기를 신으로 지지하는 개인과 사회를 멸망으로 이끌어 간다. 하나님은 사람이 그러한 방식으로 살도록 의도하지 않으셨다. 하나님은 사람의 존재 중심에 하나님이 계시도록 계획하셨다. 그러나 사람들은 하나님을 제외시키고 자신이 왕좌에 앉아 이 세상을 멸망의 벼랑으로 이끌었다.

....

하나님의 관점	하나님의 약속	변화하기
출애굽기 20:17	골로새서 3:1-4	누가복음 12:15
욥기 5:2	히브리서 13:5	로마서 13:13
잠언 14:30	베드로후서 1:2-4	에베소서 5:3-5
잠언 23:17-18	**성경적 예시**	야고보서 3:13-16
잠언 27:4	여호수아 7:19-21	베드로전서 2:1-3
에베소서 4:4	열왕기하 5:20-27	**기도**
갈라디아서 5:19-21	사도행전 20:32-34	잠언 30:8-9
빌립보서 4:11		
딤전 6:6-8,		
딤후 3:1-2		
디도서 3:3-5		
야고보서 4:1-4		

시련(Trials)

(잠언 17:3) "도가니는 은을 풀무는 금을 연단하거니와 여호와는 마음을 연단하시느니라"

시련의 목적은 당신의 마음속에 무엇이 있는지 알기 위함이다. 하나님이 모르시기 때문에 시련을 주시는 것은 아니다. 요한은 예수님에 대하여 "또 친히 사람의 속에 있는 것을 아시므로 사람에 대하여 아무의 증거도 받으실 필요가 없음이니라"(요2:25) 증거하였다. 문제는 내가 내 마음속에 무엇이 있는지 모른다는 것이다. 어쩌면 나는 괜찮고 아무 문제가 없다고 생각할지도 모른다. 그러므로 하나님은 내 마음속에 있는 것을 보여주기 위해 나를 시련(시험) 가운데로 이끄신다.

예레미야는 "만물보다 거짓되고 심히 부패한 것은 마음이라 누가 이를 알리요마는 나 여호와는 심장을 살피며 폐부를 시험하고"(렘17:9,10)라고 증거하였다. 그러므로 하나님의 시험은 자신을 이해하고 우리의 한계점과 약점을 알 수 있도록 도와주기 때문에 우리 자신이 아닌 하나님을 신뢰하는 법을 배우게 된다.

시련의 한가운데서 하나님께서 나를 한 걸음씩 인도해 주셨다는 것을 깨닫기란 매우 어렵다. 내 마음속에는 하나님이 다루셔야 할 것이 너무 많은데, 그것들이 드러나기 전까지는 그것들을 다룰 수 없으며, 시험을 통해서 진리를 볼 수 있게 된다. 나는 그러한 방식을 좋아하지 않지만 내가 하나님께 쓰임 받을 것이라면 겸손해야 한다. 나는 교만이 내 마음을 다스리는 것을 용납해서는 안된다. 교만은 항상 우리 자신에 대한 진실을 보지 못하게 한다. 교만은 당신에게 큰 적이다. 그것은 당신에게 거짓말을 하게 하며 당신을 파괴할 수 있다.

하나님은 교만을 싫어하신다. 하나님께서 우리를 그의 도구로 더 많이 사용하실 수 있도록 자신에 대한 진실을 마주하고 겸손함을 가지는 것이 굉장히 중요하다. 모든 시련은 우리가 성장하는 법을 배우고, 하나님의 힘과 사랑이 드러나는 곳에서 우리를 하나님께로 인도하기 위한 것이다. 그곳에서 우리는 하나님과 더 깊은 관계를 맺게 된다.

....

하나님의 관점	하나님의 약속	변화하기
신명기 8:2-3, 13:3	스가랴 13:9	약 4:10, 벧전 4:12-13
신명기 32:11-12	말라기 3:3	**성경적 예시**
잠언 17:3, 25:4	요한복음 16:33	출애굽기 19:4.
예레미야 17:9-10	고린도전서 10:13	고린도후서 12:7-10
말라기 3:2	야고보서 1:3,	**기도**
	베드로전서 1:3-7	시편 26:2, 66:10

식탐(Gluttony)

(고린도전서 10:31) "그런즉 너희가 먹든지 마시든지 무엇을 하든지 다 하나님의 영광을 위하여 하라"

예수님은 그의 재림에 앞서 마지막 날들에 대해 경고하시며, 말세가 되면 사람들이 너무 먹고 마시게 된다고 말씀하셨다(눅12:45-46). 식탐의 결과로서 의식을 상실하는 상황에 사로잡히지 않도록 주의하라는 말씀이다. 지나치게 먹고 마시는 것은 우리의 판단력을 흐리게 하기 때문이다. 그러므로 솔로몬은 "아들아 그것이 너에게 가난을 줄 것이다" 경고했다.

혹시 당신은 식탐의 노예가 되어 그것이 당신의 삶을 사로잡고 있을 지도 모른다. 식탐이 당신을 파괴하는 것을 알 수 있고, 또 어떻게 해도 그것으로부터 자유롭지 못할 것이다. 그러므로 바울은 "모든 것이 내게 가하나 내가 무엇에든지 얽매이지 아니하리라"(고전 6:12) 경고하였다.

오늘날 많은 사람들이 자유라는 말을 자주 사용한다. 그러나 당신의 자유를 육체를 위해 사용하지 말라. 왜냐하면 그것이 당신을 파괴할 것이기 때문이다. 오히려 당신의 삶을 예수께 드리라. 그러면 그분은 당신을 파괴하는 것으로부터 당신을 자유케 하실 것이다. 그것뿐 아니라 그분은 당신 영혼의 굶주림과 목마름을 만족시키실 것이다.

....

하나님의 관점
시편 81:10
잠언 23:19-21, 25:16
마태복음 6:25, 26:41
누가복음 12:40-46
요한복음 4:34
요한복음 8:36
고린도전서 3:16-17
고린도전서 6:12-13

하나님의 약속
고린도전서 10:13

변화하기
잠언 23:2
로마서 12:1
고린도전서 6:19-20
고린도전서 9:27
고린도전서 10:31
갈라디아서 5:16
베드로전서 4:1-2

성경적 예시
다니엘 1:8-14

기도
빌립보서 4:13

신뢰(Trust)

(로마서 8:28) "우리가 알거니와 하나님을 사랑하는 자 곧 그 뜻대로 부르심을 입은 자들에게는 모든 것이 합력하여 선을 이루느니라"

세상의 지혜는 당신이 자신을 신뢰하도록 격려하는 반면, 성경은 하나님을 신뢰하도록 격려한다. 그러나 당신이 일을 현명하게 하려 한다면 당신은 오직 주님만 신뢰하는 것이 필요하다. 오직 그분의 손에 문제를 맡기고 신뢰할 필요가 있다.

나는 스스로 결정을 내릴 때마다 항상 그것이 옳은 결정이었는지 아닌지 걱정된다. 또한 그에 따른 결과가 어떻게 나올지 걱정을 한다. 그러나 내가 주님의 인도를 구하고 하나님의 인도하심을 따라 결정을 내릴 때, 나는 하나님의 응답에 대한 확신으로 맡긴다. 어떤 결과가 나오더라도 하나님의 목적이자 하나님의 뜻인 것이다. 만약 내가 의사결정 과정에서 하나님의 인도를 구한다면, 나는 결과에 대해 걱정하지 않는다.

나는 주님을 신뢰하는 것이 문제 속에서 걱정을 없앤다는 것을 발견하였다. 그럼에도 나의 문제 중 하나는 하나님께 도전하는 경향이 있다는 것이다. 때때로 나는 하나님께서 하시는 일을 정확히 나에게 설명해 주시길 원한다. 나는 오직 믿음으로 주께 맡겨야 하는 나의 입장이 마음에 들지는 않는다. 그만큼 믿는 것과 신뢰하는 것은 어렵다.

내가 왜 문제나 어려움을 겪는지, 왜 해결책이 없이 질질 끌려다니는지 이해하지 못할 수도 있다. 그러나 내가 이해하는 것이 필수적이지는 않다. 오히려 하나님을 신뢰하는 것이 필수이다. 하나님이 나를 다스리고, 사랑하신다는 믿음을 가져야 한다. 그럼에도 우리는 소리지르고 불평 끝에서 할 수 없이 하나님을 찾을 때가 많다. 우리는 그분의 것이다. 그분이 나를 창조하셨음을 알아야 한다.

하나님의 관점	하나님의 약속	변화하기
신명기 32:4	여호수아 1:9	시편 37:3-5, 50:15
시편 91:1-2, 112:7	시편 27:8; 13-14	잠언 3:5-6
시편 119:41-42. 잠언 16:20	시편 40:4, 125:1	요한복음 14:1
성경적 예시	이사야 26:3-4,	히브리서 10:39
이사야 31:1	이사야 40:31,	베드로전서 4:19
마태복음 8:23-26, 14:31	이사야 41:10	**기도**
로마서 4:3	예레미야애가 3:22-24; 32	역대상 29:11-12
히브리서 11:17-19, 24-27	나훔 1:7	시편 57:1
야고보서 2:21-26	로마서 8:28	고린도후서 1:9

신성(Deity)

(골로새서 1:15) "그는 보이지 아니하시는 하나님의 형상이요 모든 창조물보다 먼저 나신 자니"

예수님은 성육신하신 하나님이시다. 그는 육신을 입은 하나님이다. 성경은 하나님이 그의 아들 안에서 나타내셔서 예수님은 육신으로 나타나신 하나님임을 증거한다. 그러므로 하나님의 현신이신 예수께서 제자들에게 "나를 본 자는 아버지를 보았다"(요 14:9) 말씀하셨다.

하나님께서 우리의 모든 죄를 예수님께 지우신 것은 곧 하나님 자신이 지신 것을 뜻한다. 또한 예수님의 십자가에서의 죽으심은 하나님께서 우리 죄를 위해 대신 죽으심을 의미한다. 하나님이 당신을 사랑하기 위해서 예수께서 십자가에서 죽으셨다고 생각하면 안 된다. 하나님이 당신을 사랑하셨기 때문에 독생자 예수를 보내셔서 나로 멸망하지 않고 영생을 얻게 하셨다.

예수님의 생애를 통하여 우리는 하나님의 완전하심을 볼 수 있다. 온전히 순결하고 온전히 거룩한 예수님의 생애 속에서 완전하신 하나님의 의를 볼 수 있다. 그는 보이지 아니하시는 하나님의 형상이요 창조물보다 먼저 계신 분이다.

....

하나님의 관점	하나님의 약속	성경적 예시
시편 45:6-7	요한복음 20:31	요한복음 4:25-26
이사야 9:6-7	히브리서 13:8-9	요한복음 10:30-33
예레미야 23:5-6		요한복음 20:28
요한복음 1:1-3, 14		요한계시록 5:5-14
요한복음 8:56-59		
요한복음 14:9		
사도행전 20:28		
로마서 1:3-4		
빌립보서 2:6-11		
골로새서 1:15-20		
디모데전서 3:16		
디도서 2:11-14		
히브리서 1:1-4, 6-8		
요한일서 5:20		
요한계시록 1:8		

실직(Loss of Job)

(마태복음 7:7) "구하라 그러면 너희에게 주실 것이요 찾으라 그러면 찾을 것이요 문을 두드리라 그러면 너희에게 열릴 것이니"

그리스도인으로서 우리는 어리석어서는 안 된다. 만일 어떤 사람이 "네, 저는 6개월 동안 놀았지만 주님을 믿습니다. 이번 달 집세를 낼 돈이 없고 가족들이 먹을 것도 없지만 하나님께서 돌보아주실 것이라는 믿음이 있습니다. 오직 하나님의 도움이 필요할 뿐입니다" 말한다면, 우리는 그에게 "당신은 어디에 입사 지원을 했습니까?" 물어 볼 것이다. 만약 그가 "아무 데도 구직을 신청하지 않았어요. 오직 하나님께서 저에게 일자리를 주시기를 기도할 뿐입니다" 대답하면, 우리는 다시 "이력서를 제출할 곳이 하나도 없나요? 혹시 구인광고를 찾아 보셨나요?" 물어 보지만, 그는 다시 "네, 그렇지만 하나님은 나에게 일자리를 주실 것입니다. 하나님만 기다리겠습니다" 말할지도 모른다.

어떻게 보면 그는 매우 믿음이 좋은 사람 같지만 이건 틀렸다. 하나님은 그런 방식으로 일하시지 않는다. 성경에는 "찾으라 그러면 찾을 것이요 문을 두드리라 그러면 너희에게 열릴 것이다"(마 7:7) 기록되었다. 여기서 찾고 두드리는 것은 하나님의 몫이 아닌 인간의 몫이다. 그러므로 우리가 최선을 다해야 한다.

먼저 내가 활용할 수 있는 모든 자원과 기회를 활용해야 한다. 그러면 분명히 하나님이 도와주실 것이다. 하나님은 대체로 내 힘이 다하거나 더이상 동원할 자원이 바닥난 바로 그 순간에 도와주신다. 이와 같이 사람의 한계가 하나님께 기회이다. 내 능력이 한계에 다달았을 때에야 비로소 나는 결코 바닥나지 않을 하나님의 무한한 능력을 발견하게 된다.

....

하나님의 관점	하나님의 약속	변화하기
시편 145:18-19	역대하 29:12	시편 27:14
예레미야 29:11-12	시편 1:3, 84:11	시편 62:5, 8
마태복음 7:7	시편 104:27-28 145:16-17	빌립보서 4:6-7
누가복음 11:9-10	잠언 3:5-6	베드로전서 5:6-7
성경적 예시	이사야 3:10, 43:19	**기도**
시편 37:25	예레미야애가 3:25-26	시편 121:1-2
	로마서 8:28,	시편 138:8
	고린도후서 9:8	
	에베소서 3:20	
	빌립보서 4:19. 야고보서 1:2-4	

십일조(Tithe)

(말라기 3:10) "만군의 여호와가 이르노라 너희의 온전한 십일조를 창고에 들여 나의 집에 양식이 있게 하고 그것으로 나를 시험하여 내가 하늘 문을 열고 너희에게 복을 쌓을 곳이 없도록 붓지 아니하나 보라"

'십일조'라는 단어는 '10분의 1'에서 나온 말로 창세기 14장에서 처음 언급되었다. 아브라함이 여러 왕들을 치고 노략물을 가지고 돌아오는 길에 지극히 높으신 하나님의 제사장이라 칭함을 받던 멜기세덱을 만나 전리품의 10분의 1을 그에게 주었다. 그후 약 500년 후, 하나님은 모세에게 십일조에 관한 율법을 주실 때 "땅의 십분 일 곧 땅의 곡식이나 나무의 과실이나 그 십분 일은 여호와의 것이니 여호와께 성물이라"(레27:30) 말씀하셨다.

나는 오늘날 많은 사람들이 이 십일조에 대해 "그것은 율법 아래 있는 것이라 지킬 필요가 없다. 신약에서 말하는 헌금은 다르다" 말하는 것을 종종 듣는다. 그러나 나는 그런 말을 하는 사람들 가운데 신약에 나오는 헌금 방식을 그대로 지키는 사람을 보지 못했다. 사도행전을 보면 논밭을 팔아 전부 사도들의 발 앞에 두었다. 이것을 보고서도 신약에서 말하는 헌금 방식을 따르자고 할 것인가? 그들은 단지 십일조를 하기 싫어서 그렇게 말하는 것일 뿐이다.

하나님께 드리는 것에 대해 우리가 무엇을 말할 수 있을까? 먼저 하나님께서는 돈을 필요로 하시고 파산 직전이시기 때문에 우리가 하나님께 드리는 것이 아니다. 하나님은 "세계와 거기 충만한 것이 내 것임이로다"(시50:12) 선포하셨다. 따라서 우리가 하나님께 드리는 것은 사랑이 우리 마음을 움직였기 때문이다. 하나님께서 나에게 너무 많은 축복과 많은 유익을 선물하셨기 때문에 그에 대한 감사를 표현하고자 내 마음이 응답하는 것이다.

하나님께서 주시는 것보다 더 많이 하나님께 드리는 것은 불가능하다. 우리가 하나님께 드릴 때 하나님은 항상 더 많이 돌려주신다. 수학적으로는 앞뒤가 맞지 않지만 실제로는 완벽하게 작동한다. 많은 사람들은 자신들이 하나님께 드릴 형편이 안 된다고 생각한다. 그러나 그들이 하나님께 드릴 돈이 없는 것은 아마도 하나님께 드리는 것을 순종하지 않았기 때문일 것이다. 당신이 하나님께 드릴 때, 하나님은 당신에게 더 많은 것을 돌려주실 것이다.

....

하나님의 관점	성경적 예시	하나님의 약속
레위기 27:30-32	창세기 14:18-20, 28:20-22	잠언 3:9-10, 말라기 3:8, 10
민수기 18:26	사무엘하 8:11, 역대하 31:5-6	고린도후서 9:6-8
신명기 26:12-13	마태복음 6:1-4, 23:23	**변화하기**
	마가복음 10:17-22.	마 6:1-4, 눅 6:38.
	히브리서 7:1-2	고린도전서 15:58

쓴 뿌리(Bitterness)

(히브리서 12:15) "너희는 돌아보아 하나님 은혜에 이르지 못하는 자가 있는가 두려워하고 또 쓴 뿌리가 나서 괴롭게 하고 많은 사람이 이로 말미암아 더러움을 입을까 두려워하고"

누군가에 대한 증오, 쓴뿌리, 적개심 혹은 용서하지 않는 마음을 고수한다면 그것 때문에 하나님과의 관계가 막힐 수 있다. 그것은 기도의 효력을 무력화할 수 있다. 우리는 이러한 나쁜 생각에 사로잡힌 사람이 교회에 있기 때문에 교회에도 가지 못하거나 또 가더라도 즐거운 마음이 아닐 수가 있다. 그리고 그 사람을 볼 때마다 속이 뒤틀린다.

그러나 주를 믿는 우리는 이러한 문제들을 똑바로 직시하고 자신의 쓴 마음을 회개한 다음, 그 사람에게 찾아가서 화해해야 한다. 내 마음에 자리잡고 있는 이 쓴뿌리를 해결하지 않으면 당신은 머지않아 하나님과의 관계가 무너지고 기도도 효력을 잃을 수 있기 때문이다. 그러므로 바울은 우리에게 "네 원수가 주리거든 먹이고 목마르거든 마시우라 그리함으로 네가 숯불을 그 머리에 쌓아 놓으리라"(롬12:20) 권고하였다.

....

하나님의 관점	변화하기
레위기 19:17	사도행전 8:22-23
잠언 26:24-26	갈라디아서 5:15
누가복음 17:3-4	에베소서 4:30-32
야고보서 3:14-18	골로새서 3:8
요한일서 2:9-11	히브리서 12:14-15
요한일서 3:10, 15, 4:20	약 1:19-20. 벧전 2:19-20

[분한 마음 관련 구절]

하나님의 관점	변화하기	성경적 예시
로마서 12:17-19	마태복음 5:23-24	베드로전서 2:21-23

[용서 못함 관련 구절]

하나님의 관점	변화하기
마태복음 6:14-15	마태복음 18:15
야고보서 2:13	마가복음 11:25-26
	골로새서 3:12-14

아동학대(Child Abuse)

(로마서8:28) "우리가 알거니와 하나님을 사랑하는 자 곧 그 뜻대로 부르심을 입은 자들에게는 모든 것이 합력하여 선을 이루느니라"

하나님의 긍휼하심과 성령의 능력으로 당신은 과거를 이겨낼 수 있다. 설혹 부모님이 끔찍한 일들을 당신에게 저질렀을 수도 있다. 어쩌면 불우한 어린 시절을 보냈을 수도 있다. 견딜 수 없는 정서적 학대와 심지어 신체적 학대까지 겪었을 수도 있다. 그러나 하나님의 말씀은 당신이 예수 그리스도 안에서 완전히 새로운 삶을 살 수 있고 지난 옛일들은 모두 극복될 수 있다고 선언하셨다.

나는 사탄 문화권에 빠진 청년들을 상담하면서 그들이 어려서부터 부모의 사랑을 받지 못하고 오히려 정서적으로 많은 학대를 받고 자랐음을 알 수 있었다. 물론 그의 부모들도 어쩔 수 없는 인생의 여정 속에서 자녀를 잘 돌보지 못하였겠지만 어려서 받은 학대의 고통은 쉽게 씻겨지지 않고 큰 상처로 남아 있다.

시편기자는 "시냇가에 심은 나무가 시절을 좇아 과실을 맺으며 그 잎사귀가 마르지 아니함 같으니 그 행사가 다 형통하리로다"(시1:3) 노래하였으며, 예레미야 선지자도 "그는 물가에 심기운 나무가 그 뿌리를 강변에 뻗치고 더위가 올지라도 두려워 아니하며 그 잎이 청청하며 가무는 해에도 걱정이 없고 결실이 그치지 아니함 같으리라"(렘17:8) 증거하였다.

예수를 믿는 우리는 어려서의 학대의 고통도 하나님의 사랑안에서 모두 용서되고 위로를 받을 수 있다. 뿐만 아니라 자신이 겪은 인생의 모든 고통들이 그리스도의 은혜 가운데 합력하여 선을 이루게 된다. 그러므로 부디 예수 그리스도로 말미암아 당신에게 펼쳐진 아름다운 삶을 누리기를 기도한다. 이것이 상처투성이인 당신을 향한 하나님의 뜻이다.

하나님의 관점	하나님의 약속	변화하기
시편 34:17-19	시편 18:2	시편 55:4-8
시편 37:39	시편 28:7	이사야 61:10
마태복음 18:6	이사야 43:18-19	기도
로마서 8:28	이사야 58:8	시편 6:2
로마서 15:13	이사야 61:7	예레미야 17:14
	요엘 2:25	예레미야애가 3:58-59

아픔(Hurt)

(야고보서 1:2,3) 내 형제들아 너희가 여러 가지 시험을 당하거든 온전히 기쁘게 여기라이는 너희 믿음의 시련이 인내를 만들어 내는 줄 너희가 앎이라

우리는 종종 우리 앞을 가로막는 시련을 하나님께서 허락하신 것 때문에 괴로워한다. 우리는 그럴 때 하나님을 이해하지 못한다. 그 시련들은 우리에게 큰 고통과 상처를 가져다 주기 때문이다. 사랑의 하나님이 이 같은 시련과 고통과 상처를 우리에게 허락하신다는 것은 있을 수 없는 일처럼 느껴진다.

만일 하나님이 나를 사랑하신다면 나는 그 어떤 상처나 고통이나 슬픔도 겪지 말아야 한다고 생각하게 된다. 그래서 우리는 시련이나 고통에 직면하면 "이게 웬 일인가? 하나님은 나를 사랑하지 않나? 하나님을 섬기려고 하는 내게 어째서 이런 일이 일어나는 거지?"라고 생각하곤 한다.

바울은 "아무 것도 염려하지 말고 오직 모든 일에 기도와 간구로, 너희 구할 것을 감사함으로 하나님께 아뢰라"(빌4:6) 권면하였다. 당신의 영혼을 아프게 하는 시련들을 모두 다 하나님께 가지고 나아가며 기도로 하나님께 나오기 바란다. 하나님이 당신을 기뻐받아 주시고 그의 사랑으로 채워 주실 것이다.

"너희 믿음의 시련이 불로 연단하여도 없어질 금보다 더 귀하여 예수 그리스도의 나타나실 때에 칭찬과 영광과 존귀를 얻게 하려함이라"(벧전1:7)

하나님의 관점	하나님의 약속	변화하기
시편 147:3	신명기 33:27	빌립보서 4:6-7
누가복음 4:18	시편 55:12	베드로전서 5:6-7
고린도후서 1:9	시편 121:1-2	기도
성경적 예시	이사야 11:9	시편 38:12-15
다니엘 3:16-18	예레미야 17:7-10	하박국 3:17-19
	요한계시록 21:4	

악마들(Demons)

(계시록12:12) "그러므로 하늘과 그 가운데 거하는 자들은 즐거워하라 그러나 땅과 바다는 화있을찐저 이는 마귀가 자기의 때가 얼마 못된줄을 알므로 크게 분 내어 너희에게 내려갔음이라 하더라"

많은 성경 주석가들은 악마들을 사탄이 하나님께 반역할 때 참여한 천사들이라 믿는다(계 12:7-9 참조). 그 의미로 사용된 헬라어는 "악마화되다"이다. 이것은 악마들이 사람의 몸의 운동 기능으로 조종되는 능력이며, 그 자신이 사람들의 의식과 생각과 행동, 기능 속에 역사하는 능력이다. 그 때문에 한 사람이 귀신들릴 때 보통 초자연적인 힘과 능력들이 부여된다.

마가복음에는 더러운 영과 악한 영들 곧 악마들에 지배당한 사람들을 제압하신 예수님의 권능이 소개되었다. 예수께서 가버나움의 회당에 가셨을 때, 귀신 들린 사람이 나와 "우리가 당신과 무슨 상관이 있나이까 나는 당신이 누구인 줄 아노니 하나님의 거룩한 자니이다"(눅 4:34) 소리 질렀다. 흥미롭게도 "우리가 당신과 무슨 상관이 있습니까? 우리를 내버려 두시오"라는 이 외침은 오늘날 교회를 향한 세상의 목소리이다.

세상은 교회를 향하여 "우리를 정죄하지 마시오. 당신의 도덕적 가치를 우리에게 강요하지 마시오. 우리 일에 관여 마시오. 우리 죄로 죄책감을 느끼도록 하지 마시오" 소리 지른다. 그들이 사는 세상의 체계가 부패되고 악함에도 세상을 책망하는 목소리가 멈추길 요구한다.

악마적인 활동은 이방 신들을 숭배하는 정글 속 원주민들 가운데 널리 퍼져있다. 그러나 오늘날 현대인들은 '위저 보드' 같은 심령 대화 점술판을 사용하여 영적인 세계의 문을 열고 있다. 심지어 우리 아이들은 학교에서 "어떻게 자신의 내면의 사람을 발견하는가?"에 대한 심리학을 배우며, 어려운 상황과 고통을 이기기 위한 명상 훈련을 받는다. 우리 사회가 기독교화에서 멀어지고 이교도화가 심화 될수록 개개인의 삶 속에 악마적인 능력이 더 크게 나타날 것이며, 사람들은 그들의 목적은 악하고 항상 파괴적이란 것을 실감하게 될 것이다.

....

하나님의 관점	성경적 예시	변화하기
마태복음 12:43-45	마태 12:22, 17:15-20	에베소서 6:10-12
로마서 8:38-39	마가 1:23-25, 5:2-9, 9:25-29	야고보서 4:7
요한일서 4:1-3	누가 4:33-37, 41, 9:38-42	베드로전서 5:8-9
하나님의 약속	사도행전 16:16-18, 19:13-20	기도
요한일서 4:4	골로새서 2:15	누가복음 11:4
	베드로전서 3:22	
	요한계시록 12:7-9	

악을 극복하기(Overcoming Evil)

(로마서 8:37) "이 모든 일에 우리를 사랑하시는 이로 말미암아 우리가 넉넉히 이기느니라"

하나님은 예수 그리스도로 말미암아 우리 각자에게 놀라운 승리를 약속하셨다. 이긴다는 것은 전쟁이 끝날 때 승리를 쟁취하는 것이다. 넉넉히 이긴다는 것은 전쟁 중에 이미 승리하는 것이다. 하나님께서는 당신이 넉넉히 이기기를 원하신다. 싸움이 한창일 때 이미 마음속으로 당신이 승리할 것을 확신하기를 원하신다. 패배의식에 사로잡히거나 의기소침해 있지 말고 예수 그리스도로 말미암아 승리는 이미 당신 것임을 알라.

그리스도로 말미암아 당신은 넉넉히 이길 수 있다. 그러나 만일 당신이 사탄으로 하여금 당신을 쥐고 흔들며 마음대로 가지고 놀도록 허락한다면 그 결과는 마음속에 의심으로 가득 찰 것이며, 하나님이 당신에게 바라는 넉넉한 승리와는 거리가 멀어질 것이다. 하나님은 당신이 죄와 흑암권세를 누르고 예수 그리스도로 말미암아 당신에게 허락하신 넉넉히 이기는 삶을 살기를 원하신다.

악이 승리하지 못하게 하라. 악이 당신을 이기게 하지 말고 선으로 악을 이기라. 다시 말하면 악에게 승리를 양보하지 말라. 누군가 당신을 해치려 해도 앙갚음을 하지 말라. 그 사람이 하는 그대로 따라할 필요가 없다. 사람들이 당신에게 못되게 굴어도 당신은 거기에 넘어가서는 안 된다. 바울은 우리에게 "네 원수가 주리거든 먹이고 목마르거든 마시우라 그리함으로 네가 숯불을 그 머리에 쌓아 놓으리라 악에게 지지 말고 선으로 악을 이기라"(롬 12:20-21) 권고하였다.

....

하나님의 관점
출애굽기 23:4-5
시편 19:7-11
잠언 25:28-29
누가복음 6:27-30
요한일서 5:4

성경적 예시
마태복음 5:38-47
마태복음 18:15-17
요한계시록 12:11

하나님의 약속
잠언 20:22
마태복음 16:18
누가복음 10:19
베드로전서 3:8-9
요한일서 4:4
요한계시록 21:7

변화하기
로마서 12:14, 17-21
에베소서 6:11
데살로니가전서 5:15

기도
누가복음 23:34

악인의 번영(Prosperity Of the Wicked)

(로마서12:20) "네 원수가 주리거든 먹이고 목마르거든 마시우라 그리함으로 네가 숯불을 그 머리에 쌓아 놓으리라"

불경건한 사람들이 많은 재물로 축복을 받는 이유는 뭘까? 그들은 자신들이 바랄 수 있는 것보다 더 많은 것을 소유하지만 하나님을 모독하고 악한 행위를 일삼는다.

시편 73편에서 아삽은 악인들의 물질적 번영을 보고 거의 기절할뻔 한다. 그는 "나는 거의 실족할뻔 하였고 내 걸음이 미끄러질뻔 하였으니 내가 어쩌면 이를 알까하여 생각한즉 내게 심히 곤란하더니"(시 73:2, 16)라고 말하다가 곧바로 이어서 "내게 심히 곤란하더니 하나님의 성소에 들어갈 때에야 저희 결국을 내가 깨달았나이다"(16-17절) 고백하였다.

그는 영원한 관점에서 세상을 보는 장기적인 안목으로 그들을 보았다. 악인들을 시기하기 보다는 그들을 영원한 관점에서 보게 되자 오히려 악인들에 대한 긍휼한 마음이 생겼다. 아삽은 악인들이 구덩이 안으로 미끄려져 들어가는 장면을 보았다. 그 일은 순간적으로 끝나버렸고 그들은 영원히 사라져버렸다. 그러나 주님은 의인의 오른손을 붙들고 항상 그와 함께 계셨다.

주님은 주님의 교훈으로 의인을 인도하시며 후에는 영원한 영광에 들어가게 하실 것이다. 영원의 관점으로 세상을 보는 것은 참으로 중요한 일이다. 우리는 하나님의 집에 들어갈 때마다 이 중요성을 깨달아야 한다. 하나님의 성소는 우리의 관점을 바로잡는 곳이다.

....

하나님의 관점	하나님의 약속	변화하기
잠언 24:19-20	로마서 8:18	시편 37:7
잠언 28:6	**성경적 예시**	
마가복음 8:36	시편 49:16	
누가복음 12:20-21	시편 73:2-3, 16-19	

안식일(Sabbath)

(골로새서 2:16) "그러므로 먹고 마시는 것과 절기나 월삭이나 안식일을 인하여 누구든지 너희를 폄론하지 못하게 하라"

"안식일을 기억하여 거룩하게 지키라 엿새 동안은 힘써 네 모든 일을 행할 것이나 일곱째 날은 네 하나님 여호와의 안식일인즉 너나 네 아들이나 네 딸이나 네 남종이나 네 여종이나 네 가축이나 네 문안에 머무는 객이라도 아무 일도 하지 말라"(출 20:8-10). 이 말씀은 하나님께서 자기와 이스라엘 사이에 세우신 언약이다. 그래서 유대 사람들은 안식일의 율법을 하나님과 민족과의 언약의 표시로 인식하였다. 이것은 그들이 하나님의 백성이며 하나님을 섬긴다는 것을 세상에 알리는 신호였다.

레위기 23장 32절에는 안식일을 아침에서 아침, 자정에서 자정까지가 아니라 저녁부터 저녁까지 기념해야 한다고 말한다. 그래서 그들의 안식일은 해가 지는 것으로 시작해서 해가 지는 것으로 끝났다. 어떤 사람들은 기독교인들이 안식일을 토요일에서 일요일로 바꾼다고 비난한다. 하지만 사실 예수의 부활을 기념하여 일요일에 관례적으로 지킨 것은 초대교회였다. 그들은 안식일을 위해서가 아니라 예배를 위해 만났다. 그러므로 주일 예배를 안식일로 인식하고 안식일을 바꾸는 근거로 사용해서는 안 된다.

사실 안식일의 목적은 휴식을 위한 것이다. 바울은 안식일에 관해 아무도 판단하지 말라고 골로새 교인들에게 권면하였다. 그래서 나는 토요일을 쉬는 날로 정한 사람들을 판단하지 않을 것이고 그들은 내가 화요일에 쉬어도 나를 판단하지 말아야 한다.

예수 그리스도께서 십자가에서 완성하신 사역의 관점으로 볼 때, 바울은 성도들이 하나님과의 율법적인 관계로 돌아가는 위험을 경계하였다. 지금도 일요일에 교회에 가는 기독교인을 비판하는 안식일주의자들이 있다. 그러나 구약의 안식일은 우리에게 진정한 안식을 주신 그리스도의 그림자일 뿐이다. 예수 그리스도는 새로운 언약이다. 그가 우리의 안식일이다.

....

하나님의 관점
출애굽기 20:8-12
레위기 23:32, 24:8
신명기 5:12-15
마가복음 2:27-28
사도행전 15:8-10
로마서 14:5-6.
골로새서 2:16-17

하나님의 약속
출애굽기 31:13, 16
레위기 26:2-12, 33-35
이사야 66:23, 에스겔 20:12

변화하기
골 2:16-17. 히 4:3

성경적 예시
출애굽기 16:23
이사야 1:13, 56:2
이사야 58:13-14
예레미야 17:19-27
마태복음 12:1-8, 26:26-29
마가복음 3:1-6.
고린도전서 11:23-25

약물 중독(Drug Addiction)

(디모데후서 2:26) "저희로 깨어 마귀의 올무에서 벗어나 하나님께 사로잡힌바 되어 그 뜻을 좇게 하실까 함이라"

'마법'이라는 단어는 헬라어 '파마르키아'라는 단어에서 파생된 것으로서 마술이라고도 번역된다. 성경에서 마법이나 마술이라 할 때, 그것은 환각을 위한 약물 사용을 언급하거나 향정신성 목적인 마약과 같은 뜻이다. 하나님의 법은 엄격하게 약물 남용을 금지하는데, 그것은 당신의 삶에 마약의 남용을 허용하면 궁극적으로 당신 인생을 멸망시키기 때문이다.

마약은 매우 교묘하다. 마약이 제일 먼저 하는 작용은 한 사람의 저항하는 의지력을 공격하는 것이다. 사람들은 마약에 매우 빠르게 사로잡힌다. 마약의 남용은 바른 판단과 옳고 그름에 대한 감각을 파괴시켜 마약 중독자들은 결국 소름끼치도록 충격적이라고 생각하는 일들을 하는 자신들을 발견하게 된다.

약물 남용의 가장 치명적인 영향 중 하나는 약물의 노예가 되는 것이다. 사탄은 사람이 포로가 되는 것과 그들의 의지를 대적하여 인질로 사로잡는 것을 좋아한다. 그러므로 바울은 제자 디모데에게 "그들로 깨어 마귀의 올무에서 벗어나 하나님께 사로잡힌 바 되어 그 뜻을 따르게 하실까 함이라" (딤후2:26) 권고하였다.

사탄은 공정하게 원칙대로 싸우지 않는다. 그러나 하나님께 감사함은 예수 그리스도께서 포로된 자를 자유케함과 묶인 자들의 옥문을 열기 위해 오신 것이다. 예수 그리스도의 능력은 사탄이 약물 중독으로 사로잡은 사람들의 결박을 깰 수 있다. 성경은 "그 눈을 뜨게 하여 어둠에서 빛으로 사탄의 권세에서 하나님께로 돌아오게 하고 죄 사함과 나를 믿어 거룩하게 된 무리 가운데서 기업을 얻게 하리라"(행 26:18) 증거하였다. 이것이 복음의 본질로서 어둠의 권세로부터 사람들을 자유롭게 하는 것이다.

"죄를 짓는 자는 마귀에게 속하나니 마귀는 처음부터 범죄함이라 하나님의 아들이 나타나신 것은 마귀의 일을 멸하려 하심이니라"(요일 3:8)

하나님의 관점	하나님의 약속	변화하기
사무엘상 15:23	요한계시록 22:14-15	에베소서 5:18
시편 52:7	**성경적 예시**	고린도전서 6:12
이사야 47:9	요한계시록 9:20-21	**기도**
겔 18:30-32. 말 3:5		마태복음 6:13
갈 5:19-21. 계 21:6-8		

양심(Conscience)

(히브리서 10:22) "우리가 마음에 뿌림을 받아 양심의 악을 깨닫고 몸을 맑은 물로 씻었으나 참 마음과 온전한 믿음으로 하나님께 나아가자"

우리가 잘못을 할 때마다 하나님의 영은 우리 마음을 책망하셔서 우리의 죄를 깨닫게 하신다. 세상은 그것을 양심의 소리라고 말하지만 성경은 그것을 성령의 음성이라고 한다.

사도 바울은 양심이 화인을 맞은 자에 대해 말하였다(딤전4:2). 옳지 않은 일을 처음할 때는 마음에 찔리고 마음속에서 다툼이 생긴다. 하고는 싶지만 해서는 안 된다는 것을 알기 때문이다. 그러나 속으로 다투고 또 싸우지만 결국은 하고 만다. 그렇게 저지르고 나면 금방 "내가 왜 그랬지?"하며 후회가 몰려온다.

그 일로 인한 기쁨이나 만족도 전혀 없다. 그러나 같은 일이 두 번째로 되풀이될 때는 불행히도 당신의 마음속에 있던 방어막이 사라져버려 첫 번째와 같은 찔림이나 다툼 없이 그 일을 해버리고 만다. 그리고 잘못에 대한 자기 합리화도 많이 발전해서 그런 일을 거듭 되풀이하지만 더 이상 양심의 가책조차 느끼지 못한다. 이렇게 우리 마음에서 죄책감이 사라질 때를 조심해야 한다.

"선한 양심을 가지라 이는 그리스도 안에 있는 너희의 선행을 욕하는 자들로 그 비방하는 일에 부끄러움을 당하게 하려 함이라"(벧전3:16)

....

하나님의 관점	하나님의 약속	변화하기
요한복음 16:8	이사야 30:21	출애굽기 19:5, 23:22
고린도전서 8:12	히브리서 9:13-14	사도행전 24:16
디모데전서 1:5, 18-19	**성경적 예시**	히브리서 10:22
디도서 1:15	요한복음 8:9	베드로전서 3:15-16
	사도행전 23:1	**기도**
		히브리서 13:18

언행(Communication)

(에베소서 4:29) "무릇 더러운 말은 너희 입밖에도 내지 말고 오직 덕을 세우는데 소용되는 대로 선한 말을 하여 듣는 자들에게 은혜를 끼치게 하라"

나는 매우 경건한 기독교 가정에서 자랐고 이런 가정 환경을 허락하신 하나님께 늘 감사하는 마음을 갖는다. 아버지와 어머니 모두 주님을 섬기는 일에 깊이 헌신하셨다. 그리고 내가 자라면서 가끔 바깥에서 친구들한테 들은 "젠장", "빌어먹을", "맙소사" 같은 말들을 집에서 사용하면 어머니는 곧 "아들아, 그런 말을 하면 안 된다. 그런 말들을 쓰다 보면 곧 비속어나 욕을 배우게 된단다" 타이르셨다. 그러다 보니 나는 속어조차 거의 쓰지 못하고 늘 말조심을 하며 자랐다.

누군가 혹시 당신을 보고 있거나 혹은 당신이 하는 말을 듣거나 그래서 당신의 행동이나 당신의 말투를 보고 "믿는 자의 참모습이 이런거구나!"하고 판단할지도 모른다. 그러므로 당신은 언어나 행동에 있어서 항상 모범적이어야 한다. 어떤 상황에서도 속어나 더러운 말은 입에서 나오지 말아야 한다.

"너희 말을 항상 은혜 가운데서 소금으로 고르게 함같이 하라 그리하면 각 사람에게 마땅히 대답할 것을 알리라"(골 4:6)

[욕, 거친 말]

하나님의 관점	변화하기	성경적 예시
잠언 6:12-15	잠언 4:24	데살로니가전서 4:5,6
잠언 8:6-8, 13	에베소서 4:31	베드로전서 4:3
잠언 17:20	골로새서 3:8	
잠언 18:7	골로새서 4:6	
	야고보서 1:21	
	베드로전서 2:1-3	

[좋은 언어 습관]

하나님의 관점	변화하기	기도
잠언 15:1, 7, 23	시편 34:12-13	시편 19:14
잠언 18:13	에베소서 4:25, 29	시편 141:3
야고보서 3:8-10	야고보서 1:19-20	

여호와의 증인(Jehovah's Witnesses)

(골로새 2:8) "누가 철학과 헛된 속임수로 너희를 노략할까 주의하라 이것이 사람의 유전과 세상의 초등 학문을 좇음이요 그리스도를 좇음이 아니니라"

여호와의 증인은 예수가 하나님이라는 사실을 부인하면서 창조받은 존재, 즉 피조물이라 믿는다. 그들은 예수가 천사장 미가엘이었다고 믿는다. 그러나 로마서 15장에는 삼위일체의 삼위들이 계속해서 언급된다. 만약 예수님이 하나님이심을 부인하려면 요한복음 1장, 골로새서 1장, 히브리서 1장의 명백한 하나님의 진리의 가르침들을 부인해야만 한다.

여호와의 증인은 예수님을 전하지만 그들이 전하는 예수님은 다른 예수님이다. 신약성경의 예수님은 미가엘 천사장이 아니라 하나님이다. 그는 육신의 몸을 입고 오셔서 우리 가운데 거하셨다.

찰스 테이즈 러셀(Charles Taze Russell)은 성서연구생운동(Bible Student Movement)의 창시자로 그의 사후에 이 운동으로부터 '여호와의 증인'이라는 새 종교가 탄생했다. 그는 히브리어를 안다고 주장했지만 증인석에서 반대 심문을 받았을 때 변호사가 읽어보라고 건내준 히브리어 성경을 한 구절도 읽지 못했다. 히브리어를 모르는 것이 분명했다. 한 예로 여호와의 증인들이 "피를 먹지 말라"하신 성경 말씀을 "수혈을 받지 말라"로 잘못 번역해 가르친다는 사실은 참으로 가슴 아픈 일이다(레 17:12 참조). 원래 이 구절은 피를 마시는 이교도 풍습을 따르지 말라는 명령이었다. 그러나 이 잘못된 번역 때문에 안타깝게도 많은 사람들이 수혈을 거부해 자녀를 죽게 내버려 두었다.

서기관들과 바리새인들이 저지른 죄가 바로 이런 것이었다. 그들은 백성들에게 모세의 율법을 전하면서 율법에 대한 자신들의 전통과 해석을 가미해 가르쳤다. 인간이 만든 종교적 전통이 하나님께로 가는 길을 가로막는다는 것은 참으로 비극적인 일이 아닐 수 없다.

....

하나님의 관점		하나님의 약속
이사야 7:14	요한복음 8:58,10:30	디도서 2:13
이사야 9:6	고린도후서 11:2-4	**변화하기**
예레미야 23:5-6	갈라디아서 1:6-9	빌립보서 2:5-8
미가 5:2	골로새서 1:15-20	골로새서 2:8
마태복음 13:22, 23:13.	디모데전서 3:16	디모데전서 1:3
마태복음 24:11, 24	히브리서 1:1-6	벧후2:1. 요일 4:1
요한복음 1:1-3, 5:39-40	요일 2:22-23. 4:6. 요이 7-11	
갈라디아서 1:6-9	유다서 1: 9. 계시록 17:14	

연합(Unity)

(로마서 6:5) "만일 우리가 그의 죽으심을 본받아 연합한 자가 되었으면 또한 그의 부활을 본받아 연합한 자가 되리라"

그리스도의 몸 곧 우리의 교회는 우리를 하나가 되는 지체의 특성보다는 오히려 서로를 분열시키는 차이점을 강조하는 자들 때문에 쪼개진다. 그러나 우리는 서로를 허물어뜨려서는 안 된다. 대신 우리는 서로를 발전시킬 방법을 찾아야 한다. 하나님의 나라는 싸우고 다투는 것이 아니다. 그것은 의로움 평화 기쁨 그리고 하나님에 대한 우리의 상호적인 사랑에 관한 것이다. 연합은 하나님이 우리 삶에서 이루기 원하시는 긍정적인 것들을 추구하며 우리가 서로에게 가지고 있는 부정적인 의견 차이를 없애준다.

시편 기자는 "보라 형제가 연합하여 동거함이 어찌 그리 선하고 아름다운고 머리에 있는 보배로운 기름이 수염 곧 아론의 수염에 흘러서 그의 옷깃까지 내림 같고"(시133:1,2)라고 노래하였다. 성경에서 기름은 종종 성령의 기름부음을 상징한다. 아론의 기름부음의 귀한 향기가 아론의 전부를 덮은 것처럼 우리 또한 이 온전한 연합의 덮음이 우리 위에 임하기를 원해야 한다. 그것은 우리의 마음을 기쁘게 하고, 주님을 기쁘게 하는 향기이다.

사도 바울은 "우리가 화평의 일과 서로 마음 세우는 일을 힘쓰나니"(롬 14:19)라고 전하였다 우리는 분열을 일으키거나 위치를 강조하기보다는 서로 사랑으로 행하며 예수께서 우리의 주인이심을 깨달아야 한다. 그분은 우리 생명의 주이시며 우리는 그를 기쁘게 하기 위해 살아간다. 그러므로 그리스도의 몸을 갈라놓는 장벽을 세우는 대신 그가 우리를 받아들인 것처럼 서로를 받아들여야 한다.

하나님의 관점	하나님의 약속	성경적 예시
잠언 6:16-19	시편 133:1-3	창세기 13:8
전도서 4:9-10, 아모스 3:3	고린도후서 13:11	빌립보서 4:2, 5
요한복음 13:35	변화하기	기도
요한복음 17:21-23	시편 122:8-9	로마서 15:5-7
고린도전서 1:10	로마서 12:16, 18	
고린도전서 12:12-27	로마서 14:19	
에베소서 4:1-6	고린도전서 1:10	
빌립보서 1:27	빌립보서 2:2, 5	
골로새서 3:14-17	디도서 3:10-11	
히브리서 13:1		
요한계시록 17:14		

열등감(Inferiority)

(잠언 16:3) "너의 행사를 여호와께 맡기라 그리하면 너의 경영하는 것이 이루리라"

열등감이 있는 사람들은 자신이 한 일에 대해 미안해하며 "글쎄요, 노력은 해 봤는데 잘 안 되네요. 전 아무래도 안 될 것 같아요"라고 말한다. 그러면 나는 "최선을 다 하셨나요?" 물어 본다. 그때 그들은 "네, 최선을 다했습니다"라고 대답한다. 그럴 때 나는 다시 "그럼 나머지는 맡기세요!"라고 단호하게 말해준다. 이것이 내가 만든 잠언 중에 하나이다. 나의 이 잠언은 솔로몬한테서 빌려온 것이다. 그는 "너의 행사를 여호와께 맡기라 그리하면 너의 경영하는 것이 이루리라"(잠 16:3) 권고하였다. 이는 너무 노심초사하지 말라는 뜻이다. 너무 걱정하지 말고 '그만하면 잘 한 거지?' 생각하고 끝내라. 그리고 마음으로 "주님, 최선을 다했지만 결과는 모르겠습니다. 주님께서 원하시는 대로 아니면 주님께서 보시기에 합당하게 해주세요"라고 기도하라.

자신은 다른 사람처럼 잘 할 수 없다고 생각해서 주님을 섬기지 않으려는 사람들이 꽤 많다. 그래서 그들은 아무것도 하지 않는다. 그것은 잘못된 일이다. 한편 열등의식이 있는 사람들은 자기 스스로를 꽤 괜찮은 편이라고 생각하며 자신을 극복하고 자긍심을 갖도록 노력하라고 말하는 사람들도 많이 있다. 물론 자신감을 가질 필요가 있다. 그러나 이것도 틀린 생각이다. 사람은 자기 죄를 인식하기 전에는 하나님의 도움을 얻지 못함으로 자기가 괜찮은 사람이라는 것을 깨닫는다고 해서 그것이 답이 될 수는 없다. 자긍심은 당신을 구할 수 없다.

성경은 우리가 죄 가운데서 태어났으므로 그 죄의 권세로부터 해방되지 않는 한 누구든지 멸망하게 될 것임을 깨닫게 한다. 그러므로 바울은 "오호라 나는 곤고한 사람이로다 누가 나를 건져 내랴"(롬 7:24) 탄식했다. 자기 자신이 아닌 외부로부터 자기를 건져줄 능력자를 찾던 바울은 자신의 삶 가운데 역사하시는 하나님의 능력을 발견한 것이다. 이처럼 우리도 우리 자신 너머를 볼 때 하나님의 능력을 발견하고 그 도움을 받게 된다.

....

하나님의 관점	하나님의 약속	변화하기
시편 62:9-11	시편 37:5	이사야 26:4
로마서 5:8. 고전 1:26-29	시편 55:22	빌립보서 4:6-7, 13
고린도후서 1:9, 3:5, 4:7	잠언 16:3	**기도**
성경적 예시	고린도후서 12:9-10	욥기 5:8
예레미야 31:3	에베소서 2:10. 빌립보 2:13	시편 8:3-5, 139:13-16
갈 1:10, 고전 2:3-5	데살로니가전서 2:4, 5:24	갈라디아서 2:20

열심(Zeal)

(시편 69:9) "주의 집을 위하는 열성이 나를 삼키고 주를 훼방하는 훼방이 내게 미쳤나이다"

'열심'은 어떤 사람을 매우 열망하게 하거나 무언가를 하기로 결심하게 만드는 강한 '관심'과 '열정'으로 정의된다. 선한 일에 열성적인 영향을 받는 것은 매우 좋은 일이다.

초대교회에 대해 살펴보면, 그들은 엄청난 열성과 열정이 있었지만, 때때로 잘못된 방향으로 인도되었다. 그러므로 바울은 "내가 증언하노니 그들이 하나님께 열심이 있으나 올바른 지식을 따른 것이 아니니라"(롬 10:2) 경고하였다.

초대교회 성도들은 주께서 곧 돌아오실 것을 고대하며 감동과 열성으로 재산을 팔아 사도들에게 가져왔다. 초대교회에서 실행하려고 했던 것은 각 사람이 필요에 따라 교회로부터 받을 수 있도록 결성된 공산주의 형태의 공동체 생활이다. 그러나 그것을 하나님께서 지시하신 것은 아니다. 그것은 믿음생활 속에서 요구되었던 것이 아니라 하나님을 향한 열심과 감동 속에서 자연스럽게 나타난 현상이다.

사도행전 5장은 아무것도 부족한 사람이 없었다고 하였지만 그들 속에서 큰 문제가 발생되었다. 아나니아와 삽비라는 소유물을 팔았을 때, 그 일부만 가져옴으로 그들은 하나님과 사람 앞에 위선의 죄를 지었다. 그 부부의 위선의 죄는 성령에 의해 드러났고 엄중하고 신속한 하나님의 심판이 임했다.

이 말씀은 우리에게 교회에서 행한 일이 정말로 성령의 인도하심인지 아니면 주의 일에 열심 있는 사람들 자신의 지나친 감동으로 인한 것인지에 대한 의문을 제기하게 한다. 왜냐하면 그것이 하나님의 인도하심이 아니면 그 일은 절대로 잘되지 않을 것이기 때문이다.

하나님의 관점	변화하기	성경적 예시
시편 69:9	시편 119:106	이사야 59:17
예레미야 48:10	전도서 9:10	예레미야 3:10-13
로마서 10:2	호세아 14:9	사도행전 5:1-11
빌립보서 3:6	로마서 12:8-11	사도행전 22:1-8, 10
골로새서 3:23-25	고린도전서 14:12	고린도후서 7:11
디도서 2:14	빌립보서 3:14	기도
하나님의 약속	요한계시록 3:19	시편 119:10-12
역대기하 31:21		
골로새서 3:4		

영적 전쟁(Spiritual Warfare)

(에베소서 6:12) "우리의 씨름은 혈과 육에 대한 것이 아니요 정사와 권세와 이 어두움의 세상 주관자들과 하늘에 있는 악의 영들에게 대함이라"

우리 주변에서는 혈과 육이 아니라 영의 영역에서 일어나는 영적 전쟁이 이어지고 있다. 본 문에서 '정사와 권세'는 대장, 소령, 병장과 같은 천사들의 계급을 뜻한다. 사탄이 하나님께 반역했을 때 천사의 3분의 1이 그의 반역에 가담했는데 이들은 아직도 그 계급과 지배의 영 역들을 유지하고 있다(계 12:4 참조).

하나님의 자녀로서 우리는 사람과의 전쟁이 아닌 사탄 세력의 정사와 권세를 상대로 전쟁을 하고 있다. 이 전쟁에는 서로 대적하는 두 나라가 있는데 빛과 생명인 하나님 나라이며 흑암 과 사망의 사탄의 나라이다. 그러므로 이 땅의 모든 사람은 이 두 나라 중 한 나라의 지배 속 에 있다. 두 나라 모두에 속할 수는 없다. 그러므로 예수님은 "한 사람이 두 주인을 섬기지 못 할 것이라"(마 6:24) 말씀하셨다.

우리는 이 영적 전쟁의 물리적인 면을 중시하지 말고 영적인 면을 주로 살펴봐야 한다. 우리 의 무기는 육신에 속한 것이 아니라 하나님으로 말미암아 강해지는 것들이기 때문이다. 우 리는 준비되지 않은 채, 이 전쟁에 참여해서는 안 될 것이며 "진리의 허리띠, 의의 흉배, 평안 의 복음의 신, 믿음의 방패, 구원의 투구, 성령의 검, 모든 기도와 간구"(엡 6:13–18)의 일곱 개의 하나님의 전신갑주를 취해야 한다. 부디 하나님께서 우리가 일곱개의 영적 갑옷을 취 하도록 도우시고 기도로서 인내하며 기다려서 하나님의 뜻과 하나님의 역사가 이 땅에서 이 루어지는 것을 볼 수 있기를 소망한다.

하나님의 관점	하나님의 약속	변화하기
마태복음 6:24	시편 6:9	로마서 13:12
로마서 8:5-6; 38-39	고린도후서 3:5, 10:4	고린도전서 16:13
고린도후서 10:4	골로새서 2:15	빌립보서 4:6
갈라디아서 5:17	빌립보서 4:13	데살로니가전서 5:8, 17
에베소서 1:21	**성경적 예시**	디모데후서 2:1, 3-5
에베소서 6:10-20	다니엘 6:10	야고보서 4:7, 벧전5:8
골로새서 1:16	마태복음 4:1-10	요한일서 5:5
히브리서 2:8	마태복음 16:23	**기도**
베드로전서 3:21-22		에베소서 3:14-16
요한계시록 12:11		디모데후서 1:3

영적인 의심들(Spiritual Doubts)

(야고보서 1:6) "오직 믿음으로 구하고 조금도 의심하지 말라 의심하는 자는 마치 바람에 밀려 요동하는 바다 물결 같으니"

우리는 왜 의심할까? 힘이 없어졌을 때, 혹은 고난이나 역경 중에 우리는 하나님을 신뢰하고 하나님께서 그 전체 과정을 다 이루기까지 기다리기보다는 우리가 느끼는 당장의 불편함 때문에 현재의 당면한 상황을 스스로 판단하려는 경향이 있다. 하나님께서 내가 겪고 있는 상황들을 통해 이루시고자 하는 목적 전체를 다 보지 못한 채 하나님의 선하심이나 사랑에 대해 의심하게 되는 유혹을 받는 것이다.

마태복음을 보면 어느 날 밤 제자들이 탄 배가 바다 한가운데서 파도에 휩쓸려 요동을 치고 있을 때 예수님께서 물 위를 걸어 제자들에게 다가오시는 장면이 나온다. 제자들이 이 모습을 보고 무서워서 소리를 지르니 예수께서 두려워 말고 안심하라고 말씀하셨다. 그리고 예수님은 베드로에게 물 위를 걸어 예수께 오라고 명하셨다. 그때 예수님만 바라보며 물 위를 걷던 베드로는 바람과 바다를 보자마자 두려움에 빠져 물속으로 가라앉기 시작했다. 그러자 베드로는 "주여, 나를 구해주소서!" 소리질렀고 예수님은 즉시 베드로를 붙잡으시며 "믿음이 적은 자여 왜 의심하였느냐" 책망하셨다(마 14:26-33 참조).

여기에 우리가 왜 의심하는지에 대한 답이 있다. 우리는 종종 주께서 하신 말씀에 집중하지 못하고 눈을 돌린다. 그때 우리는 우리의 구주이신 예수님을 보지 않고 우리가 처한 상황을 보기 시작한다. 우리의 인생에서는 우리가 이해할 수 없는 일들은 얼마든지 일어나게 마련이고 그럴 때마다 우리는 하나님께 이유를 묻는다. 하나님께 묻는 것은 잘못이 아니지만, 하나님께 도전하는 것은 잘못이다. 하나님을 탓하는 어리석음을 범하지 말라. 그것은 영적인 의심을 만들 뿐이다. 오직 주님을 신뢰하고 주님의 능력을 이끌어내는 것을 배우는 것이 좋다.

하나님의 관점	하나님의 약속	성경적 예시
욥기 34:10-12	시편 119:89-90	창세기 3:1-4, 13
시편 14:1	마가복음 11:23	욥기 1:22
잠언 24:10	로마서 8:28, 38-39	욥기 2:10
마태복음 14:31	히브리서 11:6	예레미야 12:1
요한복음 1:12-13	**변화하기**	마태복음 14:29-33
빌립보서 4:13	시편 73:1-3	마태복음 28:17
디모데전서 2:8	마가복음 5:36	마가복음 9:24
	야고보서 1:5-8. 벧전 4:19	요한복음 20:27

예수(Jesus)

(마태복음 1:21) "아들을 낳으리니 이름을 예수라 하라 이는 그가 자기 백성을 저희 죄에서 구원할 자이심이라 하니라"

하나님은 죄사함을 받을 수 있는 길을 마련해 주셨다. 그러므로 우리는 더 이상 한 순간이라도 죄의식에 시달릴 필요가 없다. 이제 당신의 죄를 온전히 그리고 남김없이 씻을 수 있다. 그것이 바로 예수께서 죽으신 이유이다. 우리의 죄와 그 죄가 가져온 삶의 저주스러운 결과로부터 우리를 해방시키기 위함이다.

예수 그리스도는 하나님이시므로 죽음이 그를 붙들어 둘 수 없다. 그러나 동시에 인간이므로 그는 우리의 죄를 위해 죽으셨다. 사람들이 예수님을 십자가에 못박는 동안 예수님은 그들을 위해 "아버지여 저희를 사하여 주옵소서 자기의 하는 것을 알지 못함이니이다"(눅 23:34) 기도하셨다. 대제사장들과 장로들이 자기를 죽이려고 함께 모의하고 자신을 십자가의 사형 선고를 하기 위해 빌라도에게 데려갔음에도 그런 마음을 품으셨다(마 27:1).

놀랍게도 이 일이 있기 700여 년 전에 이미 이사야 53장과 시편 22편은 그리스도의 고난과 십자가에 못박히심에 대해 자세히 예언함으로써 그분의 죽음이 우연이 아님을 알려준다. 그 당시에는 십자가의 사형 수단이 없었음에도 이 장면들이 예언되었다. 또한 채찍질을 받으신 것과 두 강도 사이에서 십자가에 달린 것도 우연이 아니다. 이것은 모두 인간이 구원을 받고 하나님과 다시 교제할 수 있도록 죄를 속량하시려는 하나님의 계획 중의 하나이다.

예수님은 우리의 모든 죄악을 짊어지셨고, 우리의 모든 죄값을 치르셨다. 예수님은 우리의 허물을 인하여 죽으셨다. 십자가형은 인간의 구속과 하나님의 인간에 대한 사랑을 나타내는 것을 목적으로 하나님에 의해 계획되었다. 그래서 하나님은 당신에 대한 하나님의 사랑을 보여주고자 하실 때마다 항상 십자가를 가리키신다. 당신은 이제 모든 죄를 용서받은 깨끗한 상태에서 새 출발 할 수 있다. 그러나 그전에 예수님을 인정하고, 당신의 주님이자 구원자로 영접해야 한다. 이것을 하지 않겠다는 사람을 보면 나는 도저히 이해가 되지 않는다.

....

하나님의 관점	하나님의 약속	변화하기
시편 22:1-19	요한복음 3:16,	고린도후서 5:20-21
이사야 53:3-7, 10-12	요한복음 11:25-26	히브리서 12:2
요한 10:17-18,19:28-30	고린도도후서 5:21	**기도**
로마서 5:6-8. 고후 5:19	요한일서 1:9, 2:1-2	시편 79:9. 85:2
갈라디아 3:13, 빌립보 2:7-8	**성경적 예시**	누가복음 23:34
베드로전서 2:22-24, 3:18	누가복음 23:44-47	

예수님 본받기(Imitate Jesus)

(마태복음 16:24) "이에 예수께서 제자들에게 이르시되 아무든지 나를 따라 오려거든 자기를 부인하고 자기 십자가를 지고 나를 좇을 것이니라"

바울은 우리에게 "하나님을 본받는 자가 되라"(엡 5:1) 권고했다. 여기에 사용된 '본받는'은 헬라어 '모방'에서 유래했다. 그러므로 우리는 하나님을 모방하고 카피해야 한다. 하나님은 우리의 기준과 모범이 되기 때문이다. 하나님은 온유하고 마음이 너그러우시며 그리스도 예수로 말미암아 우리들을 용서해 주시는 분이시기 때문에 우리도 다른 사람들에게 그처럼 해야 한다.

하나님 아버지께서 우리가 닮아야 할 모범이 되셨듯이 바울은 사랑을 얘기하면서 우리가 닮아야 할 모범으로 그리스도를 언급하여 "그리스도께서 너희를 사랑하신 것 같이 너희도 사랑 가운데서 행하라 그는 우리를 위하여 자신을 버리사 향기로운 제물과 생축으로 하나님께 드리셨느니라"(엡 5:2) 증거하였다. 그리스도께서는 우리를 이처럼 사랑하사 우리를 위한 제물로 자신을 하나님께 드리셨다.

구약 시대에는 제사 없이는 죄사함을 받을 수 없었다. 모세의 율법 아래서는 사람이 죄를 지었을 때 그들의 죄를 덮을 수 있도록 속죄제물을 하나님 앞에 드려야 했다. 그러나 예수님은 우리의 죄를 위해 단번에 영원한 제물이 되시기 위해 오셨다(히 7:26-28 참조).

예수님은 제자들에게 "사람이 친구를 위하여 자기 목숨을 버리면 이에서 더 큰 사랑이 없느니라"(요 15:13) 말씀하였다. 이 말씀은 그리스도께서 우리를 사랑하사 자신을 하나님께 제물로 드린 것 같이 우리도 사랑 가운데서 행하라는 명령이다. 예수님은 우리의 모델이다. 그러므로 하나님의 사랑이 당신의 삶을 통해 흐르게 하라. 오늘날처럼 악한 세상에는 어떤 대가도 요구하지 않고 기꺼이 베푸는 희생적 사랑의 진정한 모범이 필요하다.

하나님의 관점	하나님의 약속	변화하기
마태복음 16:24	로마서 8:29-30	로마서 12:10-13
요한복음 8:29	고린도후서 3:18	로마서 15:1-3
요한복음 13:12-15, 34-35	요한일서 3:2-3	고린도전서 11:1
요한복음 15:9-11	**성경적 예시**	에베소서 4:22-24
로마서 6:10-12	갈라디아서 4:19	에베소서 5:1-2
베드로전서 2:20-21	데살로니가전서 1:6-7	골로새서 3:9-10
요한일서 2:6		

예시- 좋거나 나쁜(Example - Good or Bad)

(고린도전서 11:1) "내가 그리스도를 본받는 자 된 것같이 너희는 나를 본받는 자 되라"

우리는 우리의 자녀들과 우리를 주시하고 있는 모든 사람들을 위해 좋은 예시를 세울 필요가 있다. 우리는 하나님을 부르는 자에게 은혜와 능력을 주신다는 예시를 그들에게 줄 필요가 있다. 그리고 나의 실패를 인식하고 하나님께 나아가 죄를 고백함으로 내 자녀들에게 본이 될 수 있기를 기도해야 한다.

나는 하나님께 용서받고 주를 신뢰하는 한 사람의 예시를 통하여 "하나님, 나는 당신께 잘못했고 당신을 실망시켜드려 죄송합니다. 하나님 용서해 주세요" 기도하고 그를 통해 나를 돌아본다. 그리고 나 또한 하나님의 은혜로 변화된 한 사람으로서 지난날 다른 사람들을 넘어지게 했던 일들을 더 이상 되풀이하지 않는다.

더 나아가 내 삶에서 그 예시를 통해 역사하신 하나님의 능력이 나를 더 나은 사람으로 변하게 하셨음을 그들로 보게 한다. 그래서 그들 또한 그들 삶 속에서 하나님의 능력을 구해 그들이 더 나은 사람이 되도록 본이 되어야 한다.

···

[다른 사람들을 위한 하나님의 예시]

하나님의 관점	하나님의 약속	변화하기
마태복음 5:19	베드로전서 5:2-4	빌립보서 3:17
누가복음 17:1-3	**성경적 예시**	빌립보서 4:9
고린도전서 8:9-13	고린도전서 11:1	디모데전서 4:12
살전 1:5-7. 살후 3:7-9	데살로니가전서 2:9-12	디도서 2:7
베드로전서 2:9		베드로전서 4:11

[우리를 위한 하나님의 예시]

하나님의 관점	성경적 예시	변화하기
레위기 19:2	요한복음 13:1-7, 15	미가 6:8
요한복음 13:15	**기도**	베드로전서 2:17-25
고린도전서 10:1-11	시편 17:5	요한일서 2:6
베드로전서 2:21	에베소서 3:14-19	
유다서 1:7		

예언(Prophecy)

(계시록 1:3) "이 예언의 말씀을 읽는 자와 듣는 자들과 그 가운데 기록한 것을 지키는 자들이 복이 있나니 때가 가까움이라"

성경에서 볼 수 있는 가장 신비한 내용 중의 하나는 바로 예언이다. 예언이란 어떤 사건이 일어나기 한참 전에 하나님이 미리 말씀하시는 부분이다. 예언의 목적은 하나님이 참으로 만유의 주재이시며, 시간의 차원 바깥에 존재하시는 분이란 사실을 증명한다. 하나님은 영원하시며 시간의 바깥에 계시므로 미래의 일에 대해서도 말씀하실 수 있다. 그러므로 하나님은 태초부터 세상의 끝에 관해 말씀하시고 성경은 그런 예언들로 가득 차 있다.

하나님은 앞으로 일어날 일에 대해 그 일이 일어나기 전에 상세히 말씀하심으로써 자신이 하나님이심을 증명하신다. 예언이야말로 성경이 하나님의 영감으로 쓰여진 것임을 증명하는 가장 강력한 증거 중 하나이다. 바울이 말했듯이 "모든 성경은 하나님의 감동으로 된 것"(딤후 3:16)이며, 또한 베드로가 말했듯이 "예언은…성령의 감동하심을 입은 사람들이 하나님께 받아 말한 것"(벧후 1:21)이다.

성경의 예언을 공부하는 것은 여러모로 유익하다. 이 공부를 통해 당신은 하나님께서 예언하셨던 일이 100% 정확하게 이루어졌다는 것을 알게 된다. 다가오는 하나님의 심판과 믿지 않는 자들을 지옥에 던져 넣는 것도 모두 성경이 말하는 예언적 구성의 일부이다. 이러한 것들은 성경이 미래에 사건을 예언한 내용들의 일부분이다.

하나님의 자녀들에게는 이것이 큰 위안이 되어도 하나님의 자녀가 아닌 사람들에게는 앞으로 그들에게 임할 심판에 대해 하나님께서 예언하신 이 부분이 큰 걱정을 초래할 것이다. 하나님께서 경건치 못한 자들에게 약속하신 일들은 하나도 남김없이 다 그대로 일어날 것이기 때문이다.

....

하나님의 관점	하나님의 약속	변화하기
이사야 41:23, 46:9-10	누가복음 21:13	로마서 12:6
이사야 48:5-7	사도행전 2:17-18	고린도전서 13:2
마태복음 13:14	고린도전서 12:10-11	디모데전서 4:14
마태복음 24:25-27	요한계시록 1:3	**성경적 예시**
사도행전 15:18		요한복음 13:19
고전14:5, 24. 벧후 1:20-21		요한복음 14:29
요한계시록 11:6, 19:10		요한복음 16:4
요한계시록 22:7, 10, 18-19		

오만(Arrogance)

(잠언 30:32) "만일 네가 미련하여 스스로 높은 체하였거나 혹 악한 일을 도모하였거든 네 손으로 입을 막으라"

한 사람이 하나님을 알고 있는지 혹은 모르는지는 쉽게 알 수 있다. 자기 의로움으로 교만과 오만이 엿보이는 사람이라면 그는 정말로 예수님을 만난 적이 없다고 짐작할 수 있다. 우리가 사람과 사람을 서로 비교해 보면 그리 큰 차이는 없다. 당신의 빛으로 나를 비춰 본다면 나는 그렇게 나쁜 사람이 아니다. 그러나 예수 그리스도의 빛으로 나를 비춰 본다면 갑자기 나의 모든 흠이 노출되고 드러난다. 비로소 진실이 보이는 것이다.

당신의 삶을 예수 그리스도께 드린다면 당신의 삶이 죄로 가득 차 있고 죽어 마땅한 일들을 여러 번 저질렀을지라도 예수님은 당신의 교만함과 오만을 깨뜨리시고 자비를 베푸실 것이다. 그분은 당신을 용서하시고 구원하실 것이다. 그러나 만일 당신이 당신의 교만과 오만 속에 굳게 서서 예수 그리스도께 나아오기를 거부한다면, 어느 날 그 오만은 당신을 가루로 만들 것이다.

하나님의 관점	하나님의 약속	변화하기
시편 119:21	잠언 28:14	사무엘상 2:3
잠언 8:13		잠언 30:32
잠언 21:24		로마서 11:20
이사야 10:12		고린도전서 5:6-7
이사야 13:11		야고보서 3:14
이사야 47:10-11		
야고보서 4:16		
요한계시록 18:5, 7-8		

외로움(Loneliness)

(갈라디아서 4:27) "기록된바 잉태치 못한 자여 즐거워하라 구로치 못한 자여 소리질러 외치라 이는 홀로 사는 자의 자녀가 남편 있는 자의 자녀보다 많음이라 하였으니"

사람은 인생에서 곤혹스러운 일을 겪을 때 종종 혼자있는 듯한 감정을 느낀다. 아무도 당신이 겪고 있는 일을 알지도 이해하지도 못하는 것 같을 것이다. 세상 가운데 당신은 완전히 혼자이고 아무도 당신에게 신경쓰지 않는 것처럼 보인다. 이럴 때, 당신이 겪고 있는 시련보다 더 무서운 것은 바로 그 외로움 곧 고독감이다.

하나님은 모세에게 말씀하시기를 "내 백성이… 괴로움 받음을 내가 정녕히 보고 그 탄식하는 소리를 듣고 저희를 구원하려고 내려왔노니"(행 7:34)라고 말씀하셨다. 이처럼 하나님은 언제나 당신이 생각하는 것보다 한발 앞서 가고 계신다.

내가 괴로움을 받는 것을 보고 듣고 아실 뿐만 아니라, 나를 구원하러 오셨다. 내가 섬기는 하나님은 보시는 하나님, 들으시는 하나님, 아시는 하나님 그리고 내가 구하는 모든 것과 내게 필요한 모든 것에 더 넘치도록 능히 해 주실 하나님이시란 것이 얼마나 기쁜 일인가?

예수님은 제자들에게 "보라 너희가 다 각각 제 곳으로 흩어지고 나를 혼자 둘 때가 오나니 벌써 왔도다" 하시고 다시 "그러나 내가 혼자 있는 것이 아니라 아버지께서 나와 함께 계시느니라" 말씀하셨다(요 16:33). 그러므로 우리는 혼자가 아니다. 예수 그리스도를 믿는 믿음을 가진 우리는 결코 혼자가 아니다. 예수님이 우리와 함께 계신다.

"볼찌어다 내가 세상 끝날까지 너희와 항상 함께 있으리라"(마 28:20)

하나님의 관점	하나님의 약속	변화하기
창세기 28:15	시편 37:25, 28	히브리서 13:5
신명기 31:6	이사야 41:9-10	**기도**
여호수아 1:9	학개 1:13	시편 9:10
마태복음 28:18-20	마태복음 11:28-30	시편 40:1-5
요한복음 14:23	**성경적 예시**	시편 139:7-12
요한복음 14:18	에스라 9:9	
요한복음 16:32	사도행전 18:9-11	
	사도행전 23:11	
	사도행전 27:23	

욕설(Profanity)

(에베소서 4:29) "무릇 더러운 말은 너희 입밖에도 내지 말고 오직 덕을 세우는데 소용되는대로 선한 말을 하여 듣는 자들에게 은혜를 끼치게 하라"

나는 누군가가 하나님의 이름을 망령되이 욕을 할 때마다 심장이 오그라드는 듯한 기분을 느낀다. 또 예수 그리스도의 이름을 욕으로 사용하는 사람을 볼 때마다 큰 혐오감을 느낀다. 참을 수가 없다. 또한 사람들이 불경스럽고 천박한 말과 추한 욕설을 사용할 때도 역시 견디기 어렵다.

나는 어릴 적부터 "오, 하나님" 대신에 "오, 신이여"과 같은 하나님을 망령되이 부르는 표현을 하면 안 된다고 배웠다. 이는 하나님의 이름을 망령되이 여기는 마음에서 비롯된 것이기 때문이다.

말끝마다 욕을 사용하는 사람은 내가 보기에는 어휘력이 극히 제한된 자신의 무식을 광고하는 사람이다. 그뿐 아니라 자신의 마음속에 더러운 것이 가득찼음을 증명하는 사람이다. 입에서 나오는 것들은 다 마음에서 나오는 것이다. 그러므로 우리는 우리가 사용하는 언어를 아주 조심해서 골라 사용해야 한다.

"독사의 자식들아 너희는 악하니 어떻게 선한 말을 할 수 있느냐 이는 마음에 가득한 것을 입으로 말함이라"(마12:34)

하나님의 관점	변화하기	성경적 예시
출애굽기 20:7	에베소서 4:29	사무엘상 17:43
잠언 6:12	에베소서 5:4	기도
잠언 10:32	골로새서 3:8	시편 19:14
잠언 12:18, 13:3	골로새서 4:6	시편 141:3
잠언 15:28, 21:23	베드로전서 3:10	
마태복음 12:34, 36-37		
마태복음 15:11, 18		
누가복음 6:45		
야고보서 1:26		
야고보서 3:5-8, 10		

용서(Forgiveness)

(에베소서 4:32) "서로 인자하게 하며 불쌍히 여기며 서로 용서하기를 하나님이 그리스도 안에서 너희를 용서하심과 같이 하라"

분노의 감정과 원한은 당신의 몸에 해로운 어떤 화학물질을 만들어낸다. 그것은 신체를 파괴시킨다. 그래서 감정적으로나 신체적으로나 용서하는 것은 매우 중요하다. 그러나 용서하는 것은 영적으로 더 중요하다. 만약 당신이 형제의 작은 과실을 용서하지 않는다면, 예수님께서는 당신이 하나님께 범한 주요한 과실을 하나님께서 용서해 주실 것을 기대하지 말라고 말씀하신다. 그러므로 당신이 용서받을 자격과 가치가 없었음에도 불구하고 하나님께서 당신의 죄를 용서하신 것같이 당신도 다른 사람을 용서해야 한다.

어느날 베드로가 예수님께 "주여 형제가 내게 죄를 범하면 몇 번이나 용서하여 주리이까 일곱 번까지 하오리이까" 물었다. 이때 예수께서 "아니다, 베드로야. 일곱 번뿐 아니라 일곱 번을 일흔 번까지라도 해야 한다"(마 18:21~22) 답변하셨다.

오늘 당신 자신을 위해 할 수 있는 가장 위대한 일은 원한과 쓴뿌리로부터 자신을 자유케하는 것, 곧 당신에게 잘못하고 깊이 상처 준 사람을 용서하는 것이다. 당신은 그 상처를 오래도록 간직했다할지라도 설혹 당신이 의롭고 그들이 한 짓은 용서할 수 없는 것이 사실이라해도 이유야 어쨌든 당신은 그들을 용서해야 할 필요가 있다. 당신은 "나는 도저히 용서 못한다!" 생각할지라도, 당신이 용서할 마음을 갖는 순간 주께서 당신을 도우실 것이다.

그러나 만약 당신이 그 원한과 쓴뿌리를 붙잡고 있다면, 그 이유가 그들의 행동을 도저히 용서할 수 없다고 생각하기 때문이라면, 지금 이 순간 그것을 주님께 내려 놓고 주께 도움을 요청하고 주님의 이름을 힘입어 그들을 용서하라. 용서하지 못함은 결국 당신을 파괴할 것이다. 그것을 제거해라. 마치 하나님께서 당신을 용서하신 것처럼 당신이 용서받을 자격이 없음에도 용서하신 것처럼 이제는 당신이 용서하라. 예수님은 그것을 가르치셨을 뿐 아니라 몸소 실천하셨다.

....

하나님의 관점	변화하기	성경적 예시
레위기 19:17-18	에베소서 4:31-32	창세기 33:4. 45:5-15
마태복음 6:12, 14-15	골로새서 3:12-13	창세기 50:19-21
마태복음 18:32-35, 11:25-26	야고보서 5:16	마태복음 18:21-22.
누가복음 6:37, 11:4, 17:3-4	베드로전서 4:8	누가복음 23:34
요한복음 20:23. 야고보서 2:8		고린도후서 2:7, 10-11
요한일서 3:10		

우울(Depression)

(고린도후서 10:5) "모든 이론을 파하며 하나님 아는 것을 대적하여 높아진 것을 다 파하고 모든 생각을 사로잡아 그리스도에게 복종케 하니"

우울증은 단지 당신만을 아프게 하지 않는다. 당신 주변의 모든 사람들도 아프게 한다. 우울한 사람과 이야기하는 것보다 더 우울한 일은 없다. 그 상황은 때론 몇 주, 몇 달, 심지어 몇 년동안 지속된다. 도움을 위해 제안한 모든 것은 부정적인 답변과 태도로 돌아온다. 당신은 최선을 다해 그를 끌어올리려 하지만 오히려 그는 당신을 끌어내리려고 한다. 그러나 치료법은 있다.

예레미야애가에 나타난 예레미야 선지자의 우울감은 자기 자신의 문제가 되는 것에 대한 생각의 결과에서 비롯되었다. 그러나 그가 자기 생각의 방법을 자신으로부터 하나님으로 바꾸었을 때 우울감은 떠나게 된다. 그의 모든 생각이 재구성 되었기 때문이다. 성경은 우리 생각을 새롭게 하여 모든 생각을 사로잡아 그리스도께 복종케 하라고 명령하였다(고후10:5)

비참하고 절망적이고 소망없는 생각을 할 때, 우리는 스스로의 무덤을 파게 된다. 그러나 우리 생각을 주님께 고정할 때, 완전히 새로운 의식의 상태로 들어간다. 더 이상 전적인 절망과 소망없는 사람이 아닌 승리와 소망의 사람이 된다. 이것이 예레미야 선지자가 경험했던 일들이다.

그는 자신의 생각의 패턴을, "내게 화로다. 나를 도울 자 없도다"에서 "여호와의 인자와 긍휼이 무궁하시므로 우리가 진멸되지 아니함이니이다 이것들이 아침마다 새로우니 주의 성실하심이 크시도소이다"(애 3:22~23)로 바꾸었다. 이와 같이 우리 삶에서 어떤 문제가 생길 때 자기 생각에 집중하게 되면 자기 슬픔 모드로 쉽게 빠지게 된다. 그러나 당신이 주님께 집중하기 시작함으로 깊은 우울에서 당신을 끌어 올리게 될 것이다.

....

하나님의 관점	하나님의 약속	성경적 예시
잠언 18:14	시편 147:3	욥기 1:20-22
이사야 40:28-31	로마서 5:3-5	욥기 2:6-10
고린도후서 10:4-5	고린도후서 1:3-4. 4:16-18	고린도후서 12:9-10
베드로전서 1:6-7	고린도후서 12:10	**기도**
변화하기	에베소서 3:16-19	시편 16:7-8. 55:16-18
시편 27:13-14, 37:3-7, 42:5	디도서 3:5-6	시편 73:26
잠 3:5-6. 롬 12:2. 빌 3:1, 4:4	야고보서 1:2-8	렘애 3:17-18, 21-26 8

위로(Comfort)

(고린도후서 13:11) "마지막으로 말하노니 형제들아 기뻐하라 온전케 되며 위로를 받으며 마음을 같이 하며 평안할지어다 또 사랑과 평강의 하나님이 너희와 함께 계시리라 거룩하게 입맞춤으로 서로 문안하라"

바울이 고린도인들에게 보낸 두 번째 편지에는 고난과 위로의 필요성을 연결하므로서 모든 위로를 주시는 하나님에 대해 이야기하고 있다. 바울 사도 역시 그러한 고난을 견디는 가운데 하나님의 위로를 받았기 때문이다.

오래전 나는 비행기 사고로 졸지에 아버지와 막내동생을 잃었다. 나는 극한 슬픔 속에서도 충분한 하나님의 위로를 받아 그들의 추도식을 거행할 수 있었다. 그때 체험했던 하나님의 위로 덕분에 나는 사람들이 사랑하는 사람을 잃었을 때 겪는 슬픔을 이해할 수 있게 되었다. 내가 위로받은 그 위로로 나도 그들을 위로할 수 있게 된 것이다. 그래서 고난 중에 있을 때에도 나는 하나님께서 나에게 교훈을 주시거나 다른 사람들에게 위로나 위안을 주시기 위해 나를 사용하고 계신다는 것을 안다.

때때로 우리의 삶은 매우 혼란스러워 보일 수 있다. 특히 우리가 무슨 일이 일어나고 있는지 이해하지 못할 때 그렇다. 그러나 주님께서 통치하시며 주관하고 계시다는 것을 아는 것은 큰 위로가 된다.

....

하나님의 관점
시편 119:49-50
마태복음 11:28-29
요한복음 10:14-15
요한복음 14:16-17
로마서 8:18, 28
고린도후서 4:17-18
고린도후서 12:9-10

하나님의 약속
신명기31:8
시편 34:18
시편 55:22
시편 103:1-14
마태복음 28:20b
고린도후서 1:3-5

성경적 예시
골로새서 4:7-9

변화하기
고린도후서 13:11
데살로니가전서 5:11, 14

기도
시편 23:1-6
시편 42:12
시편 73:23-26
시편 119:76
시편 139:1-34

유아세례(Infant Baptism)

(로마서 10:10) "사람이 마음으로 믿어 의에 이르고 입으로 시인하여 구원에 이르느니라"

유아세례는 성경에서 가르치는 바가 아니며 그러한 행위는 성경에 나오지 않는다. 오늘날 많은 사람들은 그들이 아기였을 때 세례를 받았다는 사실 하나로 자신이 소위 모태신앙이라고 믿는다. 그러나 그들의 삶은 기독교의 그 어떤 것도 반영하지 않는다.

그들은 예수님을 위해 살지 않고 영이 아닌 육을 따라 살기 때문에 실제로 영적으로는 죽은 사람들이다. 그들은 유아세례를 받았기 때문에 구원받았다고 믿는 거짓 속에 살고 있을 뿐이다. 그러나 그 세례는 부모가 결정해서 받은 것이지 자신의 결정이 아니었다. 그들이 거듭난다는 것이 무엇인지 알게 된다면 유아세례를 받았을지라도 다시 세례를 받게 될 것이다.

성경은 "네가 만일 네 입으로 예수를 주로 시인하며 또 하나님께서 그를 죽은자 가운데서 살리신 것을 네 마음에 믿으면 구원을 얻으리니"(롬10:9) 기록하였다. 이와 같이 구원은 마음의 믿음과 입술의 고백으로 이루어진다.

[거듭남]

하나님의 관점	성경의 예시	하나님의 약속
요한복음 1:12-13	로마서 10:9	고린도후서 5:17
요한복음 3:3, 5:7	로마서 10:10	
갈라디아서 6:15		
디도서 3:5-7		
베드로전서 1:23		
요한일서 5:4		

유혹(Temptation)

(히브리서 3:13) "오직 오늘이라 일컫는 동안에 매일 피차 권면하여 너희 중에 누구든지 죄의 유혹으로 강퍅케 됨을 면하라"

유혹을 물리치는 가장 좋은 본보기는 예수님이다. 예수님은 사십 주야를 금식하신 후 성령에 이끌려 광야로 가서 마귀에게 시험을 받으셨다. 그때 사탄이 던진 모든 유혹에 예수님은 하나님의 말씀으로 응답하셨다.

사탄이 "이봐, 너 배고프지? 너의 능력을 한 번 발휘해서 이 돌을 떡으로 만들면 좋잖아?"라고 유혹하자 예수님은 "기록되었으되 사람이 떡으로만 살 것이 아니요 하나님의 입으로 나오는 모든 말씀으로 살 것이라 하였느니라" 대답하셨다.

계속하여 사탄이 "야! 저 아래서 구경하는 사람들이 너의 그 기적같은 능력을 보고 감탄할 수 있게 여기 이 성전 꼭대기에서 한 번 뛰어내려 보라구! 하나님이 천사들에게 명해서 널 어떻게 해서든 지켜 주실 거라는 말씀도 있잖아!" 유혹하자 예수님은 "또 기록되었으되 주 너의 하나님을 시험치 말라 하였느니라" 대답하셨다.

다시 사탄이 온 세상 천하 만국을 보여주면서 "내게 엎드려 경배만하면 이걸 다 네게 주마" 유혹했을 때도 예수님께서는 "기록되었으되 주 너의 하나님께 경배하고 다만 그를 섬기라 하였느니라" 대답하시며 사탄을 물리치셨다(마4:1-10). 이와 같이 예수님은 모든 유혹에 하나님의 말씀으로 대답하셨던 것이다.

다윗은 "내가 주께 범죄치 아니하려 하여 주의 말씀을 내 마음에 두었나이다"(시 119:11) 고백했다. 이것이 핵심이다. 악한 자를 이기는 힘은 하나님의 말씀에 있다. 그리고 우리의 승리는 기도에서 나온다. 바울은 "모든 기도와 간구로 하되 성령 안에서 기도하라"(엡 6:13-18) 명하였다. 이와 같이 원수를 대적하는 진정한 능력은 성령 안에서 드리는 기도와 간구이다. 예수님의 이름으로 서 있을 때 시험을 이기는 능력과 승리를 주심을 당신은 하나님의 말씀과 기도를 통해 알게 될 것이다.

....

하나님의 관점
시편 119:11
마태26:41, 누가 22:46
갈라디아서 6:1, 빌립보 4:13
딤전 6:9-10. 히 2:18, 4:15-16
벧후 2:9, 요일 2:14

하나님의 약속
잠언 28:13
고린도전서 10:12-13
야고보서 1:12-15
성경적 예시
창 39:10-12. 마 4:1-10

변화하기
잠언 1:10. 로마서 6:11
엡 6:10-18. 딤후 2:3-5
약 4:7, 벧전 5:8-9
기도
시편 139:23-24. 마 6:13

육신적 크리스천(Carnality)

(고린도전서 3:3) "너희가 아직도 육신에 속한 자로다 너희 가운데 시기와 분쟁이 있으니 어찌 육신에 속하여 사람을 따라 행함이 아니리요"

육신적인 크리스천은 그들이 예수님을 구주로 받아들였지만 자기를 부인하지도 자기 십자가를 지고 예수를 따르지도 않는 사람들이다. 여전히 육신이 그들의 삶을 지배하는 사람들이다. 그들은 여전히 작은 일에도 쉽게 화를 내는 성격을 지니고 있다.

바울은 고린도전서 3장 3절에서 우리에게 육신적인 그리스도인의 상징인 시기와 분쟁에 대해서 언급하였다. 나는 그것들을 신약성경의 사악한 샴쌍둥(Siamese twins)이라고 부른다. 시기와 질투 그리고 교만은 항상 분쟁을 가져오기 때문이다. 그러면 이러한 육신적인 크리스천들은 어떻게 치유될 수 있을까?

첫 번째로 사랑 안에서 행하는 것이다. 나는 개인적으로 사랑이야말로 거의 모든 것들을 치유할 수 있다고 믿는다. 두 번째로 육신적인 크리스천을 치유하는 방법은 그들이 하나님의 말씀 안으로 들어가는 것이다. 아니 그보다 더 좋은 것은 하나님의 말씀이 그들 안으로 들어가는 것이다. 그리고 세 번째는 성령 안에서 사는 것이다. 성령이 그들을 가르치시고 인도하실 것이다.

....

하나님의 관점	하나님의 약속	변화하기
마가복음 7:20-23	요한복음 8:31-32	갈라디아서 5:15-16
로마서 8:6-7	요한복음 15:7	에베소서 5:2
고린도전서 3:3	갈라디아서 6:7-8	골로새서 3:5-8
갈라디아서 5:19-23		데살로니가전서 4:3-7
야고보서 3:16-18		
야고보서 4:1-3		
베드로후서 2:20-21		

은총(Kindness)

(시편 90:17) "주 우리 하나님의 은총을 우리에게 임하게 하사 우리 손의 행사를 우리에게 견고케 하소서 우리 손의 행사를 견고케 하소서"

구약성경에는 은총에 대해 가르치고 있는 부분이 많다. 사무엘하 9장 3절을 보면, 다윗의 공인된 숙적이었던 사울이 죽은 후 다윗은 "사울의 집에 남은 사람이 없느냐 내가 그 사람에게 하나님의 은총을 베풀고자 하노라" 물어본다. 여기서 다윗은 자기의 은총이 아니라 하나님의 은총이라고 했던 점을 주목하자. 하나님의 은총을 자신을 통해서 베풀고자 했던 것이다.

열왕기하 6장에 보면 선지자 엘리사가 아람(시리아) 군대를 유인해 사로잡은 장면이 나온다. 이 사실을 알게 된 이스라엘 왕은 엘리사에게 "내가 치리이까? 내가 치리이까?" 물었다. 그러나 엘리사는 "치지 마소서… 떡과 물을 그 앞에 두어 먹고 마시게 하고 그 주인에게로 돌려 보내소서"(왕하 6:21-22)라고 대답했다.

요한은 우리에게 "누가 이 세상 재물을 가지고 형제의 궁핍함을 보고도 도와줄 마음을 막으면 하나님의 사랑이 어찌 그 속에 거할까보냐"(요일 3:17) 묻고 있다. 이것을 우리는 '자범죄'(행하지 않는 죄)라고 말한다. 하나님의 자녀로서 여러분은 해야 할 것들이 많다. 선을 행할 줄 알고도 행할 기회가 있으면서도 행하지 않는 것은 죄를 진 것과 전혀 다를바 없다. 이에 야고보는 "사람이 선을 행할 줄 알고도 행치 아니하면 죄니라"(약 4:17) 기록하였다.

당신이 예수 그리스도와 동행하고 있다면 은총의 모습이 당신의 삶 속에 나타나기 시작할 것이다. 은총은 인간의 능력을 초월한 깊은 사랑이다. 그것은 성령에 의해 나타나는 사랑이다. 은총은 연민에서 비롯되는 사랑으로 도움이 필요한 사람을 향해서는 비록 적일지라도 무의식적으로 손길을 뻗는 선한 마음이다. 하나님이 당신께 특별히 베푸신 은혜와 은총을 당신도 다른 사람들에게 똑같이 베풀 수 있게 되기를 원한다.

....

하나님의 관점
출애굽기 23:4-5
잠언 19:22, 25:21-22,
잠언 31:26. 이사야 54:10
마태복음 5:44-47
누가복음 6:27-28, 34-35
고린도전서 13:4-8
갈라디아서 5:22-23
베드로전서 2:23

하나님의 약속
잠언 11:27, 12:2
에베소서 2:4-7

성경적 예시
사무엘하 9:3, 6-7
열왕기하 6:22-23
역대기하 28:15
고린도전서 4:12

변화하기
요엘 2:13
로마서 12:10-18, 21
갈라디아서 6:10
골로새서 3:12
베드로후서 1:5-7

기도
시편 117:2

은퇴(Retirement)

(욥기 12:12) "늙은 자에게는 지혜가 있고 장수하는 자에게는 명철이 있느니라"

우리 사회는 65세가 되면 자리에서 물러나 은퇴해야 한다고 말한다. 그 나이에는 더 이상 생산적이지 않고 앞으로 나아가려는 젊은이들을 훼방할 뿐이라 말한다. 그래서 어떤 사람은 65세가 되면 남은 여생을 위해 안식처나 캠핑카를 찾는다. 그러나 당신의 삶을 하나님께 온전히 헌신하는 것에 결코 너무 늦지 않았다. 당신이 하나님께 온전하게 자신을 드리기 전까지 당신을 위해 어떤 계획을 갖고 계시는지 알 수 없다.

갈렙의 간증은 그가 하나님께 온전히 헌신했음을 선포하며, 시편 1편에 언급한 것처럼 그의 잎은 시들지 않았다. 그는 힘이 있었다. 그는 에너지가 있었다. 85세에도 그는 어린 친구들과 싸울 준비가 되어 있었다(수 14:7-12 참조). 이것은 하나님께 모든 것을 헌신한 사람에게서 나오는 힘이다! 나는 노인들이 어디에 누워 죽을까를 찾지 않고 오히려 하나님을 위해 봉사하고 바쁘게 사는 것을 권고한다.

알다시피 하나님이 당신을 이 지저분하고 부패한 세상에 남겨두신 유일한 이유는 당신이 그분의 목적을 달성할 수 있기 때문이다. 당신 자신의 것을 하도록 이 땅에 두신 것이 아니다. 그건 시간 낭비이다. 그것을 원한다면 차라리 천국으로 가는 게 훨씬 나을 것이다. 하지만 하나님은 아직 당신이 할 일을 끝내지 않았기 때문에 당신을 여기에 두신 것이다.

그분은 당신의 인생을 통해서 하실 일이 있다. 그리고 그가 그 일을 완성하면 그는 당신을 영광으로 맞이할 것이다. 당신은 눈물, 고통, 슬픔, 아픔, 실망도 없는 그분의 왕국의 영원한 영광 속에 있게 될 것이다. 하나님은 당신을 위해 사역을 가지고 계신다. 만약 당신이 "주님, 제가 당신을 완전히 따르겠습니다" 결심한다면 그분이 당신을 본향에 데려갈 때까지 당신은 계속 강해질 것이다. 분명한 것은 하나님의 은퇴 프로그램은 천국에 있는 것이지 이 땅에 있는 것이 아니다.

....

하나님의 관점	하나님의 약속	성경적 예시
창세기 24:1	시편 1:1-3, 91:1, 92:14	여호수아 14:10-14
욥기 12:12	이사야 46:4	룻기 4:15
욥기 32:7	빌립보서 1:6	역대상 29:28
잠언 16:31	**변화하기**	**기도**
마태복음 3:10	에베소서 5:15-16	시편 71:9, 18
마태복음 6:33	골로새서 4:5.	시편 90:12
요한복음 15:1-8	디모데전서 4:8	시편 143:10

은혜(Grace)

(로마서 4:4,5) "일하는 자에게는 그 삯을 은혜로 여기지 아니하고 빚으로 여기거니와 일을 아니할지라도 경건치 아니한 자를 의롭다 하시는 이를 믿는 자에게는 그의 믿음을 의로 여기시나니"

은혜는 마땅히 얻을 수 없는 호의로서 당신에게 합당하지 않은 것을 받는 것이며 반면에 자비는 당신이 마땅한 받아야 할 처지에 베푸는 혜택이다. 우리가 하나님께서 우리에게 행하신 것을 돌아볼 때, 하나님께서 우리 삶 속에 베푸신 축복들은 분명히 우리가 받을 자격이 없는 것들이다.

하나님은 구원과 영원한 생명을 우리를 위해 주셨다. 우리가 얻을 수 없는 것 그러나 예수 그리스도를 믿는 것을 통해 하나님이 우리에게 주시는 은혜로운 선물이다. 우리 행위로 얻어지는 것이 아니다.

이 얼마나 기쁜 일인가? 영원한 생명을 얻을 수 있는 다른 방법은 없다. 그것은 오직 하나님의 선물이기 때문이다. 그 누구도 구원의 은혜를 마땅히 받지 못한다. 그 자격을 얻기 위해 지킬 수 있는 규칙도 없다. 그러나 하나님의 은혜로 인해 하나님의 약속 안에 있는 예수 그리스도를 믿는 믿음으로 구원을 받는다.

....

하나님의 관점	하나님의 약속	변화하기
출애굽기 34:6	로마서 5:1-2	요엘 2:13
시편 103:8	에베소서 1:7-8	로마서 6:1-2
요한복음 1:17	디모데후서 1:9	히브리서 4:16
사도행전 15:11	야고보서 4:6	베드로전서 1:13
로마서 3:23-24	**성경적 예시**	베드로후서 3:18
로마서 5:8, 20-21	창세기 6:8	**기도**
갈라디아서 2:21	누가복음 15:11-24	시편 86:15
에베소서 2:8-9	빌레몬서 15-19	
디도서 2:11		

음담패설(Jesting)

(골로새서 3:8) "이제는 너희가 이 모든 것을 벗어 버리라 곧 분과 악의와 훼방과 너희 입의 부끄러운 말이라"

사람들은 성적인 암시를 담은 음담패설을 늘어놓는 것을 좋아한다. 우리들 대부분은 세상적인 환경에서 일하기 때문에 이러한 음탕한 농담을 좋아하고 욕하고 더러운 농담거리를 일삼는 사람들을 자주 만나게 된다. 그러나 성경은 그런 이들과는 교제하지 말라 한다. 달리 말하면 그런 농담에는 끼지 말라는 것이다.

우리는 누군가가 더러운 농담을 하기 시작하면 속히 그 자리를 피해야 한다. 그때 그 사람이 "당신은 왜 내가 농담을 할 때마다 없어지는가?" 물으면, 당신은 단호하게 "그런 언어가 내 마음에 남는 것을 원치 않습니다" 대답해야 한다. 문제는 그런 것들이 마음속으로 들어오면 그것을 제거하기는 불가능에 가까울 정도로 힘들다는 사실이다. 그것들이 당신 마음에 누룩으로 쌓여 당신도 모르는 사이에 더러운 말들이 튀어 나오기 때문이다.

....

하나님의 관점	변화하기	기도
잠언 15:4, 21	시편 34:12-15	시편 19:14
잠언 26:18-19	마태복음 5:37	
하나님의 약속	에베소서 4:29	
잠언 16:24	에베소서 5:3-4	
	골로새서 3:8	
	골로새서 4:5-6	
	야고보서 1:21	
	베드로전서 3:10	

음란물(Pornography)

(갈라디아 5:17) "육체의 소욕은 성령을 거스리고 성령의 소욕은 육체를 거스리나니 이 둘이 서로 대적함으로 너희의 원하는 것을 하지 못하게 하려 함이니라"

사람이 정욕에 자신을 맡기면 균형감각과 도덕적 개념을 잃게 되는데, 그것이 바로 음란물에 빠진 사람의 모습이다. 그는 만족감을 채우기 위해 그 안으로 점점 더 깊이 들어간다. 그러나 결코 만족하지 못한다. 이와 같이 정욕은 사람을 완전히 지배하고 자기 마음대로 그를 주관할 때까지 멈추지 않는 식욕과 같다. 그는 노예가 되고 중독된 것이다.

그러나 음란물 중독과 노예 상태에서 벗어나고자 하는 사람에게도 희망이 있다. 시편 기자는 "청년이 무엇으로 그 행실을 깨끗케 하리이까 주의 말씀을 따라 삼갈 것이니이다 내가 전심으로 주를 찾았사오니 주의 계명에서 떠나지 말게 하소서 내가 주께 범죄치 아니하려 하여 주의 말씀을 내 마음에 두었나이다"(시119:9-12) 가르친다. 또한 하나님에 대한 경외심과 하나님이 늘 우리와 함께 하신다는 인식은 우리 몸을 정결하게 유지하고 하나님을 노하시게 하지 않으려는 삶을 사는 데 큰 도움이 된다.

사도 바울은 "너희는 성령을 좇아 행하라 그리하면 육체의 욕심을 이루지 아니하리라"(갈 5:16) 권면하였다. 성령을 좇아 행하다 보면 당신은 곧 온전한 만족감을 체험할 것이다. 문제는 사람들이 온전한 믿음의 헌신을 하지 않는다는 것이다. 대신 조건부 헌신이나 온전치 못한 헌신을 하곤 한다.

유일한 치료법은 당신의 삶을 완전히 성령의 능력에 맡기는 것이다. 그렇게 할 때 당신은 두 가지를 함께 할 수는 없다는 것을 깨닫게 된다. 다시 말해서 영을 좇아 행하면서 동시에 육신을 좇아 살 수는 없게 된다. 그러므로 영을 좇아 행하면 육신은 제 자리를 찾고 영의 지배를 받게 될 것이다. 그러니 속히 음란물 대신 성경을 가까이 하라. 그것이 구원의 길이다.

하나님의 관점	하나님의 약속	변화하기
시편 101:2-4,106:15,119:9	시편 119:1-2	욥기 31:1
잠언 5:20	요한복음 8:32, 갈 5:16	잠언 4:23, 6:25
마태복음 5:28	**성경적 예시**	고전 5:9, 11. 갈 5:24
로마서 13:14	열왕기상 11:4-6, 11	에베소서 2:1-6, 4:22
갈라디아서 5:16-17, 19	베드로후서 2:14	딤후 2:22. 딛 2:11-12
야고보서 1:14-15	**기도**	야고보서 1:14-15
요한일서 2:16.	시편 19:13	베드로전서 1:13-16
요한계시록 21:8	시편 119:18, 33, 37	베드로전서 2:11

의로운 분노(Righteous Anger)

(시편 7:11) "하나님은 의로우신 재판장이심이여 매일 분노하시는 하나님이시로다"

하나님의 진노는 항상 사랑에서 비롯된다. 하나님은 하나님의 사랑이 목적하는 바가 좌절되거나 사랑하는 대상이 해를 입었을 때 슬퍼하신다. 소자를 향한 하나님의 사랑은 예수께서 누구든지 어린 소자가 가진 믿음을 실족케 하면 "차라리 연자 맷돌을 그 목에 달리우고 바다에 던지움이 나으리라"(막 9:42) 말씀에서도 볼 수 있다. 예수님은 또한 바리새인들의 부패와 과부의 재물을 갈취하는 것과 사람들에게 무거운 짐을 지우는 일에 대해 분노하셨다. 그러나 성경에는 하나님은 사랑이시며 노하시기를 더디하신다고 기록되었다.

그러나 우리는 실제로 하나님이 분노하신다는 것은 분명히 깨달아야 한다. 하나님이 심판하실 때, 다시 말하면 우리의 어리석은 행동과 잘못된 결과를 책임을 져야 할 때, 하나님의 분노하시는 모습이 나타난다. 그러나 하나님이 분노하시고 심판하심은 악의 근원을 뿌리 뽑아 우리로 하여 완전히 멸망하지 않도록 하기 위함이다. 그의 심판은 선을 보존하고 악을 멸하기 위한 것이다.

....

하나님의 관점
욥기 25:4
시편 11:7, 85:10
이사야 61:10, 64:6
말라기 4:2
마태복음 5:20, 6:33
누가복음 10:27
로마서 3:21-26
로마서 9:30-33
로마서 10:4, 10
고린도후서 5:21
갈라디아서 2:16, 21
에베소서 2:8-9, 5:9
디모데후서 3:16
디도서 3:5
요한일서 2:29, 3:10

하나님의 약속
시편 23:3
이사야 61:10
마태복음 5:6, 10
로마서 4:5-8
요한계시록 19:8

성경적 예시
창세기 15:2-6
스가랴 3:4-5
빌립보서 3:4-9

변화하기
시편 4:5
호세아 10:12
에베소서 6:14
디모데후서 2:22

기도
시편 7:17

의사결정 (Decision Making)

(고린도전서 2:16) "누가 주의 마음을 알아서 주를 가르치겠느냐 그러나 우리가 그리스도의 마음을 가졌느니라"

당신의 삶을 정직하게 살펴보고 당신은 오직 기쁨이 얼마나 클 것인가만 계산하고 당신의 행동을 결정하는 것은 아닌지 점검해 보라. 당신은 자신을 기쁘게 하는 삶을 살기로 선택했는가? 아니면 하나님을 기쁘시게 하는 삶을 선택했는가?

우리는 결정을 내릴 때 일반적으로 맞느냐 틀리느냐 한 가지만 보려 한다. 그러나 실제로는 맞고 틀림의 문제가 아니다. "이것이 하나님을 기쁘시게 하는가?"를 물어야 한다.

나는 내가 행하려는 바가 '옳다'는 사실을 증명할 수 있을지 모르지만, 그것은 하나님을 기쁘시게 하는 일이 아닐 수도 있다. 이것이 모든 의사결정의 기준이 되어야 한다.

....

하나님의 관점	하나님의 약속	변화하기
신명기 30:19-20	시편 32:8	신명기 12:8
고린도전서 2:16	시편 146:5-6	시편 37:3, 5, 7
고린도전서 3:19	잠언 3:5-6	잠언 14:12; 16:25
히브리서 3:7-11	야고보서 1:5-6	로마서 12:1-2
성경적 예시	기도	고린도전서 10:31
역대하 20:12	출애굽기 33:13	에베소서 6:18
히브리서 11:24-26	시편 25:4-5	빌립보서 4:6-7
	시편 86:11	골로새서 3:17, 23

의심 (Doubt)

(야고보서 1:6) "오직 믿음으로 구하고 조금도 의심하지 말라 의심하는 자는 마치 바람에 밀려 요동하는 바다 물결 같으니"

만약 우리가 하나님을 신뢰하고 믿을 때 하나님께서 기뻐하신다면, 그와 마찬가지로 우리가 그분을 신뢰하지 않고 그의 약속을 의심하거나, 두려움과 염려 속에서 살아간다면 하나님은 기뻐하지 않으신다. 성경을 통해 우리는 우리 온 맘으로 주를 신뢰하도록 격려받고 권고받으며, 자신의 지혜와 능력에 기대지 않도록 한다. 우리는 지속적으로 주를 신뢰하도록 말씀의 권고받고 그렇게 행할 때 주를 기쁘게 하여야 한다.

"믿음이 없이는 기쁘시게 못하나니"(히 11:6)

나는 어떤 사람이 "오 하나님, 당신을 믿도록 도와주세요. 주님 당신을 믿도록 도와주세요" 기도할 때 하나님은 그의 기도를 어떻게 생각하실지 궁금했다. 그러나 만일 내가 손자에게 "너의 16살 생일에 할아버지가 차를 사줄게" 약속할 때, 이미 나는 다른 손자들에게도 그들이 16살 생일이 될 때 차를 사주었기 때문에 그 손자도 당연히 내 약속에 기대할 것이라 확신할 것이다. 그런데 만일 그 손자가 "오! 할아버지, 할아버지를 믿을 수 있도록 도와주세요. 약속을 믿을 수 있도록 도와주세요" 말한다면, 나는 놀라서 아니 내게 무슨 문제가 있나? 손자가 왜 나를 믿지 못하지? 전에 내가 거짓 약속을 한 적이 있었나? 내가 약속을 지키지 않은 일이 있었나? 괴로워할 것이다.

하나님께서도 그와 같은 방법으로 약속하신다. 그럼에도 우리는 여전히 "주님, 내가 당신을 믿을 수 있게 도와주세요" 반응한다. 그러나 우리가 알아야 할 것은 우리가 의심할 때 하나님은 기뻐하지 않으신다는 것이다. 하나님은 자신을 전적으로 믿는 자들에게 능력을 주시며 가능케 하신다.

....

하나님의 관점	하나님의 약속	성경적 예시
민수기 14:11	마태복음 17:20	시편 78:21b-24
민수기 20:12	마태복음 21:21-22	이사야 49:14-15
이사야 7:11	베드로전서 1:8	마태복음 8:26, 14:29-31
마태복음 7:7-8, 11	**변화하기**	마가복음 9:24
요한복음 3:18, 8:24	히브리서 3:12-13	마가복음 16:14, 16-18
요한복음 14:1, 20:29	야고보서 1:5-8	**기도**
요한계시록 21:8		누가복음 17:5

이기심(Selfishness)

(마가복음 8:34) "아무든지 나를 따라 오려거든 자기를 부인하고 자기 십자가를 지고 나를 좇을 것이니라"

당신의 삶을 들여다볼 때 이기심이 보이는가? 혹시 "나 먼저!" 하는 것 같은 모습은 안 보이는가? 자기 이익만 옹골지게 움켜쥐고 있느라 남을 위한 시간이나 희생은 잊어버린 지 오래인가? 하나님은 사람이 그렇게 살도록 의도하지 않으셨다. 하나님은 사람의 중심에 자기 자신이 아닌 하나님이 계실 것을 의도하셨다.

바울은 빌립보서 2장 6절-8절에서 예수님의 이타심을 아주 분명하게 묘사하고 있다. 그는 하나님과 동등 됨보다 더 높아질 수 없고, 십자가에서 죽으심보다 더 낮아질 수도 없다. 예수님은 자신을 아버지의 뜻에 복종시키셨고, 자신의 지위를 다 포기하여 "아무것도 아닌 사람으로"(NKJV) 여기셨는데, 이것은 문자 그대로 해석하면 "자기를 비우다"라는 뜻이다.

자기 십자가를 진다는 것은 주님의 뜻을 따르기 위해 나의 야망을 내려놓는 것을 의미한다. 우리가 주님을 좇을 때는 주님이 보이신 모범을 보면서 그것을 본받기 위해 노력해야 한다. 예수님이 하신 것처럼 우리의 삶을 완전히 바치는 것이다. 예수님은 긍휼과 사랑이 많으시고, 어려운 이들을 돌보며, 죄인을 용서하셨고 우리는 그분의 생애에서 돋보이는 그런 점들을 본받아야 한다.

예수님은 "내가 하늘로서 내려 온 것은 내 뜻을 행하려 함이 아니요 나를 보내신 이의 뜻을 행하려 함이니라"(요 6:38-39) 말씀하셨다. 우리도 이와 같은 겸손과 자기 부인의 정신이 필요하다. 우리가 전에 자기 자신을 뭐라고 생각했던 간에 그 특권을 버리고 자기를 비워 종의 형체를 가지고 남을 섬기며, 남을 돕고, 남에게 봉사하고, 남을 배려하고 남의 이익을 먼저 생각하는 사람이 되어야 한다.

....

하나님의 관점	하나님의 약속	변화하기
신명기 15:7-8	시편 41:1	신명기 15:10
잠언 19:17, 21:13	잠언 11:25, 22:9	이사야 1:17
이사야 58:7	이사야 58:10	마태복음 5:42
스가랴 7:9	히브리서 6:10	누가복음 6:38
요한복음 3:16, 6:38	**성경적 예시**	요한복음 13:34
로마서 5:8	창 13:8-9 , 욥기 31:16-22	롬 12:10-13, 15:1-2
고린도후서 8:9	마 20:26-28, 25:37-40	갈 2:20, 6:2, 10
갈 2:20. 약 4:1-3	막 8:34, 10:45. 요일 4:9-10	빌 2:3-4, 5-8. 히 13:2-3

이단(Cults)

(요한일서 4:1-3) "사랑하는 자들아 영을 다 믿지 말고 오직 영들이 하나님께 속하였나 시험하라 많은 거짓 선지자가 세상에 나왔음이니라 하나님의 영은 이것으로 알찌니 곧 예수 그리스도께서 육체로 오신 것을 시인하는 영마다 하나님께 속한 것이요 예수를 시인하지 아니하는 영마다 하나님께 속한 것이 아니니 이것이 곧 적그리스도의 영이니라 오리라 한 말을 너희가 들었거니와 이제 벌써 세상에 있느니라"

내가 어렸을 때만 해도 사탄숭배라는 것은 생소한 것이었다. 도대체 누가 사탄을 숭배할 생각을 할까 싶었다. 그런데 안톤 라베이라는 사람이 사탄을 숭배하는 교회를 시작했다. 사람들은 그가 무슨 "쇼를 하나보다", "농담이겠지, 설마 정말로 사탄을 숭배하기야 하겠나?" 생각했었다. 그러나 사람들은 곧 그것이 농담이 아님을 알게 되었다. 그는 사탄의 성경을 출판했고, 많은 사람들이 그를 따라 의식적으로 사탄숭배를 시작했다. 경찰들의 말에 의하면 사탄숭배 의식에 연루된 사람들이 잔인하고 상상하기 힘든 범죄들을 하고 있음을 알 수 있다.

또한 이단 중에는 정당한 종교로 가장하는 교회 집단도 많다. 그들의 행실과 추종하는 가치를 보면 그럴듯해 보이지만 실상은 예수님이 육신으로 오신 하나님이심을 부인하는 틀림없는 이단이다. 여호와의 증인은 예수님을 천사의 범주에 속한 것으로 보고 몰몬교는 예수님이 루시퍼의 형제라고 한다.

오늘날 미국에서는 예수 그리스도를 반대하는 세력이 커지고 있다. 사람들은 쾌락주의에 빠져 죄의 삶을 살기를 원하기 때문에 순결하고 의롭게 살 것을 요구하는 예수님의 가르침에 반대한다. 그것은 적그리스도의 영이다. 그러므로 우리는 사람들의 마음에 하나님의 영이 새롭게 역사하시기를 기도해야 한다.

하나님의 관점	하나님의 약속	변화하기
신명기 13:1-3, 18:10-12	미가5:12	에베소서 5:11
마태복음 7:15-16, 24:5	요한복음 8:32	히브리서 13:9
요한복음 14:6, 사도행전 4:12	디모데후서 3:16-17	**기도**
고린도후서 4:3-4, 11:13-15	요한계시록 2:2	시편 25:5
갈라디아서 1:8-9	**성경적 예시**	
딤전 3:16, 4:1-3, 딤후3:13, 4:3-4	마가복음 12:32	
벧전 3:18-22. 벧후 1:16, 2:1-2		
요일 2:22-23, 4:1-3. 유3,4		

이슬람(Islam)

(갈라디아서 1:8) "그러나 우리나 혹은 하늘로부터 온 천사라도 우리가 너희에게 전한 복음 외에 다른 복음을 전하면 저주를 받을지어다"

이슬람교는 그들의 거룩한 경전인 코란을 믿으며, 이 책은 예언자 무함마드에게 계시된 하나님의 말씀이라고 간주한다. 그들은 알라를 신으로 믿는다. 무슬림들은 또한 예언자 무함마드가 오늘날 그들이 지은 황금사원에서 하늘로 승천했다고 믿는다. 또한 무슬림은 삼위일체를 믿지 않는다. 다만 그들은 선행이 악행보다 클 때에만 구원을 받는다고 믿는다. 코란에서 예수는 25번이나 언급되지만 그들에게 예수는 단지 선지자일 뿐 하나님이 아니다. 그리고 그들은 예수가 십자가에서 죽었다고 믿지 않는다. 성경은 예수 그리스도가 창조주 하나님이심을 분명히 가르친다. 예수님은 하나님이시다. 하나님이 육체로 우리 가운데 거하셨다.

이슬람교는 다른 모든 종교와 마찬가지로 사람이 신에게로 나아가지만, 천지의 창조주이신 영원하신 하나님, 성경에 계시된 하나님께로 인도되는 길은 단 하나뿐이다. 그리고 그 길은 예수 그리스도를 통해서만 갈 수 있다. 다른 방법은 없다. 모든 세상의 종교의 원리는 하나님께 도달하고 하나님을 기쁘게 하려는 인간의 노력, 즉 인간이 하늘에 닿기 위하여 하늘 다리를 건설하려는 것인데 그것은 불가능한 일이다. 종교는 행위와 활동을 통해 사람이 하나님을 기쁘시게 해드리고 하나님께 닿을 수 있다고 가르치는 하나의 시스템이다.

성경은 우리가 행하는 의로운 행위로는 하나님으로부터 의롭다 함을 받을 수 없으며, 우리를 향한 하나님의 사랑과 우리를 위해 공급해 주심을 믿기만 하면 하나님을 기쁘시게 해드릴 수 있다고 가르친다. 그러므로 기독교는 종교와 정반대이다. 사람이 하나님께 닿으려고 하는 것이 아니다. 기독교는 하나님이 당신에게 내려 오신 것이다. 그러므로 우리에게 영생을 주시려는 시도를 처음에 시작하신 분은 하나님이시다.

....

하나님의 관점

| 이사야 64:6, 예레미야 17:9 | 요한복음 1:1, 14 | 에베소서 2:8-9 |
| 마태복음 10:32-33 | 요한복음 10:7-9, 37-38 | 디도서 3:5-7 |

[왜 코란은 하나님으로부터 온 것이 아닌가?]
(이슬람의 예언자 무함마드는 자신이 천사 가브리엘로부터 계시를
받아 이슬람의 신성한 경전 코란을 기록했다고 주장한다)

| 잠언 30:6 | 갈라디아서 1:8 | 계시록 22:18-19 |

[예수 그리스도는 창조주 하나님]

| 요한복음 1:1, 14 | 요한복음 10:30 | 요한복음 14:9 |

이웃(Neighbors)

(갈라디아 5:14) "온 율법은 네 이웃 사랑하기를 네 몸같이 하라 하신 한 말씀에 이루었나니"

하나님께서 십계명을 두 돌판에 새겨 주셨다. 첫 번째 돌판에는 하나님과 나와의 관계를 다룬 계명들이, 두 번째 돌판에는 나와 내 이웃과의 관계를 다룬 계명들이 새겨져 있었다. 그러므로 인생은 수평과 수직 위에서 균형을 이루어야 한다. 수직축은 나와 하나님과의 관계이고 수평축은 나와 가족, 직장 동료, 친구, 이웃과의 관계이다. 그러므로 내 삶의 수직축이 어긋나면 곧이어 수평축도 균형을 잃게 된다.

그럼에도 우리는 이웃과의 대인관계가 엉망이 되는 것을 본다. 성질을 부리기도 하고, 친구를 잃거나 이웃과 싸우기도 한다. 그들은 서로 간의 수평축의 균형을 유지하기 위해 끊임없이 노력하고 있지만, 수직축이 어긋나 있는 한 수평축은 바른 균형을 잡을 수 없다. 그러나 하나님과의 관계가 바르게 되는 순간, 이웃과의 수평축도 균형이 잡히는 것을 보게 될 것이다.

나는 이웃을 사랑하는 법을 배우기 전에 먼저 자신을 사랑하는 법을 배워야 한다는 이론을 거부한다. 우리는 이미 자신을 사랑하는 것에 익숙하기 때문에 우리의 초점은 하나님을 통해 다른 사람들을 사랑할 수 있도록 하나님께 맞춰져 있어야 한다.

가장 큰 계명이 무엇이냐는 질문에 예수님은 "네 마음을 다하고 목숨을 다하고 뜻을 다하여 주 너의 하나님을 사랑하라…네 이웃을 네 몸과 같이 사랑하라" 말씀하셨다. 이 두 계명은 율법을 완벽하게 요약해 놓은 것이다(마22:35-39 참조). 다윗은 "주의 빛과 주의 진리를 보내어 나를 인도하사"(시43:3-5) 기록했다. 어디로의 인도하심인가? "주의 성산과 장막에 이르게 하소서! 나를 하나님께로 인도하소서!" 맞다, 이것이 정답이다. 내 문제를 해결해 주실 수 있는 유일한 분이신 하나님께로 인도되어야 한다. 이제 당신의 눈을 하나님께 주목하고 다시 이웃에게 돌려라!

....

하나님의 관점	하나님의 약속	변화하기
레위기 19:18, 25:14	시편 15:1-3	로마서 12:1-2, 10
시편 101:5	**성경적 예시**	로마서 15:2
잠언 11:12, 25:9, 17-18	마태복음 19:17-19	에베소서 4:25
마태복음 5:43-44	마태복음 22:37, 39	빌립보서 2:3-4
마가복음 12:33	누가복음 10:29-37	
로마서13:8-10. 갈라디아 5:14		
야고보 2:8-9, 요일 4:21		

이웃 사랑(Loving Others)

(요한일서 4:11) "사랑하는 자들아 하나님이 이같이 우리를 사랑하셨은즉 우리도 서로 사랑하는 것이 마땅하도다"

우리는 사람들을 사랑하는 것을 생각하기 전에 먼저 하나님과의 관계를 바르게 해야 한다. 예수님은 가장 큰 계명이 무엇이냐는 질문에 유명한 쉐마를 인용하여 "너는 마음을 다하고 성품을 다하고 힘을 다하여 네 하나님 여호와를 사랑하라"(신 6:5) 말씀하셨다. 그 다음에 이어서 예수님은 "이웃 사랑하기를 네 몸과 같이 하라"하신 레위기 19장 18절의 말씀을 인용하셨다. 그리고 "이 두 계명이 온 율법과 선지자의 강령이니라"(마22:40) 말씀하셨다. 이 말씀을 통하여 사랑에 대한 성경의 정의를 요약할 수 있다.

그러므로 우리는 자기 자신을 먼저 사랑할 줄 알아야 이웃을 사랑하는 법도 배울 수 있다는 비성경적 주장에 동의할 수 없다. 우리는 태어남으로부터 이미 자기 자신을 사랑하는 법을 자연스럽게 배우고 터득했다. 그러므로 우리의 사랑의 초점은 다른 사람들에게 맞추어져 있었다. 그러나 바울은 "오직 겸손한 마음으로 각각 자기보다 남을 낫게 여기라"(빌 2:3)고 권고했다.

예수님은 제자들을 가르치실 때 남에게 비판을 받지 아니하려거든 네가 먼저 남을 비판하지 말라고 가르치셨다(마7:1). 그리고 "무엇이든지 남에게 대접을 받고자 하는대로 너희도 남을 대접하라 이것이 율법이요 선지자나라"(마7:12) 말씀하셨다. 우리는 이 교훈을 예수님의 '황금률'이라고 말한다. 부처나 다른 현자들도 이와 비슷하게 "네가 받기 원치 않는 대접은 너도 남에게 하지 말라" 등의 가르침을 남겼으나, 이처럼 긍정문 형태로 말씀하신 것은 예수님 뿐이시다. 간단히 말하면 이것이 예수님의 윤리이다. 율법의 결론은 남에게 대우를 받고 싶은 그대로 먼저 남을 대우하는 것이다.

하나님의 관점	변화하기	성경적 예시
레위기 19:18	요한복음 13:34-35	마가 12:29-34
신명기 6:5	로마서 12:9-10,13:8-10	누가 10:25-30, 36-37
잠언 10:12	고린도후서 5:20	
마태복음 7:12, 22:37-40	갈라디아서 6:10	
요한복음 13:14-15	빌립보서 2:3-4	
고린도전서 13:1-8	골로새서 3:12-15	
갈라디아서 5:14, 22-23	베드로전서 1:22, 3:8-9, 4:8	
	요일 4:7-8, 11-12, 20-21	

이혼(Divorce)

(마태복음 19:6) "이러한즉 이제 둘이 아니요 한 몸이니 그러므로 하나님이 짝지어 주신 것을 사람이 나누지 못할지니라 하시니"

예수님은 산상수훈에서 "누구든지 아내를 버리거든 이혼 증서를 줄것이라 하였으나 나는 너희에게 이르노니 누구든지 음행한 연고 없이 아내를 버리면 이는 저로 간음하게 함이요 또 누구든지 버린 여자에게 장가드는 자도 간음함이니라"(마 5:31-32) 설교하셨다. 이때 예수님은 창세기 2장 24절을 언급하시며 가능한 가장 높은 기준 곧 모세의 율법 이전의 것으로 "하나님이 짝지어 주신 것을 사람이 나누지 못할지니라" 말씀하셨다.

하나님은 근본적으로 이혼을 의도하지 않으셨다. 예수님은 모세의 율법에 이혼을 허락한 것은 사람의 마음의 완고함 때문이라고 해석해 주셨다. 많은 사람들이 자신의 배우자를 향해 마음이 완고해지고 차가워지고 무관심해져서 더 이상 사랑하지도 돌보지도 않는다. 그러나 그들도 처음에는 그렇지는 않았었다.

예수께서도 이혼은 허락하셨지만 주목해야 할 것은 주님의 의도이다. 주님은 이혼을 요구한 것이 아니라 용서를 말씀하신 것이다. 물론 그것이 쉽지는 않다. 하지만 만약 당신이 할 수 있다면, 그것이 하나님의 최고의 계획이다. 물론 모든 사람들이 하나님의 최선책에 동의하는 것은 아니다. 이는 두 사람 중 한 사람이 하나님의 최선책에 동의하지 않을 때를 위한 차선책으로 설정 된 것인데, 사람들은 하나님의 최선책보다 차선책을 선택하려 한다.

하나님의 삶을 위한 근본적인 목적과 의도는 결혼이다. 부요할 때나, 가난할 때나, 아플 때나 건강할 때나, 좋을 때나, 나쁠 때나 죽음이 우리를 갈라놓을 때까지 사랑하겠다고 약속해 놓고서도 사람들은 이혼을 한다. 그러나 이혼은 싱글맘을 만들고, 외톨이 아이들을 만들고, 여러 가지 사회적 무질서를 만든다. 하나님은 강하고 건강한 사회를 위해 결혼을 통한 가족 단위를 만드셨다. 그러므로 주의 이름으로 선포된 혼인서약은 하나님 앞에서의 언약으로 영원에 이르도록 성스럽고 거룩하게 지켜져야 한다.

....

하나님의 관점	변화하기	성경적 예시
창세기 2:24 . 신명기 24:1-4	잠언 5:15-18	예레미야 3:8
말라기 2:13-16	로마서 12:18	이사야 50:1
마태 5:31-32, 18:15-18, 19:3-9	에베소서 4:26-27	
마가 10:2-12	에베소서 5:22-33	
로마서 7:1-3	골로새서 3:19	
고전 7:10-15. 요일 4:20-21	히 12:14-15. 벧전 3:7	

인내(Endurance)

(히브리서 10:36) "너희에게 인내가 필요함은 너희가 하나님의 뜻을 행한 후에 약속을 받기 위함이라"

나는 인생은 깨어지기 쉬우며 내가 할 수 있는 것은 제한적이라는 것을 배웠다. 그러나 주님의 능력과 도움으로 우리는 인생을 직면할 수 있다. 그것이 우리에게 인내를 터득하게 하는 예수님께로의 헌신이다. 또한 나는 인내 속에서 위기를 모면하는 법을 배웠다. 내가 그것을 조종하려 할 때, 항상 분노하게 되고 아무리 애를 써도 그 일들은 내가 원하는 방향으로 가지 않는다. 하지만 주님께 모든 것을 맡길 때, 나는 그 일들 속에서 평안을 누릴 수 있다.

우리는 믿음 안에서 또 다른 영적인 차원을 본다. 또한 우리는 그 일들의 진행 속에서 하나님의 능력과 하나님의 손과 하나님의 사랑을 보게 된다. 그러므로 우리가 인생 속에서 영적인 차원을 인식할 때 인내할 수 있는 힘을 얻는다.

믿음은 우리 인생길에 무엇이 지나가든지 통과할 수 있는 능력을 준다. 믿음 안에서 우리는 하나님께서 우리를 지탱하게 하실 것이고 우리와 함께 하실 것이고 우리에게 힘을 주실 것을 알고 있다. 인내의 열쇠는 문제를 넘어 영원하신 하나님, 곧 우리 피난처이시며 우리의 힘이 되신 그분을 보는 것이며 나의 삶을 위한 그분의 완벽한 계획과 뜻을 따라 사는 것이다.

"보라 인내하는 자를 우리가 복되다 하나니 너희가 욥의 인내를 들었고 주께서 주신 결말을 보았거니와 주는 가장 자비하시고 긍휼히 여기는 자시니라"(약5:11)

하나님의 관점	하나님의 약속	변화하기
누가복음 8:15	마태복음 10:22	갈라디아서 6:9
로마서 2:6-7	로마서 5:3-4	히브리서 6:11-12, 15
고린도전서 13:4-7	데살로니가전서 1:3	히브리서 12:1-3
성경적 예시	히브리서 10:36-37	요한계시록 2:7, 10, 17, 26
히브리서 11:24-27	야고보서 1:12	요한계시록 13:10
	야고보서 5:11	
	요한계시록 3:21	

인도하심(Guidance)

(시편 32:8-9) "내가 네 갈 길을 가르쳐 보이고 너를 주목하여 훈계하리로다 너희는 무지한 말이나 노새같이 되지 말지어다 그것들은 재갈과 굴레로 단속하지 아니하면 너희에게 가까이 가지 아니하리로다"

본문의 말씀은 본질적으로, 하나님은 "보라, 나는 너의 인생을 쉬운 길로 안내하고 싶다. 내 눈으로 너를 안내하고 싶다."라고 말씀하신 것이다. 그러므로 만일 내가 내 눈을 주께 고정한다면 주님은 나를 지시하시고 돌보아 주신다. 그러나 하나님은 경고하신다. "고집부리지 말라".

인생길에는 쉬운 길과 어려운 길이 있다. 우리가 고집을 부릴 때, 우리 방법대로 하려고 할 때, 우리는 하나님께 듣지도 순종하지도 않고 막무가내로 고집부리며 무조건 목적지에만 도달하도록 떼를 쓴다.

요나를 생각해 보자. 니느웨로 가는 쉬운 길이 있었다. 그러나 요나는 그 길을 거절하므로 일단은 하나님의 부르심을 피할 수 있다고 생각했다. 결국 뜨겁고 습한 고래의 배 속에서 3일을 앉아 머리가 해초로 뒤엉키고, 냄새나는 물에 출렁이고 난 후에야 결국 하나님께 "알겠어요, 말씀대로 하겠습니다. 가겠습니다!" 부르짖었다. 물론 선지자로서 니느웨로 가는 일은 어려운 길이었다. 그러나 요나의 고집스러움과 불순종은 더 어려운 길로 들어서게 했다. 나는 그것이 요나를 향한 하나님의 의도는 아니었다고 확신한다.

기억하라. 하나님은 당신을 위한 계획이 있다. 주님께 눈을 고정하면 당신을 안내하시고 지도하실 것이다. 하나님께서 당신을 돌보실 것이다. 하나님은 당신을 너무 사랑하셔서 필요하다면, 유동적이지 않은 과정을 사용하셔서라도 바른길로 인도하실 것이다. 하나님은 그것이 당신의 구원을 위한 길이라면 어떤 어려운 상황도 마다하지 않을 것이다.

....

하나님의 관점	하나님의 약속	성경적 예시
시편 37:23	신명기 31:8	사무엘상 23:1-5, 30: 7-8
시편 48:14	시편 25:9, 32:8-9	사무엘하 2:1, 5:18-19, 22-25
시편 73:23-24	이사야 30:21, 42:16, 58:11	사도행전 16:6-10
잠언 16:9	요한복음 16:13	히브리서 11:8
이사야 30:21	**변화하기**	**기도**
로마서 12:2	잠언 3:5-6	시편 31:3, 121:1-2
	마태복음 10:16-20	예레미야 10:23
	야고보서 1:5-6	데살로니가후서 3:5

인성(Humanity)

(요한복음 1:14) "말씀이 육신이 되어 우리 가운데 거하시매 우리가 그의 영광을 보니 아버지의 독생자의 영광이요 은혜와 진리가 충만하더라"

예수님께서 육신의 몸을 입으신 목적은 우리가 연약함에도 불구하고 승리할 수 있음을 보여주기 위함이었다. 하나님의 아들 예수님은 사람의 몸으로 우리 가운데 오셨다, 문자 그대로 해석하면 우리 가운데 성막을 치셨다. 이것이 성육신의 비밀이다. 예수님은 육신으로 나타나신 하나님이다. 성경은 하나님께서 육신으로, 예수라는 인간으로 현현하셨음을 여러 번 되풀이해서 확언함으로써 이 점을 분명하고도 뚜렷하게 선언하였다.

우리는 예수님의 신성을 강조할 때 자칫하면 그의 인성을 잊어버리기 쉽다. 예수님께서 육신의 몸을 입으신 이유는 우리가 몸으로 경험하는 육신의 연약함에 공감적 이해를 갖기 위함이었다. 예수님은 하나님이시다. 그러나 그분은 인간이 되셔서 우리가 육신 안에서 겪는 연약함을 몸소 체휼하신 것이다.

하나님의 관점	변화하기	성경적 예시
이사야 7:14,	빌립보서 2:5-8	마태복음 1:20-23
이사야 9:6		마태복음 8:20
누가복음 2:11		누가복음 1:30-35
요한복음 1:14		누가복음 24:39
디모데전서 3:16		
히브리서 4:15		
요한일서 1:1		
요한일서 5:4		

일(Work)

(데살로니가전서 4:11) "또 너희에게 명한것 같이 종용하여 자기 일을 하고 너희 손으로 일하기를 힘쓰라"

일하는 것은 좋은 것이다. 하나님께서 사람을 창조하시고 에덴동산에 두신 후 아담에게 일하게 하셨다. 동산을 개발하는 것은 인간의 의무였다. 그곳을 지키고 가꾸고 지키고 거기에 있는 잠재력을 이끌어내는 것이다. 하나님께서는 우리에게 원자재를 주셨고 그것을 개발하는 것은 사람의 몫이다.

때때로 사람들은 "오늘 있다가 내일 아궁이에 던져지는 들풀도 하나님이 이렇게 입히시거든 하물며 너희일까보냐 믿음이 작은 자들아"(마 6:30)와 같은 말씀에 귀를 기울인다. 그리고 게으름이나 꾸물거림과 같은 행동을 정당화하기 위해 이 구절을 사용하여 "글쎄, 일을 할 필요는 없어. 내가 해야 할 일은 오직 믿음을 가지고 하나님을 신뢰하는 거야. 그냥 침대에 누워 입을 벌리고 하나님이 나를 먹이시도록 하는 거야" 말한다. 어쩌면 맞는 말이다. 그러나 이 말씀은 하나님께서 그리스도 예수로 인해 영광 안에서 그분의 풍성함에 따라 필요한 모든 것을 공급해 주신다는 영광스러운 약속이다. 나는 개인적으로 이 말씀을 믿고 여러 해 동안 이 말씀을 증거했었다. 하지만 흥미롭게도 하나님께서는 내게 가족의 필요를 충족시키기 위해 일할 기회를 갖게하여 나의 필요를 공급하셨다.

당신은 그리스도의 증인으로서 직장에서 일을 할 때 최고의 직원 중 하나가 되어야 한다. 휴식 시간 외에 여분의 시간을 가져선 안 된다. 근무 시간에 기도모임이나 간증을 해서도 안된다. 상사의 심부름을 가서 동료 직원에게 15분 동안 간증하는 것은 나쁜 증인이다. 그리스도의 강하고 좋은 증인이 되기 위해서는 좋은 직원이 되어야 하고 당신이 할 수 있는 최선을 다해야 한다.

> "무릇 멍에 아래에 있는 종들은 자기 상전들을 범사에 마땅히 공경할 자로 알지니 이는 하나님의 이름과 교훈으로 비방을 받지 않게 하려 함이라"(딤전 6:1)

하나님의 관점	하나님의 약속	성경적 예시
잠언 10:4,12:27,14:23	시편 128:2	창세기 2:15
잠언 21:25, 22:29	잠언 12:11,13:4, 14:23	요한복음 17:4
전도서 3:13, 5:12	잠언 20:13, 28:19	사도행전 20:35
스가랴 4:6	**변화하기**	데살로니가후서 3:7-10
골 3:17, 22-24, 살전 4:10-12	잠언 6:6-11, 전9:10	
딤전 5:8, 6:1, 딛 2:9-10	고전 10:31, 엡 4:28, 딛 3:14	

자기 연민(Self-Pity)

(잠언 15:13) "마음의 즐거움은 얼굴을 빛나게 하여도 마음의 근심은 심령을 상하게 하느니라"

자기 연민은 자신의 문제에 과도하게 생각을 몰입시켜 스스로 불행하다고 느끼는 것을 말한다. 자기 연민이나 절망감 혹은 "불쌍한 내 인생!"하고 한탄하는 증세에 대한 가장 훌륭한 치료법은 하나님의 일에 바빠지는 것이다. 하나님의 일을 하느라 바빠지면 곧 자기 자신을 잊게 된다. 또 주님을 섬기기 시작하면 자신이 얼마나 하나님의 축복을 받았는지 깨닫기 때문에 신세 한탄은 자연스럽게 끝날 것이다.

자기 연민을 멀리하는 또 다른 좋은 원리는 믿음이다. 우리는 문제를 겪을 때 종종 자기 연민에 가득 차 "아, 나는 참 불쌍하다. 오, 불쌍한 내 인생!"이라는 생각에 빠진다. 그러나 그렇게 자신의 문제점에 집중하면 할수록 점점 더 불쌍하다는 생각에 빠져든다. 비결은 나의 내면만을 주시하던 눈을 들어 주님을 바라봄으로써 시야를 새롭게 하는 것이다. 믿음은 내가 처한 상황을 들여다보지 않는다. 믿음은 그 상황들보다 훨씬 더 크신 하나님을 바라본다.

시편 기자는 "왜 악인들이 의인보다 더 형통한가? 인생은 공평하지 않은 것 같다!"라는 질문으로 씨름했다. 시편 73편의 첫 16절은 이 같은 상황에 직면한 시편 기자의 고뇌를 표현하고 있다. 그러나 17절에서 시편 기자는 놀라운 발견하고 "하나님의 성소에 들어갈 때에야 저희 결국을 내가 깨달았나이다" 고백한다. 하나님의 성소는 그의 시야를 바꿔놓았다.

우리는 종종 현실만을 생각하는 일시적 관점에서 자신의 문제를 본다. 하나님께서 나와 함께 계시므로 현재의 어려움은 모두 까마득한 옛날 일이 될 것이라는 사실을 망각하고 있다. 오늘 우리 앞에 놓인 이 길은 경건한 자에게나 경건치 못한 자에게나 모두 끝날 길이다. 그러므로 일시적인 시련을 겪을 때마다 하나님과 함께 하는 시간을 가져 당신의 시야를 새롭게 하기 바란다.

....

하나님의 관점
시편 73:2-3, 16-17
잠언 12:25, 15:13, 17:22
고후 2:7-8, 10. 히 12:12-15

하나님의 약속
잠언 15:13
요한복음 14:1

성경적 예시
욥기 2:10, 19:25-26
예레미야애가 3:17-26
요나 4:3-4, 8-11
고린도전서 4:11-13
고린도후서 6:3-10
빌립보서 2:4-8. 4:11-12

변화하기
시편 42:5, 43:5, 73:28
베드로전서 1:13

기도
시편 19:14, 42:5. 63:4
시편 69:20, 29-30
시편 71:14, 73:21-24

자기 조절(Self-Control)

(고린도전서 6:12) "모든 것이 내게 가하나 다 유익한 것이 아니요 모든 것이 내게 가하나 내가 아무에게든지 제재를 받지 아니하리라"

성경은 우리가 모든 일에서 절제해야 하며 어떤 식으로든 과도하게 살지 말고 조화되고 균형 잡힌 삶을 살아야 한다고 가르친다. 그것은 자신의 욕망과 열정 그리고 기질을 다스리는 것으로 바람직한 기독교적 속성이다. 오직 예수 그리스도만이 절제의 영을 주시며 당신이 육체의 정욕에 굴복하지 않고 성령에 인도함을 받을 때 자신을 굴복할 수 있다.

온유, 절제 또는 자제를 막을 수 있는 법은 없다. 율법은 원칙이 없는 사람들을 위해 만들어졌다. 그러나 자제력이 있는 사람들은 법이 필요하지 않다. 또한 그리스도의 지체에는 다른 사람에 대한 통제권을 행사하거나 자아를 높이는 지위가 없다. 교회에서 높임을 받으실 분은 오직 예수 그리스도뿐이다. 자신을 높이거나 다른 사람을 통제하는 것은 비성경적이다.

당신이 예수 그리스도와 관계를 맺고 있다면, 절제의 특징이 인간의 능력을 뛰어넘는 사랑의 깊이인 아가페 사랑의 속성과 함께 당신의 삶에 나타나기 시작할 것이다. 우리가 그리스도와 함께 십자가에 못 박혀 죽은 것을 생각할 때, 우리는 육체의 욕망에서 해방되고 육체가 우리를 다스리는 것을 허용하지 않을 것이다.

하나님을 믿는 당신의 마음과 삶에 예수 그리스도가 없이 1분이라도 살 수 있는 길은 없다. 그러므로 더 이상 무절제한 삶을 살지 말고, 선하고 건전하며 정직한 삶을 살아야 한다. 주님께 당신의 삶을 통제해달라고 요청하는 순간, 당신은 전에 없었던 큰 만족과 충족을 발견할 것이다.

하나님의 관점	하나님의 약속	변화하기
잠언 14:29, 16:32	고린도전서 15:58	고린도후서 10:5
잠언 18:2, 25:28	고린도후서 6:4-10	골로새서 3:5
잠언 29:11	디모데후서 1:7	디모데후서 1:7
마태복음 5:38-41	**성경적 예시**	디도서 2:1-6
마가복음 10:42-45	고린도전서 9:25-27	베드로전서 1:13
고린도전서 14:32		베드로전서 2:11
갈라디아서 5:22-23		베드로전서 5:3, 5
디도서 1:7-9		베드로후서 1:5-6

자기 중심주의(Self-Centeredness)

(디모데후서 3:2) "사람들이 자기를 사랑하며 돈을 사랑하며 자랑하며 교만하며 비방하며 부모를 거역하며 감사하지 아니하며 거룩하지 아니하며"

본문에 열거한 모든 악들은 자아로부터 솟아난다. 그리스어로 'phileo'(필레오)는 친구 사랑이고 'autos'(아우토스)는 자기 자신이다. 이와 같이 사람은 자신에게 지나친 관심이 있다. 안타깝게도 자기를 높이라고 자존감을 키우는 거짓 복음이 교회에 침투하여 성스러운 옷을 입고 "당신은 훌륭합니다!" 외치고 있다. 주의하라. 그것은 하나님의 말씀이 가르치는 것과는 거리가 멀다.

예수님은 "누구든지 나를 따라오려거든 자기를 부인하고 자기 십자가를 지고 나를 따를 것이니라"(마 16:24) 말씀하셨다. 또한 바울은 "그는 근본 하나님의 본체시나 하나님과 동등됨을 취할 것으로 여기지 아니하시고 오히려 자기를 비워 종의 형체를 가지사... 죽기까지 복종하셨으니 곧 십자가에 죽으심이라" (빌2:6-8) 증거하였다.

자기중심의 또 다른 형태는 비판주의. 사람들에 대해 악의적으로 말함으로써 자신의 논지를 발전시킬 수 있다고 생각하는 사람들이 있다. 그들은 다른 사람을 비판할 때 실제로 그 사람 위에 자기 자신을 두는 것이다. 이것이 약자에 대한 그들의 인식이다.

당신의 모든 문제는 자기 삶의 중심에서 회전한다. 자기만의 방식만을 원하고 자기를 주장한다. 그래서 우리에게 수많은 비극과 다툼이 따른다. 세상이 당신의 비트에 맞춰 주기를 바라는 마음이 있었는가? 그들이 당신의 방식대로 하지 않으면, 그들은 당신의 목록에서 벗어나면 당신은 그들에게 분노를 느끼지 않는가? 그렇다면 당신은 그리스도에게서 굉장히 멀리 떨어져 있는 것이다.

자기를 부인하고 십자가를 지고 그리스도를 위해 자기 목숨을 버리는 것, 그리고 다른 사람을 위해 사는 것, 그것은 진정한 기쁨과 축복받은 삶을 발견한 때 나타난다. 그리스도 안에서의 그런 삶은 다른 그 어떤 것과도 비교할 수 없다.

....

하나님의 관점	변화하기	성경적 예시
이사야 13:11	잠언 30:32	이사야 14:13-15
마태복음 16:24-26	로마서 11:20	마태복음 20:25-28
고린도전서 13:4-5, 고후 5:15	로마서 12:3, 10. 15:1-3	눅 9:23-25. 빌 2:6-8
빌립보 2:21, 디모데후서 3:2-5	고전 10:24. 빌립보서 2:3-5	**기도**
약 3:14-16, 4:1. 계 3:17-19	야고보 2:8, 요한삼서 11	시편 139:23-24

자기 훈련(Self-Discipline)

(고린도전서 9:24) "운동장에서 달음질하는 자들이 다 달릴지라도 오직 상을 받는 사람은 한 사람인 줄을 너희가 알지 못하느냐 너희도 상을 받도록 이와 같이 달음질하라"

총성이 터질 때 달리기를 시작하는 수천 명의 사람들 중 많은 사람들은 경주를 완주할 생각이 없다. 그들은 몇 마일을 달리고 난 다음에 포기한 후 "내가 보스턴 마라톤에 참가했습니다" 자랑하며 대회 티셔츠를 입고 다닌다. 그러나 최선을 다해 열심히 훈련하고 더 온전히 헌신한 사람은 승리할 의도를 가지고 있다. 그는 그 일에 헌신했고 그것을 위해 먹고 그것을 위해 갔다. 그것이 그의 생각의 전부이다. 그리고 모든 훈련과 운동 규칙 및 고통을 감수하고 그는 지칠 때까지 달리고 고통을 감수하며 달린다. 더이상 그의 발을 앞으로 나갈 수 없다고 느낄 때까지 계속 뛴다. 그는 승리를 결심했기 때문에 계속한다. 이것이 자기 훈련이다. 바울은 "너희도 상을 받도록 이와 같이 달음질하라"(고전 9:24) 권고하였다.

이와 같이 그리스도인의 삶에도 승리의 의도가 없이 경주하는 사람들이 있다. "물론이죠. 저는 기독교인이에요" 그러나 그들은 어떤 희생도 한 적이 없다. 그들은 실제 훈련과 훈련을 받은 적이 없다. 그들은 그냥 경주를 할 뿐이다. 그리고 그들은 아주 작은 낙담을 핑계삼아 도중하차할 준비가 되어 있다.

당신은 예수 그리스도의 복음을 위해 얼마만큼 노력하고 있는가? 얼마만큼 자신을 드리고 있는가? 그러면 우리는 얼마나 더 썩지않을 면류관을 위해 얼마나 훈련해야 할까? 바울은 "이기기 위해 달리라" 말한다.

예수님은 우리 믿음의 주, 곧 믿음의 창시자요 완성자이시다. 우리는 "너희 안에서 착한 일을 시작하신 이가 그리스도 예수의 날까지 이루실 줄을 확신하노라"(빌 1:6)는 말씀을 확신한다. 주님은 당신을 버리기 위해서 지금 여기까지 인도하지 않으셨다. 계속 그분께 집중하라.

....

하나님의 관점	하나님의 약속	변화하기
고린도전서 6:12	로마서 8:13	신명기 4:9
고린도전서 10:23	고린도후서 6:4-10	누가복음 13:24
디모데후서 2:5	빌립보서 1:6	로마서 12:10, 11, 13
히브리서 3:12-13	**성경적 예시**	골로새서 3:5
히브리서 12:1-2, 15	욥기 2:9-10	
베드로후서 2:21	다니엘 10:3, 19	
요한계시록 3:2	고린도전서 8:13, 9:24-27	

자녀 훈육(Training Children)

(에베소서 6:4) "또 아비들아 너희 자녀를 노엽게 하지 말고 오직 주의 교훈과 훈계로 양육하라"

하나님은 부모들에게 엄청난 책임을 주셨다. 더구나 그리스도인으로서 자녀를 훈련 시키는 주된 소망은 자녀들이 주님과 동행하고, 주님과 교제하고, 개인적으로 주님을 알게 되고, 그분을 섬기기로 선택하는 것이다. 그러므로 자녀를 훈련 시키는 것은 큰 사랑, 이해, 공정함 그리고 많은 자제력을 필요로 한다.

훈련에는 개인적인 훈육이 포함된다. 자녀는 듣는 것보다 보는 것을 통해 훨씬 더 많은 것을 배울 것이다. 나는 우리 자녀들이 부모의 말을 절반 정도밖에 듣지 않는다고 확신한다. 하지만 그들은 관찰을 통해 배운다. 그러므로 내가 정직하지 않다면 자녀에게 정직을 가르치는 것은 불가능하다. 내가 부도덕하다면 우리 아이에게 도덕을 가르치는 것은 불가능하다.

훈련은 모든 자녀들의 성격 차이를 인식하는 것을 포함한다. 우리가 유일무이한 것처럼 모든 아이들도 성격과 기질이 각각 다르다. 몇몇 아이들에게는 체벌이 효과적인 훈육이 될 수 있겠지만 어떤 아이들은 종일 체벌하더라도 아무런 도움이 되지 않을 수도 있다. 그러므로 부모들은 어떤 형태의 훈육이 각각의 아이들에게 가장 효과적일지 인식할 필요가 있다.

에베소서에서 우리는 "오직 주의 교훈과 훈계로 양육하라"(엡 6:4)는 명령을 받았다. 그러므로 우리 자녀들은 인생에 어떤 일이 닥쳐와도 항상 하나님을 신뢰할 수 있는 것과 그분은 모든 상황에서 가장 좋은 것을 주심을 알아야 한다. 따라서 우리 자녀들은 신뢰와 확신과 생명을 하나님의 손에 맡기는 위대한 가치를 배워야 한다.

또한 하나님은 우리에게 손자들을 허락하시어 두 번째 양육의 기회를 주셨다. 가슴 떨리도록 귀여운 손자들을 무릎에 앉히고 작은 귀에 입술을 대고 "예수님은 너를 사랑하신다"속삭이는 것은 얼마나 큰 기쁨이고 축복인가? 우리는 손녀들의 순전한 마음속에 하나님의 사랑과 선함의 단순한 진리가 심겨지기를 바랄 뿐이다.

하나님의 관점	하나님의 약속	변화하기
창 18:19, 출 13:8	잠언 22:6	잠언 1:8
신명기 4:9, 6:6-7, 11:18-19	잠언 29:17	에베소서 5:1
사무엘상 3:13. 이사야 38:19	**성경적 예시**	에베소서 6:4
시편 34:11, 78:4-6	디모데후서 1:5	골로새서 3:21
잠 13:24, 23:15, 24-25, 29:15	디모데후서 3:1	

자녀 훈계(Child Discipline)

(잠언 22:6) "마땅히 행할 길을 아이에게 가르치라 그리하면 늙어도 그것을 떠나지 아니하리라"

나는 부모로서 그리고 조부모로서 화가 났을 때는 즉각 자녀를 처벌하지 않고 좀 미뤘다 하는 것이 정말 훌륭한 교육법이라는 사실을 깨달았다. "얘야, 나중에 다시 얘기하자" 말하고 잠시 미뤄두는 것이 좋다. 왜 그럴까? 이것은 화가 났을 때는 감정에 휘말리기 때문이다. 종종 아이들이 하는 것을 보면 놀라움을 금치 못하고, 우리는 아이들을 붙들고 화를 내면서 지나친 벌을 가하곤 한다. 잠언 19장 11절에는 "노하기를 더디 하는 것이 사람의 지혜"라고 기록되었다. 잠시 분노의 마음을 가라앉히고 당신의 화가 풀어진 다음에 자녀들을 적절히 훈육하는 습관을 길러 보기 바란다.

내가 어렸을 때 정말 한 번도 믿어지지 않던 말이 하나 있다. 아버지가 나를 벌하시면서 "아들아, 매를 때리는 내가 맞는 너보다 더 아프구나"하실 때였다. 그런데 내가 아버지가 되고 자녀들을 교육 시키면서 그 마음을 이해하게 되었다. 사랑하는 사람이 고통을 느낄만큼 벌을 준다는 것은 나 자신에게도 고통스러운 일이지만 반드시 해야만 하는 일이다. 그렇게라도 해서 바로 잡지 않으면 그 사랑하는 사람은 완전히 망가져 버릴 것이기 때문이다. 우리도 이처럼 하나님이 징계하지 않으시면 우리 자신을 파멸시킬 수도 있다는 것을 하나님은 잘 아신다. 우리는 스스로 위험을 피할만큼 감각적이지 못하다.

잠언 기자는 "마땅히 행할 길을 아이에게 가르치라"(잠 22:6) 명령하는데 이는 우리가 아이의 성품과 기질이 어떻게 다른지 관찰하고 그에 따라 아이에게 맞는 방법으로 훈육해야 함을 시사한다. 부모로서 당신은 각 자녀에게 어떤 형태의 훈육이 가장 효과적인지를 알아야 한다.

....

하나님의 관점	하나님의 약속	변화하기
사무엘상 3:13	잠언 22:6	예레미야애가 3:28-33
잠언 13:24, 17:6	잠언 29:17	에베소서 6:4
잠언 19:18, 22:15		골 3:21. 요일 4:16-21

[자녀의 축복]

하나님의 관점	하나님의 약속	성경적 예시
창세기 17:7	시편 127:3-5	마태복음 19:13-15
신명기 6:6-7	시편 128:1-3	누가복음 2:51-52
시편 127:3	사도행전 2:38-39	

자비(Mercy)

(시편 51:1) "하나님이여 주의 인자를 좇아 나를 긍휼히 여기시며 주의 많은 자비를 좇아 내 죄과를 도말하소서"

자비는 잘못을 용서받는 것이다. 그러나 내가 내 죄를 자백하지 않고 회개하지 않는다면 나는 심판을 받게 될 것이다. 나는 내가 마땅히 받아야 할 것을 정확하게 받게 된다. 내가 하나님께 나아갈 때 나는 결코 나의 의를 구하지 않는다. 나는 "긍휼이 많으신 주님, 내게 자비를 베푸소서!"하고 자비를 구한다. 그러나 사실 내가 마땅히 받아야 할 것은 자비가 아니라 정의로운 심판이다. 사람들은 자비는 정의의 실종이라고 생각한다. 죄지은 자를 용서해 주는 것은 참된 정의가 아니기 때문이다. 그래서 우리는 분명히 범죄한 사람을 석방하는 사법제도를 가리켜 "저건 정의가 아니다! 저건 진리가 아니다! 저건 공정하지 않다!" 외친다. 이와 같이 정의는 죄에 대한 정확한 처벌을 요구한다.

정의와 진리를 훼손하지 않고서 자비를 베풀 수 없다. 그렇다면 자비와 정의는 어디서 만났을까? 바로 예수 그리스도 안에서이다. 하나님이 죄인인 당신에게 긍휼을 베푸시면서도 여전히 정의로우신 하나님이 될 수 있는 유일한 길은 당신의 죄를 그의 아들 예수 그리스도에게 전가시킨 것이다. 예수님은 당신의 죄를 위해 죽으셨고 그것으로 당신의 죄값을 치르셨으므로 그로 말미암아 하나님께서 당신에게 긍휼을 베푸실 수 있는 것이다.

예수께 심판이 내려졌음으로 인해 정의가 실현되었다. 그러므로 시편기자는 "긍휼과 진리가 같이 만나고 의와 화평이 서로 입맞추었으며"(시85:10)라고 선언했다. 하나님은 긍휼을 베푸시면서도 여전히 공의로우신 하나님이 되신다. 여기서 긍휼히 여긴다는 것은 비극적인 고통을 겪는 사람을 불쌍히 여김을 넘어 고통을 덜기 위해 무엇인가를 행하는 것이다.

[하나님의 긍휼]

하나님의 관점

출애굽기 34:6
시편 18:25, 85:10, 89:14-15
예레미야애가 3:22-23
누가복음 10:27. 요한복음 1:17

디도서 3:5
히브리서 2:17, 8:12
야보서 5:11
베드로전서 1:3

하나님의 약속

시편 100:5, 103:8, 10-11
마태복음 5:7

변화하기

히 4:16. 시편 51:1-2, 86:5

[긍휼의 방법]

하나님의 관점

시편 11:17.
야고보서 2:15-16, 요일 3:18

성경적 예시

마태복음 18:21-35.
누가복음 10:25-37

약속과 변화

마태복음 5:7
누가복음 6:36

자살(Suicide)

(시편 139:14) "내가 주께 감사하옴은 나를 지으심이 심히 기묘하심이라 주께서 하시는 일이 기이함을 내 영혼이 잘 아나이다"

많은 사람들이 이생의 염려에 대처하는 방법으로 술독에 빠지거나 마약에 의존한다. 그리고 더러는 자신들이 도저히 감당할 수 없는 딜레마로 인하여 극단적인 선택을 하기도 한다. 그러나 자살은 사람이 할 수 있는 행위들 가운데서 가장 잔인하고 가장 이기적인 행위이다. 가족과 친구들에게 지울 수 없는 죄의식을 남기기 때문이다. 사랑하는 사람이 그런 이기적인 방법으로 세상을 떠났을 때는 정말로 견디기 어렵다.

성경에는 참을 수 없는 고통과 고난을 겪은 남녀들과 그들이 그에 대해 취했던 반응들에 관한 이야기가 수없이 많이 나온다. 그러므로 어려울 때 성경을 보면 위안을 얻을 수 있다. 우리는 종종 왜 하나님께서 우리가 고통을 겪도록 허락하시는지 이해하지 못하지만, 사실 그걸 이해하지 못하게 하신 것도 하나님의 뜻이 아닐까 생각한다. 하나님은 우리가 이해할 수 없는 끝자락에 서 있게 함으로써 더욱 하나님을 의지하게 하시고, 이를 통하여 우리의 인격을 단련하시기 때문에 삶의 고통들이야말로 하나님께서 쓰시는 도구라 할 수 있다.

하나님의 뜻은 우리가 전적으로 하나님만 신뢰하는 것이다. 욥의 친구 엘리바스의 조언대로 당신의 길을 전적으로 주님께 맡기고 이해하려 하지 말라. 하나님이 하시도록 맡겨드리고 그 안에서 그냥 편히 쉬면 된다. 여러분 중에도 해결책이 절실한 상황의 사람들이 있을지 모른다. 그러나 욥이 축복과 힘과 풍요의 자리로 돌아온 것처럼 당신도 하나님께서 또한 축복과 힘과 풍요의 자리로 인도하실 것을 기도해야 한다.

당신을 향한 하나님의 생각은 평안이다. 그의 생각은 선이지 악이 아니다. 하나님은 당신에 대해 결코 악한 것을 생각하지 않으시고, 언제나 당신에게 유익과 행복을 가져다줄 것만을 생각하신다. 하나님이 보시기에 중요한 것은 우리가 하나님과 더불어 영원히 사는 것이다. 하나님은 언제나 영원을 염두에 두시고 당신의 삶 가운데 모든 일이 일어나게 하신다.

하나님의 관점	하나님의 약속	성경적 예시	변화하기
출애굽기 20:13	시편 30:5	삼하 17:23	욥 5:8-9, 사 35:4
예레미야 29:11	마태복음 11:28	대상10:4-6	시편 27:14, 31:24
누가복음 18:1	로마서 8:37-39	욥기 3:20-23	빌립보서 4:6-7
로마서 14:7-8	베드로전서 5:6-7		기도
고린도전서 6:19			시 38:15, 42:5, 119:116
			시 139:13-18

자위행위(Masturbation)

(시편 119:9) "청년이 무엇으로 그의 행실을 깨끗하게 하리이까 주의 말씀만 지킬 따름이니이다"

자위행위는 음행으로 육신적 행위 중 하나이며 삶을 지배하는 강력한 죄의 습관이 될 수 있다. 따라서 산 소망을 잃을 수도 있는 것이다. 그러므로 우리는 자신의 행위가 몸과 마음과 영으로 이루어진 삼위일체임을 깨달을 필요가 있다. 마음은 육신의 소욕에 지배를 당하거나 영의 소욕에 지배를 당하거나 둘 중 하나이다. 내가 육신을 따라 살며 육신의 정욕에 자신을 내맡긴다면 그 결과는 육신적 욕심으로 가득찬 마음일 것이다.

바울은 "모든 생각을 사로잡아 그리스도께 복종케 하라"(고후 20:5) 강력히 권고하였다. 그러므로 우리의 마음이 육신적 일에 사로잡혀 있음을 발견하면 잠시 시간을 내서 성령님께 우리 마음을 다스려 달라고 간구하는 것이 중요하다. 찬송가를 부르면서 마음을 주님께로 향하게 하고 기도하며 성경 말씀 속으로 들어가야 한다.

사탄의 공격과 시험에 대항하여 우리가 가질 수 있는 최선의 방어책은 우리 마음 속에 품은 하나님의 말씀이다. 그러므로 당신의 삶을 하나님의 말씀으로 포화상태에 이르게 하라. 하나님의 말씀으로 충만하게 되면 죄를 대적할만한 능력이 나온다.

사탄의 시험에는 마음 속에 품은 하나님의 말씀이 가장 좋은 방어책이다. 하나님의 말씀을 읽는 것은 당신이 성령 안에서 살고 행하는데 도움이 된다. 그리하면 정욕을 위하여 육신의 일을 도모하지 않게 될 것이다.

하나님의 관점	하나님의 약속	변화하기
로마서 6:6	로마서 8:12-13	로마서 6:12, 12:2
갈라디아서 5:19, 21-25	기도	로마서 13:13-14
디모데후서 2:25-26	시편 19:13	고린도전서 6:19-20
야고보서 1:13-15	시편 119:9-12	고린도후서 7:1, 10:5
베드로전서 2:11	빌립보서 4:13	갈라디아서 5:16-17
베드로후서 2:19		에베소서 4:22-24
		골로새서 3:2
		베드로전서 4:1-2

자족(Contentment)

(디모데전서 6:5,6) "마음이 부패하여지고 진리를 잃어 버려 경건을 이익의 방도로 생각하는 자들의 다툼이 일어나느니라 그러나 자족하는 마음이 있으면 경건은 큰 이익이 되느니라"

오늘날 우리의 삶은 거꾸로 되어 버렸다. 인간은 자신의 육신의 욕구를 충족시키려고 끊임없이 생각하고 도모하고 애쓰기 때문에 그렇게 되었다. 육체는 괴물이다. 먹이를 주면 줄수록 더 크게 자라 점점 더 큰 것을 요구하게 된다. 그러나 사람은 결코 자신의 육신적 욕망을 완전히 충족시킬 수 없을 것이다.

바울은 "그러나 자족하는 마음이 있으면 경건이 큰 이익이 되느니라"(딤전 6:6) 증거했다. 계속하여 그는 "어떠한 형편에든지 내가 자족하기를 배웠노니"(빌 4:11)라고 증거했다. 이와 같이 성령을 좇아 사는 사람은 자족할 줄 알아야 한다. 지나간 우리의 육신적 삶은 완전히 그리고 철저하게 죽은 것으로 여기고 살 줄 알아야 한다. 육신의 요구에 양보하지 말라. 그러므로 바울은 "정욕을 위하여 육신의 일을 도모하지 말라"(롬 13:14) 권고하였다. 자족하는 마음을 가져라. 그리하면 주께서 모든 것을 합당하게 채우실 것이다.

....

하나님의 관점	하나님의 약속	변화하기
잠언 15:16-17	하박국 3:17-19	누가복음 12:15
잠언 16:16-17	**성경적 예시**	고린도전서 7:24
잠언 17:1	누가복음 3:14	골로새서 3:5
잠언 22:1	빌립보서 4:11-13	히브리서 13:5
잠언 23:4-5		
마태복음 6:19-21		
디모데전서 6:6-10		

자존감(Self-Esteem)

(잠언 16:18) "교만은 패망의 선봉이요 거만한 마음은 넘어짐의 앞잡이니라"

오늘날 우리는 자기 의존과 자존감 그리고 교만에 지나지 않는 자아를 높이는 것에 대해 많이 듣는다. 세상 사람들은 당신에게 어떤 문제가 있을 때 당신 자신의 내면으로부터 어떤 어려움을 극복할 수 있는 해답이나 능력을 찾도록 종용할 것이다.

세상의 지혜는 "자신을 신뢰하라"하고, 성경은 "하나님을 신뢰하라" 말한다. 세상은 "자신을 믿으라" 말하고, 성경은 "하나님을 믿으라" 말한다. 세상은 "당신은 훌륭하다" 말하고, 성경은 "당신은 죄인이다 회개하지 않으면 멸망한다" 말한다. 세상은 "당신은 할 수 있다" 말하고, 성경은 "하나님께서 하시게 하라" 말한다. 세상은 "태도를 바꿔야 한다" 말하고, 성경은 "마음의 변화가 필요하다" 말한다. 어느 것이 옳은가?

세상은 당신이 '내면의 신'을 찾도록 부축이지만 당신을 창조하신 참되고 살아계신 하나님은 "나 밖에 다른 이가 없는 줄을 알게 하리라 나는 여호와라 다른 이가 없느니라"(사 45:6) 말씀하신다. 세상은 낮은 자존감이 죄라고 말하지만, 하나님의 말씀은 자기를 높이는 것을 죄라고 말한다.

"나는 자신을 사랑하지 않는다"라는 고백은 사실이 아니다. 성경은 이미 "말세에 고통하는 때가 이르리니 사람들이 자기를 사랑하며"(딤후 3:1-2)라고 증거하였다. 중요한 것은 나의 자존감은 하나님께서 나를 특별하고 독특하게 만드셨다는 사실에 있다.

나는 독특하고 분리되어 있으며 독특한 하나님의 창조물이다. 그분은 나를 너무 사랑하셔서 내가 그를 반역하여 내 삶을 엉망으로 만들었을 때, 독생자를 보내셔서 나를 구속하고 나를 그의 자녀로 입양하셨다. 이처럼 하나님은 나를 존귀하게 여기신다. 그것이 내 자신에 대한 존중의 기초이다. 그러므로 나는 자신의 존귀나 가치를 보지 않아야 한다.

....

하나님의 관점	하나님의 약속	변화하기
창세기 1:26-27	에베소서 1:3-12	잠언 3:5-7
시편 8:4-5	**성경적 예시**	누가복음 9:23
잠언 16:18-19. 25:27, 26:12	출애굽기 3:11-12	로마서 12:3
이사야 45:6	사무엘하 15:17	고린도전서 1:26-31, 4:6-7
요한복음 3:16-21	고린도후서 1:9	빌립보서 2:3, 베드로전서 2:9
고린도후서 3:5, 4:7	빌립보서 2:5-8	**기도**
고린도후서 12:9.		시편 115:1
디모데후서 3:1-2		빌립보서 4:13

잡담(Talking)

(딤전 6:20) "디모데야 망령되고 헛된 말과 거짓된 지식의 반론을 피함으로 네게 부탁한 것을 지키라"

어떤 사람들은 말하기와 불평하기를 매우 좋아하는데, 한 사람의 입이 아주 작은 문제를 가지고 그리스도의 몸된 교회 안에서 얼마나 자주 분열을 일으키는지를 보면 참으로 놀랍다. 그런가 하면 어떤 사람들은 다른 사람들의 문제에 대해 자신들의 의견이나 조언을 늘어놓기를 좋아한다. 또 어떤 사람들은 기도하는 시간이 하나님과 정보를 공유하는 시간이라고 생각하고 하나님께 그들의 모든 문제들에 대해 자세히 설명하며 합리화하고 정당화하려 한다. 그러나 예수님은 "구하기 전에 너희에게 있어야 할 것을 하나님 너희 아버지께서 아시느니라"(마 6:8) 말씀하셨다.

말을 많이 하거나 어리석은 불평을 늘어놓거나 지혜롭지 못한 조언을 하는 대신 무슨 말을 해야 할까 생각해야 한다. 우리는 사람들과의 관계 속에서 주님에 대해 이야기해야 한다. 하나님의 진리를 논하는 것, 그것이 우리에게 주어진 일이다. 하나님의 진리는 우리 마음속에 늘 자리잡고 있어야 하고 가정에서의 대화나 다른 사람과의 대화에 그 중심이 되어야 한다.

빌립보서 1장 27절은 "너희 행실이 그리스도의 복음에 합당하게 하라" 권고하였다. 여기서 '행실'이란 단순히 말하는 것 이상의 뜻을 가지고 있다. 그것은 삶의 방식과 언행을 의미한다. 그러므로 하나님은 당신이 그리스도의 복음에 합당하게 살고 행하길 원하신다. 이것이 무슨 뜻인가? 당신의 삶이 순결하고 거룩하며, 육신의 일들을 버리고 영적인 일들을 좇아 사는 것을 뜻한다. 만약 당신의 행동과 말이 그러하다면 그것은 그리스도의 복음에 합당한 삶이다. 우리는 바로 이런 것들에 대한 이야기를 해야 한다.

....

하나님의 관점	하나님의 약속	변화하기
신명기 6:6-7	시편 34:13	잠언 30:32, 전5:2-3
시편 37:30-31	마태복음 6:7-8	에베소서 5:3b-4, 6a, 19
잠언 10:19, 11:22,12:16	베드로전서 3:10	골 3:16, 4:6. 딤전 4:7
잠언 13:3, 15:2, 4, 7	**성경적 예시**	딤전 6:20, 딤후 2:14-16, 23
잠언 16:23, 17:27-28	욥기 26:3-4	디도서 3:9, 야고보서 1:19
잠언 21:23, 29:11. 전 10:12	시편 66:16	**기도**
마 12:34-37. 고전 2:4, 14:26	말라기 3:16	시편 19:14, 40:9-10
빌 1:27, 딛2:6-8	누가복음 4:22	시편 71:15-18, 78:3-4
약 1:26, 3:2, 5-8, 벧후 2:18	요한복음 7:46	시편 119:13, 141:3

장애(Disability)

(요한복음 9:1-3) "예수께서 길을 가실 때에 날 때부터 맹인 된 사람을 보신지라 제자들이 물어 이르되 랍비여 이 사람이 맹인으로 난 것이 누구의 죄로 인함이니이까 자기니이까 그의 부모니이까 예수께서 대답하시되 이 사람이나 그 부모의 죄로 인한 것이 아니라 그에게서 하나님이 하시는 일을 나타내고자 하심이라"

신체적 장애는 죄가 세상에 들어온 때로 거슬러 올라간다. 만일 사람이 죄를 범하지 않았다면 죽음도 없었고 신체적 장애도 없이 사람은 창조의 완전한 상태로 살았을 것이다.

예수님 당시에도 장애인으로 태어난 사람은 부모가 죄를 범한 죄값으로 처벌받은 것이라 믿고 있었다. 잘못된 해석이었지만 지금까지도 세상 사람들은 보편적으로 그렇게 생각한다. 또한 아이가 태어나기 전에 죄를 범할 수 있다고 믿는다. 그것이 가능한지 조사할 수는 없지만 사람들은 모태에서 아이가 죄가 있었을 것이라서 장애인으로 태어난 것이라 생각했다.

제자들이 예수께 물었다. "이 소경은 누가 죄를 범한 것인가요? 그의 죄인가요, 아니면 부모님의 잘못인가요?" 이에 예수님은 "누구의 죄도 아니다 그를 통해서 하나님의 일을 나타내기 위함이다" 말씀하셨다.

그러므로 장애자로 태어난 것은 하나님을 대적한 사탄의 권세 속에서 태어났기 때문이지 그 사람이나 혹은 부모의 죄로 인해 하나님의 처벌이 저주가 아니다. 이것은 단지 죄 곧 저주의 세상에 사는 결과일 뿐이다. 그러나 우리는 이해할 수 없지만 하나님은 우리로 어려움 힘든 상황이나 고통을 겪도록 허락하시어 우리 삶 속에 그분의 역사를 성취하기도 한다. 그러므로 우리는 주변에 장애를 가진 사람들을 격려하고 그들의 필요를 도와 주어야 한다.

....

하나님의 관점
누가복음 13:2-5
요한복음 11:4, 40
성경적 예시
출애굽기 4:10-12
마태복음 11:5
요한복음 9:1-3
사도행전 20:24
히브리서 11:25-26

하나님의 약속
이사야 35:6
로마서 8:18, 28
고린도후서 4:17
베드로전서 1:6-8

변화하기
고린도후서 12:9-10

재림(Second Coming)

(계시록 22:20) "이것들을 증거하신 이가 가라사대 내가 진실로 속히 오리라 하시거늘 아멘 주 예수여 오시옵소서"

예수님의 오심은 두 번이다. 초림은 세상 죄를 위하여 죽임을 당하실 하나님의 어린양으로 자신을 드리기 위해 오셨다. 그리고 그의 재림은 세상을 심판하고 하나님 나라를 건설하며 의로 통치하기 위해 오신다. 그러나 우리가 분명히 알아야 할 것은 예수님의 재림은 교회의 휴거가 아니라는 것이다.

주님은 우리가 언제라도 그분이 재림하실 것을 기대하며 살기를 바라신다. 이는 우리가 복음을 전하는 일에 긴급함을 가지고 임해야 함을 뜻한다. 그러므로 주의 재림 때가 얼마 남지 않았다는 사실을 깨닫는 것은 세상사에 대한 올바른 관점을 가지는 것에 도움이 된다.

우리는 너무 쉽게 물질주의에 빠지고 세상의 유행에 휩쓸려서 산다. 곧 사라질 부질없는 일인데도 우리는 이런 일들을 염려한다. 그러나 주님이 곧 오실 것이라는 깨달음은 우리에게 올바른 관점을 갖게 해준다.

"이 첫째 부활에 참예하는 자들은 복이 있고 거룩하도다 둘째 사망이 그들을 다스리는 권세가 없고 도리어 그들이 하나님과 그리스도의 제사장이 되어 천년 동안 그리스도로 더불어 왕노릇 하리라"(계20:6)

....

하나님의 관점	하나님의 약속	변화하기
이사야 61:1-2	마태복음 16:27	마태복음 24:44
다니엘 7:13-14	마태복음 24:30-31	마태복음 25:13
스가랴 14:4-9	데살로니가후서 1:6-10	누가복음 12:37-40
마태복음 26:64	**성경적 예시**	빌립보서 4:5
마가복음 8:38	마태복음 25:31-32	디모데후서 4:8
마가복음 14:62	요한계시록 1:7	디도서 2:13
누가복음 4:17-21	요한계시록 19:11-16	히브리서 9:28
누가복음 21:25-27		야고보서 5:9
베드로후서 3:1-10		요한계시록 1:7
		요한계시록 19:7
		기도
		요한계시록 22:20

재앙(Disaster)

(시편 50:15) "환난 날에 나를 부르라 내가 너를 건지리니 네가 나를 영화롭게 하리로다"

우리 인생에 어떤 재난이 일어날때, 하나님은 우리를 예수께로 인도하시기 위해 압박하거나 여러 형태의 환경을 사용하시는데, 그것은 그분만이 유일하게 우리를 도우실 수 있기 때문이다. 예수님만이 우리 인생 속에 닥쳐오는 재앙과 황폐로부터 우리를 구원하실 수 있다. 그것이 회당장 야이로의 사례였다.

회당장 야이로는 유대교 관원으로서 예수께서 유대인들과 종교 지도자들에 의해 세워진 안식일의 전통을 깼을 때 매우 불쾌하고 화가 났다. 회당장인 야이로가 다른 종교 리더들처럼 예수께 편견을 가진 것은 당연한 일이었다. 그러나 야이로는 비극에 부딪힌다. 갑자기 그의 소중한 무남독녀 어린 딸이 죽어 가고 있었다. 그때서야 그는 이 일을 도울 수 있는 유일한 사람이 누구인지 깨닫게 되었다. 그는 가버나움 회당에서 손 마른자를 고치신 기적들을 목격했었기 때문이다. 이미 야이로는 예수님의 능력을 알고 있었다.

그의 마지막 방책이며 유일한 소망은 예수께서 집으로 오셔서 어린 딸을 치료하시는 것이었다. 그리하여 야이로는 당시 종교 지도자들의 가졌던 예수님에 대해 가졌던 편견과 적대감을 버리고 단호히 예수께 엎드려 딸에게 와서 손을 얹어 달라고 간청했다. 그는 무남독녀인 딸의 생명이 그 무엇보다도 소중하였기에 회당장으로서의 종교적인 자부심과 체면을 내려놓고 예수님 발 앞에 무릎을 꿇은 것이다(막 5:21-43 참조). 이와 같이 사랑의 하나님께서는 때때로 우리를 강제적으로 예수께 인도하기 위해서 절망적인 상황을 허락하시기도 한다.

하나님의 관점	하나님의 약속	변화하기
시편 46:1-2	여호수아 1:9	시편 50:15
이사야 41:10	시편 46:1-3	베드로전서 5:6-7
요한복음 14:1	시편 91:9-11	**기도**
로마서 8:35-37	시편 145:18	시편 25:16-17
성경적 예시	잠언 3:25-26	시편 27:1-2
창세기 35:3	잠언 14:26	시편 118:5-8
누가복음 8:22-25	누가복음 21:18	

재정(Finances)

(빌립보서 4:19) "나의 하나님이 그리스도 예수 안에서 영광 가운데 그 풍성한 대로 너희 모든 쓸 것을 채우시리라"

당신은 매달 많은 청구서로 인해 재정을 걱정하고 염려하는가? 성경은 우리에게 지극히 크고 귀한 약속들이 있다고 말한다. 그러나 대부분의 신자들이 주께서 하신 풍요로움의 귀한 약속들을 구하지 않는다. 예를 들면 성경은 "나의 하나님이 그리스도 예수 안에서 영광 가운데 그 풍성한 대로 너희 모든 쓸 것을 채우시리라"(빌4:19) 약속하였다. 이 얼마나 풍요롭고 귀한 약속인가? 그러나 실제로 우리는 그의 풍요로운 약속을 얼마나 누리고 있는가?

흥미롭게도 많은 사람들이 하나님의 영광의 부요하심을 따라 그들의 모든 필요를 공급하시는 놀라운 하나님의 약속을 누리면서 한편으로는 그들은 재물 때문에 스트레스를 받는다. 그러므로 바울은 "내가 궁핍하므로 말하는 것이 아니니라 어떠한 형편에든지 나는 자족하기를 배웠노라"(빌 4:11) 증거하였다. 그 비결은 경건한 삶을 살며 하나님께서 내게 이끄시는 모든 것에 만족하는 것이다.

성경은 우리에게 재산이 증가할지라도 그것들에 마음을 두지 말라고 경고하였다. 그러므로 오직 당신의 마음을 하나님께 고정하라. 그러면 당신은 진정으로 부요한 사람이 될 것이다. 하나님께서 당신을 물질적 소득으로 축복하실지 모른다. 그러면 주를 찬양하라. 또한 하나님은 당신을 물질적으로 축복하지 않을 지도 모른다. 그때에도 주를 찬양하라. 그러므로 바울은 "모든 범사에 감사하라 이는 그리스도 예수 안에서 너희를 향하신 하나님 뜻이니라"(살전 5:18) 권고하였다. 부디 하나님께서 당신을 축복하신 그 범위 안에서 살아가는 법을 배우라. 이것이 그리스도인의 경제관이다.

하나님의 관점
신명기 8:17-18
시편 34:10, 37:16, 62:10
잠언 11:15 ,13:7, 15:16
전도서 5:10
이사야 55:2
마태복음 6:21, 31-33
누가복음 12:15
디모데전서 6:6-10

하나님의 약속
잠언 10:22
말라기 3:10
빌립보서 4:19

성경적 예시
창세기 13:2, 24:35
창세기 26:12-14
창세기 36:6-7
욥기 31:24-28

변화하기
잠언 6:1-5
잠언 10:4
잠언 23:4
잠언 28:20, 22
디모데전서 6:17

재혼(Remarriage)

(마태복음 19:6) "그런즉 이제 둘이 아니요 한 몸이니 그러므로 하나님이 짝지어 주신 것을 사람이 나누지 못할지니라 하시니"

사람이 이혼하고 나서 다시 재혼한다면 간음하는 것일까? 그것은 그들이 천국에 들어갈 수 없다는 것을 의미하는가? 이에 대한 답변으로 예수님은 마음의 완고함 때문에 이혼 증서를 써주는 선택사항을 부여한 모세의 율법을 인용하셨다(마19:8 참조).

오늘날 우리가 살고 있는 이 시대에도 어떤 부부들은 마음의 완악함 때문에 도저히 결혼생활을 지속할 수 없는 경우들이 있다. 그들은 하나님이 주신 결혼생활의 거룩한 이상에 도달할 수 없고, 또 도달하고자 노력하지도 않는다. 이 경우 남편과 아내 둘 다 공통적이다. 그들은 서로 이혼을 원한다. 혹시 당신이 아무 잘못이 없는데 배우자가 "이젠 끝이야! 당신과는 더 이상 상종하기 싫어!" 말한다면 당신은 무고한 희생자이다. 그런 배우자가 떠났다면 당신은 이제 더 이상 속박받을 필요가 없는 자유로운 몸이다.

앞에서 설명했듯이 하나님은 마음이 완악하여 하나님의 고결한 이상에 도달할 수 없고, 또 도달하고자 노력도 하지 않을 사람들을 위한 방도를 마련해 두셨다. 따라서 이혼과 재혼은 용서받을 수 없는 죄는 아니다. 그것은 하나님의 거룩하고 의로운 이상에 이르지 못한 실패일 뿐이다.

헌신. 이 말은 오늘날 우리 삶에서 찾아보기 힘든 단어이다. 결혼은 세상에서 가장 아름다운 결합 중 하나이지만 너무나 많은 사람들이 이를 가볍게 여기고 있고 그로 인해 이혼이 우리 사회에 넘쳐나고 있다. 부부간에 지켜져야 할 일편단심이 희박해져서 조금만 기대에 어긋나면 쉽게 이혼 법정을 찾는다. 죽음이 둘을 갈라놓을 때까지 서로 사랑하고 아끼겠다던 혼인 서약은 아예 처음부터 무시되거나 힘없이 깨어져 버렸다.

인생을 위한 하나님의 거룩한 이상은 결혼이다. 부부간의 여러 차이들을 서로 맞추어 나가는 것은 평생이 걸리는 작업이다. 창조 시에 하나님의 계획은 남자를 완성하기 위해 여자를 지으셨다. 하나님은 남편과 아내 사이에 두 사람이 공유할 수 있는 가장 깊고 친밀한 결합으로 결혼제도를 만드셨다. 하나님은 결혼이 완성으로 가는 과정으로 의도하신 것이다.

하나님의 관점		하나님의 약속
창세기 2:24	로마서 7:2	베드로전서 3:1-7
말라기 2:14-16	고전 6:16-20. 7:10-11	**변화하기**
마태복음 19:3-9.	고전 7:15-16, 39-40	에베소서 5:28-33.
마가복음10:6-12		디모데전서 5:14-15

전도(Evangelism)

(고린도전서 1:21) "하나님의 지혜에 있어서는 이 세상이 자기 지혜로 하나님을 알지 못하는고로 하나님께서 전도의 미련한 것으로 믿는 자들을 구원하시기를 기뻐하셨도다"

우리는 종종 친구를 교회에 데려와서 그들로 하나님의 말씀을 듣게 할 때, 그들 역시 내가 처음 경험한 것과 같았을 것이라 생각한다. 분명히 그는 하나님은 들었을 것이다. 그러나 믿지 않는 사람이 교회에 올 때, 그들은 처음부터 듣지 않으려는 멸시감을 갖고 자리에 앉아 있다. 그들은 어떤 것도 받아 드리지 않는다. 신자들의 모임 안에서만 그런 것이 아니라 그들은 어디를 가더라도 인생 그 자체에 멸시의 마음을 갖고 보고 듣는 모든 것을 비난한다. 이미 성경은 그들을 말하여 "악한 자가 이를 때에는 멸시도 따라오고 부끄러운 것이 이를 때에는 능욕도 함께 오느니라"(잠 18:3) 기록하였다

우리 주변에는 하나님에 대해 논쟁하려는 친구들이 많이 있다. 그들은 성경에 대해 논쟁하고자 하며 예수 그리스도에 대한 당신의 믿음을 반대한다. 바울은 디모데에게 "어리석고 무식한 변론을 버리라 이에서 다툼이 나는 줄 앎이라"(딤후 2:23) 명령하였다. 그러므로 먼저 우리는 온유함으로 그들을 가르치고, 하나님께서 그들을 진리로 이끄시고 사탄에 의해 사로잡힌 생각으로부터 구원하시기를 기도해야 한다. 이 세상 신이 그들의 눈을 멀게 하여 그들은 진리를 볼 수 없기 때문이다.

그들은 이성적으로 성경에 대해 논할 수 없는데, 그것은 사탄이 그들의 생각을 마비시켰기 때문이다. 그들은 세상의 어떤 주제이든 이성적으로 말할 수 있지만, 당신이 예수에 대해 논할 때 그들은 맹렬히 분을 폭발한다. 그들은 이성적으로 예수를 논의할 수 없는 것은 사탄이 예수에 대해 편견을 갖도록 했기 때문이다. 그러므로 우리는 그들을 사로잡고 있는 권세에 대한 첫 번째 단계는 기도를 통해 그들을 강한 편견으로부터 자유롭게 하는 것이다. 그런 다음, 사랑으로 인내를 가지고 진리의 말씀을 전하고, 성령께서 그들의 마음을 열어 우리가 진리의 복음을 전할 때 그들의 마음에 침투되기를 기도하는 것이다. 그래서 그들이 하나님의 지식에 도달하여 구원을 얻도록 하는 것이다.

....

하나님의 관점	하나님의 약속	변화하기
마태복음 12:28-30	엡 2:8-9. 딛 3:4-7	롬 10:9. 벧전 3:15
요한복음 3:16-20, 14:6	**성경적 예시**	**기도**
로마서 3:23-24, 6:23	행전 2:37-41. 8:29-39	시편 35:28, 89:1
고린도전서 2:14	행전 11:19-21, 16:13-14, 29-34	시편 119:46, 172

전쟁(War)

(야고보서 4:1-2) "너희 중에 싸움이 어디로부터 다툼이 어디로부터 나느냐 너희 지체 중에서 싸우는 정욕으로부터 나는 것이 아니냐 너희는 욕심을 내어도 얻지 못하여 살인하며 시기하여도 능히 취하지 못하므로 다투고 싸우는도다"

하나님의 뜻에 반대되는 당신의 의지를 행하는 것은 하나님께 대한 반역이며, 그것은 전쟁으로 이어진다. 당신의 삶 속에서 하나님의 권위에 대항하여 전쟁을 벌일 때, 당신은 주변 사람들과의 다툼을 일으키는 요란스런 자신을 발견하게 된다. 실제로 당신은 세 가지 전선에서 싸우게되는데 하나님과의 전쟁, 당신 자신과의 전쟁, 이웃과의 전쟁으로 이어진다.

인간은 하나님과의 전쟁을 선포했고 매우 공개적이다. 그러나 하나님을 대항하여 싸우는 것이 가장 어리석은 것이다. 하나님과 싸우기로 작정한 사람도 마찬가지이다. 그는 하나님께 굴복하고 항복하지 않고 하나님과 전쟁할 뿐 아니라 자기 자신의 마음과 삶 그리고 궁극적으로 다른 사람과도 전쟁하는 자신을 발견할 것이다.

예수님은 사람들을 하나님과 화평케 하기 위해 이 땅에 오셨다. 사람과 하나님 사이에 벌어지고 있는 전쟁을 예수님은 중재하기 위해 오신 것이다. 그러나 사람들은 하나님과의 평화를 원하지 않았고 하나님이 보내신 중재자이신 아들 예수님을 십자가에 못 박았다. 사람들은 사흘 동안 자신들의 승리를 기뻐했다. 그들은 실제로 하나님을 무너뜨렸다고 생각했지만 사흘 되는 날에 하나님의 아들 예수께서 무덤에서 부활하셨다.

하나님께서 먼저 평화 협상을 개시하셨다. 하나님은 당신과 전쟁을 원하지 않으시고 당신이 자기 자신과 전쟁하는 것도 원치 않으신다. 하나님은 당신이 하나님과 평화롭게 살기를 원하신다. 예수님은 중보자로서 하나님과의 평화를 주기 위해 오셨다. 바울은 "그러므로 우리가 믿음으로 의롭다 하심을 받았으니 우리 주 예수 그리스도로 말미암아 하나님과 화평을 누리자"(롬 5:1) 권고하였다. 우리는 예수님께서 선포하신 복음을 평화의 복음이라고 부르는데, 이는 복음이 사람에게 하나님과의 평화를 가져다주고 자신과 동료와의 평화도 가져다주기 때문이다.

....

하나님의 관점	하나님의 약속	변화하기
잠언 15:1. 이사야 2:4	사 55:6-7. 계 21:4	시편 34:14
마 5:9, 24:6. 눅 10:17-20	**성경적 예시**	로마서 12:18
롬 5:1, 7:14-25, 13:1-2	창 4:2-8. 사 14:12-14	데살로니가전서 5:15
디모데전서 2:1-2,	요한계시록 12:3-9	베드로전서 2:13-14
야고보서 4:1,2		

점성술(Astrology)

(신명기 4:19) "또 두렵건대 네가 하늘을 향하여 눈을 들어 일월 성신 하늘 위의 군중 곧 너희 하나님 여호와께서 천하 만민을 위하여 분정하신 것을 보고 미혹하여 그것에 경배하며 섬길까 하노라"

점성술은 별과 행성의 위치가 당신의 삶에 신비로운 영향을 미친다는 숭배의 믿음을 가진 고대 바벨론의 종교이다. 물론 목성이나 화성 그리고 금성과 같은 다양한 행성을 신으로 숭배하는 것도 점성술의 일부이다. 점성술을 믿는 사람들은 별점(horoscope)을 보고 길일과 휴일을 골라 자신이 어떤 일을 할지 말지를 결정한다. 자신의 삶을 예측하기 위해 운세를 보고 어떤 일을 하기 좋은 때와 나쁜 때가 있다고 믿는다. 오늘날에도 이처럼 별의 위치가 자신의 삶에 지대한 영향을 미친다고 생각하고 별점을 따라 행동을 결정하는 지식인들이 상당수 있다는 사실은 참으로 놀라운 일이다.

하나님은 점성술을 신봉한 바벨론이 어떻게 굴욕을 당할지에 대하여 "네가 네 악을 의지하고… 네가 많은 모략을 인하여 피곤케 되었도다 하늘을 살피는 자와 별을 보는 자와 월삭에 예고하는 자들로 일어나 네게 임할 그 일에서 너를 구원케 하여 보라 보라 그들은 초개 같아서 불에 타리니 그 불꽃의 세력에서 스스로 구원치 못할 것이라… 너를 구원할 자 없으리라"(사 47:10, 13-15) 경고하셨다.

그들은 매일의 별자리 운세를 보는 점성가나 월삭(매달 초하루)에 점치는 점쟁이들에게 삶의 모략 즉 자문을 구한다. 오늘날 신문에 그런 별자리 운세가 나오고 대통령 부인들까지 그런 사람들에게 자문을 구하고 있는 것은 정말 한심한 일이다. 그러나 아무리 운세 예측 사업이 크게 유행한다해도 궁극적으로 그들은 결코 당신을 도울 수 없다. 오직 하나님만이 우리의 도움이시며 하나님만이 우리의 힘이시다!

....

하나님의 관점	하나님의 약속	성경적 예시
신명기 4:19	시편 19:1-6	창세기 10:8-9
이사야 47:10, 13-14	시편 147:4	창세기 11:4-9
예레미야 8:2	**기도**	열왕기하 17:15-16
예레미야 19:13	시편 8:3-4	
예레미야 31:35		
스바냐 1:2, 5		

점진적 성화(Progressive Sanctification)

(요한일서 3:3) "주를 향하여 이 소망을 가진 자마다 그의 깨끗하심과 같이 자기를 깨끗하게 하느니라"

'거룩하게 됨'이란 '하나님의 특별하고 독점적인 사용을 위해 구별됨'이라는 뜻이다. 구약에서 '거룩하게 만듦'(성화)라는 단어는 특히 성막에서 하나님을 예배하는 데 사용되는 그릇과 관련해 사용되었다. 이 그릇들은 하나님께만 사용되는 그릇으로 따로 구별해 두었다. 다른 어떤 목적으로도 사용이 금지되었다.

사람이 거룩해지는 것 곧 성화는 그 사람이 하나님께서 사용하시도록 구별되어 간다는 뜻이다. 당신의 성화는 예수 그리스도를 믿는 믿음으로 말미암아 온다. 구원에 대한 참되고 완전한 이해에 이르렀을 때, 당신은 오직 하나님의 목적만을 위한 삶을 살기를 갈망하게 될 것이다. 하나님께 헌신하는 삶만이 인정되는 것을 깨닫게 될 것이다.

불행하게도 그리스도인으로 살면서 전혀 발전하지 못하는 이들이 많이 있다. 그들은 처음 믿음에서 한 발짝 더 나아가 본 적이 없다. 믿음을 가진 후에 한 발짝씩 더 나아가면서 불결하고 더러운 것들로부터 자신을 깨끗하게 하여 하나님의 귀히 쓰는 그릇이 되는 성화를 체험해 보지 못한 것이다. 그들의 삶에는 진정한 경건의 모습이 나타나지 않는다.

하나님의 말씀은 성화의 길로 인도한다. 바울은 "진리가 예수 안에 있는 것 같이 너희가 과연 그에게서 듣고 또한 그 안에서 가르침을 받았을찐대 너희는 유혹의 욕심을 따라 썩어져 가는 구습을 좇는 옛 사람을 벗어 버리고 오직 심령으로 새롭게 되어 하나님을 따라 의와 진리의 거룩함으로 지으심을 받은 새 사람을 입으라"(엡 4:21-24) 권면하였다. 그러므로 우리는 주님이 사용하시기에 합당하도록 자신을 순결하게 유지해야 한다. 그리고 한 발짝씩 점진적으로 거룩하게 되는 그리스도인으로서의 발전을 이루어 나가야 한다.

....

하나님의 관점	하나님의 약속	변화하기
이사야 52:11	시편 4:3	시편 119:9-11. 잠언 9:6
말라기 3:3	고린도후서 3:18, 6:16-18	고전 5:7-8 고후 7:1
요한복음 17:17	딤후 2:20-21. 벧전 1:7	엡 4:15, 21-24, 골 3:16
고린도전서 6:11	**성경적 예시**	딤후 2:22, 히2:1. 벧전 2:2-3
딤전 4:7-8. 딤후 3:16-17	민수기 16:26	베드로후서 1:5-8, 3:14, 18
히브리서 5:12-14	스 6:21, 10:11, 렘 1:5	**기도**
히브리서 10:10. 12:1-2	행 13:2, 갈 1:15-16	데살로니가전서 5:23-24

정결(Cleanliness)

(시편 51:10) "하나님이여 내 속에 정한 마음을 창조하시고 내 안에 정직한 영을 새롭게 하소서"

아주 오래전 이야기이지만 옛날에는 수술실에서 나온 외과의사의 옷에 피가 많이 묻어 있을수록 그 의사는 능력있는 의사라는 평판이 돌았었다. 그래서 의사들은 환자를 수술하고 나서 씻지도 않고 다음 환자에게 가곤 했었다. 그런데 자기도 모르는 사이에 병균이 옮겨져 감염된 사람들의 치사율이 높을 수 밖에 없었다. 당시 그들의 관행을 반대하며 수술 전에 반듯이 철저하게 씻어야 한다고 주장했던 외과의사는 거의 면허를 박탈당할 뻔했지만, 그가 수술했던 환자들의 치사율은 아주 낮았다.

구약에서 하나님은 이스라엘 백성들과 조건부 언약을 맺으셨다. 그들이 하나님을 사랑하고 그의 모든 법도를 듣고 지켜 행하면 "네 하나님 여호와께서 곧 너를 사랑하시고 복을 주사 너로 번성케 하시되 모든 질병을 네게서 멀리하사 너희가 아는바 그 애굽의 악질이 네게 임하지 않게 하실 것이라" 약속하셨다(신명기 7:12-15 참조). 오늘날 하나님의 이 언약을 읽으면서 우리는 하나님께서 제정하신 이 많은 율법들이 실제로 우리 삶의 건전한 건강수칙들이며, 훌륭한 위생습관들이며 그로 인해 많은 질병들이 예방될 수 있었음을 깨닫게 된다.

그러나 바리새인들은 이 정결의 법칙을 극단적으로 적용했다. 이를 본 예수님은 "소경된 바리새인아 너는 먼저 안을 깨끗이 하라 그리하면 겉도 깨끗하리라"(마 23:26) 책망하셨다. 물론 예수님은 당신이 속으로나 겉으로나 항상 정결하기를 원하신다. 그러나 여기서 예수님은 사람의 마음이 그의 겉모습보다 더 중요함을 말씀하신 것이다. 그러므로 하나님 앞에 당신의 마음이 바르게 선다면 곧 당신의 삶도 바르게 될 것이다.

경건함 다음은 바로 정결함이라고 성경이 정확하게 표현하고 있지는 않으나 정결함의 중요성을 강조하고 있는 것만은 사실이다. 거룩하고 깨끗하신 하나님은 타인을 위해서 뿐만 아니라 우리 자신의 유익을 위해 정결 개념들을 주셨다. 하나님께서 항상 우리와 함께 하신다고 믿는다면 늘 자신을 정결하게 하여 다른 사람들에게 본이 되어야 할 것이다.

....

하나님의 관점	하나님의 약속	변화하기
신명기 23:14	출애굽기 15:26	고린도전서 14:40
예레미야 4:14	신명기 7:12-15	고린도후서 7:1
마태복음 5:8	에스겔 36:25-27	디모데전서 3:2-4
마태복음 12:33-35	**기도**	히브리서 10:22
	시편 51:10	야고보서 4:8

정신적 문제들(Mental Issues)

(잠언 29:25) "사람을 두려워하면 올무에 걸리게 되거니와 여호와를 의지하는 자는 안전하리라"

심리학자들은 대부분의 정신병적 행동이 죄책감에서 비롯되며 처벌에 대한 잠재 의식적 욕망에 불과하다고 주장한다. 그들은 사람이 정신병적인 행위를 하는 것은 그로 인해 처벌을 받고 그 끔찍한 죄책감에서 벗어나기 위해 그런 행위를 한다고 주장한다.

죄책감은 마틴 루터를 미치게 했다. 그는 육체의 소욕을 없애기 위해 수도사로 살려고 애를 썼지만 오히려 근심만 더해지고 마침내 더 큰 죄책감에 사로잡히게 되었다. 그러던 중 우연히 갈라디아서 3장 11절의 "의인은 믿음으로 말미암아 살리라"하신 말씀을 읽게 되었는데 이 구절이 그를 자유롭게 하는 원동력이 되었다.

정신적 이슈들은 또한 오만, 교만, 두려움 및 용서치 못함에서 비롯될 수 있다. 누가 나에게 잘못을 저질렀다면 용서는 선택사항이 아니다. 예수님께서도 용서할 것을 우선으로 제안하지 않았다. 예수님은 "너희가 사람의 과실을 용서하면 너희 천부께서도 너희 과실을 용서하시려니와 너희가 사람의 과실을 용서하지 아니하면 너희 아버지께서도 너희 과실을 용서하지 아니하시리라"(마 6:14-15) 말씀하셨다. 이와 같이 용서는 제안이 아니라 명령이다.

용서하지 않는다면 내 마음속에는 잔인한 복수심과 쓴 뿌리가 생겨날 것이다. 그리고 그것들은 나에게 잘못을 저지른 사람이 아닌 바로 나 자신을 해칠 것이다. 그로 인해 나 자신을 파멸시키고 자신의 육체를 괴롭힐 뿐이다. 반대로 용서하고 자비를 베풀면 나 자신에게 큰 도움이 될 것이다. 하나님께서 우리의 큰 죄를 용서하셨기 때문에 우리는 다른 사람들을 용서하는 마음을 가져야 한다. 남이 내게 행한 잘못에 대해 곰곰이 생각하거나 미워하는 마음을 입 밖으로 내뱉거나 앙갚음하려고 하지 말고 그냥 용서하여야 한다.

정상적인 정신과 정신질환 사이에는 정말 종잇장 한 장의 차이이며 내가 무엇을 보느냐에 따라 구분된다. 죄책감에 사로잡혀 있거나, 교만이나 두려움에 가득 차 있거나, 용서하는 마음을 가질 수 없다면 그 화는 곧 나를 미치게 할 것이다. 그러나 눈을 들어 하늘을 보면서 하나님께 경배와 찬양을 드리면 하나님의 참모습이 보일 것이고 내 정신도 온전해질 것이다.

하나님의 관점	하나님의 약속	변화하기
시편 1:1-2, 34:4-8	잠언 29:25. 이사야 26:3	로마서 12:1-2
롬 8:15. 고후 10:3-5	**성경적 예시**	에베소서 4:22-24, 32
디모데후서 1:7	사무엘상 21:12-13	빌립보서 2:5, 골로새서 3:2
요한일서 4:18	다니엘 4:30-34	히브리서 12:14-15

정욕(Lust)

(골로새 3:5) "그러므로 땅에 있는 지체를 죽이라 곧 음란과 부정과 사욕과 악한 정욕과 탐심이니 탐심은 우상 숭배니라"

정욕은 결코 채워질 수 없다. 항상 더 많은 것을 요구한다. 정욕에 대한 유일한 치료법은 굶어 죽게 하는 것뿐이다. 먹이를 주면 먹성이 강해져서 당신을 점점 더 깊게 빠져들게 한다. 정욕의 죄는 사탄이 이브를 시험할 때 에덴동산에서 시작되었다. 그렇다면 하나님께서 거기에 그 나무를 두지 않으셨다면 더 좋지 않았을까? 그러나 만약 선택권이 당신에게 없었다면 진정으로 당신이 하나님을 사랑하고 하나님께 순종하고자 하는지를 하나님께서 어떻게 아실 수 있을까? 그러므로 선택권은 꼭 필요하다.

사람은 하나님의 형상대로 지음을 받았고 자신의 일을 통제할 능력이 있었지만 통제를 하기 위해서는 통제받을 대상이 있어야 했다. 매력적이고 바람직한 것이라 할지라도 하지 말아야 할 것은 거절하는 것이 바로 통제하는 능력이다. 만일 보암직하지 않거나 먹음직하지 않았다면 아무리 유혹을 해도 쉽게 거절했을 것이다. 그러나 그 반대라고 하면 거절하는 것이 쉽지 않았을 것이다. 사도 요한은 이를 두고 "이는 세상에 있는 모든 것이 육신의 정욕과 안목의 정욕과 이생의 자랑이니 다 아버지께로 좇아 온 것이 아니요 세상으로 좇아 온 것이라"(요일 2:16) 결론지었다.

여러분이 하나님의 자녀라면 세상적인 것들로부터 분리되어 나와서 따로 있고 부정한 것들을 멀리해야 한다. 그러므로 우리는 육신의 정욕을 좇는 생활로부터 스스로를 분리해야 한다. 우리는 육신의 욕망에 의해 통제를 받거나 지배되거나 그것들을 좇아서는 안 된다. 육신의 정욕을 채우고나면 그 다음은 일방통행이다. 후진할 수가 없다. 육체는 점점 더 많은 것을 요구할 것이다. 성경은 "주를 향하여 이 소망을 가진 자마다 그의 깨끗하심과 같이 자기를 깨끗하게 하느니라"(요일 3:3), "내가 거룩하니 너희도 거룩할찌어다"(벧전 1:16) 말씀하셨다. 그러므로 거룩한 삶 곧 세상과 분리된 삶을 사는 것이 중요하다.

하나님의 관점	하나님의 약속	변화하기
잠언 5:22-23, 11:6	고린도전서 10:13	잠언 6:25-26
전도서 10:8	**성경적 예시**	로마서 6:12,13:13-14
마태복음 5:27-28	창세기 3:1-4, 6	갈 5:16, 골로새서 3:5
로마서 8:5-8, 12	사무엘하 11:2-4	데살로니가전서 4:3-5
약 1:14-15. 벧후 1:2-4	사무엘하 12:7, 9-10, 13-14	디모데후서 2:22
요일 2:16. 계 21:8	욥기 31:1	딛 2:11-12. 히 13:5

조작하기(Manipulation)

(호세아 12:4) "천사와 힘을 겨루어 이기고 울며 그에게 간구하였으며 하나님은 벧엘에서 저를 만나셨고 거기서 우리에게 말씀하셨나니"

조작은 부당하게 혹은 비양심적으로 자신의 유익을 취하거나 자기한테 가장 유리한 방향으로 상황을 유도하는 기만적 술수이다. 자기 흥미, 자기 관심, 자기 추구만을 위한 행위이다. 하나님께서 당신을 위해 예비하신 그의 뜻을 따르지 않고 매사에 당신의 방식만 고집하는 이런 행위는 오직 비참한 결과만을 초래할 뿐이다. 그럼에도 불행히도 우리 중 예수를 믿고 거듭나 성령을 좇아 새 삶을 살다가도 다시 옛 본성으로 돌아가는 경우가 종종 있다.

야곱은 늘 하나님과 사람을 대적하여 싸웠다. 야곱은 조작의 달인이었다. 그런 야곱이 어떻게 하나님의 축복을 받을 수 있었을까? 하나님은 야곱이 항복하기를 기다리면서 밤새 그와 씨름하셨다. 그러나 야곱은 쉽게 항복하지 않았다. 그리하여 야곱은 그런 고집 덕분에 그를 축복하기 원하셨던 하나님으로 하여금 부득이하게 자신을 쳐서 불구로 만들게 하고 말았다. 그때서야 야곱은 울며 자기를 축복해 달라고 사정했다. 이와 마찬가지로 하나님은 당신이 육신의 사람에서 영의 사람으로, 육신이 지배하는 삶에서 성령이 다스리는 삶으로 변화되기를 원하신다. 그런데 이 일을 이루기 위해 당신을 장애자로 만드셔야 좋겠는가?

하나님과 씨름하고 있는가? 절망 가운데서 울며 하나님께 간구하는 당신의 울부짖음으로 당신의 벼랑 끝의 삶이 하나님께서 역사하실 위대한 서막으로 바뀔 수도 있다. 이제 하나님께서 당신의 실패한 인생을 승리의 삶으로 만드시도록 하나님께 맡겨 보라. 하나님께 완전히 항복함으로써 당신은 이긴 것이다. 만일 당신이 승부를 조작하기를 원한다면 하나님은 내버려 두실 것이다. 당신이 절망에 빠져 괴롭고 지친 몸을 벗어나서, 하나님께서 실패한 당신의 인생을 새로운 삶으로 바꿔주실 것을 원한다면 하나님께 철저하게 항복하길 바란다.

하나님은 당신을 사랑하시므로 가장 좋은 것을 당신에게 해주길 원하신다. 그러나 당신이 주변 상황들을 조작해 당신의 유익만 노리고 있다면 사실 당신은 당신을 위해 준비된 축복과 싸우고 있는 것이다. 당신에게 가장 좋은 것을 주시기 원하는 하나님과 씨름하는 것이다. 어떻게든 잘되게 하려고 조작하는 당신의 수고가 실제로는 축복을 가로막고 있는 것이다.

....

하나님의 관점	하나님의 약속	변화하기
빌립보서 2:3	히브리서 4:15-16	시편 34:13-16
성경적 예시	야고보서 4:6-8a	베드로전서 2:1-3
창세기 25:26, 27:19, 35-36	베드로전서 3:10-12	기도
창세기 32:24-28		창세기 32:9-12

졸업(Graduation)

(잠언 1:7) "여호와를 경외하는 것이 지식의 근본이어늘 미련한 자는 지혜와 훈계를 멸시하느니라"

자기 존중은 인본주의의 핵심이다. 대부분 대학을 졸업하면 어떤 어려움이라 정복할 수 있다는 개념을 갖게된다. 그러나 그것은 비성경적이다.

나는 하나님이 나의 구원이 되신 이래, 나는 영광과 찬양을 하나님께만 드릴 수 있으며, 그 어떤 영광도 내가 취할 수 없다고 생각해서 신학교에 입학했다. 그런데 신학교 생활을 하면서 내가 신학을 공부하는 것은 시간 낭비라는 생각이 들었다. 세상이 나를 기다리고 있는데 강의실에 있어야 했기 때문이다. 당시 나는 학생회장이었고 축구팀의 주장이었고 상급반 회장이었다. 장래가 총망 된 목사감이었다. 그러나 졸업식 다음 날 나는 커다란 충격을 받았다. 세상은 나를 조금도 기다리지 않았다. 신경조차 쓰지 않았다. 나는 정말 실망했다.

사실 나는 자기 영광과 자기 신뢰와 자기 존중을 갖고 있었지만 그때서야 내 힘과 능력은 아무것도 아니라는 것을 깨달았다. 오직 하나님에 의해 그 어떤 업적을 달성할 수 있었기 때문이다. 하나님께서 그것을 깨닫게 하셨고 그때부터 축복하셨다. 나로서는 할 수 없었던 일을 하나님께서 시작하셨다. 오직 하나님의 권세와 능력이 역사할 때에 나는 무엇이든지 할 수 있었다. 그러므로 나는 오늘의 갈보리채플의 업적을 보며 내 지혜와 힘과 열심으로 이곳에서 있다고 말할 수 없다. 모두가 하나님이 하신 것이다.

나는 신학교 졸업자들에게 도전을 주고 싶다. 미래의 인도하심을 위해 오직 하나님을 바라보라. 하나님을 첫 순위에 두라. 그러면 축복하실 것이다. 하나님께서 당신 삶 속에서 그리고 삶을 통해 그분을 위한 증인으로서 영광을 받으시게 하라. 모든 세상이 그것을 보게 하라.

....

하나님의 관점
시편 75:6-7
잠언 1:7 ,2:6, 15:33
스가랴 4:6
요한복음 6:27
고린도전서 3:5, 4:7
고린도후서 3:5-6

하나님의 약속
잠언 3:19-24, 9:10
마태복음 6:33
빌립보서 2:13
골로새서 2:2-3
데살로니가후서 3:3

성경적 예시
고린도후서 1:9
디모데후서 4:7

변화하기
고린도전서 9:24,
고린도전서 10:31
고린도전서 15:58
디모데후서 2:15
베드로후서 1:10

기도
골로새서 1:9-10

종교(Religion)

(요한복음 17:3) "영생은 곧 유일하신 참 하나님과 그의 보내신 자 예수 그리스도를 아는 것이니이다"

종교는 인간이 신들을 기쁘시게 해드림으로써 영원한 구원을 얻을 수 있다고 가르치는 이론과 행위를 체계화한 것이다. 우리 인간의 내면에는 스스로를 구원받기에 합당한 모습으로 만들고 싶어하는 무언가가 존재한다. 선행을 통해서 죄값에 평행을 이루려는 욕망이다.

세상의 여러 종교들을 공부하다보면 그것들은 모두 하나님께 도달하기 위한 인간의 노력, 즉 인간이 땅에서 하나님께로 갈 수 있는 다리를 건설하고자 하는, 처음부터 불가능한 일을 성취하려는 노력임을 알게 된다. 그러나 땅에서 출발해서는 절대로 천국에 도달할 수 없다. 그러나 기독교는 종교와 정반대이다. 하나님께 도달하려는 사람의 시도가 아니다. 기독교는 당신에게 도달하려는 하나님의 시도이다. 그를 위해 하나님은 "하나님이 세상을 이처럼 사랑하사 독생자"를 보내 주셨다.

세상의 모든 종교에는 하나님께 다가갈 수 있는 행위 체계가 있는 반면, 기독교는 행위만으로는 우리가 하나님께로 다가갈 수 없다고 가르친다. 우리가 하나님께 이를 수 있는 길은 오직 믿음뿐이다. 우리의 행위나 우리 자신을 믿는 것이 아니라 우리를 구원하신 예수 그리스도를 전적으로 믿는 것이다. 예수님은 나는 양우리의 문이며, 문이 아닌 다른 데로 넘어가는 자는 모두 도둑이요 강도라고 말씀하셨다(요 10:1, 9 참조).

하나님이 이스라엘을 떠났을 때 그들에게 남은 것은 무의미한 형태의 종교뿐이었다. 외형상의 의식절차로 말미암아 스스로를 의롭다고 여겼지만 그 의식은 단지 공허한 행위들에 불과했다. 하나님은 사람들이 특정 행위들을 잘 할 수 있도록 조련하는 일에는 관심이 없다. 하나님은 사람들의 내면이 변화하는 것을 원하신다.

....

하나님의 관점		하나님의 약속
욥기 15:14, 25:4	마가복음 7:8	예레미야 29:13
시편 143:2	로마서 3:20, 28,	고린도전서 8:3
이사야 57:12,64:6	로마서 11:6	**성경적 예시**
예레미야 17:9	갈라디아서 2:16	창세기 3:7
마태복음 10:32-33	에베소서 2:8-9	창세기 11:4-5, 8
요한복음 3:3,	골로새서 2:8	
요한복음 6:28-29,	디모데전서 1:9	
요한복음 10:1, 7-8	디도서 3:5-7	

죄(Sin)

(로마서 6:23) "죄의 삯은 사망이요 하나님의 은사는 그리스도 예수 우리 주 안에 있는 영생이니라"

'죄'는 문자적으로 '과녁을 빗나간 것'을 의미한다. 영어 Sin의 기원은 Sinner라고 불리던 게임에서 유래한다. 이 게임은 장대 꼭대기에 둥근 고리를 매달아 놓고 각 사람에게 일정한 수의 화살을 주어 이 고리를 통과하도록 쏘는 게임이다. 그리고 이 고리를 벗어나면 죄인이라고 했다. 노력했을지라도 과녁에 빗나간 것이다.

과녁은 무엇인가? 그것은 완벽함이다. 예수님은 "그러므로 하늘에 계신 너희 아버지의 온전하심과 같이 너희도 온전하라"(마 5:48) 말씀하셨다. 그러나 예수님을 제외하고는 그 누구도 과녁을 정확히 맞춘 사람은 없다. 오직 예수님만이 하늘에 계신 아버지를 대표해 그분의 완벽함을 보이셨다. 그리고 이제 예수님은 당신이 예수님을 대표해 그분의 완벽하심을 세상에 보이기를 원하신다.

죄는 더 이상 하나님의 음성을 듣지 못하고, 더 이상 하나님의 영광을 보지 못하고, 더 이상 하나님의 임재를 느끼지 못하는 하나님과 소외된 관계로 가는 것이다. 당신은 영적으로 죽은 것이다. "모든 사람이 죄를 범하였으매 하나님의 영광에 이르지 못하더니"(롬 3:23)

이 땅의 모든 사람들이 다 죄를 범하였다. 우리는 모두 다 과녁을 맞추지 못했다. 사람이 하나님의 신성한 요건을 채울 수 없기 때문에 하나님은 독생자를 보내셔서 우리의 죄(과녁을 빗나감)를 담당하게 하셨고 우리를 대신하여 죽게 하셨다. 그러므로 이제 완벽하지도 않고 완벽할 수도 없는 내가 실제로 채워야 할 하나님의 요건은 하나님의 독생자를 믿는 것 뿐이다.

하나님의 관점	하나님의 약속	성경적 예시
창세기 4:7, 민수기 32:23	잠언 28:13	창세기 6:5
시편 14:2-3,51:5, 53:2-3	이사야 1:18, 43:25, 44:22	요한복음 1:29
잠언 20:9, 전도서 7:20	렘1:34, 미가 7:18-19	고전 15:3, 갈 1:4
이사야 64:6, 에스겔 18:4	사도행전 13:38, 26:18	**변화하기**
마태복음 5:17-19, 48	롬 5:8, 고전 15:57	요 5:14; 8:10-12
롬 3:23, 5:20, 6:1-2, 23, 8:1	갈라디아서 3:22	롬 6:13, 골3:5-6
고전 6:9-10, 갈 3:10-13, 5:19-21	에베소서 1:7	**기도**
히브리서 10:4, 8-10, 12:9	골로새서 1:14	시편 32:3-4,
요한일서 1:8-10, 3:4, 9	베드로전서 3:18	시편 51:2, 4, 7
요한계시록 1:5	요한일서 1:7-9, 4:10	

죄를 극복하기(Overcoming Sin)

(로마서 5:8) "우리가 아직 죄인 되었을 때에 그리스도께서 우리를 위하여 죽으심으로 하나님께서 우리에게 대한 자기의 사랑을 확증하셨느니라"

당신의 마음속에 품은 하나님의 말씀은 당신이 죄에 대해 가질 수 있는 가장 큰 방어책이다. 사도 바울은 "죄가 더한 곳에 은혜가 더욱 넘쳤나니..."라고 증거하였다. 넘쳐 흐르는 은혜! 그러므로 바울은 "그런즉 우리가 무슨 말 하리요 은혜를 더하게 하려고 죄에 거하겠느뇨 그럴 수 없느니라 죄에 대하여 죽은 우리가 어찌 그 가운데 더 살리요"(롬 5:20; 6:1-2) 부르짖었다. 이것은 확정된 원리로서 육신을 따라 살던 옛 삶과 옛 본성은 예수 그리스도와 함께 십자가에 못박혔으므로 나는 그 옛 삶과 옛 본성을 죽은 것으로 여긴다.

그리스도께 나아와 십자가의 참 뜻을 깨달으면 예수님께서 내 죄를 대신하여 십자가에 못박히셨을뿐만 아니라 나도 그리스도와 함께 십자가에 못박혔음을 깨닫는다. 그러니 이제 나는 더 이상 죄의 권세에 사로잡힌 몸이 아니요, 예수 그리스도로 말미암아 죄에 대해서는 죽었으되 하나님께는 살아 있는 자이다. 죄가 더 이상 나를 지배하지 못한다. 그렇다고 해서 내가 육신의 소욕을 완전히 잃는 것은 아니지만 더 이상 육신의 소욕이 나를 지배하지는 못한다. 나는 더 이상 그것들에게 복종할 필요가 없다. 나는 더 이상 육신의 소욕에 매인 종이 아니라 예수 그리스도의 종이다. 나의 소욕은 예수 그리스도께 순종하고 예수 그리스도를 기쁘시게 해드리는 것이다. 그러므로 나는 이제 예수님으로 말미암아 죄를 극복할 수 있다.

우리는 모두 하나님의 종이거나 아니면 사탄의 종이다. 하나님의 열망은 우리를 어둠의 왕국 곧 사탄의 나라에서 종노릇하던 삶으로부터 건져내어 하나님의 영광스런 나라로 인도하시는 것이다. 그러나 계속되는 영적인 전쟁이 있다. 사탄은 최선을 다해 당신을 그에게 종노릇하게 한다. 그래서 사탄은 세상과 육신을 이용해 당신을 자기에게 노예가 되도록 한다.

....

하나님의 관점	하나님의 약속	변화하기
민수기 32:23	에스겔 36:25-27	잠언 1:10, 4:14-15
잠언 6:23, 이사야 59:1-2	요한복음 1:12-13	로마서 6:1-2, 13:14
로마서 2:4, 8:9, 13-14	고린도전서 10:13	고린도전서 15:58
고린도후서 5:14-15	고린도후서 5:17, 9:8	갈라디아서 5:16
갈라디아서 6:7-8	베드로서 1:3	야고보서 1:21-22
빌립보서 2:12-13	**성경적 예시**	**기도**
디도서 3:4-6	요한복음 8:31-36	시편 119:9-11
약 4:17. 요일 2:14, 3:6, 9	고린도후서 13:2	

죄사함(Forgiveness)

(이사야 1:18) "여호와께서 말씀하시되 오라 우리가 서로 변론하자 너희 죄가 주홍 같을지라도 눈과 같이 희어질 것이요 진홍 같이 붉을지라도 양털 같이 되리라"

죄는 하나님을 대적하는 것이다. 그것은 다른 사람에게 영향을 준다. 마치 당신이 거짓말을 하게 되면 그 사람에게 상처를 주지만 실제로는 "네 이웃에 대하여 거짓 증거하지 말라"(출 20:16) 말씀하신 하나님을 대적하여 죄를 범하는 것이다. 왜냐하면 죄는 하나님의 법을 어기는 것이며 오직 하나님께만 죄를 용서하시는 능력과 권세가 있기 때문이다. 그러므로 오직 하나님만 "네 죄가 사하여졌다" 말씀하실 수 있다.

우리가 죄사함을 받았을 때, 그는 하나님 앞에 아름다운 사람이 된다. 우리는 복된 기쁨과 행복을 소유한다. 그러므로 다윗은 "허물의 사함을 받고 자신의 죄가 가려진 자는 복이 있도다"(시 32:1) 노래하였다.

....

하나님의 관점	하나님의 약속	변화하기
잠언 28:13	역대하 7:14	사도행전 3:19
이사야 1:18	잠언 28:13	요한일서 1:6-9
이사야 44:22-23	이사야 1:18	**기도**
마태복음 9:6	이사야 55:6-7	시편 32:5
마태복음 11:28-30	**성경적 예시**	시편 51:9
마가복음 2:10-11	누가복음 5:24-26	시편 86:5
누가복음 23:34, 43	누가복음 7:47-50	시편 103:1-5
요한복음 8:36	사도행전 5:30-31	시편 130:3-4
사도행전 10:43	사도행전 13:36-39	미가 7:18-19
로마서 3:21-26		
에베소서 1:7-8		
골로새서 1:13-14		
골로새서 2:13-15		
히브리서 8:12		

죄의 노출(Exposing Sin)

(잠언 28:13) "자기의 죄를 숨기는 자는 형통치 못하나 죄를 자복하고 버리는 자는 불쌍히 여김을 받으리라"

상담을 받기 위해 사람들이 나를 찾아오는 경우가 많은데, 그들은 다른 사람의 죄를 밝혀야 하는지를 나에게 묻는다. 나는 그에게 상담은 가정을 갖고 할 수는 없고 실제의 문제를 해결하기 위한 것이므로 죄의 문제를 내려 놓아야 한다고 말한다. 나는 예수님이 매우 은혜롭고 인내하시며 우리에게 경고하시고 회개할 모든 기회를 주신다고 생각한다. 또한 경고를 무시했을 때 주님은 그 다음 단계에서 죄를 노출하시고 그로 보게 하신다.

내가 만일 당신이 암을 수술할 집도 의사인데 "저기요, 그냥 집에 가셔서 6개월 동안 아스피린을 먹고 그 후에 상황을 봅시다. 만약 지금 암을 제거하는 수술을 한다면 매우 아플 거예요. 난 당신이 고통받는 것을 원치 않아요" 말한다면 나는 돌팔이 의사이다.

경험이 풍부하고 의술에 뛰어난 의사라면 즉시 수술을 집도하여 암을 제거할 것이다. 암의 수술은 빠를수록 더 좋다. 그와 같은 죄의 암들이 우리 삶 속에서 우리의 영을 파괴한다. 성경은 즉각적이고 과감한 수술을 요구한다. 물론 수술의 과정은 고통스러울 것이다. 하지만 그 고통은 당신의 영혼을 치료할 목적이 된다.

[하나님은 죄를 드러내신다]

하나님의 관점	하나님의 약속	변화하기
다니엘 2:20, 22	민수기 32:23	시편 32:3-5
누가복음 12:2-3	**성경적 예시**	잠언 28:13
요한복음 3:18-21	디모데후서 3:8-9	
히브리서 4:13		

[다른 사람의 죄 드러내기]

하나님의 관점	성경적 예시	변화하기
잠언 25:12	사무엘하 12:1-7; 9	레위기 19:17
잠언 27:5-6	**기도**	마태복음 18:15-17
	사무엘하 12:13	누가복음 17:3
	시편 51:4	에베소서 5:11-14

죄의 자각(Consciousness of Sin)

(시편 32:5) "내가 이르기를 내 허물을 여호와께 자복하리라 하고 주께 내 죄를 아뢰고 내 죄악을 숨기지 아니하였더니 곧 주께서 내 죄의 악을 사하셨나이다"

당신이 분명히 잘못인 것을 아는 일을 행했을 때, 당신의 양심은 한결같이 당신에게 죄책감을 느끼게 할 것이다. 시편 32편에서 다윗은 본질적으로 "내가 토설치 아니할 때에 종일 신음하므로 내 뼈가 쇠하였도다 주의 손이 주야로 나를 누르시오니 내 진액이 화하여 여름 가물에 마름 같이 되었나이다" 고백하였다. 다윗은 그의 양심에서 자신의 죄를 지울 수 없었던 것이다. 그는 분명히 자신이 죄를 지었음을 알고 있었다.

당신이 죄를 지었을 때, 아무리 숨기고자 해도 당신의 죄가 당신을 찾아내고 매일 짓누를 것을 스스로 알 것이다. 물론 당신은 그것을 덮기 위해 최선을 다하겠지만 덮을 수 없다. 결국 그 죄는 곪아 터질 것이다. 그러므로 가장 좋은 방법은 예수 이름으로 하나님께 회개하고 죄를 자백하는 것이다. 그러면 하나님께서 당신을 용서하시고 당신의 죄책감을 없애주실 것이다.

"이로 인하여 무릇 경건한 자는 주를 만날 기회를 타서 주께 기도할지라 진실로 홍수가 범람할지라도 저에게 미치지 못하리이다"(시 32:6)

....

하나님의 관점	성경적 예시	기도
레위기 26:40-42	창세기 3:7-13	열왕기상 8:46-50
시편 66:18	여호수아 7:19	시편 19:12
하나님의 약속	사무엘하 12:13	시편 32:1-5
잠언 28:13	사무엘하 24:10	시편 51:1-3, 7
		시편 139:23-24

죄책감(Guilt)

(시편 38:4) "내 죄악이 내 머리에 넘쳐서 무거운 짐 같으니 감당할 수 없나이다"

죄는 하나님으로부터 당신을 멀어지게 하며 여러분 중에는 죄 때문에 하나님으로부터 멀어진 사람도 있을 것이다. 그럴 때 당신은 죄책감을 느낀다. 당신은 내적으로 냉혹한 고통을 밤낮으로 느끼며 마치 하나님의 손이 짓누르는 것 같다. 그것을 계속적으로 생각하기 때문에 잠을 잘 수 없다. 그 죄들이 계속 당신을 추적한다. 그것을 숨겨보려 했고 덮어보려 해도 잘 되질 않는다. 죄에 더욱 깊이 빠지고 매일 밤 절망적으로 외친다.

"나는 뭐가 문제인 거지?" 그때가 자백하고 극복하는 때이다. 주님 앞에 그저 나와야 할 때이며 "하나님, 저는 죄를 지었습니다. 죄송합니다" 고백하면 주님은 곧 바로 "너의 죄가 사하여졌노라" 선언한다. 이때가 당신의 인생 중 가장 영광스러운 순간이다.

이사야 선지자는 "오라 우리가 서로 변론하자 너희의 죄가 주홍 같을지라도 눈과 같이 희어질 것이요 진홍같이 붉을지라도 양털같이 희게 되리라"(사 1:18) 권고하였다.

그러므로 이제 더 이상 망설이지 말고 죄사함과 용서와 씻음을 주시는 하나님께 나오라. 자기 죄를 자복하고 하나님의 죄사함을 구하는 모든 자는 완전히 새로운 삶이 된다. 그것은 죄의식이 없는 삶이다.

....

하나님의 관점	하나님의 약속	변화하기
잠언 20:9	이사야 1:18	레위기 5:5
전도서 7:20	이사야 43:25	로마서 7:18-25
이사야 44:22	미가 7:18-25	빌립보서 3:13-14
이사야 64:6	요한복음 8:36	요한일서 1:9
요한복음 16:7-8	로마서 8:1-2	**기도**
로마서 3:22-24	**성경적 예시**	시편 32:5
야고보서 2:10, 13	시편 51:1	시편 51:5-7
	누가복음 18:13-14	시편 143:2

주님을 경외함(Fear of the Lord)

(잠언 19:23) "여호와를 경외하는 것은 사람으로 생명에 이르게 하는 것이라 경외하는 자는 족하게 지내고 재앙을 만나지 아니하느니라"

하나님께서 당신에게 요구하시는 것이 무엇인가? 신명기에서 모세는 하나님을 경외할지라 명령했다. 그것이 하나님의 첫 번째 요구사항으로 곧 그분을 존중하는 것, 존경하는 것, 경외함으로 서는 것이다. 잠언서 기자는 "여호와를 경외하는 것이 지혜의 시작이라" 말하였다. 왜 그럴까? 그것은 결국 내 호흡이 하나님 손에 달려있기 때문이다. 어느 때든지 하나님은 "그래 척, 이것이 너의 마지막 호흡이야!" 말하실 수 있다. 그러면 나의 호흡은 끝이다. 그러므로 나는 나를 존재케 하시는 하나님께 호흡을 의존한다.

또한 하나님이 싫어하시는 두려움의 행동이 있다. 나는 하나님을 사랑하며 그분을 거역하고 싫어하시는 그 어떤 것도 하고 싶지 않다. 그래서 하나님을 경외하는 것은 내가 악을 미워하게 하는데 왜냐하면 불경건한 자를 심판하시는 하나님의 심판을 두려워하기 때문이다. 그러나 악을 행하는 사람은 진정으로 마음속에 하나님 경외함을 가질 수 없다. 반면 하나님의 주권을 존경하는 사람은 얼마나 그의 삶이 하나님께 의존되어 있는지를 깨닫고 악한 것에서부터 도망친다.

오늘날 내가 안타까워하는 것은 경건하다고 말하는 사람들 속에서 하나님을 경외함을 보지 못하는 것이다. 이는 그들의 마음속에 하나님 경외함이 부족하기 때문이다. 그들은 언젠가 자신들이 하나님 앞에서 영혼의 결산을 해야 한다는 사실을 깨닫지 못하는 것 같다.

....

하나님의 관점	하나님의 약속	변화하기
창세기 22:12	시편 25:14	잠언 3:7
신명기 6:13	시편 34:9	**성경적 예시**
신명기 10:12	시편 111:10	출애굽기 14:31
욥기 28:28	시편 115:12-13	신명기 6:24
시편 115:11	이사야 66:2	사무엘상 12:18
잠언 1:7, 8:13	예레미야 32:39	말라기 3:16
잠언 9:10	사도행전 10:35	사도행전 9:31
잠언 14:26-27	**기도**	
잠언 15:33, 16:6	시편 61:5	
잠언 19:23,		
잠언 22:4		

죽음(Death)

(고린도전서 15:54) "이 썩을 것이 썩지 아니함을 입고 이 죽을 것이 죽지 아니함을 입을 때에는 사망이 이김의 삼킨 바 되리라고 기록된 말씀이 응하리라"

성경은 언젠가 우리의 영이 육체를 떠날 것이며 육체는 흙으로 돌아갈 것이라고 가르친다. 늙음, 사고, 질병 또는 기타 원인으로 인해 육체가 더 이상 하나님께서 창조하고 설계한 목적을 달성할 수 없을 때, 더 이상 나를 표현하는 적절한 매체가 될 수 없을 때, 사랑의 하나님은 내 영혼을 육체로부터 풀어 놓으신다.

그러므로 하나님의 자녀에게 죽음은 저주가 아니다. 하나님이 정하신 목적을 더 이상 수행할 수 없는 육체의 한계에서 해방되어 영광스러운 하나님의 나라에서 주님과 함께 사는 축복이다! 그러나 믿지 않는 자들은 심판 때에는 하나님 앞에 서서 하나님을 대면해야 한다.

성경은 "또 내가 보니 죽은 자들이 무론 대소하고 그 보좌 앞에 섰는데 책들이 펴 있고 또 다른 책이 펴졌으니 곧 생명책이라 죽은 자들이 자기 행위를 따라 책들에 기록된대로 심판을 받으니…각 사람이 자기의 행위대로 심판을 받고…누구든지 생명책에 기록되지 못한 자는 불못에 던지우더라"(계 20:12-15) 계시되었다. 나는 이 말씀이 그대로 성취될 것을 믿는다.

하나님의 관점	하나님의 약속	변화하기
욥기 19:25-27	시편 23:4	마태복음 10:28
요한복음 10:27-28	시편 116:15	**성경적 예시**
요한복음 11:25	누가복음 23:43	사도행전 7:55-60
요한복음 14:1-4	고린도후서 5:1-2, 4, 6-8	디모데후서 4:6-8
로마서 8:38-39	빌립보서 1:21	베드로후서 1:14
고린도전서 15:54-56	빌립보서 3:20-21	**기도**
	데살로니가전서 4:14	욥기 13:15
	히브리서 2:14-15	시편 23:4
	히브리서 9:27-28	
	요한계시록 2:7	

중독(Addiction)

(로마서 6:16) "너희 자신을 종으로 드려 누구에게 순종하든지 그 순종함을 받는 자의 종이 되는 줄을 너희가 알지 못하느냐 혹은 죄의 종으로 사망에 이르고 혹은 순종의 종으로 의에 이르느니라"

십계명의 첫 번째는 "너는 나 외에 다른 신들을 네게 있게 말찌니라"이고, 두 번째는 "그것들에 절하며 그것들을 섬기지 말라"이다(출애굽기 20장 참고). 그러므로 술, 마약, 약물, 음란물, 도박, 담배 심지어 음식에 이르기까지 모든 중독은 일종의 우상숭배이다.

중독은 사람들을 자신들이 중독된 그것에 엎드려 복종하고 그것에 종속되도록 만든다. 이것이 바로 우상숭배의 죄악이다. 사람들은 그것들에 중독의 노예가 되고 좀처럼 벗어나기 어렵게 된다. 그러므로 예수님께서는 "죄를 범하는 자마다 죄의 종이라"(요 8:34) 하셨다.

아담은 에덴동산에서 완전한 자유를 누렸다. 그는 자기가 원하면 동산에 있는 어떤 나무의 열매라도 마음대로 먹을 수 있는 자유가 있었지만, 하나님께서는 그에게 "동산 중앙에 있는 나무의 열매는 절대로 먹지 마라. 그것은 너를 노예가 되게 하며 너를 죽음에 이르게 할 것이다!" 경고하셨다.

하나님께서는 아담을 동산 한구석에 묶어 두지도 않으셨고 선악과 주변에 높은 담을 쌓지도 않으셨다. 아담은 그것을 먹을 자유가 있었다. 그런 자유 속에서 아담은 자신이 죄와 육신의 노예가 되고 궁극적으로는 죽음에 이르는 쪽으로 그 자유를 사용했다. 하나님의 말씀과 하나님의 명령을 쫓는 대신 육신의 욕망에 순종하여 결국 그는 육체의 제물이 되었고, 그 이후 모든 사람들이 중독의 마수에 사로잡혀 서서히 죽게 되었다. 이제 마귀처럼 사람들을 붙들어 자신에게 종노릇하도록 강요하는 무서운 중독으로부터 해방되는 길은 오직 예수 그리스도뿐이다. 예수께서는 "눈먼 사람들의 눈을 뜨게 하시고 마음이 상한 자를 고치시며 포로된 자에게 자유를 갇힌 자에게 놓임을 전파하기 위해"(사 61:1) 오셨다. 성경은 "그러므로 아들이 너희를 자유롭게 하면 너희가 참으로 자유하리라"(요 8:36) 선언하였다.

하나님의 관점	하나님의 약속	변화하기
잠언 5:22-23	요한복음 8:34-36	잠언 23:20-21
고린도전서 6:12-13	로마서 8:12-15	로마서 6:1-2, 11-13, 16
고린도전서 9:24-27	**성경적 예시**	로마서 12:1
디모데전서 6:6-10	잠언 23:29-35	고린도전서 6:19-20
야고보서 1:14-15		고린도후서 7:1
벧전 4:1-3. 벧후 2:19		요한일서 1:8-9

지옥(Hell)

(데살로니가후서 1:8,9) "하나님을 모르는 자들과 우리 주 예수의 복음을 복종치 않는 자들에게 형벌을 주시리니 이런 자들이 주의 얼굴과 그의 힘의 영광을 떠나 영원한 멸망의 형벌을 받으리로다"

지옥은 마귀(하나님으로부터 떨어진 악한 천사들)와 그의 졸개들을 위해 준비된 곳이다. 물론 예수님을 자신의 주와 구원자로 삼기를 거부하고 죽은 사람들도 지옥에 가 있다. 성경은 그곳을 최후의 심판을 기다리는 악인의 임시 거처 즉 고통의 장소라고 부른다(눅16:22-24). 그들은 최후의 심판 후에 불 못에 던져질 것이다. 이것이 '둘째 사망'이다(계20:13-14).

지옥에 가는 사람들도 영원히 죽지 않고 영원히 하나님과 분리되어 영원한 고통 속에서 살게 된다. 예수님은 지옥을 말하여 "거기는 구더기도 죽지 않고 불도 꺼지지 아니하는 곳"(막 9:48)으로 묘사하셨다. 그러나 우리가 섬기는 사랑의 하나님은 우리 중 한 사람도 지옥에 보내신 적이 없고 앞으로도 없을 것이다.

우리가 섬기는 사랑의 하나님은 사람들이 지옥에 가지 않도록 하기 위해 인간으로부터 자유의지를 빼앗는 일 외에는 모든 것을 다 허락하셨다. 또한 우리가 섬기는 사랑의 하나님은 사람들이 지옥에 가지 않도록 하기 위해 그의 아들을 십자가에서 못박혀 죽게 하셨다. 이와 같이 예수님은 "잃어버린 자를 찾아 구원하러"(눅 19:10) 오셨다. 그래서 인간이 지옥에 가는 것은 자신의 선택에 따른 것일 뿐이다.

성경은 심판의 날이 있음을 계시하였다. 그날이 오기까지 하나님은 오래 참으시고 모든 사람들이 회개하기를 오래 기다리신다. 하나님은 사람들이 하나님을 모독하는 것과 하나님께 반역하는 것을 참으셨다. 그러나 하나님의 오래 참으심과 오래 기다리심을 연약함으로 오해하거나 심지어 하나님이 당신의 죄를 묵인하시는 것으로 생각하면 안 된다. 하나님은 당신에게 한 가지 영생의 길을 주셨고, 그 길은 오직 아들 예수 그리스도이시다. 그 제안을 거절하는 것은 그 누구도 피할 수 없는 하나님의 심판을 자초하는 결과가 될 것이다.

하나님의 관점	하나님의 약속	변화하기
시편 1:6, 9:16-17	요한복음 3:15, 36	에스겔 33:11
이사야 14:11-15	요한복음 10:28	마태복음 5:30,18:8-9
마태복음 23:29-33	베드로후서 2:4-5, 9	마가복음 9:43-48
살후 1:9, 히10:29	**성경적 예시**	누가복음 12:4-5
벧후 2:4, 2-17, 유11-13	누가복음 16:22-26	**기도**
계 1:18, 14:10, 20:13-15, 21:8		시편 86:13

지혜(Wisdom)

(잠언 9:10) "여호와를 경외하는 것이 지혜의 근본이요 거룩하신 자를 아는 것이 명철이니라"

지혜와 지식의 차이는 무엇일까? 지식은 사실을 제공하고 지혜는 이러한 사실에 비추어 올바른 행동을 일으키는 힘이다.

예레미야는 지혜를 서술하여 "지혜로운 자는 그 지혜를 자랑치말라 용사는 그 용맹을 자랑치 말라 부자는 그 부함을 자랑치 말라 자랑하는 자는 이것으로 자랑할지니 곧 명철하여 나를 아는 것과 나 여호와는 인애와 공평과 정직을 땅에 행하는 자인 줄 깨닫는 것이라 나는 이 일을 기뻐하노라"(렘9:23,24) 증거하였다.

세상은 "당신이 얼마나 놀라운지 발견하라" 말하고, 성경은 "하나님이 얼마나 놀라우신지를 발견하라" 말한다. 그러나 예수님과는 다른 시대에 살았던 세상에서 가장 현명했던 왕 솔로몬은 "여호와를 경외하는 것이 지혜의 근본이요"(잠9:10) 증거하며 또한 "여호와를 경외하는 것이 지식의 근본이거늘 미련한 자는 지혜와 훈계를 멸시하느니라"(잠1:7) 증거하였다.

솔로몬 왕은 지혜가 지식보다 더 중요하다는 것을 알았다. 지혜가 없는 지식은 당신을 잘못 인도할 수 있기 때문이다. 그러한 지식은 아무런 가치가 없을 수 있다. 그러므로 지혜는 지식의 적절한 적용이다.

하나님의 관점
욥기 28:28
시편 37:30
잠언 1:7, 20-22
잠언 3:35, 9:10, 10:13
잠언 12:17-18, 13:10, 20
잠언 14:16, 15:7, 16:16
잠언 19:8, 21, 21:30
잠언 23:12, 23, 24:3-7
전도서 2:13, 3:14, 8:1
예레미야 9:23-24
누가복음 21:12-15
롬 11:33, 고전 1:23-25, 30
골 2:3-4, 8, 약 3:17

하나님의 약속
시편 51:6, 111:10
잠언 2:1-8, 3:5-6, 13-15
잠언 19:8, 24:14
전도서 2:26
다니엘 2:21

성경적 예시
왕상 3:5-12, 28, 10:23
역대하 1:7-12
다니엘 1:20
사도행전 6:10, 7:10
고전1:17-26, 2:6-16
에베소서 3:9-10

변화하기
잠언 3:7,4:5-6, 19:20
이사야 5:21
고전 2:5, 3:18-20
에베소서 5:15-17
골로새서 2:8, 3:16
야고보서 1:5-8

기도
역대상 22:12
시편 49:3, 90:12
다니엘 10:12
에베소서 1:16-19

진리(Truth)

(요한복음 17:17) "저희를 진리로 거룩하게 하옵소서 아버지의 말씀은 진리니이다"

사람이 진리를 찾기를 갈망하고 철학자들은 더 이상 진리를 논할 수 없는 시대에 예수님은 "내가 곧 길이요 진리요 생명이니 나로 말미암지 않고는 아버지께로 올 자가 없느니라"(요 14:6) 선언하셨다. 이것은 예수님에 대한 급진적인 진술 중 하나이다. 그러나 세상 사람들은 그 진리를 믿는 우리의 생각이 너무 좁고 편협하다고 말하며, 그것이 세상 사람들이 크리스천을 미워하는 이유 중 하나이다. 세상은 모든 길이 하나님께로 연결된다고 주장하지만 예수님은 오직 자신을 통해서만 하나님께 갈 수 있다고 말씀하셨다.

예수님은 십자가에 못 박히시기 직전에 빌라도 앞에 서서 "내가 이를 위하여 태어났으며 이를 위하여 세상에 왔나니 곧 진리에 대하여 증언하려 함이로라 무릇 진리에 속한 자는 내 음성을 듣느니라" 말씀하셨다. 이에 빌라도는 "진리가 무엇이냐"라고 냉소적으로 대답하였다 (요 18:37-38). 예수님은 본질적으로 "내가 진리다" 선언하셨다. 이것은 예수님의 독점적인 주장이다. 그러므로 우리는 거짓 교사들처럼 그 길을 넓히려고 시도하지 않는다.

산상수훈에서 예수님은 "좁은 문으로 들어가라 멸망으로 인도하는 문은 크고 그 길이 넓어 그리로 들어가는 자가 많고 생명으로 인도하는 문은 좁고 길이 협착하여 찾는 자가 적음이라" 말씀하셨다(마 7:13-15). 혹시 당신에게 누가 "하나님은 사랑이시다 그는 만인의 아버지이시다" 말하면서 "좋은 생각만 하면 복된 결과를 얻을 것이다" 말한다면 조심하는 것이 좋다. 진리이기도 하고 아니기도 하기 때문이다. 자신의 선한 일, 선한 노력 그리고 종교적 성실함으로 하나님께 나아갈 수 있다고 절대 믿지 말라. 예수님께서는 그러한 방법으로는 할 수 없다고 말씀하셨다. 예수님은 단호하게 "나로 말미암지 않고는 아버지께로 올 자가 없느니라" 선언하셨다. 물론 당신은 세상이 만들어 낸 많은 신들에게 갈 수 있다. 하지만 예수 그리스도를 통해서만 하나님 아버지께 갈 수 있다는 것, 그것이 진리다.

하나님의 관점	하나님의 약속	변화하기
신명기 32:4, 119:142, 160	요한복음 8:32	에베소서 4:25
마태복음 7:13-15	요한복음 16:13	디모데후서 2:15
요한복음 1:14, 3:33, 5:32. 8:14-16	**성경적 예시**	베드로전서 1:22
요한복음 14:6, 16:13, 17:3. 18:37	사도행전 26:25	**기도**
요한복음 19:35. 롬 3:4. 히 6:18	요한일서 2:20-21	시편 25:5, 26:3
요일 4:5-6, 5:6, 20, 계 3:7		시편 31:5, 33:4

진화(Evolution)

(이사야 45:18) "여호와는 하늘을 창조하신 하나님이시며 땅도 조성하시고 견고
케 하시되 헛되이 창조치 아니하시고 사람으로 거하게 지으신 자시니라 그 말씀
에 나는 여호와라 나 외에 다른 이가 없느니라"

하나님은 사람을 창조한 계획과 목적이 있었다. 그러므로 나 또한 존재의 목적이 있다. 그러
나 단순한 세포 단백질의 분자가 수백만 년의 우연한 돌연변이를 통해 변이 된 나의 몸으로
진화했다는 진화론적 이론은 정말 근거 없고, 믿을 수 없고, 수학적으로 증명되지 않았고,
통계적으로도 불가능한 것이다. 그렇다면 나는 운 좋게도 수십억 년의 과정을 통해 존재하
는 것인가? 만약 그것을 믿는다면 사람의 존재는 선한 디자인일 수 없고 또한 아무런 목적도
없다는 것을 뜻한다. 그렇다면 이 땅의 모든 인류의 삶의 의미가 상실되고 만다.

당신이 진화론을 받아들이는 순간, 당신은 진화된 생물체이며, 당신은 목적과 의미 없이 어
느 존재로부터 남겨진 방향 없는 인간의 삶을 배회하게 된다. 그러므로 만약 당신이 약물의
환각으로 인생을 낭비한다면 그것은 순전히 당신의 선택이다. 알코올과 같은 것으로 인생을
파괴하고자 한다면 그것도 당신의 목적이다. 왜냐하면 당신은 처음부터 존재의 목적이 없기
때문에 허망한 존재에 불과하다. 따라서 진화론적 이론에서 파생된 철학과 창조론에서 파
생된 철학이 크게 대조되는 것은 서로 상반된 목적이라고 할 수 있다.

나는 하나님의 사랑의 대상이다. 나는 하나님의 눈에 매우 중요한 사람이다. 내가 존재하는
이유는 내 존재 안에 거룩하고 영원한 목적이 있기 때문이다. 이것을 안다면 사람들은 왜 진
화론을 믿기로 선택하겠는가? 그러므로 진화론자들은 무지한 자들이다.

하나님의 관점	하나님의 약속	변화하기
창세기 1:1, 26-27,	이사야 43:1, 7	시편 95:5-6
창세기 5:1	이사야 44:22	시편 100:3
이사야 44:24	에베소서 1:11	전도서 12:1
요한복음 1:3	**성경적 예시**	이사야 55:6-9
요한복음 3:19-20	이사야 45:18	디모데전서 6:20
사도행전 17:24-28		**기도**
로마서 1:18-19		시편 119:73
고린도후서 4:3-4		요한계시록 4:11
에베소서 2:10		
야고보서 3:8-9		

질병(Illness)

(야고보서 5:15) "믿음의 기도는 병든 자를 구원하리니 주께서 그를 일으키시리라 혹시 죄를 범하였을지라도 사하심을 받으리라"

우리는 왜 어떤 사람들은 병이 낫고 어떤 사람들은 낫지 않는지, 왜 악명 높은 죄인들은 건강한 반면에 진실한 그리스도인들은 만성질환으로 고생하는지 결코 이해할 수 없다. 사람의 이성으로 이러한 것들을 이해하려고 하면 우리는 자칫 위험한 지경에 이르게 된다. 왜냐하면 하나님은 나를 사랑하지 않는다는 잘못된 판단을 내릴 수 있기 때문이다. 이럴 때 현명한 처신은 우리가 겪고 있는 시련을 영원이라는 관점을 통해 보는 것이다.

하나님은 우리가 구하는 것을 항상 주시지는 않는다. 때때로 하나님은 우리가 구한 것보다 더 많은 것을 주신다. 그럼에도 우리가 고통 가운데 하나님께 제발 이것을 없애 달라고 애원하는 것들은 바로 하나님께서 우리의 삶에서 그의 목적을 이루시기 위한 도구일 때가 많다.

하나님은 바울로 하여금 그의 몸에 박힌 가시를 이해할 수 있도록 하셨다. "바울아, 내가 이 가시를 네 육체에 남겨둔 것은 너를 약하게 하여 네가 항상 내 힘에 의지하도록 하기 위함이니라. 나는 풍족한 은혜를 네게 주기 위하여 이 사탄의 사자가 너를 치게 내버려 두었노라" 말씀 하셨다(고후 12:8-9 참조). 우리는 이러한 바울의 처지를 동정하지만, 바울은 "나를 불쌍히 여기지 마시오. 나는 이 약함을 기뻐하고 영광스럽게 생각합니다!" 대답하였다.

이제 자신의 몸이나 삶의 조건에서 괴로움을 견디는 법을 배웠으므로 진정으로 승리하는 삶을 살 수 있게 되었다고 느끼는 당신에게 하나님께서 당신을 위해 더 큰 것을 예비해 두셨다는 것을 깨닫게 되기를 바란다. 그러므로 괴로운 일을 그냥 참고 견디지 말고 그것이 당신의 삶에서 하나님의 은혜와 능력의 도구가 되게 하라. 자신의 길을 하나님께 온전히 맡기고 하나님과 동행하는 법을 배우라. 하나님이 병을 낫게 해주시지 않는다면 하나님은 반드시 그의 족한 은혜로 우리를 견딜 수 있게 하시고 우리를 더욱 강하게 해주실 것이다.

하나님의 관점	하나님의 약속	변화하기
예레미야 30:17	출애굽기 23:25	잠언 4:20-22
야고보서 1:6	신명기 7:15	베드로전서 4:19
베드로전서 2:24	이사야 35:6, 57:18-19	**기도**
성경적 예시	말라기 4:2	시편 73:26, 103:2-3
시편 107:20	고린도후서 4:17	예레미야 17:1
마태복음 8:8, 마가복음 6:13	야고보서 5:14-16	
고린도후서 12:7-10		

집단 압력(Peer Pressure)

(잠언 29:25) "사람을 두려워하면 올무에 걸리게 되거니와 여호와를 의지하는 자는 안전하리라"

사람을 두려워하는 올무에 걸린 분들이 꽤 많다. 개인적으로 나 또한 사람을 두려워하는 바람에 해서는 안 되는 일을 알면서도 저질렀던 적이 여러 번 있었다. 바로 집단 압력에 굴복한 것이다. "사람들이 나를 어떻게 생각할까?" 이런 생각 때문에 우리는 해서는 안 된다는 것을 알면서도 결국은 일을 저지르곤 한다.

본디오 빌라도 역시 집단 압력의 올무에 걸렸다. 그는 속으로 예수님이 결백하다는 것을 알고 있었다. 그는 거듭해서 "나는 그에게서 아무 죄도 찾지 못하였노라" 말하면서도 군중들이 소리치며 "십자가에 못 박게 하소서! 십자가에 못 박게 하소서!" 외치자, 빌라도는 "왜? 그가 무슨 악을 행하였느냐?" 물었다. 거기 모인 군중들은 이성을 잃은 채, 단지 예수님을 십자가에 못박고 싶은 충동에 사로잡혔던 것이다. 그 상황에서 빌라도는 군중들의 요구를 들어주는 것과 옳은 일을 하는 것 사이에서 이러지도 저러지도 못하게 되었다. 그러다가 마침내 대제사장들이 "이 사람을 놓으면 가이사의 충신이 아니다"(요19:12)라고 말하자 총독 본디오 빌라도는 사람을 두려워하는 올무에 걸려 앞으로 닥칠 결과가 두려워진 나머지 그는 예수님을 십자가에 못박도록 넘겨주고 말았다.

불행하게도 사람들은 자신의 마음속에서 세미하게 들리는 하나님의 음성보다 사람들이 하는 말에 귀를 기울이는 어리석음을 행하는 경우가 많다. 우리는 사람들이 어떻게 생각할까 하는 염려에 사로잡혀 사람을 두려워하는 올무에 걸리곤 한다. 그래서 하나님이 나를 어떻게 생각하실까 보다는 사람들이 나를 어떻게 생각할까에 더 신경을 쓰게 된다. 당연히 우리는 사람들보다 하나님을 더 두려워해야 한다. 성경도 이와 관련해 "여호와를 경외하는 것이 지혜의 근본이요"(잠 9:10)라고 가르친다.

....

하나님의 관점	성경적 예시	변화하기
욥기 28:28, 시편 111:10	창 12:11-13, 20:2, 11, 26:7	신명기 13:6-8
잠언 1:7, 9:10-11,12:26, 13:20	출애굽기 32:22-24	잠언 22:24
잠언 18:24, 19:4, 6, 29:25	사무엘상 15:24	마태복음 10:28
전도서 7:18-19	욥기 16:2-5. 다니엘 3:28	행 5:29. 롬 12:2
마 15:12-14. 고전 3:19	마태 26:69-70, 27:24	갈 1:10. 살전 4:1
하나님의 약속	요한 9:22, 12:42, 19:12-13	기도
시편 1:1. 벧전 1:21	롬 1:11-12. 갈 2:11-12	마태복음 6:13

징계(Discipline)

(히브리서 12:7) "너희가 참음은 징계를 받기 위함이라 하나님이 아들과 같이 너희를 대우 하시나니 어찌 아비가 징계하지 않는 아들이 있으리요"

교회 안에서의 문제 중 하나는 죄에 사로잡힌 자들을 다루는 일에서 시작된다. 종종 우리는 그들을 도우려고 하지만 결국은 그들의 조력자로 전락하고 만다. 예를 들어 어떤 사람이 곤경에 처해 울부짖으며 교회를 찾아오면 우리는 그가 지은 죄값으로부터 구해주기 위해 그를 도와주지만, 그 결과는 계속해서 죄를 짓도록 후원하는 꼴이 되고 만다. 그러나 교회라는 지체 전체를 위해서는 과감히 그 악한 사람을 쳐내야만 한다. 교회 안에 그대로 두면 온 교회에 악영향을 끼치는 누룩이 된다.

바울은 고린도교회에 발생된 음행의 사건을 징계하지 않음을 엄하게 책망하였다. 그 이유는 교회 안에서 악을 유도하는 악한 영들을 차단하기 위함이다. 그러므로 교회가 성경이라는 기준을 지키지 않는다면 교회라는 몸은 굉장히 쇠약해져 더 이상 그 몸에서 독을 제거할 수 없게 된다. 그러면 죽음이 바로 코앞에 닥치게 된다.

"주 예수의 이름으로 너희가 내 영과 함께 모여서 우리 주 예수의 능력으로 이런 자를 사단에게 내어주었으니 이는 육신은 멸하고 영은 주 예수의 날에 구원 얻게 하려 함이라"(고전 5:4,5)

하나님의 관점	하나님의 약속	변화하기
시편 119:21-22, 118	야고보서 5:19-20	마태복음 18:15-18
잠언 19:27-29	**성경적 예시**	로마서 16:17
로마서 15:14	고린도전서 5:1-5	고린도후서 2:6-8
고린도전서 5:11-12	디모데후서 2:16-23	갈라디아서 6:1
디모데전서 6:10		에베소서 5:11
베드로후서 3:17		데살로니가전서 5:12-15
		데살로니가후서 3:6, 14
		디모데전서 6:5
		디모데후서 3:5
		디도서 3:10

찬양(Praise)

(시편 50:23) "감사로 제사를 드리는 자가 나를 영화롭게 하나니 그 행위를 옳게 하는 자에게 내가 하나님의 구원을 보이리라"

하나님이 나에게 하나님의 영광과 사랑을 보여주시고 축복을 부어주실 때 나는 하나님께 영광을 돌리고 기뻐하고 감사하며 찬양한다. 나를 향한 하나님의 은혜에 응답하여 마음속에서 저절로 솟아나는 이것이야말로 진정한 형태의 찬양이다.

내 인생에서 내가 경험했던 가장 아름답고 영광스러웠던 순간은 성령을 통한 하나님과의 연합과 교제였다. 하나님의 영이 그때 나에게 나타내 보여주신 성부와 성자 하나님의 경이로움과 영화로움과 눈부심이란 얼마나 풍성했는지 모른다! 하나님의 영이 하나님의 크신 사랑과 위엄을 드러내시면 얼마나 아름다운지 그때는 당신도 찬양을 시작할 수밖에 없다.

신약성경은 찬양을 제사라 부른다. "이러므로 우리가 예수로 말미암아 항상 찬미의 제사를 하나님께 드리자 이는 그 이름을 증거하는 입술의 열매니라"(히 13:15). 다시 말해서 하나님을 찬양하는 것은 우리가 하나님께 드리는 제사라는 뜻이다. 그러므로 만약 우리가 축복을 받기 위해 하나님을 찬양한다면 그것은 진정한 찬양이 될 수 없다.

'찬미의 제사'라는 말을 보면 찬양하기가 힘들고 찬양할 기분이 도통 들지 않아도 하나님을 찬양하라는 뜻이 아닐까 싶다. 또한 우리는 믿음으로 찬양을 해야 할 때가 종종 있다. 하나님께서 주신 약속으로 인해 하나님을 찬양하는 것이다. 하나님은 결코 나를 떠나지도 버리지도 않으실 것이라고 약속하셨다. 그리고 내가 깊은 강을 건널 때에도 물이 나를 침몰치 못할 것이요, 불 가운데로 행할 때에도 타지 아니할 것이라 약속하셨다. 그러므로 우리는 항상 찬미의 제사를 하나님께 드리는 것이다.

하나님의 관점	성경적 예시	기도
신명기 10:21	예레미야 33:11	출애굽기 15:2
시편 22:3, 50:23, 65:1	사도행전 2:46-47	시편 7:17, 34:1
시편 96:4, 107:8	요한계시록 5:12	시편 40:3, 51:15
이사야 42:8, 43:21	**변화하기**	시편 52:9, 63:3-5
베드로전서 2:9	시편 100:4	시편 71:8, 86:12
하나님의 약속	시편 105:2	시편 139:14
이사야 43:2	로마서 5:2	시편 145:10, 21
고린도후서 1:20	에베소서 5:19	
야고보서 1:17	히브리서 13:15	

참음(Patience)

(히브리서 12:7) "너희가 참음은 징계를 받기 위함이라 하나님이 아들과 같이 너희를 대우 하시나니 어찌 아비가 징계하지 않는 아들이 있으리요"

하나님께는 만사에 정한 때가 있고 하나님은 우리의 영원한 유익을 생각하시기 때문에 오래 참으심으로 그때를 기다리신다. 그러나 나는 현세적 차원에서 생각하기 때문에 하나님의 정하신 때를 기다리지 못하고 하나님의 시계를 빨리 가게 하려고 애를 쓴다. 내 의지로 하나님의 프로그램을 앞당기려고 한다. 그러나 만일 내가 하나님이 움직이시기 전에 성급하게 앞서 간다면 그것은 커다란 실수이다.

나는 성령님의 사람들을 향한 인내와 오래 참으심에 놀라곤 한다. 그러나 어떤 사람들은 하나님이 포기하시기도 전에 스스로 먼저 포기한다. 그럼에도 놀라운 것은 하나님의 영은 그들이 두 손을 든 후에도 계속해서 그들과 씨름하신다. 그리하여 내가 마음속으로 저 사람은 구제불능이라고 생각했던 사람들이 마침내 주님께로 나아오는 놀라운 광경을 목격하곤 한다. 하나님은 분명히 그들의 타락한 생각과 행위에 그들을 내어버려 두셨었다. 그러나 하나님은 그들을 포기하지 않으시고 구원하셨다. 하나님께서 그 오랜세월동안 사람들과 씨름하며 그들을 인내하시고 오래 참으심은 참으로 놀랍다.

때때로 나는 참지 못하고 예수님께 조바심을 낸다. 예수님이 우리를 만나기 위해 뛰어오시기를 보챈다. 나는 주께서 빨리 뛰어오셨으면 하는데 주님은 느릿느릿 걸어서 오시는 것만 같아 조바심마저 든다. 우선 내 손으로라도 빨리빨리 해야 할 것 같고, 주님의 나라도 좀 서두르시면 좋겠는데 주님은 느릿느릿 걸어오신다. 주님은 그의 때를 기다리신다.

"그러므로 형제들아 주의 강림하시기까지 길이 참으라 보라 농부가 땅에서 나는 귀한 열매를 바라고 길이 참아 이른 비와 늦은 비를 기다리나니 너희도 길이 참고 마음을 굳게 하라 주의 강림이 가까우니라"(약 5:7-8)

하나님의 관점	하나님의 약속	변화하기
예레미야애가 3:25-27	시편 27:14	시편 37:7
누가복음 18:1	**성경적 예시**	로마서 12:12
갈라디아서 5:22	다니엘 9:3, 21	에베소서 4:1b-2
골로새서 1:11	사도행전 1:14	골로새서 3:12, 4:2
야고보서 1:2-4	골로새서 4:12	살전 5:17. 딤후 4:2
베드로후서 1:5-9	디모데후서 3:10	**기도**
	여고보서 5:7-8	시편 40:1, 102:2

채식주의자 & 코셔(Vegetarian Eating & Kosher)

(고린도전서 8:13) "그러므로 만일 음식이 내 형제로 실족케 하면 나는 영원히 고기를 먹지 아니하여 내 형제를 실족치 않게 하리라"

크리스천 중에도 채식주의자가 있으며, 그들은 고기를 절대 먹어서는 안 된다고 주장한다. 그러나 내가 그들에게 말하고 싶은 것은 육식은 영적으로 아무 문제가 없다는 것이다. 다만 구약성경에서는 금지되었던 고기가 있었다.

오늘날의 과학지식을 통해 밝혀진 것은 하나님께서 금지하신 것 중 몇몇 고기들은 그것을 섭취했을 때, 우리 건강에 잠재적인 위험 요소가 제기되었다. 예를 들면 조개들은 연중 어떤 시기에는 치명적인 독소를 배출한다. 또한 돼지고기를 알맞게 조리하지 않으면 선모충병에 걸릴 수 있다.

그러나 오늘날 우리는 이러한 위험 요소를 인지하고 이러한 종류의 고기를 먹을 때에는 어떻게 안전하게 조리해서 먹을 수 있는지를 알고 있다. 그러므로 채식주의자가 되는 것이 영적인 것이라고 말할 근거는 없다.

바울은 고기에 관련해서 우리가 아는 바 그리스도 안에서의 자유에 대해 이해하고 "하나님께서 지으신 모든 것이 선하매 감사함으로 받으면 버릴 것이 없다"(딤전 4:4) 기록하였다. 더 나아가 바울은 로마인들에게 보낸 편지에서 고기를 먹는 자들은 채식주의자를 경시해서는 안 되며 또한 채식주의자는 육식을 먹는 자를 판단해서는 안 된다고 말하였다. 이와 같이 하나님은 우리 모두를 받아 주신다.

"무릇 시장에서 파는 것은 양심을 위하여 묻지 말고 먹으라"(고전10:25)

....

하나님의 관점	변화하기	성경적 예시
시편 24:1	로마서 14:1-4, 13-17, 20-21	사도행전 11:5-9
디모데전서 4:1-5	고린도전서 10:25-26, 31-33	

책임(Accountability)

(히브리서 4:13) "지으신 것이 하나라도 그 앞에 나타나지 않음이 없고 오직 만물이 우리를 상관하시는 자의 눈앞에 벌거벗은 것같이 드러나느니라"

모든 사람은 언젠가 하나님 앞에 서서 자신이 한 일에 대해 책임을 지게 될 것이다. 당신은 당신이 행한 일들에 대해 답변해야 한다. 남을 속이고 또 진실을 숨겼을지라도 하나님을 속이거나 하나님께 숨길 수는 없다.

바울은 큰 금액의 헌금을 운반하는 임무를 디도에게 맡겼을 때, 교회 전체에서 좋은 평판을 받았던 어떤 형제를 선임하여 디도와 동행하게 했다. 이렇게 막중한 일을 맡길 때 한 사람이 아닌 두 사람으로 하여금 책임을 지도록 한 것은 "주 앞에서만 아니라 사람 앞에서도" 책망할 것이 없게 하려는 뜻에서였다(고후 8:18-21). 이와 같이 하나님을 기쁘시게 하기 위해서는 막중한 책임을 감당해야 한다.

솔로몬은 "두 사람이 한 사람보다 나음은 저희가 수고함으로 좋은 상을 얻을 것임이라 혹시 저희가 넘어지면 하나가 그 동무를 붙들어 일으키려니와 홀로 있어 넘어지고 붙들어 일으킬 자가 없는 자에게는 화가 있으리라"(전4:9-10) 증거하였다.

흥미롭게도 현대인의 성경은 이어지는 12절에서 "한 사람으로서는 당해 낼 수 없는 공격도 두 사람이면 능히 막아낼 수 있으니 삼겹줄은 쉽게 끊어지지 않는다" 번역하였다. 혼자서는 넘어지거나 유혹에 빠져도 도와줄 사람이 없을 것이다. 그를 일으켜줄 사람도 없고 도와줄 사람도 없다. 그러므로 하나님 앞에서뿐만 아니라 사람들 앞에서도 책임을 다하려면 다른 사람들과 친밀한 관계를 유지하는 것이 필요하다.

하나님의 관점	하나님의 약속	변화하기
잠언 15:3	시편 1:1-6	에베소서 5:8-11
전도서 4:9-10, 12	**성경적 예시**	빌립보서 1:27
로마서 14:12	시편 55:13-14	디모데전서 4:12
디도서 2:11-13	다니엘 3:16	히브리서 10:24-25
히브리서 4:13	사도행전 2:1	야고보서 3:13
베드로후서 3:11	고린도후서 8:18-21	베드로전서 1:13-17
		요한일서 1:9

책임전가(Blameshifting)

(갈라디아 6:4,5) "각각 자기의 일을 살피라 그리하면 자랑할 것이 자기에게만 있고 남에게는 있지 아니하리니 각각 자기의 짐을 질 것임이니라"

우리는 종종 잘못된 일을 하거나 곤경에 처하면 화를 내면서 하나님을 원망하는 경향이 있다. 엉뚱한 곳에다 책임을 묻는 셈이다. 우리 자신의 실수로 고통을 겪을 때 우리는 오히려 자신의 어리석음에 대해 화를 내야 할 것이다.

"사람이 미련하므로 자기 길을 굽게 하고 마음으로 여호와를 원망하느니라"(잠 19:3)

당신이 저지른 잘못에 대해서는 당신 자신이 책임을 져야 한다. 다른 사람에게 책임을 전가하려고 한다면 당신은 스스로 잘못을 회개할 기회를 갖지 못하게 된다. 그러나 하나님 앞에 섰을 때 당신은 당신이 한 일과 당신의 모습에 대해 하나님께 답변을 해야 한다. 좋든 싫든 당신은 자신의 모습과 자신이 행한 일에 대한 책임을 져야 한다.

....

[사람을 원망하기]

하나님의 관점   성경적 예시   변화하기
마태복음 7:1-5   창세기 3:12-13   갈라디아서 6:4-5
                       요한복음 21:20-22

[하나님을 원망하기]

하나님의 관점   기도
잠언 19:3   다니엘 9:7
야고보서 1:13-14

천국(Heaven)

(시편 11:4) "여호와께서 그 성전에 계시니 여호와의 보좌는 하늘에 있음이여 그 눈이 인생을 통촉하시고 그 안목이 저희를 감찰하시도다"

'천국'이라는 단어의 기원적 의미는 '높은 혹은 고상한' 혹은 '위에 있는 것'이다. 이것은 천국이 위치하고 있는 곳을 나타낸다. 천국에는 질병이 없고 유혹이 없고 슬픔과 죽음이 없다. 아픔과 고통과 눈물도 없을 것이다. 하나님께서 모든 것을 새롭게 만드시기 때문이다. 궁극적으로 천국은 바로 하나님의 임재 안에서 우리가 살 장소이다. 영원토록 그분과 친밀하고 개인적인 교제를 나누게 된다.

바울이 자신이 천국으로 올려졌을 때를 가리켜 "그가 낙원으로 이끌려 가서 말로 표현할 수 없는 말을 들었으니 사람이 가히 이르지 못할 말이로다"(고후 12:4). 이는 천국을 정의할 언어가 없다는 뜻이다. 그가 묘사하려는 어떤 것도 그 자체를 표현하기에 너무 부족했기 때문이다. 누가 인간의 언어로 그의 본체를 축소한다면 그것은 중대한 범죄 행위가 될 것이다.

흥미롭게도 하나님은 출애굽기에서 모세에게 성막의 형태를 보여주셨다. 그가 지은 성막이 하나님의 천국 보좌의 모델이었다. 나는 천국의 하나님 보좌에 대한 묘사를 당신이 읽어보기를 강력히 추천한다. 그것은 에스겔 1장과 요한계시록 4장에 기록되었다. "눈으로 보지 못하고 귀로 듣지 못한" 천국은 정말로 영광스러운 장소일 것이다. 우리는 여기서 그곳에 대한 매우 작은 맛보기만 볼 수 있지만, 그곳은 분명 우리가 바라고 꿈꾸고 상상할 수 있는 것을 훨씬 넘어서는 것이다.

나는 당신이 그러한 것들과 친숙해지는 것이 좋다고 생각하는데 언젠가 당신은 그곳에 가게 될 것이며, 그때 그곳에서 당신이 시골 사람처럼 보이지 않기를 바라기 때문이다. 당신은 얼빠진 사람 중 하나처럼 "와, 우와, 와!" 놀라는 것으로 인해 주변 사람들이 "아, 저 사람은 성경공부를 전혀 하지 않았구나. 그렇지?" 놀리지 않길 바란다. 이제라도 반드시 성경에 기록된 천국에 대해 읽기를 바란다. 그것은 굉장한 축복이다.

....

하나님의 관점	하나님의 약속	성경적 예시
출애굽기 25:8-9	요한복음 14:2	고린도후서 12:2-4
시 11:4, 14:2, 33:13-15, 103:19	고린도전서 2:9	히브리서 11:14-16
예레미야 23:23-24	요한계시록 21:4	기도
에스겔 1:22-28,10:1, 3-5, 8-14	변화하기	시편 16:11, 17:15
히브리서 8:1-2, 9:23-24	에베소서 2:6	시편 73:25
요한계시록 4:1-11	골로새서 3:1-2	

천국에 가는 방법(How to get to Heaven)

(마태복음 7:21) "나더러 주여 주여 하는 자마다 천국에 다 들어갈 것이 아니요 다만 하늘에 계신 내 아버지의 뜻대로 행하는 자라야 들어가리라"

우리가 예수님만이 천국에 갈 수 있는 유일한 길이라고 말하면 사람들은 정말로 난감해 한다. 그러나 종교적 신앙심이 깊다고 해서 천국에 가는 것은 아니다. 만약 우리가 선행을 하고 기도를 하고 종교적인 행위들을 다 했다고 해서 천국에 갈 수 있다면 예수님은 죽으실 필요가 없었을 것이다. 착한 사람이 되어야 천국에 갈 수 있는데 왜 예수님이 죽으셔야 했겠는가?

예수님은 겟세마네 동산에서 피땀을 흘리시며 "만일 할만하시거든 이 잔을 내게서 지나가게 하옵소서" 기도하셨다. 다시 말해 사람이 다른 방법으로 구원받을 수만 있다면 십자가에서의 나의 죽음이 내게서 지나가도록 해주시길 바라는 기도였다. 그러나 주님은 계속해서 하나님 아버지께 "그러나 나의 원대로 마옵시고 아버지의 원대로 하옵소서"(마 26:39) 기도하셨다.

예수님은 제자들에게 말씀하실 때 "좁은 문으로 들어가라 멸망으로 인도하는 문은 크고 그 길이 넓어 그리로 들어가는 자가 많고 생명으로 인도하는 문은 좁고 길이 협착하여 찾는 이가 적음이니라"(마 7:13-14) 말씀하셨다. 예수님은 또 "내가 곧 길이요 진리요 생명이니 나로 말미암지 않고는 아버지께로 올 자가 없느니라"(요 14:6) 말씀하셨다. 그렇다. 기독교는 매우 좁은 길임을 인정한다. 십자가가 그것을 증거한다.

....

하나님의 관점	하나님의 약속	변화하기
마태복음 7:21	빌립보서 3:20	요한복음 3:3
마태복음 10:32-33	베드로전서 1:3-4	로마서 10:6-9
누가복음 12:8-9	성경적 예시	기도
누가복음 13:23-28	요한복음 3:1-3, 5	누가복음 23:42-43
요한복음 6:27-29		
요한복음 14:6		
사도행전 4:12		
요한계시록 21:27		

천사들(Angels)

(히브리서 13:2) "손님 대접하기를 잊지 말라 이로써 부지중에 천사들을 대접한 이들이 있었느니라"

'천사'라는 단어는 문자적으로는 '전달자'(messenger)를 뜻한다. 천사는 하나님이 보내신 사자들이다. 천사들은 하나님에 의해 창조된 서로 다른 계급과 권위와 능력을 가진 영적 존재이며 하나님께 순종한 천사들과 반역한 천사의 두 부류로 나뉜다.

사탄은 원래 천사였지만 하나님께 반역하여 하늘에서 떨어졌다(사 14:12-15 참조). 그가 떨어질 때 모든 천사들 가운데 3분의 1이 그를 따라 하나님께 반역하여 그와 함께 땅으로 떨어졌다(계 12:4). 그들은 사탄의 반역에 동참한 천사들이며 성경에서는 이들을 귀신 혹은 마귀로 지칭한다.

구약성경에서 여호수아가 여호와의 군대 대장을 만나 경배했을 때, 이 군대 대장은 몸을 갖고 나타나신 하나님의 현현이었다(수5:13-15). 그러므로 구약에서 현현하신 하나님은 예수님이 구약시대에 그 자신을 나타내 보이신 것이다. 천사로 현현하신 예수님은 아브라함에게도 나타나셨고(창14), 야곱과 씨름하셨으며(창32), 여호수아와 대화를 나누셨다. 오늘날도 천사가 우리에게 나타나지 말란 법이 없다고 생각한다. 히브리서 기자는 우리에게 "손님 대접하기를 잊지 말라 이로써 부지중에 천사들을 대접한 이들이 있었느니라"(히13:2) 가르치고 있다. 오늘날 당신도 천사를 만날 수 있는 것이다.

....

하나님의 관점
시편 8:4-6, 103:20-21
마태 16:27, 26:52-53,
막13:27, 눅15:10, 요1:51
고전 4:9, 갈 1:8
딤전 3:16, 벧전 1:12

하나님의 약속
시편 34:7, 91:11-12
로마서 8:38-39
데살로니가후서 1:6-7
히브리서 1:14
요한계시록 3:5

변화하기
마 18:10, 히13:2, 벧전5:8-9
성경적 예시
창세기 19:1, 15, 28:12
마 4:5-11, 막1:13, 눅1:19
요 20:11-12, 행5:19, 12:7-9

[천사를 경배하지 말라]

하나님의 관점
출애굽기 20:3-5
신명기 5:7-9
하나님의 약속
고린도전서 6:3

변화하기
골로새서 2:18
성경적 예시
창세기 19:10
창세기 22:8-9

[타락한 천사들]

하나님의 관점
에스겔 28:11-19
마 25:41, 눅 10:18
벧후 2:4, 유1:6, 계 12:7-9
성경적 예시
이사야 14:12-19

천주교(Catholicism)

(계시록 2:20) "그러나 네게 책망할 일이 있노라 자칭 선지자라 하는 여자 이세벨을 네가 용납함이니 그가 내 종들을 가르쳐 꾀어 행음하게하고 우상의 제물을 먹게 하는도다"

인간의 종교가 가진 문제는 땅에서 시작해서 무한하신 하나님께 도달하고자 한다는 점이다. 유한한 인간은 결코 무한한 하나님에게 도달하거나 그에게 닿을 수 없다. 전혀 불가능하다. 그러나 무한하신 하나님은 유한한 인간에게 쉽게 닿을 수 있다. 이것이 우리 기독교와 다른 모든 종교의 차이점이다.

당신은 그 어떤 일을 하더라도 결코 하나님께 닿을 수 없다. 아무리 선행을 많이 하더라도 하나님께 닿을 만큼 충분할 수 없다. 아무리 긴 묵주라도 하나님께 닿을 만큼 길지 못하다. 그러므로 하나님을 만나는 유일한 방법은 겸손히 머리를 숙이고 "하나님, 죄인인 저를 불쌍히 여기소서" 고백하는 것뿐이다. 당신이 한 일이 아니라 하나님께서 하신 일을 근거로 해야만 만날 수 있다.

기독교와 타종교의 결정적인 차이점은 한 단어로 요약된다. 그것은 어떤 종교에서도 찾을 수 없는 단어이다. 그것은 오직 기독교에만 해당된다. 그 단어는 바로 "은혜"이다.

....

하나님의 관점		변화하기
마태복음 16:6,12	에베소서 2:8-9	요한복음 6:28-29
로마서 3:23-24	디도서 3:5	로마서 10:8-9
로마서 6:23		

청결(Purity)

(요한일서 3:3) "주를 향하여 이 소망을 가진 자마다 그의 깨끗하심과 같이 자기를 깨끗하게 하느니라"

청결은 하나님과 하나님의 일을 한 마음으로 따르는 것이다. 청결한 마음의 개념은 나뉘지 않는 마음이다. 마음의 자세는 어떤 행동을 하느냐보다 훨씬 더 중요한데 우리 주변에는 바른 행동을 하면서도 마음은 바르지 못한 사람들이 많기 때문이다. 바르지 못한 마음은 우리가 그리스도인으로 살아가는데 많은 문제점들을 야기한다.

청결한 마음은 한 마음만 품는 것이다. 그러므로 다윗은 "여호와여 주의 도로 내게 가르치소서 내가 일심으로 주의 이름을 경외하게 하소서"(시 86:11) 기도하였다. 예수님은 이러한 마음에 대해 "마음이 청결한 자는 복이 있나니 저희가 하나님을 볼 것임이요"(마 5:8)라고 말씀하셨다. 주께서 "마음이 청결한 자는 복이 있나니"라고 하셨지만 누구도 그런 사람은 없고 그렇게 자신을 만들 수도 없다. 그러므로 팔복 가운데 여섯 번째인 이 구절은 우리 모두가 하나님의 은혜를 필요로 한다는 사실을 분명하게 지적하고 있다. 그것은 우리 능력 밖의 일이고 그래서 하나님의 은혜가 더욱 더 빛이 난다.

성경은 "만물보다 거짓되고 심히 부패한 것은 마음이라" 선언하고, 곧 이어 "누가 능히 이를 알리요?"(렘 17:9) 묻는다. 또한 바울은 로마서에서 사람에 대한 하나님의 묘사로 "곧 모든 불의, 추악, 탐욕, 악의가 가득한 자요 시기, 살인, 분쟁, 사기, 악독이 가득한 자요 수군수군하는 자요 비방하는 자요 하나님의 미워하시는 자요 능욕하는 자요 교만한 자요 자랑하는 자요 악을 도모하는 자요 부모를 거역하는 자요 우매한 자요 배약하는 자요 무정한 자요 무자비한 자"(롬1:29-31)라고 서술하였다. 그럼에도 하나님은 이러한 사람들에게 사랑과 용서와 정결케 하심을 베푸신다. 이처럼 하나님은 우리를 기꺼이 변화시키고자 하신다. 우리가 마음을 열면 예수께서 우리를 모든 죄에서 씻어주시고 우리 안에 청결한 마음을 주어 하나님 아버지 앞에 흠이 없이 서게 하실 것이다.

하나님의 관점	하나님의 약속	변화하기
레위기 19:17	시편 119:9	신11:16, 잠4:23, 겔 18:31
시 24:3-4, 잠 20:9	잠언 22:11, 28:26	행 8:22, 고후 6:6, 7:1
전도서 9:3, 렘 17:9	겔 11:19-20, 36:25-27	딤전 4:12, 딤후 2:22. 히 10:22,
마태복음 5:8,	요한복음 15:3. 요일 1:9	약 4:8. 벧전 1:22, 요일 3:3
엡 5:26-27. 딤전 1:5	**성경적 예시**	**기도**
디도서 1:15. 유 1: 24	말라기 3:2-4	시편 19:12, 51:7, 10, 86:11

청년(Youth)

(시편 119:9) "청년이 무엇으로 그의 행실을 깨끗하게 하리이까 주의 말씀만 지킬 따름이니이다"

성경에서 "청년"이라는 단어는 보통 십 대를 일컫는다. 많은 청년들이 하나님과의 관계에 직면하면서 이렇게 말한다. "글쎄요, 나이를 더 먹을 때까지 기다려 주세요. 하나님과 진지해지기 전에 신나게 놀고 싶어요"

솔로몬은 "너는 청년의 때에 너의 창조주를 기억하라 곧 곤고한 날이 이르기 전에, 나는 아무 낙이 없다고 할 해들이 가깝기 전에 그리하라"(전 12:1) 권고하였다. 당신에게 있어 지금이 청년의 때이다. 하나님을 섬길 수 있는 에너지와 기회가 남아 있을 때 당신의 삶을 하나님께 바칠 때가 바로 지금이다. 너무도 많은 기성세대들이 그들이 어렸을 때 뿌린 씨앗의 값을 지불하고 있다. 그 결과 그들은 건강이 나빠졌고 좋은 기회를 놓쳤고, 사람과의 관계가 망가져 파괴된 삶을 살고 있다. 그들은 청년이었을 때 잘못된 길을 걷기 시작했고 이제 그 결과를 거두고 있는 것이다.

바울은 디모데에게 "누구든지 네 연소함을 업신여기지 못하게 하고 오직 말과 행실과 사랑과 믿음과 정절에 있어서 믿는 자에게 본이 되라"(딤전 4:12) 가르쳤다. 그러나 젊은이들이 지혜를 가지고 있을 때, 때로는 단지 어리다는 이유로 그렇게 인식되지 않는 경우가 있다. 바울은 디모데에게 그것을 다루는 가장 좋은 방법은 자신의 삶을 모범적으로 사는 것이라고 가르쳤다. 그의 삶이 모범이 되고 그가 설교한 것을 실천한다면 그의 나이 때문에 그에게 회의적인 사람들을 설득할 수 있는 것이다. 우리가 몇 살이든 간에 우리의 삶은 항상 우리가 가르치고 있는 진리를 확정해야 한다.

하나님께서 디모데와 같은 청년을 더 많이 일으키시길 바라신다. 어른들이 청년의 때를 잘못 살아서 끔찍하게 실패할 때, 하나님은 갈보리 채플 교회 초기에 하셨던 것처럼 젊은이들 가운데서 움직이실 것이다. 그 결과 부흥은 청년에서부터 성인에게로 퍼져 나가게 된다.

하나님의 관점	하나님의 약속	성경적 예시
출애굽기 20:12	잠언 1:8-9	창 39:2, 6-10, 왕하 22:1-2
시편 119:9	잠언 2:1-11	잠 7:7. 단 1:8-9, 3:16-18
잠언 3:1-4, 20:11	**변화하기**	누가복음 2:40, 51-52
전도서 11:9, 12:1	잠 4:1-4. 전 11:9-10	요한일서 2:14
예레미야 1:5-7	딤전4:12, 딤후 2:22	**기도**
엡 6:1-3. 골 3:20	디도서 2:6	시편 27:7, 71:17

청지기 직분(Stewardship)

(베드로전서 4:10) "각각 은사를 받은 대로 하나님의 각양 은혜를 맡은 선한 청지기같이 서로 봉사하라"

청지기는 다른 사람의 재물을 맡아 관리하는 사람이다. 하나님으로부터 은사를 받은 사람들은 받은 은사를 가지고 다른 사람들을 위해 봉사함으로써 하나님의 은혜를 세상에 나타내야 한다.

성경에서 청지기는 다른 사람의 재물과 업무를 돌보는 사람이었다. 당시 부자들은 믿을만한 종들을 하나씩 두고 집안의 모든 일을 도맡아서 처리하게 하여 자신들은 그런 일들에 수고를 할 필요가 없었다. 이처럼 우리도 하나님의 은혜를 맡은 청지기들이라 할 수 있다. 하나님께서는 우리로 하여금 하나님이 우리에게 맡기신 것들을 돌보고 그것들을 다른 이들에게 나누어 줄 임무를 맡기셨다.

예수님은 청지기에 대한 많은 비유를 말씀하셨다. 더러는 맡은 임무에 충실하고 더러는 그렇지 못한 청지기들의 이야기였다(마 25:14-30). 예수님은 제자들에게 예수님이 다시 오실 때까지 열심히 일하도록 하기 위해 이러한 비유를 드셨다.

우리는 가만히 앉아서 주님이 다시 오시기만을 기다리고 있어서는 안 된다. 하나님은 우리가 주님이 언제든 부지불식간에 오실 것으로 알고 살기를 원하신다. 이는 우리가 게으르지 않아야 하는 이유이기도 하다. 주님이 재림하시면 반드시 그의 종들과 회계하는 시간을 가지실 것이다. 주님은 우리가 우리에게 맡기신 것들을 가지고 무엇을 위해 어떻게 사용했는가를 철저히 따져 물으실 것이다. 그리고 만일 우리가 맡은 임무에 충실했던 청지기였다면 후한 상과 칭찬을 내리시며 "잘하였도다 착하고 충성된 종아 네가 작은 일에 충성하였으매 내가 많은 것으로 네게 맡기리니 네 주인의 즐거움에 참예할찌어다." 칭찬하실 것이다.

....

하나님의 관점	하나님의 약속	성경적 예시
말라기 3:10	잠언 11:24-25, 19:17, 28:20	창세기 1:28,
마태복음 11:30	디모데전서 6:18-19	창세기 2:15
누가복음 6:38,	히브리서 6:10	역대상 29:14-17
누가복음19:13	**변화하기**	마태복음 25:14-30
고린도전서 4:1-2	로마서 12:6-8	누가복음 16:8-12
고린도전서 12:4-7	고린도후서 9:6-9	디모데전서 1:12
빌립보서 2:13	에베소서 4:28	히브리서 3:5
	딤전 6:17, 벧전 4:10	

추수감사절(Thanksgiving)

(시편 95:2) "우리가 감사함으로 그 앞에 나아가며 시로 그를 향하여 즐거이 부르자"

우리는 일년 중 하루를 감사와 찬양을 드리는 날로 기념하고 그 나머지 364일은 원망과 불평을 일삼는 날로 구분해 놓고 있다. 그러나 정반대가 되어야 한다. 할 수만 있다면 우리는 전국적으로 모든 국민들이 한 해 동안 쌓였던 원망과 불평을 쏟아내는 '원망불평절'을 정하고 나머지 364일 동안은 하나님의 선하심과 주가 주신 축복에 대해 감사하는 날들로 보내야 한다.

모세는 "네가 먹어서 배불리고 네 하나님 여호와께서 옥토로 네게 주셨음을 인하여 그를 찬송하리라"(신 8:10) 선포했다. 이것이 우리가 추수감사절을 갖게 된 배경이다. 여기서 모세는 백성들에게 음식을 배불리 먹는 때야말로 하나님을 찬미하는 때이며, 많은 소출을 내는 땅으로 인도하여 들이신 하나님의 선하심을 기억해야 하는 때라고 가르쳤다. 이로써 이스라엘 백성들은 먹고 배부르면 하나님을 찬양하고 하나님께 감사드렸다. 그러나 이 구절에 이후의 신명기에는 이스라엘 자손들이 부하게 된 후에 하나님을 잊어버리고 자신의 능력을 자랑할 것에 대해 경고를 하였다. 하나님은 사람의 마음속에 자랑하고 싶어하는 본성을 아신다. 그러나 하나님은 그가 행한 일에 대한 영광을 하나님께서 받으시길 원하신다.

차고 넘치는 하나님의 은총과 그 인자하심에 대한 우리 마음의 반응은 그분을 향해 끊임없이 솟아나는 찬양이어야 한다. 그러나 번창할 때 우리는 일용할 양식을 위해 기도하는 것을 잊어버린다. 우리는 물질적으로 축복을 받으면 많은 소유물로 인해 분주해진다. 집이 생기면 멋지게 장식해야 하고 보수해야 한다. 그러나 물질적인 일에 몰두하다 보면 우리는 하나님과의 동행이나 하나님과의 교제 그리고 하나님과의 관계를 소홀히 하게 된다. 이럴 때일수록 우리는 하나님을 잊어버리지 않도록 조심해야 한다.

....

하나님의 관점	변화하기	성경적 예시
신명기 6:11	레위기 22:29	다니엘 6:10
마태복음 14:19	신명기 8:11-14, 16-20	기도
요한복음 6:23	역대상 16:8, 34	시편 69:30
	시편 30:4, 95:2. 100:1-5, 103:2	시편 79:13
	시편 107:21-22, 136:1	시편 116:17
	빌 4:6. 골 3:17, 4:2	요나서 2:9
	살전 5:18. 히 13:15	고린도후서 9:15

치유(Healing)

(야고보서 5:14,15) "너희 중에 병든 자가 있느냐 저는 교회의 장로들을 청할 것이요 그들은 주의 이름으로 기름을 바르며 위하여 기도할지니라 믿음의 기도는 병든 자를 구원하리니 주께서 저를 일으키시리라 혹시 죄를 범하였을지라도 사하심을 얻으리라"

오늘날 우리는 이런 질문을 자주 한다. "우리가 성경에서 읽은 치유의 기적 은사는 어디 있지?" 나는 치유 집회장으로 몰려가는 수많은 감정주의자들을 보면서 예수님께서 치유 전도 집회자들에 의해 행해지는 것들처럼 하셨을 것이라고는 상상할 수 없다.

예수님의 이름으로 매우 아픈 사람들을 먹이감으로 삼는 많은 사기꾼들이 있다. 치료받고 싶은 열망으로 건전한 교리가 신화로 바뀌어 버리고 이성의 감각과 관점을 모두 잃어버린 말기 환자를 보는 것은 슬픈 일이다. 그러나 하나님께서는 모든 사람이 잘 되길 바라기 때문에 아무도 아플 필요가 없다는 개념은 성경적이지 않다. 치유 전도집회자들이 질병은 영적인 연약함의 표증이거나 믿음의 부족이라고 설교하는 것은 큰 실책이다. 그것은 어떤 특정된 사람만의 죄된 삶의 표증이 아니기 때문이다.

물론 하나님은 모든 병을 치료하실 수 있고 또 치료하신다. 그러나 모든 사람을 치료하진 않으시며 경건하고 영적인 사람들도 많이 아프다. 또한 하나님은 우리가 구하는 것을 항상 주시지는 않는다. 빈번히 우리가 문제를 없애 달라고 하나님께 구하지만 그 문제들은 우리 삶에서 그분이 뭔가 이루시는 도구이다. 어쩌면 떼를 쓰며 보채는 당신에게 하나님은 바울에게 말씀하셨던 것처럼 "오직 나를 신뢰하라. 내 은혜가 네게 족하도다 이는 내 능력이 너의 약한 데서 온전하여짐이라. 치료보다 더 좋은 것을 너를 위해 준비했단다. 모든 것에 만족되는 나의 은혜를 받으라" 말씀하실지도 모른다. 이와 같이 하나님은 우리가 생각하는 것보다 오히려 더 큰 것을 주시기 위해 계획하고 계신다.

....

하나님의 관점	성경적 예시	변화하기
출애굽기 15:26	창세기 20:17	야고보서 5:14-16
욥기 5:18	민수기 12:13	베드로전서 4:19
마태복음 10:8	열왕기하 5:10 -14	기도
하나님의 약속	마태복음 8:2-3, 9:22	시편 30:2
출애굽기 15:26, 23:25-26	마태복음 14:26, 15:28	예레미야 17:14
시편 34:19, 103:2-5	막 3:5, 5:34. 6:56, 10:52	
요한계시록 22:2	눅 6:10. 고후 12:7-9	

친구관계(Friendship)

(잠언 18:24) "많은 친구를 얻는 자는 해를 당하게 되거니와 어떤 친구는 형제보다 친밀하니라"

친구 관계를 버팀목으로 사용하는 사람들이 많이 있다. 그들은 항상 지원과 확신을 구하기 위해 친구들을 부를 것이다. 그들은 자신이 하는 일에 대한 친구들의 조언과 인정 받기를 원한다. 그리고 일이 나빠지면 자신을 돕거나 지지해 주거나 함께해 줄 또 다른 사람을 찾는다. 그러나 인생에 정말 큰 위기가 닥쳐오기 전까지는 누가 진정한 친구인지 아무도 알 수 없다. 사실 그때가 자기 인생에서 유일하게 신뢰했던 친구가 부러진 버팀목이었음을 깨닫게 되는 순간이기도 하다.

우리는 경건하고 진실된 친구의 예를 룻기에서 볼 수 있다. 나오미는 그녀의 두 아들이 죽고 난 후 두 며느리를 친정으로 돌려 보내려 했다. 며느리 중 오르바는 나오미에게 입 맞추고 작별을 고했다.

다른 며느리 룻은 나오미를 떠나지 않았고 오히려 "룻이 이르되 내게 어머니를 떠나며 어머니를 따르지 말고 돌아가라 강권하지 마옵소서 어머니께서 가시는 곳에 나도 가고 어머니께서 머무시는 곳에서 나도 머물겠나이다 어머니의 백성이 나의 백성이 되고 어머니의 하나님이 나의 하나님이 되시리니 어머니께서 죽으시는 곳에서 나도 죽어 거기 묻힐 것이라"(룻 1:16-17) 말하였다. 이것은 굉장한 결심의 고백이며 사랑과 신실함의 증언이다. 이것이 진정한 친구 관계의 표시이다.

"철이 철을 날카롭게 하는 것같이 사람이 그 친구의 얼굴을 빛나게 하느니라"(잠언 27:17)

....

하나님의 관점	성경적 예시	변화하기
시편 1:1	사무엘상 18:1-3	잠언 9:6
잠언 13:20, 17:17	사무엘상 20:17, 42	잠언 22:24-25
잠언 18:24,	야고보서 2:23-24	고린도후서 6:14
잠언 27:9, 17		기도
잠언 28:7, 23		시편 119:63
전도서 4:9-10		
요한복음 15:13-15		
고린도전서 15:33		
야고보서 4:4		

친구의 떠남(Friend's Fail)

(잠언 27:10) "네 친구와 네 아비의 친구를 버리지 말며 네 환난날에 형제의 집에 들어가지 말지어다 가까운 이웃이 먼 형제보다 나으니라"

바울은 디모데에게 자신이 네로 황제 앞에 서게 될 것을 편지로 알리며 "나와 함께 한 자가 하나도 없고 다 나를 버렸으나" 고백하였고 계속해서 "주께서 내 곁에 서서 나에게 힘을 주심"이라고 고백하였다(딤후 4:16-17).

바울은 늘 홀로서기였다. 그가 소유한 것은 오직 주께서 그의 옆에 서 계신 것이었다. 그러나 그것은 정말 외로운 경험이다. 당신도 신뢰하던 친구들이 돌아설 때 낙심한다. 진정한 친구라고 생각했던 사람들이 당신을 낙담시킬 때 견딜 수 없이 고통스럽다.

바울은 그에 더하여 "우리는 낙심했지만 망하지 않았고"라고 증언했다. 하나님은 다른 사람이 우리를 떠날지라도 계속 나아 갈 수 있는 능력을 우리에게 준다. 그 힘과 능력은 물질세계를 넘어서 영적인 세계를 보게 한다. 그것이 인내의 열쇠이다. 인내가 우리로 문제와 사람들을 넘어 우리의 피난처가 되고 우리 힘이 되어 경건한 삶의 영원한 상급이 되시는 하나님을 보게 하는 것이다.

"그런즉 이 일에 대하여 우리가 무슨 말 하리요 만일 하나님이 우리를 위하시면 누가 우리를 대적하리요"(롬 8:31)

....

하나님의 관점	성경적 예시	변화하기
신명기 31:8	시편 27:10	시편 40:4
잠언 17:17, 27:6	시편 31:11	시편 62:8
예레미야 17:5, 7	시편 41:9	시편 118:8-9
미가 7:5-7	시편 55:12-14, 16	시편 146:3
하나님의 약속	마가복음 14:50	히브리서 12:2-3
신명기 4:31, 31:6, 8	누가복음 22:48	**기도**
사무엘상 12:22	요한복음 16:32	시편 22:11
열왕기상 6:13	디모데후서 1:15	시편 35:22
느헤미야 9:31	디모데후서 4:10, 16-17	시편 38:21
시편 94:14		
히브리서 13:15		

침례(Baptism)

(로마서 6:4) "그러므로 우리가 그의 죽으심과 합하여 세례를 받음으로 그와 함께 장사되었나니 이는 아버지의 영광으로 말미암아 그리스도를 죽은 자 가운데서 살리심과 같이 우리로 또한 새 생명 가운데서 행하게 하려 함이니라"

침례(세례)는 육신을 따라 살던 이전 삶의 죽음을 의미한다. 물에 잠기는 순간 육신을 따라 살았던 나의 옛 삶의 모든 행위가 묻히는 것이다. 마찬가지로 내가 물에서 올라올 때 나는 그리스도 안에서 부활하는 것이다. 이것은 성령 안에 있는 새 생명을 상징한다. 그러므로 침례는 하나님의 자녀가 성경의 계명에 따라 온전한 의를 만족시키는 하나의 중요한 단계이다.

그러나 많은 사람들이 예수 그리스도와의 살아있는 참된 관계보다 침례나 세례 의식을 통한 구원을 더 신뢰하고 있다. 그러나 만일 당신이 침례나 세례를 받고 나서도 여전히 육신을 좇아 살아간다면 세례 의식은 의미가 없는 것이다. 단지 의식에서 머물지 않고 마음으로부터 성령을 따라 살고 육신의 지배를 거부해야 참된 침례(세례)를 받은 사람이다.

오늘날 어떤 사람들은 "침례적 거듭남"을 믿으며 침례를 받기 전에는 구원받지 못한 것이라 주장한다. 그들은 사람들이 그리스도를 영접하기 위해 단상 앞으로 나오는 즉시 침례 물속에 들어가 침례를 받기 전에는 진정으로 구원받은 것이 아니라고 선언한다. 그러나 바울은 "그리스도 예수 안에서는 할례나 무할례가 효력이 없되 사랑으로써 역사하는 믿음 뿐이니라"(갈 5:6) 증거했다. 그는 침례에 대해서도 똑같은 말을 했다. 그러므로 침례나 세례의식은 구원의 필수가 아니다. 중요한 것은 사람이 그리스도 예수 안에서 새로운 피조물이 되는 것이다.

나는 구원받은 사람이라면 누구나 침례를 받아야 한다고 굳게 믿지만 그 의식이 사람을 구원한다고는 믿지 않는다. 나는 사람이 예수 그리스도를 나의 주요 구주로 믿는 순간 구원받는다고 믿는다. 그러므로 진정한 침례는 사람의 마음 속에서 일어나는 것이요, 침례나 세례의식은 그 변화에 대한 외적인 표징일 뿐이다.

....

하나님의 관점	성경적 예시	
로마서 6:4	마태복음 3:5-6	요한복음 1:33
에베소서 4:5	마태복음 28:19	사도행전 2:38
골로새서 2:12	마가복음 1:4	사도행전 8:36-37
베드로전서 3:21	누가복음 3:3-6, 21	사도행전 19:4

크리스마스(Christmas)

(이사야 7:14) "그러므로 주께서 친히 징조로 너희에게 주실 것이라 보라 처녀가 잉태하여 아들을 낳을 것이요 그 이름을 임마누엘이라 하리라"

당신에게 크리스마스는 어떤 의미인가? 당신이 원했던 완벽한 선물이 완판이 되는 바람에 다음 해까지 살 수 없었던 아쉬운 기억을 떠오르지는 않는가? 아니면 혼잡한 주차장에서 간신히 주차를 마치고 들어간 쇼핑몰에서 겪었던 인산인해를 기억하는가? 이러한 것들이 크리스마스의 진정한 목적과 의미를 흐리게 하는 경우가 된다.

크리스마스의 참된 의미는 하나님이 당신을 너무나 사랑하셔서 당신이 당신의 죄에서 속량되어 하나님과 다시 교제할 수 있는 몸이 될 수 있도록 그의 독생자를 기꺼이 주셨다는 것에 있다. 이 목적을 위해 예수님이 오셨다.

오는 크리스마스에는 부디 이 거대한 상업주의와 그것이 초래한 세속적인 압박과 스트레스로 인해 크리스마스의 진정한 의미가 무엇인지, 하나님이 당신을 위해 그분의 아들을 세상에 보내신 목적이 무엇인지 잊지 않게 되기를 기원한다.

"아들을 낳으리니 이름을 예수라 하라 이는 그가 자기 백성을 저희 죄에서 구원할 자이심이라하니라"(마1:21)

하나님의 관점	하나님의 약속	변화하기
마태복음 1:21	이사야 7:14	빌립보서 2:5-11
누가복음 1:25	이사야 9:6	**기도**
누가복음 2:10-14	**성경적 예시**	시편 35:9
요한복음 1:14	마태복음 1:20-25	
요한복음 3:16		
갈라디아서 4:4-7		
디모데전서 3:16		
요한이서 1:7		

탐심(Covetousness)

(골로새 3:5) "그러므로 땅에 있는 지체를 죽이라 곧 음란과 부정과 사욕과 악한 정욕과 탐심이니 탐심은 우상 숭배니라"

탐심은 당신의 소유가 아닌 남의 것을 가지려는 강한 욕망이다. 마땅히 다른 사람에게 속한 것을 갖겠다는 마음이다. 감탄하는 것과 탐내는 것 사이에는 엄청난 차이가 있다. 나는 당신이 가진 것을 감탄하고 당신이 그것을 가졌으므로 행복할 수 있다. 그러나 내가 그 사실을 시기하여 당신 대신 내가 그것을 가져야 마땅하다고 생각한다면 나는 성경에서 말하는 가장 나쁜 죄 중 하나를 짓는 것이다.

성경은 탐심이 우상숭배라고 말한다. 즉 욕심이 지나쳐서 어떤 사람의 삶의 중심을 차지하게 될 정도로 그것을 숭배하는 상태이다. 탐심이나 시기가 지나치면 그 시기심이 당신의 마음과 영혼과 인생을 집어삼켜서 그 시기의 대상이 없이는 도저히 살 수 없을 것처럼 느끼게 한다. 어떻게 하면 그것을 가질 수 있을지 계획하고 도모하는 일에 깨어있는 시간의 대부분을 사용하게 된다. 그럼에도 불구하고 우리는 "글쎄 뭐 내가 그걸 훔치지 않는 한 괜찮은 것 아냐?" 생각하면서 시기나 탐심을 그렇게 큰 죄가 아닌 것으로 여기는 경향이 있다. 그러나 예수님은 간음과 음란과 살인과 탐심과 도적질, 이 모든 것이 사람의 속 곧 마음에서 나오는 것이라고 하셨다(막7:21-22).

탐심은 많은 죄의 뿌리일 뿐만 아니라 불행의 뿌리이기도 하다. 광고의 유일한 목적은 당신으로 하여금 그것을 탐나게 만드는 것이다. 광고는 당신의 현실에 대한 불만을 불러일으켜 당신에게 큰 만족과 행복을 가져다줄 그 제품을 사지 않으면 못 견디게 유도한다. 탐심이 많은 여인들은 남편과 마주칠 때마다 "여보, 난 저걸 꼭 가져야 해! 저것 없이는 살 수 없어! 당신이 나를 사랑한다면 저걸 꼭 사줘요, 네?"하고 때를 쓴다. 그러나 당신이 한 번 탐욕에 굴복하고 나면 다음에는 더 많은 것을 원하게 될 것이다. 그는 결코 만족하지 않을 것이다. 어려서 많은 장난감에 빠진 청년이 불행한 경우가 많다. 예수님은 "삼가 모든 탐심을 물리치라 사람의 생명이 그 소유의 넉넉한데 있지 아니하니라"(눅12:15) 말씀하셨다.

· ·

하나님의 관점	하나님의 약속	변화하기
출 20:17. 시편 62:10	디모데전서 6:6	골로새서 3:5
잠언 12:12, 15:27, 15:27	**성경적 예시**	히브리서 13:5
롬 13:9, 엡 5:3, 5	열왕기상 21:4	**기도**
딤전 3:2-3, 6:17	누가복음 12:16-21	시편 119:36
약 4:2, 벧후 2:1-3, 14		잠언 30:8-9

텔레비전(Television)

(로마서 6:21) "너희가 그 때에 무슨 열매를 얻었느뇨 이제는 너희가 그 일을 부끄러워하나니 이는 그 마지막이 사망임이니라"

많은 사람들이 쾌락의 탐닉으로 영적 성장이 멈춘 상태로 남아 있다. 그들은 이 세상의 쾌락들에 마음을 빼앗겨 정작 열심히 추구해야할 일들을 소홀히 한다. 영화와 텔레비전은 이러한 폐단의 주범이다. 너무나 많은 사람들이 매일 저녁 텔레비전 앞에 앉아 오락을 즐기고 쾌락을 찾는다. 그러나 사도 바울은 폭력과 퇴폐가 난무하던 당시의 타락한 사회를 향해 "저희가 이같은 일을 행할 뿐 아니라 또한 그 일을 행하는 자를 기뻐하느니라"(롬 1:32) 경고했다.

당신은 지극히 모범적인 결혼생활을 하면서 아내를 속이고 바람피우는 일은 결코 생각조차할 수 없는 인격자일지도 모른다. 그러나 그런 당신이라도 매일 저녁 텔레비전에 나오는 간음 이야기를 오락삼아 보고 있다면 당신은 그 상황을 대리만족하고 있다고 생각할 수 있다.

쾌락이 예수님과의 관계보다 더 높은 곳에 있을 때 그것은 영적 생명력을 빨아들여 당신의 영적 성장을 멈추게 한다. 일주일에 여덟 시간이나 열 시간을 텔레비전 앞에서 보내는 사람들이 "도무지 너무 바빠서 성경책 볼 시간이 없었다"고 말한다. 그렇게 많은 사람들이 다른 것들을 최우선 순위에 두고 예수님과의 관계보다 더 소중한 것처럼 다루고 있다. 그래서 비록 예수님을 영접했고 그리스도인이 되었다고 주장은 하지만 그들의 삶은 결코 열매를 맺지 못한다. 그들은 결코 발전하지도 성장하지도 않는다. 그들의 믿음은 세상 것들에 막혀서 열매가 없다.

부디 이번 주부터는 텔레비전 앞에서 정신을 오염시킬 그 시간에 TV 리모콘을 손에서 내려놓고 성경책을 펼쳐보기를 권한다. 그 귀하고 소중한 시간을 오락 대신 성경을 읽고 기도하는데 사용하라. 텔레비전을 끄고 얼굴을 하나님께 돌리라.

....

하나님의 관점	하나님의 약속	변화하기
누가복음 8:14	이사야 33:15-16	시편 101:2-4, 7
로마서 1:28-32	로마서 8:13	로마서 13:14, 16:19b
로마서 6:21, 8:7	갈라디아서 6:7-8	엡 5:11-16, 빌 4:8
고린도후서 10:4-6	**성경적 예시**	골 3:16, 4:5, 벧전 4:3
에베소서 4:17-19	시편 50:18	**기도**
디모데전서 5:22		시편 119:37
요한계시록 18:4		

패배(Defeated)

(예레미야 31:25) "이는 내가 그 피곤한 심령을 상쾌하게 하며 모든 연약한 심령을 만족하게 하였음이라 하시기로"

삶이 너무 고달파서 하늘을 올려다보는 것조차 힘들 때가 있다. 그러나 문제만 들여다보고 어려움이 얼마나 클지만 염려한다면 우리는 자신이 처한 상황 속에서 하나님을 찾을 수 없다. 우리는 때때로 "오, 하나님 어디 계십니까?" 부르짖곤 한다. 삶 속에서 하나님이 계신다는 사실을 나타낼만한 단서가 전혀 보이지 않기 때문이다.

고달픈 인생살이 속에서 감당할 수 없는 시련을 겪을 때, 좌우를 둘러볼 수조차 없게 될 때, 우리는 절망에 빠진 채 완전히 패배한 기분이 된다. 그러나 그곳에도 하나님이 계심을 인식할 때 우리는 즉시 처한 상황을 완전히 새로운 시각으로 보게 된다. 하나님이 나와 함께 계심을 알기 때문에 같은 상황이라도 전혀 다른 관점에서 볼 수 있는 것이다.

어떤 상황에서 하나님이 그 상황의 주권자이심을 아는 것은 모든 불안, 두려움, 미래에 대한 불확실성을 제거해 준다. 여호와께서 나와 함께 하시므로 나는 더 이상 패배자가 아니다.

"여호와는 마음이 상한 자에게 가까이 하시고 중심에 통회하는 자를 구원하시는도다"(시 34:18)

....

하나님의 관점	하나님의 약속	변화하기
시편 34:18	시편 27:1-2	이사야 35:3-4
이사야 57:15	시편 34:4	요한복음 16:33
이사야 61:1	시편 40:1-3	에베소서 6:10
예레미야 31:25	시편 46:2-4	디모데후서 2:1
성경적 예시	잠언 24:16	히브리서 12:11-12
사무엘상 30:6	로마서 8:35-39	**기도**
고린도후서 1:8-9	고린도전서 15:57	시편 38:15, 42:5
고린도후서 7:5-6	고린도후서 4:8-10	시편 119:32, 121:1-8
	빌립보서 4:13	시편 138:3
	베드로전서 1:6-9	고린도후서 2:14

편견(PREJUDICE)

(디모데전서 5:21) "하나님과 그리스도 예수와 택하심을 받은 천사들 앞에서 내가 엄히 명하노니 너는 편견이 없이 이것들을 지켜 아무 일도 불공평하게 하지 말며"

바울은 디모데에게 과부를 돌보는 일, 교회 장로들과의 관계, 젊은 여인들에 대한 규율 등등을 지도하였다. 그는 디모데에게 "너는 편견을 가지거나 불공평하게 하지 말라. 어떤 사람을 더 높이거나 하지 말고 이런 일들을 잘 준수하는지 자신을 살피라" 명령했다.

성경 전체를 보아도 하나님은 사람을 차별하지 않으신다. 그러나 사람들은 불행하게도 차별을 한다. 우리는 부자들을 쉬이 존경하고 가난한 사람들을 무시한다. 그러나 하나님은 그렇지 않다.

하나님은 최고의 부자이시고 또 하나님은 이 땅의 가장 가난한 자의 영혼 구원에 관심을 가지고 계신다. 세상 사회에서 잘된 자는 하나님에게는 아무런 의미가 없다. 우리는 모두 똑같은 수준에 있다.

당신이 이 세상에서 얼마나 성공했느냐, 당신이 얼마나 많은 재물을 쌓았는가, 또는 이 세계에서 몇 번째로 유명한 사람인가 하는 것은 하나님께 아무런 의미가 없다. 또 하나님은 당신이 최고급 맨션에 살든 오두막에 살든 아무런 상관이 없다. 다른 사람이 당신을 어떻게 보는가는 상관없고, 오직 예수님이 당신을 어떻게 보는지만 문제가 된다.

우리는 서로 간에 다른 점들을 해소시키는 방법들을 찾아야 한다. 예수님이 세상을 보신 것처럼 우리가 세상을 그렇게 보지 못하면 어떻게 이 잃어버린 세상으로 나아갈 수 있겠는가? 하나님이 사랑하신 그 사랑을 우리도 배워야 한다. 하나님은 그들을 너무나 크게 생각하시기에 우리도 그들을 귀히 여겨야 한다.

....

하나님의 관점	하나님의 약속	변화하기
누가복음 4:18	마태복음 5:3	마태복음 26:11
사도행전 6:1	마가복음 11:5	마가복음 10:21
로마서 3:22	누가복음 18:22	마가복음 14:7
로마서 10:12	야고보서 2:5	누가복음 14:13
디모데전서 5:1-2	**성경적 예시**	고린도후서 6:10
디모데전서 5:3	사도행전 9:39	
	디모데전서 5:4, 5	
	갈라디아서 2:10	

평안(Peace)

(시편 119:165) "주의 법을 사랑하는 자에게는 큰 평안이 있으니 저희에게 장애물이 없으리이다"

진정한 평화는 하나님과의 올바른 관계에서 시작된다. 만일 당신의 삶을 전적으로 주장하기 위해 "내 인생은 내 마음대로 하겠어!" 말하며 하나님과 다투거나 반역한다면 당신 안에 평안을 소유할 수 없다. 갈등이 시작되는 곳이 바로 여기다. 언제나 내면이 요동칠 것이다.

사도 바울은 "그러므로 우리가 믿음으로 의롭다 하심을 얻었은즉 우리 주 예수 그리스도로 말미암아 하나님으로 더불어 화평을 누리자"(롬 5:1) 증거했다. 이와 같이 믿음으로 의롭다 하심이 주는 첫 번째 축복은 바로 하나님과의 화평이다. 그러므로 우리는 어떤 문제가 생겼을 때 "수고하고 무거운 짐진 자들아 다 내게로 오라 내가 너희를 쉬게 하리라"(마 11:28) 말씀하신 예수님의 초대를 받아 드려야 한다. 그때 진정한 평안이 임할 것이다.

빌립보서에는 "아무 것도 염려하지 말고 오직 모든 일에 기도와 간구로, 너희 구할 것을 감사함으로 하나님께 아뢰라 그리하면 모든 지각에 뛰어난 하나님의 평강이 그리스도 예수 안에서 너희 마음과 생각을 지키시리라"(빌4:6-7) 기록되었다. 그러므로 두려움과 염려 속에서 불안하게 살 필요는 없다. 기도하고 주님께 모든 것을 맡기기만 하면 하나님의 평강이 그리스도 예수 안에서 당신의 마음과 생각을 지켜 주실 것이기 때문이다.

물론 당신의 상황이 늘 즐겁지만은 않을 것이다. 그러나 주님은 결코 당신을 떠나거나 버리지 않으실 것이라고 약속하셨다. 주님은 당신이 어떤 형편에 있든지 당신과 함께하실 것이며 당신을 돌보시고 당신에게 필요한 것들을 공급해 주실 것이다.

우리가 하나님과 화목하면 자신과도 화목할 수 있다. 하나님과 더불어 화평을 누리게 된 우리는 하나님이 주시는 하나님의 평안도 우리 안에 갖게 된다. 그리고 그의 평화가 있을 때 우리는 다른 사람들과도 화목할 수 있다.

하나님의 관점	하나님의 약속	변화하기
시편 119:165, 잠언16:7	시편 29:11, 37:11	시편 85:8
이사야 48:18, 57:20-21	잠언 3:24, 16:7	마가복음 9:50
예레미야 6:16	이사야 26:3-4, 32:17	롬 12:18. 고후 5:18
누가복음 2:14,	이사야 54:10, 57:19	빌 4:5-7, 골3:15.
요한복음 14:27, 16:33	마 11:28-30. 롬 14:17, 15:13	살전 5:13
로마서 5:1, 8:6	**성경적 예시**	**기도**
갈 5:22. 골 1:21	사도행전 27:21-25	시편 4:7-8

필요들(Needs)

(로마서 8:32) "자기 아들을 아끼지 아니하시고 우리 모든 사람을 위하여 내어주신 이가 어찌 그 아들과 함께 모든 것을 우리에게 은사로 주지 아니하시겠느뇨"

하나님께서 당신의 필요를 채워주실 수 있다고 생각하는가? 그렇다면 당신은 눈앞에 놓인 문제들이 아니라 하나님과 하나님의 능력에 초점을 맞춰야 한다. 예수님의 제자들은 심각한 문제에 봉착했을 때마다 일심으로 소리높여 하나님을 부르면서 "대주재여 천지와 바다와 그 가운데 만유를 지은 이시요"(행 4:24) 기도했다. 그들은 자신들의 문제에 초점을 맞추지도 먼저 그들의 문제를 언급하지도 않았다. 그들은 오직 하나님께 초점을 맞췄다. 그들은 정확한 관점으로 문제를 본 것이다. 그럴 때 나의 작은 문제는 위대하신 하나님의 영광과 권능에 비추어볼 때 아주 미미한 것이 된다. 요점은 당신이 초점을 어디에 맞추는가에 있다.

우리는 도움이 필요할 때마다 종종 하나님을 나를 돕는 자의 위치에 둔다. 그때마다 우리는 하나님께서 하실 일과 기한을 말하여 "주님, 내가 필요한 시간 안에 이 일을 해 주시지 않으면 이 일은 제가 할 수밖에 없어요"하고 기도한다. 그러나 이러한 기도는 절대 이루어질 수 없다. 하나님은 나의 뜻을 이루는 도구가 아니시기 때문이다.

당신이 어떠한 절망적인 상황에 처해 있는지 나는 모른다. 그러나 내가 아는 것은 하나님이 가진 것 중 가장 좋은 것, 바로 그 아들을 당신에게 기꺼이 주심으로써 당신에 대한 하나님의 사랑을 확증하셨다는 사실이다. 오늘 당신에게 필요한 것이 무엇이든 그건 아무것도 아니다. 하나님께서 당신을 위해 주시고자 이미 확증하신 그것에 비하면 정말 아무것도 아니다. 그러므로 이제 당신에게 필요한 것들이 무엇이든 간에 그것들을 당신에게 공급해 주는 일은 하나님께는 정말 아무것도 아니라는 사실에 우리는 안심할 수 있다.

....

하나님의 관점	하나님의 약속	변화하기
느헤미야 9:15	신명기 6:3, 30:9-10	시편 37:7-9, 34
마태복음 6:7-8, 31-34	시편 34:9-10, 84:11	고린도후서 6:4-10
요한복음 6:35,	마태복음 7:7-11	히브리서 4:16
요한복음 15:16	롬 8:32, 빌 4:19	야고보서 1:2-8
디모데전서 4:8	요한계시록 7:16	기도
야고보서 1:2-4	성경적 예시	시편 23:1, 145:15-17
베드로전서 1:3-7	요한복음 6:31	고린도후서 1:3-4
	행 4:24. 빌 4:11-13	에베소서 3:20-21

핍박(Persecution)

(디모데후서 3:12) "무릇 그리스도 예수 안에서 경건하게 살고자 하는 자는 핍박을 받으리라"

그리스도인의 삶을 산다는 것은 쉬운 일이 아니다. 사람들은 당신의 헌신을 이해하지 못할 것이며, 이해하지 못하는 것을 두려워한 나머지 당신을 핍박할 수도 있다. 예수님은 우리를 위해 기도하시면서 "저희를 세상에서 데려가 주소서!" 하지 않으시고 "내가 비옵는 것은 저희를 세상에서 데려가시기를 위함이 아니요 오직 악에 빠지지 않게 보전하시기를 위함이니이다"(요7:15) 기도하셨다. 그러므로 우리는 이 어려운 세상적 환경 속에 살면서 우리의 빛을 사람들 앞에 비추게 하여 그들이 우리의 착한 행실을 보고 하늘에 계신 우리 아버지께 영광을 돌리게 해야 한다.

당신이 만일 예수 그리스도를 제대로 나타내고 있다면 세상은 분명 당신을 미워하고 당신은 당신의 믿음으로 인해 핍박을 받을 것이다. 심령이 가난하고 자기의 죄에 애통하고 온유하고 의에 주리고 목말라 하며 남을 긍휼히 여기고 마음이 청결하고 화평케 하는 사람, 이런 그리스도인의 품성을 지닌 사람에 대한 세상의 태도가 어떨 것이라고 생각하는가? 세상이 그를 향하여 "훌륭한 분!"이라고 칭찬하고 존경할까? 아니다. 세상은 그런 사람을 존경하지 않고 오히려 핍박한다. 그 이유는 이런 사람들은 세상 사람들을 몹시 불편하게 하기 때문이다. 죄 가운데 사는 사람은 마음이 청결한 사람이 주변에 있으면 매우 불편하기 때문이다. 음담패설의 유머 감각을 몰라주는 사람을 편하게 여기지 않는다. 그래서 처음에는 아주 교묘하게 핍박하기 시작하지만 그들은 곧 노골적인 핍박으로 이어진다. 예수님은 "저들이 나를 영접지 아니하였으니 너희도 영접지 아니하리라" 하셨고, 다시 "의를 위하여 핍박을 받은 자는 복이 있나니 천국이 저희 것임이라"(마 5:10) 말씀하셨다.

....

하나님의 관점	성경적 예시	변화하기
예레미야 20:11	단 3:12-15, 19-20,6:2-5	로마서 12:14
요한복음 15:18-21	사도행전 5:18, 40-42	고린도후서 12:10
로마서 8:35-39	사도행전 7:52, 57-59	히브리서 12:3, 야고보 5:11
하나님의 약속	사도행전 14:19	베드로전서 4:12-16
예레미야 1:8, 19, 15:20	사도행전 16:19-23	기도
마태복음 5:10-12, 10:22	사도행전 21:12-13	시 편7:1, 25:20. 31:15
누가복음 21:18	고린도후서 11:23-25	시편 43:1, 59:1
로마서 8:31	딤후 2:8-10. 3:10-12	시편 119: 134. 142:6
야고보서1:12	히브리서 10:32-35	요한복음 17:15

하나님 섬기기(Serving God)

(마태복음20:27-28) "너희 중에 누구든지 으뜸이 되고자 하는 자는 너희 종이 되어야 하리라 인자가 온 것은 섬김을 받으려 함이 아니라 도리어 섬기려 하고 자기 목숨을 많은 사람의 대속물로 주려 함이니라"

'섬기다'라는 말은 '봉사하다' 또는 '시중들다'를 뜻한다. 우리가 하나님께 드리는 모든 섬김은 성령의 능력과 성령의 기름부음과 성령의 인도로 이루어져야 한다는 것이 매우 중요하다! 하나님을 섬기는 마음이 있어도 육신의 힘으로 하면 헛수고이다. 진정으로 하나님을 섬기고 싶다면 당신의 삶을 거룩하게 구별해 하나님께 드려야 한다.

하나님을 섬기고 하나님이 주신 은사를 사용하기 시작하면 그런 당신을 하나님보다 더 높아지게 만들려는 사람들이 항상 있다. 그런 일이 일어나도록 내버려 두어서는 안 된다. 절대로 하나님의 영광을 가로채서는 안 된다. 그럴 때는 즉시 사람들의 시선을 당신에게서 멀어지게 하고 주님께로 향하게 해야 한다. 그러므로 하나님 나라에서 큰 사람이 되기를 원한다면 먼저 모든 이의 종이 되는 법을 배워야 한다.

사람이 자신이 섬길 신을 선택한다는 것은 상당히 흥미로운 일이다. 그러나 알아야 할 것은 당신이 가장 큰 열정을 바치는 것이 무엇이든 그것이 바로 당신의 신이다. 닥치는 대로 책을 읽고 배울 수 있는 모든 것을 탐구하면서 평생 지식을 늘리는 일에만 몰두하는 사람은 지성의 신을 섬기는 것이다. 노는 것이 삶의 중심이 되고, 주말을 즐기기 위해 한 주일 동안 열심히 일하는 사람은 쾌락이 그의 신인 셈이다. 그러므로 당신이 정말로 주님을 섬기고 싶다면 진지하게 "내 인생에 가장 큰 열정을 바치는 것이 예수님인가?" 질문해 보아야 할 것이다.

하나님의 관점	하나님의 약속	변화하기
신명기 10:12,	요한복음 12:26	사무엘상 12:24
신명기 13:4	에베소서 4:12-13	시편 100:2
마태복음 4:10	골로새서 3:23-24	로마서 14:18-19
마태복음 6:24	**성경적 예시**	골로새서 4:17
마태복음 20:27-28	여호수아 24:15b, 23-24	디모데전서 4:6
로마서 12:1-2	역대상 28:9	디모데후서 4:5
고린도전서 7:22	디모데전서 1:12	베드로전서 4:11
갈라디아서 1:10		
에베소서 6:6		

하나님께 대한 복종(Obedience to God)

(요한복음 15:10-11) "내가 아버지의 계명을 지켜 그의 사랑 안에 거하는것 같이 너희도 내 계명을 지키면 내 사랑 안에 거하리라 내가 이것을 너희에게 이름은 내 기쁨이 너희 안에 있어 너희 기쁨을 충만하게 하려함이니라"

애굽왕 바로는 모세에게 "여호와가 누구관대 내가 그의 말을 듣겠느냐?"(출 5:2) 물었다. 오늘날 사람들도 같은 질문을 한다. 예수님이 누구시기에 내가 그의 말을 듣고 그에게 내 삶을 바쳐야 하느냐? 성경에는 하나님께서 우리에게 가르쳐주신 행복하고 오래 장수 할 수 있는 방법들이 기록되어 있다.

하나님은 규칙을 주셨다. 그러나 사람들은 "나는 내 마음대로 할거야!" 말한다. 그러나 주님께 순종하기를 거절하는 것은 재앙을 부를 뿐이다. "여호와가 누구관대 내가 그의 말을 듣겠느냐?" 묻는 모든 사람에게 심판의 날이 올 것이다. 그리고 바로에게 닥친 비극을 만날 것이다.

인생에는 쉬운 길이 있고 어려운 길이 있다. 우리는 고집이 세서 우리의 방식대로 하기를 원한다. 그 결과 우리는 하나님께서 우리를 엄하게 다루시도록 자초한다. 하나님이 우리를 징계하시는 것은 우리를 사랑하시기 때문이다. 하나님의 징계는 결코 우리를 향한 징벌이 아니라 우리를 교정하시기 위한 수단일 뿐이다. 사랑이 많으신 하나님께서는 우리가 멸망하는 길을 가고 있는 것을 보시고 우리의 유익을 위하여 우리 길을 수정해 주시는 것이다. 그러므로 하나님이 주시는 징계는 우리가 그분의 자녀이고 그분이 우리를 사랑하신다는 증거로 받아들여야 한다.

오늘날 우리가 사랑이라고 말하는 것 중에 사랑이 아닌 것이 많다. 예수님은 "너희가 나를 사랑하면 나의 계명을 지키리라"(요14:16) 말씀하셨다. 이것이 사랑의 증거이다. 사랑의 증거는 사랑하는 사람의 요구에 항상 순종하는 것이다.

하나님의 관점	하나님의 약속	변화하기
출애굽기 19:5-6	시편 1:1-3, 112:1	잠언 3:11-12
신명기 10:12-13	시편 119:1-6, 165, 128:1	요한복음 14:15
시편 81:8-13	예레미야 7:23	야고보서 1:22-24
이사야 48:18	눅 6:47-48, 11:28. 요 14:21	요한일서 2:3-6
마태복음 7:21, 24-25	**성경적 예시**	**기도**
누가복음 8:21	사무엘상 15:22	시편 119:32-35
요 15:10. 히 12:6-11	마 8:24-27, 행 5:29	시편 143:10

하나님 안의 확신(Confidence in God)

(빌립보서 1:6) "너희 속에 착한 일을 시작하신 이가 그리스도 예수의 날까지 이루실 줄을 우리가 확신하노라"

하나님의 약속들을 확신한다는 것은 정말 놀라운 일이다. 그 약속들을 절대적으로 확신한다면 나는 놀라운 믿음을 가질 것이고 결코 흔들리지 않을 것이다.

내일 새 날이 밝지 않을까 하는 걱정으로 밤잠을 설치는 일도 없을 것이다. 비록 밤에 해가 보이지 않아도 하나님이 약속하신대로 "땅이 있을 동안에는 낮과 밤이 쉬지 아니하리라"(창 8:22)는 사실을 나는 믿는다. 또한 그 믿음에 따라 살고 있다. 봄 여름 가을 겨울 사철과 더불어 추위와 더위, 여름과 겨울, 심을 때와 거둘 때, 그리고 낮과 밤이 있으리라는 것을 믿는 믿음 속에서 산다.

그런데 우리가 하나님의 약속 중 일부는 온전히 믿을 수 있으면서도 하나님의 모든 약속들을 전부 믿지 못한다는 사실은 매우 흥미롭지 않은가? 우리는 하나님께서 지구를 계속 돌게 하실 것이라는 확신을 가지고 있는 것처럼, 그와 똑같이 하나님께서 나의 모든 필요를 채워주실 것이라는 것도 확신할 수 있어야 한다.

하나님의 관점	하나님의 약속	변화하기
에베소서 3:8-12	창세기 8:22	에베소서 6:10-11
빌립보서 4:13	여호수아 1:9	히브리서 4:16
히브리서 10:35-37	잠언 3:25-26	요한일서 2:28
히브리서 13:6	이사야 32:17	**성경적 예시**
	예레미야 17:7	사도행전 28:30-31
	빌립보서 1:6	
	요한일서 3:21-22	
	요한일서 5:14-15	

하나님으로부터 분리됨(Alienation from God)

(로마서 5:19) "한 사람의 순종치 아니함으로 많은 사람이 죄인 된 것 같이 한 사람의 순종하심으로 많은 사람이 의인이 되리라"

죄는 우리를 하나님으로부터 분리되게 한다. 아담이 하나님의 명령을 거역했을 때 그는 하나님의 통치 영역인 생명과 빛에서 떨어져 사탄의 통치 영역인 죽음과 어둠으로 들어갔다. 그의 영은 죽었고 하나님으로부터 멀어지게 되었다.

아담은 죄를 짓기 전에는 육신의 일에 대해 무지했다. 그는 영적인 일만 생각하면서 하나님과 교감하고 동행했다. 그러나 하나님의 말씀에 불순종하는 죄를 범한 후에는 육신의 일들이 그의 마음을 지배했다.

그러나 하나님은 자신에게 반역한 이 세상을 사랑하시어 독생자를 보내시어 아들로 우리들의 죄를 대신해 죽게 하셨다. 그러므로 이제 누구든지 예수 그리스도께서 내 죄를 위해 죽으셨다는 것을 믿고 죄를 회개하기만 하면 그분이 내 삶의 주인이 되시고 나는 다시 하나님과 동행할 수 있는 상태로 회복된다.

"하나님이 그 아들을 세상에 보내신 것은 세상을 심판하려 하심이 아니요 저로 말미암아 세상이 구원을 받게 하려 하심이라"(요 3:17)

....

하나님의 관점	하나님의 약속	변화하기
요한복음 3:16-17	히브리서 4:14-16	이사야 1:18
고린도전서 15:22	야고보서 4:8	**성경적 예시**
에베소서 2:12-13		누가복음 15:11-24
골로새서 1:21-23		

하나님을 기다리기(Waiting on God)

(이사야 30:18) "그러나 여호와께서 기다리시나니 이는 너희에게 은혜를 베풀려 하심이요 일어나시리니 이는 너희를 긍휼히 여기려 하심이라 대저 여호와는 공의의 하나님이심이라 무릇 그를 기다리는 자는 복이 있도다"

주의 다시 오심을 기다리는 것은 성경에 기록된 간단한 명령 중 하나이지만 가장 순종하기 어려운 명령 중 하나이다. 때때로 우리는 우리 스케줄에 하나님을 맞추고 "좋아요, 하나님, 내일 오후 5시까지 시간을 드릴게요. 그 때까지 응답하지 않으시면 제가 알아서 할 거예요" 말한다. 그러므로 이사야는 "주 외에는 자기를 앙망하는 자를 위하여 이런 일을 행한 신을 옛부터 들은 자도 없고 귀로 들은 자도 없고 눈으로 본 자도 없었다"(사 64:4) 고백하였다.

나는 고집이 세서 문제를 계속 시도하거나 강제로 풀려는 경향이 있다. 좀처럼 포기하지 않는다. 나는 항상 내 힘으로 문제를 해결하기 위해 다른 방법을 찾는다. 그리고 나의 완고함 때문에 하나님은 나의 모든 계획을 중단하시고 나로 하여금 어떤 방법을 시도하게 하신다. 그는 내가 깨달을 때까지 기다리신다. 내가 기진맥진하여 스스로 "이것은 불가능해. 내게는 할 수 있는 방법이 없어" 고백할 때, 그때 하나님이 개입하시고 불가능한 일을 시작하신다.

주님의 인도함을 받고자 하는 어떤 사람들은 하늘로부터 들리는 음성이나 혹은 하나님이 보여 주시길 기다린다. 안타깝게도 나는 그런 것을 경험해 본 적이 한 번도 없다. 신자의 삶에서 "우연들"은 굉장히 영광스럽다. 하나님은 매우 자연스러운 방식으로 우리를 인도하신다. 그 때, 우리는 뒤를 돌아보며 "와우! 하나님께서 나를 어떻게 인도하셨는지 보세요!" 감탄한다.

사탄은 수시로 우리가 수년 동안 후회할 행동을 하도록 압박한다. 왜냐하면 우리는 먼저 하나님을 기다리지 않고 하나님의 마음을 알지 못한 채 급하게 달려들기 때문이다. 그러나 주님은 우리에게 "기다리라!" 말씀하신다. 그분의 시간표는 우리와 다르다. 이것이 우리가 "항상 너의 하나님을 바랄지니라"(호 12:6) 하신 말씀을 기억해야 하는 이유이다. 만약 하나님이 그것을 주시고자 한다면 내일 거기에 그것이 있을 것이다.

....

하나님의 관점	하나님의 약속	변화하기
시편 33:20-21, 40:1,	시편 27:14, 50:15	시편 37:9, 34
시편 46:10, 62:1-2, 5	사 30:18, 40:28-31, 64:4	잠언 3:5-6, 20:22
이사야 25:9, 64:4	렘애 3:25-26. 미가 7:7	호세아 12:6
로마서 8:25	**기도**	빌립보서 4:6-7
성경적 예시	시편 25:1-5, 39:4-7	히브리서 4:14-16
시편 52:6-9. 막 15:43	시편 130:5	야고보서 5:7-8

하나님을 사랑하기(Loving God)

(신명기 6:5) "너는 마음을 다하고 성품을 다하고 힘을 다하여 네 하나님 여호와를 사랑하라"

예수님은 "너희가 나를 사랑하면 나의 계명을 지키리라"(요 14:15) 명령하셨다. 예수님의 계명이 무엇인가? 마음을 다하고 목숨을 다하고 뜻을 다하여 하나님을 사랑하고 내 이웃을 내 몸과 같이 사랑하는 것이 아닌가?(마 22:37-39 참조). 성경의 모든 말씀은 하나님을 최고로 사랑하는 것으로 요약된다. 그러나 우리는 너무 자주 세상의 유혹에 이끌려 우리의 헌신은 온전치 못하게 되고 우리의 마음에는 딴 생각들이 들어서게 된다.

예수님은 라오디게아 교회를 향하여 "네가 이같이 미지근하여 더웁지도 아니하고 차지도 아니하니 내 입에서 너를 토하여 내치리라"(계 3:16) 경고 하셨다. 물론 그들은 여전히 교회에 다녔으며 완전히 배도하지도 않았다. 그러나 그들의 입장은 "글쎄, 이래도 그만 저래도 그만이지 뭐!"라는 식이었다. 예수님은 딴 마음이 없는 철저하고 확실한 관계를 원하신다.

예수님은 에베소 교회에게 "너희가 처음 사랑을 버렸다"(계 2:4-5) 책망하셨다. 하나님은 우리가 무엇을 하든 하나님에 대한 우리의 사랑이 동기가 되기를 원하신다. 에베소 교회에는 아직 예수님을 위한 행위들이 있었지만 그들에게는 사랑의 동기가 없었다. 다른 동기들이 스며들어 있었다. 예수님은 그들에게 율법적 관계가 아닌 사랑의 관계로 돌아가라고 명하신 것이다.

예수님은 "무릇 내게 오는 자가 자기 부모와 처자와 형제와 자매와 및 자기 목숨까지 미워하지 아니하면 능히 나의 제자가 되지 못하고"(눅 14:26)라고 말씀하셨다. 예수님은 예수님에 대한 당신의 사랑이 얼마나 큰지 그 사랑과 비교할 때 당신의 가족에 대한 사랑은 차라리 미움과 같아야 한다고 말씀하고 계신 것이다. 이는 예수님을 향한 우리의 사랑은 모든 것에 앞서는 최우선 순위여야 한다는 말씀이다.

....

하나님의 관점	하나님의 약속	변화하기
신명기 6:5,	고린도전서 8:3	여호수아 22:5
신명기 10:12-13	야고보서 1:12	요한일서 6
여호수아 22:5	요한일서 5:2-3	**기도**
마태복음 10:37, 22:37-40		시편 86:11
누가복음 14:26		
요한복음 14:15, 23-24		
고린도후서 5:14-15		

하나님의 뜻 구하기(Seeking God's will)

(로마서 8:28) "우리가 알거니와 하나님을 사랑하는 자 곧 그의 뜻대로 부르심을 입은 자들에게는 모든 것이 합력하여 선을 이루느니라"

당신의 삶에서 하나님의 뜻을 어떻게 발견할까? 적극적으로 하나님을 찾고 하나님께 복종함으로써 하나님의 뜻을 발견할 수 있다. 당신의 몸을 하나님의 사역 도구로 사용하실 수 있도록 당신의 몸을 드릴 때, 당신이 삶의 모든 것보다 하나님의 뜻을 바랄 때, 당신의 삶은 점진적으로 하나님의 뜻을 나타내게 될 것이다.

예수님은 "나는 나의 뜻대로 하려 하지 않고 나를 보내신 이의 뜻대로 하려 하므로"(요 5:30)라고 말씀하셨다. 그는 아버지와 자신을, 그의 사역과 아버지의 행하시는 일을 함께 묶는다. 이 원리는 완벽한 통합체로 단 하나처럼 작용한다.

사도 바울은 "하나님의 뜻은 이것이니 너희의 거룩함이라"(살전4:3) 증거했다. 여기서 "성화"(거룩함)라는 단어는 "오직 하나님을 위하여 구별됨"을 뜻한다. 그러므로 우리의 삶은 하나님을 섬기기 위해 구별되어야 하며 우리는 그분을 위해 살아야 한다.

어떤 사람들은 하나님의 뜻에 복종하려면 사역을 해야 한다고 생각한다. 아니다. 모든 사람이 목사가 되는 것은 하나님의 뜻이 아니다. 당신이 하는 일, 당신이 사는 곳에서 하나님은 일을 시작하실 수 있다. 때가 되면 하나님은 문을 열고 다른 일을 당신 마음에 주실 수도 있고, 그분의 계획을 보이기 위해 문을 닫으실 수도 있다. 이와 같이 하나님은 모든 사람을 사역자나 선교사로 부르시는 것은 아니다.

하나님께서 원하시는 것을 떠나 다른 사람이 되려고 하는 것은 좌절감을 배우는 큰 교훈이 될 수 있다. 하나님께서 당신에게 주신 일을 신실하게 행하는 것이 중요하다.

하나님의 관점	하나님의 약속	변화하기
시편 32:8, 37:23	시편 37:4-5	잠언 2:3-9
시편 40:8-10, 119:105	잠언 3:5-6	마태복음 6:33
잠언 16:9, 19:21, 20:24	요한복음 7:17	로마서 12:2
예레미야 10:23	요한일서 2:17	디모데후서 2:22
마태 7:21, 마가 3:35	**성경적 예시**	야고보서 1:5-6
로마서 8:27	마태복음 26:39	**기도**
에베소서 4:11-12	요한복음 4:34	시편 34:4
데살로니가전서 4:3, 5:16-18	요한복음 5:30	시편 40:8
베드로전서 2:15	요한복음 6:38-40	

하나님의 말씀(Word of God)

(신명기 4:2) "내가 너희에게 명하는 말을 너희는 가감하지 말고 내가 너희에게 명하는 너희 하나님 여호와의 명령을 지키라"

사람은 생존과 건강을 유지하기 위해 매일 먹어야 한다. 이와 같이 하나님의 말씀은 우리의 영적인 양식이다. 만약 하나님께서 사용하시는 강하고 건강한 그리스도인이 되고 싶다면, 내 생각과 마음과 삶을 그의 말씀으로 채워야 한다. 하나님의 말씀에 대한 실무 지식을 갖는 것은 매우 중요하다. 도움이 필요한 때에 하나님의 말씀은 어려움을 극복하거나 현명한 결정을 내리도록 안내할 것이다.

혼과 영은 복잡하게 결합되어 있다. 그러므로 우리가 감정적인 경험을 하고 있는지 아니면 성령으로부터 오는 합당한 경험을 하고 있는지 알기 위해서는 하나님의 말씀이 필요하다. 우리의 경험을 성경의 가르침과 비교할 때, 하나님의 말씀을 공부하고 묵상하는 것은 혼과 영 사이를 구분하는 것을 돕는다. 그것은 살아있고 강력한 혼과 영의 감지기이다.

우리 모두는 마음과 삶을 통제하기 위한 영적인 싸움을 하고 있다. 그리고 우리가 가질 수 있는 가장 좋은 방어는 하나님의 말씀이다. 우리가 마음속에 그분의 말씀을 품을 때, 우리는 정결케 되고 죄에 대한 승리를 쟁취할 수 있다. 예수님은 사탄의 유혹을 받을 때 성경을 자신의 방어로 의존했다. 우리 또한 하나님의 말씀이 우리 안에 거할 때 우리도 강해져서 악한 자를 이겨낼 수 있게 한다.

"하나님의 말씀은 살아 있고 활력이 있어 좌우에 날선 어떤 검보다도 예리하여 혼과 영과 및 관절과 골수를 찔러 쪼개기까지 하며 또 마음의 생각과 뜻을 판단하나니"(히 4:12)

하나님의 관점		변화하기
신명기 4:2	딤후 3:16-17, 딛1:9	예레미야 23:28-29
시편 12:6	히 4:12, 5:13-14. 약 1:18, 21	사도행전 17:11
시편 119:89, 105, 130,	벧후 1:19-21, 요일 2:14	디모데후서 2:15, 4:2-5
시편 119:140, 160	계시록 19:13, 20:4,	약1:21-22, 벧전 1:23, 2:2
시편 138:2	계시록 22:18-19	**성경적 예시**
잠언 30:5-6	**하나님의 약속**	역대하 17:9
이사야 8:20, 55:11	시편 19:7-8,	누가복음 24:27
마 5:18, 24:35, 눅 4:4	시편 119:9, 11, 57	행 6:7, 13:44, 20:27, 32
요한복음 5:39, 17:17	눅 11:28. 요 14:26	데살로니가전서 2:13
고전 3:2-3. 엡 6:17	로마서 10:17	딤후 3:14-15. 벧후 3:5

하나님 말씀을 의심(Doubting God's Word)

(마태복음 24:35) "하늘과 땅은 없어지겠으나 내 말들은 없어지지 아니하리라"

성경이 하나님의 말씀으로 영감되지 않았다는 것을 증명하기 위해 일생을 바쳐 노력하는 사람들이 있다. 그들은 아주 작은 부분까지 어떤 불일치나 오류가 있는지 증명하여 성경의 영감 됨을 반증하려 한다. 몇 년 전에 어떤 비평가들이 모여 성경이 정확하지 않음을 선언하고 본디오 빌라도에 대한 어떠한 역사적인 기록도 없다고 하며 그는 신화적 인물라고 주장했다.

많은 사람들이 고고학자들에 의해 가이샤라 연안에서 본디오 빌라도의 업적을 기록한 비석을 발견하기 전까지 그들의 주장을 믿었었다. 그 비석의 발견으로 결국 비평가들이 틀렸음이 증명되고 성경이 옳다는 것이 만천하에 증명되었다.

바울은 디모데에게 "모든 성경은 하나님의 감동으로 된 것으로"(딤후 3:16)라고 증거했다. 그것은 성경이 하나님의 말씀인 것과 하나님 자신에 대한 하나님의 계시로서 사람에게 주신 것을 인정하는 것이다. 성경이 기록된 이래 그 오랜 시간 동안 많은 성경 필자들이 있었지만 성령께서 저자이기 때문에 그들의 기록은 하나의 일관된 이야기로 구성되었다.

하나님의 관점	하나님의 약속	성경적 예시
마태복음 24:35	시편 119:89	열왕기하 7:18-20
마가복음 12:24	이사야 40:8	데살로니가전서 2:13
요한복음 10:35	요한계시록 3:8	**기도**
디모데후서 3:16-17	**변화하기**	시편 119:89
히브리서 3:7-9	사도행전 17:11	
히브리서 4:12	야고보서 1:21	
베드로후서 1:19-21		

[하나님 말씀의 효과]

하나님의 관점	하나님의 약속	성경적 예시
이사야 55:11	시편 1:1-3	갈라디아서 3:8
야고보서 1:18	로마서 15:4	데살로니가전서 2:13
베드로전서 1:23	**변화하기**	베드로전서 1:22-25
	시편 119:9, 11	**기도**
		시 119:114

하나님의 사랑(Love of God)

(요한일서 2:5) "누구든지 그의 말씀을 지키는 자는 하나님의 사랑이 참으로 그 속에서 온전케 되었나니 이로써 우리가 저 안에 있는 줄을 아노라"

사도 요한은 "하나님이 세상을 이처럼 사랑하사"(요3:16)라고 기록하였다. 언제부터 사랑하셨나? 세상이 하나님께 반역했을 때이다. 그러면 하나님은 언제부터 당신을 사랑하기 시작하셨을까? 당신의 삶을 예수 그리스도께 내어 드렸을 때일까? 아니다! 하나님은 그보다 훨씬 더 오래전부터 당신을 사랑하셨다. 하나님은 태초부터 당신을 사랑하셨다. 당신을 향한 하나님의 사랑은 조건이 없다. 사랑이 그분의 본성이기 때문에 하나님은 당신을 사랑하신다. 당신이 너무 사랑스러워서 사랑하신 것은 결코 아니다. 사실은 당신이 너무 사랑스럽지 않음에도 불구하고 당신을 사랑하심으로써 하나님은 자신의 은혜를 나타내시는 것이다.

하나님은 당신의 삶에 가장 좋은 것을 주기 원하신다. 그렇다면 왜 우리에게 때때로 시련과 아픔을 주셔서 우리로 하여금 하나님의 사랑을 의심케 하시는 걸까? 그것은 우리가 사랑을 방종과 혼동하기 때문이다. 성경은 우리가 부모로서 자녀를 방종하게 내버려 둔다면 그것은 사랑이 아니라고 말한다. 참된 사랑은 강력하다. 징계가 최선의 선택일 때는 징계할 만큼 강력하다. 우리가 자멸의 길을 가려 할 때 하나님은 우리를 사랑하시기 때문에 우리를 징계하신다. 그러나 우리는 여전히 "하나님께서 나를 사랑하신다면 왜 나에게 이런 일을 허락하십니까?" 묻곤 한다. 그것은 하나님이 당신을 사랑하기 때문이며 하나님은 그렇게 하심으로써 앞으로 일어날 더 큰 비극을 막아주시는 것이다.

유다서에는 "하나님의 사랑 안에서 자기를 지키라"(21절) 권면하는 흥미로운 구절이 있다. 하나님은 자기 자녀들에게 아낌없이 사랑을 베푸시고 그들을 위해 좋은 것들을 주시기를 기뻐하신다. 그러나 당신의 죄가 하나님께서 당신에게 주기 원하시는 좋은 것들을 막을 수 있다. 예레미야는 "너희 죄가 너희에게 오는 좋은 것을 막았느니라"(렘5:25) 경고하였다. 죄는 하나님이 일을 하실 수 없도록 방해한다. 당신은 죄 때문에 그의 축복을 놓칠 수 있다.

....

하나님의 관점
신 7:7, 잠 3:12, 13:24
렘 31:3, 습 3:17
요한복음 3:16-17, 16:27
롬 5:5, 8 고후 5:18-19, 21
엡 2:4-7, 딛 3:3-5
히 12:6, 요일 3:1

하나님의 약속
시편 32:10, 103:8-12
시편 145:8-9
로마서 8:38-39

성경적 예시
요한복음 15:13

변화하기
요 15:9, 엡3:17-19, 5:2
데살로니가후서 3:5
요한일서 3:16, 4:7-10, 19
유다서 21

기도
고린도후서 13:14

하나님의 전신갑주(Armor of God)

(에베소서 6:10,11) "끝으로 너희가 주 안에서와 그 힘의 능력으로 강건하여지고 마귀의 간계를 능히 대적하기 위하여 하나님의 전신 갑주를 입으라"

사탄은 속이는 자이다. 그는 교활한 전술을 사용하여 우리가 혈과 육에 맞서 사탄과 싸우고 있다고 믿게 만들지만, 사실은 그렇지 않다. 사탄이 우리를 육신의 싸움터로 끌어들인다면 그는 우리보다 결정적으로 우위에 있다. 그러나 우리가 성령 안에서 영적인 자원과 하나님의 전신갑주를 입고 싸우면 우리는 결코 패배하지 않을 것이다.

에베소서 6장에는 하나님의 전신갑주를 열거하였고 영적 갑옷의 첫 번째는 진리이다. 이미 예수님은 "내가 곧 길이요 진리요 생명이니라"(요14:6) 말씀하셨다. 우리가 알 것은 사탄은 진리가 없다. 그러므로 예수 그리스도 안에 있는 진리는 사탄의 거짓말에 맞서는 우리의 방어막의 최우선이다. 갑옷의 두 번째 부분은 의의 흉배이다. 그러므로 사탄이 나의 연약함과 실패를 보여주면서 나를 공격하고 정죄하면, 우리는 즉시 그리스도의 의로움 안으로 피하면 된다. 흉배는 헬라어 쏘락스(thorax)로서 심장 가리개라는 뜻이다.

그다음 갑옷은 평안의 복음으로 신발을 신고 나아가 다른 사람들에게 복음의 진리를 전도하는 것이다. 요한계시록 12장 11절에는 "또 여러 형제가 어린 양의 피와 자기의 증거하는 말을 인하여 저(사탄)를 이기었다" 기록되었다. 또한 구원의 투구는 내 갑옷의 또 다른 한 부분이다. 나는 예수 그리스도를 통하여 죄의 삶에서 구속받았다. 그리고 우리에게는 성령의 검, 곧 하나님의 말씀이 있다. 그러므로 예수님은 "너희는 내가 일러준 말로 이미 깨끗하였으니"(요 15:3)라고 말씀하셨다.

이와 같이 우리는 하나님의 말씀을 가지고 원수 사탄과 사람들의 삶 속에 구축된 그의 견고한 진에 공격을 시작할 수 있다. 그리고 전신갑주의 마지막은 기도이다. 기도로 우리는 사탄이 눈을 멀게 한 사람들의 눈을 뜨게 할 수 있기 때문이다. 만약 하나님의 전신갑주를 입지 않았다면 당신은 백발백중 영적 실패자이다. 지금이라도 당신은 전신갑주로 무장해야 한다.

....

하나님의 관점	하나님의 약속	변화하기
스가랴 3:2	이사야 14:15-17	롬 13:12-14, 엡6:10-18
마가복음 13:22-23	롬 16:20, 살후 3:3, 약 4:7-8	골 3:1-3, 살전 5:8
고후 2:10-11, 10:3-6	**성경적 예시**	딤후 2:3-4, 벧전 5:8-9
고후 11:3-4. 살후 2:9-10	마 4:1-11, 눅 22:31-32	**기도**
요한계시록 12:11	유다서 9	마태복음 6:13

학교(School)

(고린도후서 10:5) "하나님 아는 것을 대적하여 높아진 것을 다 무너뜨리고 모든 생각을 사로잡아 그리스도에게 복종하게 하니"

사람은 무엇을 심든지 그대로 거두게 된다. 오늘날 많은 사람들이 하나님의 지식을 대항하여 자신을 높이려고 노력한다. 대부분의 경우 우리 대학교들은 무신론자이며 전적으로 세속적이다. 그래서 자녀를 대학에 보냈을 때, 기도로 보호하지 않으면 자녀는 경건하지 않은 교육에 노출되어 믿음이 살아남을 가능성은 매우 희박해진다. 오직 기도를 통해 우리는 하나님의 지식에 대항하는 상상과 자신을 높이는 그 높아진 것들을 쓰러뜨릴 수 있다.

자녀가 성장하여 학교에 갈 때, 자녀가 듣고 덕을 세우고 자신을 주 안에서 건설하고 주안에서 행하도록 영적인 분위기를 조성해야 한다. 그들이 어느 학교에 다니는지는 중요치 않다. 집안에 선한 서적이 있어야 하고 그들이 텔레비전이나 미디어에서 보고 듣는 것들을 조심해야 한다. 하나님은 그들이 학교에 갈 때 온갖 종류의 더러운 것이 쌓인 쓰레기에 노출될 것이라는 것을 알고 계신다. 믿는 부모 된 당신 또한 나쁜 것들을 누를 수 있는 더 큰 좋은 것들을 구현할 수 있다. 할 수 있는 대로 예배와 하나님을 향하는 데 도움이 되는 생활 환경으로 자녀들을 둘러싸라.

학교와 교육에 관해서는 마태복음 6장 33절의 "그런즉 너희는 먼저 그의 나라와 그의 의를 구하라 그리하면 이 모든 것을 너희에게 더하시리라"하신 말씀을 먼저 생각해야 한다. 수업 일정의 맨 위에 하나님을 먼저 두라. 그렇게 하면 주님은 교육의 나머지를 돌보실 것이다. 그러나 다른 것 곧 지식, 출세, 뛰어남, 경쟁을 최우선으로 한다면 삶은 균형을 잃게 될 것이다. 당신이 하나님을 최우선에 둘 때, 하나님은 당신에게 필요한 것을 아시고 당신을 돌보실 것이다.

....

하나님의 관점	하나님의 약속	변화하기
잠언 1:7	마태복음 11:29	마태복음 6:33
잠언 2:1-9	**기도**	고린도전서 9:24
잠언 3:19-24	시편 119:66, 73	고린도전서 10:31b
잠언 9:10	골로새서 1:9-10	디모데후서 2:15
잠언 15:33		베드로전서 2:2
잠언 16:16		베드로후서 1:10
에베소서 4:13-15		베드로후서 3:18
골로새서 2:2-3		

학대당한 사람 위로하기(For Those Abused)

(로마서 15:1,2) "믿음이 강한 우리는 마땅히 믿음이 약한 자의 약점을 담당하고 자기를 기쁘게 하지 아니할 것이라 우리 각 사람이 이웃을 기쁘게 하되 선을 이루고 덕을 세우도록 할지니라"

어떤 사람들은 비참한 유년기로 인해, 혹은 배우자의 끔찍한 행동으로 인해 고통스런 과거를 가지고 있다. 당신도 감정적 혹은 신체적 학대를 당해 깊은 상처를 받았을 수 있다. 그러나 성경은 그런 것들이 모두 극복될 수 있도록 일하시며, 성령의 도우심과 능력으로 능히 하나님이 원하시는 사람이 될 수 있다고 선언하였다.

하나님의 개입으로 우리가 과거에 살았던 공허한 삶이 변화되어 우리들의 인생에 의미와 목적을 주실 수 있다는 사실은 하나님께 감사할 일이다. 또한 우리가 예수 그리스도를 따르기로 헌신할 때, 하나님은 잠시 있다가 사라지는 것들과 영원한 것을 분별할 수 있는 능력을 우리에게 주신다.

"보라 아버지께서 어떠한 사랑을 우리에게 베푸사 하나님의 자녀라 일컬음을 받게 하셨는가 우리가 그러하도다 그러므로 세상이 우리를 알지 못함은 그를 알지 못함이라"(요일 3:1)

하나님의 관점	하나님의 약속	변화하기
이사야 43:18-19	사무엘하 22:2-4	시편 34:4-5
마태복음 11:28-30	시편 27:10	잠언 3:5-6
성경적 예시	로마서 8:16	이사야 26:3-4
창세기 37:4-5, 11, 23-24	고린도후서 4:7-11	
창세기 50:18-21	요한일서 3:1	

학대자를 용서하기

(로마서 8:37) "그러나 이 모든 일에 우리를 사랑하시는 이로 말미암아 우리가 넉넉히 이기느니라"

예수 그리스도를 영접하기 전 우리는 불순종하며 미혹받기 쉬운 세상 사람들처럼 어리석게 살았다. 우리는 욕망 속에서 쾌락을 위해 살았다. 그것도 모자라 우리는 악의에 사로잡혀 다른 사람에게 악한 마음을 품고 있었다. 또한 우리는 나를 미워하는 자들을 증오했다.

우리가 예수를 영접한 후에도 과거에 우리가 했던 일들은 쉽게 지워지지 않는다. 때때로 사탄이 과거에 우리가 행했던 일들을 생각나게 하여 우리를 정죄하며 우리와 하나님 사이를 이간질하여 우리로 하나님으로부터 떨어져 버리게 한다.

그러나 성경은 "또 너희의 범죄와 육체의 무할례로 죽었던 너희를 하나님이 예수와 함께 살리시고 우리의 모든 죄를 사하셨다"(골 2:13) 기록하였다. 그러므로 이제 우리는 나를 미워하고 증오하던 자들을 용서하고 내가 시기하고 미워하던 자들에게 용서를 구하여 그리스도의 의를 이루어야 한다.

"그러므로 이제 그리스도 예수 안에 있는 자에게는 결코 정죄함이 없나니"(롬8:1)

하나님의 관점	하나님의 약속	변화하기
마태복음 18:6-7	고린도전서 6:9-11	시편 34:14
고린도전서 13:4-7	야고보서 4:6-7	로마서 12:10
갈라디아서 5:22-23	베드로전서 5:6-7	고린도전서 10:31
야고보서 1:2		에베소서 5:25-30, 33
		에베소서 6:4
		빌립보서 2:3-4
		데살로니가전서 5:15, 22

할로윈(Halloween)

(고린도후서 6:17) "그러므로 너희는 그들 중에서 나와서 따로 있고 부정한 것을 만지지 말라"

할로윈은 마녀들이 행하던 사술에서 비롯된 종교적인 축제이다. 할로윈의 가장 큰 기획사는 미국의 학교 시스템이다. 초중고 학교에서는 일년 중 다른 모든 종교적 행사들을 합친 것보다 더 많은 시간과 예산을 들여 정말 거창하게 할로윈 행사를 준비한다.

할로윈 당일에는 수업시간의 대부분을 교실에서 열리는 할로윈 파티와 최고의 마녀, 유령, 또는 꼬마 도깨비 의상을 입은 아이들을 뽑아 준비한 상품을 시상하는 행사를 한다. 그러나 정부와 법원은 학교측의 이런 행위를 못하도록 금지하지 않는다. 학교 내에서 할로윈에 대해 이야기할 수 없다고 금지하지도 않는다. 미국 법원은 할로윈과 관련해서 학교 측에 그 어떤 것도 금하고 있지 않다.

오늘날 미국의 공립 학교들이 사탄숭배자들의 풍습은 큰 돈을 들여 기획하고 후원하면서도 기독교 명절에 대해서는 교사들이 언급도 해서는 안 된다고 금지하는 현 세태는 굉장한 모순이다. 실제로 학교에서 크리스마스나 부활절에 대해서 그 무엇도 가르쳐서는 안된다는 법이 있다. 교사들에게는 크리스마스를 맞이해서 "아기 예수 태어났네", "천사들의 노래가" 같은 성경적 내용을 담은 크리스마스 캐롤은 부르지 못하게 엄금하면서 "루돌프 사슴코"는 얼마든지 불러도 되고 산타클로스와 즐길 수도 있다. 세속화된 콘텐츠이기 때문이다.

할로윈 축제가 시작된 이래 학교 시스템 전체가 이교도 종교의 마녀를 주제로 한 축제를 우리 아이들에게 크게 장려하고 있기 때문에 이제는 기독교인들까지도 할로윈 축제는 나쁘지 않다고 생각하게 되었다. 이때가 되면 나는 교인들에게 'jack-o-lantern'(호박등)을 집 앞에 걸어 두면 안될까요?, 아이들과 함께 'trick or treat'에 참여해도 될까요?, 분장하고 할로윈 파티에 가면 잘못된 건가요? 하는 질문들을 받곤 한다. 성경은 다음과 같은 해답을 준다.

하나님의 관점	하나님의 약속	변화하기
신명기 18:10-14	고린도후서 6:17	레위기 19:31
고린도전서 10:19-20	**성경적 예시**	에베소서 6:10-12
갈라디아서 1:4, 5:19-21	사도행전 8:9-12	**기도**
딤후 4:1. 계 21:8	사도행전 13:7-11	마태복음 6:13

* 2022년 10월29일 밤 이태원 할로윈 축제에서 참사를 당한 156명의 영혼들을 기억합시다.

헌금(Giving)

(시편 96:8) "여호와의 이름에 합당한 영광을 그에게 돌릴지어다 예물을 들고 그의 궁정에 들어갈지어다"

헌금은 절대 압박된 마음에서 해서는 안 된다. 나는 하나님께 드려야만 한다는 기분으로 드려서도 안 되며, 또 다른 사람에게도 그렇게 강요해서는 안 된다. 당신은 강압적인 마음으로 헌금을 해야 할 필요가 없다. 하나님은 사람을 자유 도덕 행위자로 만드셨고 절대로 하나님께 드리기를 강요하지 않으신다. 성경은 여러 번 반복해서 헌금은 그의 백성들이 즐거운 마음으로부터 하나님께 드리는 것임을 언급하였다. 그러므로 그런 마음이 없다면 차라리 드리지 않는 것이 낫다. 이것이 하나님께 드리는 헌금의 기준이다.

또한 우리는 하나님께서 즐겨 드리는 자를 사랑하신다고 배웠다. 여기서 '즐겨'라는 헬라어 단어 "hilarious"는 "아주 웃긴"이다. 그러므로 우리가 하나님께 "아주 웃긴" 마음으로 헌금을 드린다면 그것이 하나님께서 귀히 받으시는 헌금이 될 것이다.

[하나님께 드림]

하나님의 관점	하나님의 약속	변화하기
출애굽기 25:2	잠언 19:17	시편 96:8
신명기 12:6, 11	말라기 3:10	잠언 3:9-10
말라기 3:8	누가복음 6:38	마태복음 6:1-4
누가복음 21:1-4	**성경적 예시**	고린도후서 9:7
	역대상 29:16-17	빌레몬서 14
	고린도전서 16:1-2	

[다른 사람에게 드림]

하나님의 관점	하나님의 약속	변화하기
신명기 15:7-8	신명기 15:7, 10-11	잠언 3:28
잠언 14:21	잠언 11:24-25	사도행전 20:35
잠언 19:17	잠언 19:17	고린도후서 9:6-9
잠언 22:9	잠언 22:9	갈라디아서 6:9-10
이사야 58:7-11	디모데전서 6:17-19	히브리서 13:16
마태복음 25:35, 40	**성경적 예시**	요한일서 3:16-18
	누가복음 19:8	
	사도행전 4:32	

험담(Gossip)

(시편 141:3) "여호와여 내 입에 파수꾼을 세우시고 내 입술의 문을 지키소서"

누군가의 어떤 험담을 듣는다면 발설하지 않기가 힘들지 않은가? 그러나 그 험담거리를 퍼뜨렸는데 나중에 그것이 가짜였던 적은 없는가? 부끄러워서 내가 한 말을 취소하고 싶지만, 그 말이 얼마나 멀리 퍼졌는지는 하나님만 아신다. "네 혀를 악에서 금하라"(시 34:13). 이 구절의 진의는 다른 사람에게 악한 것을 말하지 않는 것이나 험담을 퍼뜨리지 않는 것이다.

선한 삶을 살고 싶은 당신에게 베드로는 "그러므로 모든 악독과 모든 기만과 외식과 시기와 모든 비방하는 말을 버리라"(벧전 2:1) 권고했다. 왜냐하면 우리는 거듭났기 때문에 이러한 것들은 우리 삶에 자리 잡을 장소가 더 이상 없기 때문이다. 여기서 "버리라"(laying aside)는 헬라어의 뜻은 "옷을 벗다"라는 뜻이다.

우리는 악독의 옷을 입지 않아야 하는데, 그것은 곧 누군가에게 악한 생각을 하는 것이다. 그러므로 우리는 모든 기만과 속이는 것을 벗어야 한다. 시기와 악한 말을 멈춰야 한다. 그것은 험담을 언급한다. 이러한 것들은 반드시 버려야 한다. 우리는 거듭났기 때문이다. 다툼과 악한 모든 생각은 험담을 이끌어온다. 당신의 혀를 악으로부터 지켜야 한다.

"입과 혀를 지키는 자는 자기의 영혼을 환난에서 보전하느니라"(잠 21:23)

하나님의 관점	하나님의 약속	변화하기
레위기 19:16	잠언 21:23	시편 17:3
시편 50:16-21	베드로전서 3:10	시편 34:13
잠언 11:11-13	**성경적 예시**	잠언 20:19
잠언 12:18	디모데전서 5:13	에베소서 4:29
잠언 16:28	**기도**	야고보서 1:26
잠언 17:9	시편 15:1-3	야고보서 3:9-10
잠언 26:20	시편 141:3	야고보서 4:11
야고보서 1:26		베드로전서 2:1-3
야고보서 3:5-6		

혼란(Confusion)

(골로새서 2:5) "이는 내가 육신으로는 떠나 있으나 심령으로는 너희와 함께 있어 너희가 질서 있게 행함과 그리스도를 믿는 너희 믿음이 굳건한 것을 기쁘게 봄이라"

하나님은 혼란의 창시자가 아니다. 하나님은 질서의 하나님이시다. 우리가 살고 있는 질서정연한 우주를 보면 알 수 있다. 그러므로 하나님께 예배하는 데에는 분명히 질서가 있어야 한다. 혼란스럽지 않아야 한다.

나는 하나님께서 교회에 질서가 있기를 원하신다고 믿는다. 어떤 교회에서는 너무 많은 움직임과 소음이 있어서 하나님의 말씀에 집중하기 어려울 때가 있다. 그러나 예배가 품위있고 질서있게 행해질 때는 정말 영광스럽다.

무질서는 우리의 개인적인 삶에도 큰 영향을 끼친다. 자신의 방식만을 고집할 때 우리는 하나님께서 정하신 규칙에 반항하게 된다. 하나님은 우리가 어떻게 살아야 하는지를 말씀하셨고 우리 삶의 질서를 세우셨다. 내가 육신을 따를 때 내 삶에는 무질서와 다툼이 생긴다. 모든 사람이 자기 소견에 옳은 대로 행하면 혼란이 초래된다. 우리는 세속주의의 혼란에 휘말리지 않도록 우리 삶을 지배할 하나님의 권위가 필요하다.

"모든 것을 품위 있게 하고 질서 있게 하라"(고전 14:40)

....

하나님의 관점	하나님의 약속	변화하기
역대상 15:13	골로새서 2:5	로마서 13:13
에스라 9:7	데살로니가후서 3:16	고린도전서 14:33, 40
예레미야 3:25	기도	
고린도후서 12:20	다니엘 9:7-8	
갈라디아서 5:22-26		
디도서 1:5		
야고보서 3:16-18		

혼인(Marriage)

(히브리서 13:4) "모든 사람은 혼인을 귀히 여기고 침소를 더럽히지 않게 하라 음행하는 자들과 간음하는 자들을 하나님이 심판하시리라"

혼인은 하나님 앞에서 한 남자와 한 여자가 죽을 때까지 서로 사랑하고 아끼며 서로에게 정절을 지키기로 약속하는 서원이다. 혼인은 둘이 하나가 되는 아름다운 결합이다. 당신이 배우자를 취했을 때 당신은 그 사람의 평생을 택한 것이다. 즉 부할 때나 가난할 때나, 아플 때나 건강할 때나, 맑을 때나 궂을 때나 가리지 않고 평생동안 동반자가 되기로 약속한 것이다.

일단 혼인을 하고 나면 그 혼인 생활을 유지하기 위해 가능한한 모든 노력을 다해야 하는데, 때로는 기도가 혼인 생활을 유지하는데 가장 좋은 접착제가 되기도 한다. 그러므로 결혼생활에서 힘들게 하거나, 신경을 거스르거나, 괴롭히는 문제들이 생기면 그 모든 것들을 위해 함께 기도하라. 쓴 뿌리로 발전할 수 있는 일을 그대로 두면 더 악화되기 마련이다. 그러므로 베드로 사도는 쓴뿌리가 기도 생활과 주님과의 동행을 어렵게 할 것이라고 경고하였다. 결국은 모두 마음가짐에 달려 있다(벧전 3:7).

당신의 마음가짐은 더 나은 대접이나 공정한 대우가 필요하다고 느껴질 때 당당하게 자기 권리를 주장하겠다는 마음인가? 아니면 어떻게 하면 배우자에게 더 나은 대접을 해줄 수 있을까를 고민하는 마음인가? 당신은 하나님의 최선이 당신 안에서 이루어지기 위해서라면 상당한 불편함이나 부당함이라도 참고 받아들일 준비가 되어있는가? 당신은 하나님께서 당신의 모습을 바꾸고, 마음가짐을 바꾸고, 당신의 대답하는 법이나 대응하는 법을 바꾸어, 이를테면 당신을 더 낮은 자리에 앉히려 하실 때 기꺼이 이를 받아들일 것인가? 너무도 많은 문제들이 우리가 당당하게 자기 주장을 하는 데서 나올 수 있다. 그리고 그런 마음가짐은 혼인생활을 망칠 수 있다. "그 둘이 한 몸이 될찌니라" 이것이 혼인에 대한 하나님의 이상이다.

하나님의 관점	하나님의 약속	변화하기
창세기 2:18, 24	잠언 31:10-11, 30	에베소서 5:21-28, 33
잠언 5:18-23		골로새서 3:18-19
잠언 18:22		베드로전서 3:1-4, 7
잠언 19:13-14		
잠언 25:11, 27:15-16		
마태복음 19:4-6		
마가복음 10:6, 9		
고전 7:3-4. 히 13:4		

화평케 하는 자(Peacemakers)

(야고보서 3:18) "화평케 하는 자들은 화평으로 심어 의의 열매를 거두느니라"

예수님은 "화평케 하는 자는 복이 있나니 저희가 하나님의 아들이라 일컬음을 받을 것임이요"(마 5:9)라고 말씀하셨다. 오, 이 얼마나 놀라운 축복인가? 이것이 하나님이 사람에게 의도하신 계획이다. 그러나 세계의 역사를 보면 평화의 역사가 아니다. 국가가 다른 국가를 정복하고 사람과 사람이 싸웠던 전쟁의 역사이다. 그러나 실로 전쟁은 인간의 역사 이전에 시작되었다. 그것은 사탄이 하나님의 뜻을 거역하여 자신의 뜻을 행하려고 했던 하늘에서 시작되었다(이사야 14:12-14 참조). 하나님의 뜻과 반대되는 일을 행하는 것은 하나님께 반역하는 것이며 하나님과의 전쟁으로 이어지고 결국에는 사람과의 전쟁이 된다. 자신에게 화목이 없으면 주변 사람들과도 화목할 수 없다.

예수님은 이 세상에 오실 때 화평케 하는 자로서 오셨다. 예수님의 사명은 사람을 하나님과 화목하게 하는 것이었다. 그러나 사람들은 예수님을 죽이려고 했고 십자가에 못 박았다. 그들은 예수님께서 그들에게 제시한 하나님과의 화평을 원하지 않았다. 사람들을 평화롭게 하기 원하시는 하나님의 모습은 성경 전체에 걸쳐 찾아볼 수 있다.

예수님은 제자들에게 "평안을 너희에게 끼치노니 곧 나의 평안을 너희에게 주노라 내가 너희에게 주는 것은 세상이 주는 것 같지 아니하니라 너희는 마음에 근심도 말고 두려워하지도 말라"(요 14:27) 말씀하셨다.

예수님은 피스메이커이다. 그러므로 그리스도인으로서 우리의 사명은 피스메이커가 되는 것이다. 바울은 "화평의 복음을 전하는 자들의 발이 어찌 그리 아름다운고"(롬10:15)라고 기록했다. 그러므로 우리가 전하는 복음을 "화평의 복음"이라고 말한다. 그것은 우리가 하나님과 더불어 화평을 누리고 그로 인해 평안하고 이웃과도 화목할 수 있도록 만들기 때문이다.

....

하나님의 관점	하나님의 약속	변화하기
시편 37:37, 119:165	시편 29:11	잠언 3:30, 17:14
잠언 15:1	마 5:9, 요14:27	로마서 12:18, 14:19
잠언 16:7	롬 16:20, 히 6:10	엡 4:32, 빌 4:8-9
잠언 19:11	**성경적 예시**	골 3:13, 15, 살전 5:15
이사야 26:3, 12	창세기 50:19-21	히 12:14, 벧전 3:11
고린도전서 3:3	이사야 52:7, 나훔 1:15	**기도**
엡 2:13-14. 약 3:18	로마서 10:15	로마서 15:13

화해(Reconciliation)

(로마서 5:10) "곧 우리가 원수 되었을 때에 그의 아들의 죽으심으로 말미암아 하나님과 화목하게 되었은즉 화목하게 된 자로서는 더욱 그의 살아나심으로 말미암아 구원을 받을 것이니라"

자존심이 얼마나 자주 부부 사이를 갈라놓는지 참으로 안타깝다. 처음에는 사소한 말다툼으로 시작하는데 그러다가 마음에도 없는 말을 뱉어낸다. 그리고 짐을 싸서 차에다 싣고 울부짖는 아이들의 손을 휘여잡고 집을 나간다. 냉전 상태가 시작된다. "네가 먼저 전화해서 사과할 때까지 난 절대로 전화하지 않을거야!" 마음 속으로는 화해를 바라면서도 고집스런 자존심이 관계 회복을 위해 내가 먼저 손을 내밀지 못하도록 막는다. 참으로 안타깝고 비극적인 일이다. 이러한 문제의 중심에는 하나님과의 관계가 있다.

마음을 먼저 다스리지 않고 상담을 받거나 해결책이 담긴 책을 읽는 것은 증상만 치료하는 것이다. 다른 사람들과의 관계에서 화해가 일어나기 전에 먼저 하나님과의 관계가 바로 잡혀야 한다. 성경은 "너희가 사람의 과실을 용서하면 너희 천부께서도 너희 과실을 용서하시려니와 너희가 사람의 과실을 용서하지 아니하면 너희 아버지께서도 너희 과실을 용서하지 아니하시리라"(마 6:14-15) 선언하였다.

일에는 순서가 있다. 성경은 "예수 그리스도로 말미암아 하나님과 화목하라" 명하였다. 그리스도는 우리의 허물로 인해 몸이 찔리셨고, 우리의 죄악으로 인해 매질을 당하셨다. 그가 받으신 형벌은 우리의 화목을 위함이요, 우리로 하나님과 화평을 누리게 하기 위해서였다. 우리가 하나님과 화평을 누리기 시작하면 이웃과도 얼마든지 화목할 수 있다.

예수님은 "그러므로 예물을 제단에 드리다가 거기서 네 형제에게 원망 들을만한 일이 있는 줄 생각나거든 예물을 제단 앞에 두고 먼저 가서 형제와 화목하고 그 후에 와서 예물을 드리라"(마 5:23-24) 말씀하셨다. 우리는 두 점 사이의 최단 거리가 직선이라고 배웠지만 언제부터인가 나와 하나님 사이에서는 직선이 아니라는 것을 깨닫는다. 하나님과 나 사이의 최단 거리로 가는 길은 먼저 형제들과 쌓인 원망과 분노를 내려놓고 오는 것이다. 그렇게 먼저 형제와 화목하고 난 후에 하나님의 제단 앞으로 나가서 예물을 드려야 한다.

하나님의 관점	하나님의 약속	변화하기
로마서 5:10	골로새서 1:20-22	마태복음 5:23-24
고린도전서 7:11	**성경적 예시**	누가복음 12:58, 17:3
고린도후서 5:18-20	창세기 45:1-5, 50:15-21	롬 12:21, 고후 5:20
엡 2:16. 히 2:17	베드로전서 2:23	골 3:13 벧전 4:8. 요일 3:18

환생(Reincarnation)

(시편 78:39) "그들은 육체이며 가고 다시 돌아오지 못하는 바람임을 기억하셨음이라"

환생은 사람이 죽으면 다른 사람이나 동물로 다시 태어난다는 믿음이다. 그리고 당신이 이생에서 선한 삶을 살았느냐 악한 삶을 살았느냐에 따라 당신이 다음 생에 무엇으로 태어나느냐가 결정될 것이라고 한다. 이것을 '카르마'(karma)라고 한다. 이를 믿는 이들은 자신이 다른 몸으로 환생하여 돌아올 것이라고 믿으며 만일 악한 삶을 살았을 경우에는 아마 개구리로 환생할 거라 믿는다. 그런 다음 그들은 궁극적으로 환생이 중단되는 열반에 들어갈 만큼 충분히 선한 존재가 될 때까지 그 과정을 되풀이해야 한다고 믿는다.

성경은 분명히 "한 번 죽는 것은 사람에게 정하신 것이요 그 후에는 심판이 있으리니"(히 9:27)라고 가르친다. 이 구절은 명백하게 환생이 없음을 말해 준다. 사람은 육신적으로 단 한 번 죽을 뿐이다.

환생을 믿는 당신에게 시편기자는 당신이 "가고 다시 돌아오지 못하는 바람"(시78:39)일 뿐이라고 선언했다. 당신은 한번 불어서 멀리 가고 나면 다시는 돌아올 수 없는 바람과 같은 존재이다. 그게 전부이다. 한 번 죽고 나면 더 나은 생을 위해 이 세상으로 돌아올 수 없다. 그러나 죽음이 끝은 아니다. 죽음 후에는 심판이 있다. 어떤 사람들이 말하듯 두 번이나 혹은 다섯 번이나 혹은 스무 번 죽으면서 그때마다 환생하는 것이 아니라 단 한 번만 죽는 것이다.

자! 당신이 예수 그리스도를 믿는다면 당신의 죄는 십자가에서 심판받았다. 그러므로 당신은 죽은 후에 심판을 받지 않아도 된다. 이미 심판을 받고 의롭다 칭함을 받았기 때문이다. 그러나 구원받기를 거부했던 사람들은 누구든지 죽은 후 심판을 받고 영원히 하나님으로부터 멀리 떨어지게 된다. 어떤 의미에서 그들은 육신적으로 한 번, 영적으로 한 번 곧 두 번 죽는 것이다. 모든 사람은 한 번 태어나고 두 번 죽게 된다. 그러나 당신이 하나님의 영으로 거듭났다면 이미 심판을 받은 것이므로 당신은 한 번만 죽고 하나님 앞에서 영원히 살 것이다.

....

하나님의 관점
시편 78:39, 103:14-16
전도서 3:20, 9:5, 12:7
마태복음 25:45-46
요 3:5-7, 6:68, 14:6, 17:3
롬 6:23, 14:10. 히 9:27
약 4:13-14 . 계 20:11-12

하나님의 약속
요한복음 5:28-29
고린도후서 5:8-10
요한일서 5:11

변화하기
유다서 21
성경적 예시
사무엘하 12:23

회개(Repentance)

(계시록 3:19) "무릇 내가 사랑하는 자를 책망하여 징계하노니 그러므로 네가 열심을 내라 회개하라"

회개의 정의 중 하나는 마음을 바꾸는 것이다. 또 다른 하나는 후회나 슬픔의 감정을 갖는 것이다. 하지만 당신은 뉘우치지 않고도 마음을 바꿀 수 있다는 것을 주목해야 한다. 당신이 한 일의 결과를 볼 때, 후회를 할 수는 있지만 계속해서 죄를 짓는다면 그것은 진정한 회개가 아니다. 참된 회개란 진심으로 뉘우치고 다시는 행하지 않는 것이다. 그리고 진정한 회개의 증거는 달라진 태도와 변화된 삶이다. 만약 어떤 사람이 어떤 행동이나 죄를 뉘우쳤다고 선언하고서도 같은 행동을 계속한다면 그 뉘우침의 진위는 의심할 이유가 다분하다.

죄를 후회하는 것은 좋은 일이지만 진짜 질문은 "당신은 변화할 것인가?"이다. 회개한다는 것은 방향을 바꾸는 것을 의미한다. 그것이 당신이 죄에 대해 후회한 후에 한 것인가? 그렇지 않다면, 당신의 후회는 아무 의미가 없다. 바울은 "하나님의 뜻대로 하는 근심은 후회할 것이 없는 구원에 이르게 하는 회개를 이루는 것이요" (고후 7:10)라고 증거했다.

구원으로 이어지지 않는 죄의 고백이 있다. 죄는 반드시 뉘우침이 있어야 하고 회개는 변화를 요구한다. 경건한 슬픔은 회개로 인도하지만 후회 그 자체는 회개가 아니다. 만약 당신이 예수 그리스도를 믿는다고 말하고 당신이 죄를 후회한다면 이것은 당신이 더 이상 죄 속에서 사는 것이 아니라 영과 성령의 것들을 따라 살아가려 한다는 것을 의미한다.

하나님께서 우리 삶에 허락하시는 모든 것은 우리를 회개하게 하시려는 것이지만 심판하실 날이 올 것이다. 우리가 우리의 죄를 회개하여 주님의 은혜에 응답하면 심판의 날은 보상과 축복의 시간이 되지만, 그러나 우리가 주의 선함을 무시하고 회개하기를 거부한다면 우리는 반드시 주의 진노를 직면하게 될 것이다.

....

하나님의 관점	하나님의 약속	변화하기
에스겔 18:30-32, 36:25-27	에스겔 18:21-23	이사야 55:6-7
말라기 3:7	눅 24:47, 롬 8:13-14	에스겔 14:6
마태복음 4:17	고후 5:17, 7:14, 빌 2:12-13	요엘 2:12-13
눅 5:31-32, 13:3-5, 15:7	**성경적 예시**	누가복음 13:3
행 17:30, 롬 2:4	출애굽기 10:16-20	롬 6:11-14, 12:1-2
고후 7:10, 엡 4:20-24	요나 3:4-10, 스가랴 1:6	빌립보서 3:12-1,
요한계시록 2:5, 16:9	마 3:2, 12:41, 눅10:13, 11:32	골로새서 3:5

훈계(Discipline)

(시편16:7) "나를 훈계하신 여호와를 송축할지라 밤마다 내 심장이 나를 교훈하도다'

플라톤은 잘못한 그의 종에게 말했다. "너를 때리고 싶지만, 그러나 나는 화를 참겠다" 플라톤이 그의 분노를 지연한 것은 지혜로웠다. 잠언 19장 11절을 읽어보면 "노하기를 더디하는 것이 사람의 슬기요" 기록하였다.

사무엘상 3장 13절에서 하나님은 선지자에게 엘리 제사장을 향해 "내가 그의 집을 영원토록 심판하겠다고 그에게 말한 것은 그가 아는 죄악 때문이니 이는 그가 자기의 아들들이 저주를 자청하되 금하지 아니하였음이라" 말씀하셨다.

엘리 제사장 자신은 상당히 선한 사람이었지만 그의 아들들은 악하고 그들은 자신의 제사장 직분의 특권을 남용하여 그 행위는 사람들로 하나님께 범죄하도록 했다. 자기 아들들 훈계에 실패한 것으로 인해 엘리와 그의 아들들에게 하나님의 심판이 임하게 된다.

훈계는 사랑의 행동이다. 당신이 사랑하고 관심을 갖는 누군가가 파괴적이고 해로운 일을 한다면, 그것을 계속하도록 허용하는 것은 사랑하는 것이 아니다. 하나님은 우리를 사랑하시기 때문에 어떤 죄에 우리가 연루될 때, 특히 그것이 지속될 때에 하나님은 훈계로서 우리가 고통을 경험하도록 하여 죄를 그치도록 하신다.

"무릇 내가 사랑하는 자를 책망하여 징계하노니 그러므로 네가 열심을 내라 회개하라(계 3:19)

....

하나님의 관점	하나님의 약속	변화하기
신명기 8:5	욥기 5:17-18	시편 119:67, 71
사무엘상 3:13	시편 94:12	예레미야애가 3:28-33
잠언 3:11-12	고린도전서 11:32	디모데후서 2:24-26
히브리서 12:5-11		기도
요한계시록 3:19		시편 6:1
		시편 118:18
		예레미야 10:24

휴거(Rapture)

(요한복음 14:3) "가서 너희를 위하여 거처를 예비하면 내가 다시 와서 너희를 내게로 영접하여 나 있는 곳에 너희도 있게 하리라"

어떤 사람들은 어리석게도 '휴거'(rapture)라는 단어가 성경에 없다고 말한다. 그러나 많은 영어 단어는 실제로 라틴어와 헬라어에서 인용되었다. 우리가 데살로니가전서 4장 17절을 읽을 때 "그 후에 우리 살아남은 자도 저희와 함께 구름 속으로 끌어 올려 공중에서 주를 영접하게 하시리니"에서 '끌어 올려'라는 단어는 '낚아채인' 혹은 '강제로 끌려간'을 뜻하는 헬라어 '하르파조'(harpazo)를 번역한 것이다. 라틴어 성경에서 이 '하르파조'라는 헬라어를 번역하기 위해 쓰인 단어 '랍투스'(raptus)는 바로 '들어 올려'라는 말로서 '휴거'(rapture)는 여기서 나온 단어이다.

휴거 때는 예수님의 호령이 있고, 그때 초청된 의로운 그리스도인들은 홀연히 변화되어 성령의 능력으로 옮겨질 것이다. 우리는 그리스도 안에서 먼저 죽은 사람들과 함께 구름 속으로 끌어 올려져 공중에서 주님을 영접할 것이다. 이것이 휴거이다. 이것은 예수님의 재림이 아니다. 예수님은 이처럼 먼저 자신의 교회를 데려가기 위해 오셨다가 주님의 때에 교회와 함께 재림하실 것이다. 그러므로 우리가 천국에서 예수님과 함께 보내는 기간이 있을 것이다. 그리고 예수님께서 다시 이 땅으로 돌아오실 때 우리도 함께 이 땅에 돌아와 예수님과 함께 천년동안 통치할 것이다. 그리고 우리는 주님과 영원히 함께 있을 것이다.

대환난 직전에 예수님은 우리를 공중으로 끌어 올려 그때부터 우리와 함께하실 것이다. 만일 우리가 그때 죽지 않고 살아 있다면 우리의 몸은 순식간에 하늘나라의 몸으로 바뀔 것이다. 그러나 수많은 사람들이 휴거 될 것을 고대하고 있지만, 그날에 어떤 이들은 자신들이 아직 휴거 될 준비가 안 되어있었음을 알게 되면서 큰 충격을 받을 것이다. 어떤 이들에게는 주의 날이 큰 기쁨이겠고, 어떤 이들에게는 어둠과 대환난의 시작이 될 것이다. 그 차이는 당신이 준비되어 있는가, 준비되지 않았는가에 달려있다.

하나님의 관점	하나님의 약속	변화하기
마태복음 24:36-44	로마서 5:9	누가복음 21:36
누가복음 17:33-36	고린도전서 15:51-52	빌립보서 3:20
요한복음 14:3	살전 1:10, 4:16-18	**성경적 예시**
	딤후 4:8, 딛 2:13	창세기 5:22-24
	히브리서 9:28	열왕기하 2:11-12
	요일 3:2. 계시록 3:10	히브리서 11:5

휴일(Holidays)

(골로새서 2:16) "그러므로 먹고 마시는 것과 절기나 월삭이나 안식일을 인하여 누구든지 너희를 펌론하지 못하게 하라"

'휴일'(holiday)이라는 단어는 '거룩한 날들'(holy days)이라는 말에서 파생되었다. 로마 황제 콘스탄티누스는 기독교로 개종하면서 로마를 교회국가로 만들기로 결심했다. 당시에는 바벨론에서 유래한 종교가 유행했는데 콘스탄티누스 황제는 그 종교의 거룩한 날들을 택해 기독교의 휴일로 정하였다.

그래서 그는 'Saturnalia'(새터날리아)라고 하는 바벨론식의 축제의 시점을 '크리스마스'라고 불렀다. 봄에 바벨론 사람들이 색칠한 계란 등으로 기념하였던 'Ashtarte'(아슈타르트) 명절은 '이스터'(부활절)라고 고쳐 부르게 했다. 또한 이 명절의 의미도 바벨론 종교의 신 'Tammuz'(탐무즈)와 그 어머니 'Semiramis'(세미라미스_일명 아슈타르트)를 기념하는 대신 예수님의 부활을 기념하는 것으로 정하였다. 이때 이후로 고대 바벨론 종교의 많은 관습들, 즉 "비밀이라 큰 바벨론이라 땅의 음녀들과 가증한 것들의 어미라"(계 17:5)는 이름으로 상징되는 수많은 관행들이 유입되어 교회 제도의 일부로 정착했다. 그래서 매우 불행한 일이지만 오늘날 우리가 알고 있는 교회의 많은 휴일들은 실제로 이교도인 바벨론 종교에서 기원한 것들이다.

"미혹하는 자가 세상에 많이 나왔나니 이는 예수 그리스도께서 육체로 오심을 부인하는 자라 이런 자가 미혹하는 자요 적그리스도니"(요이 1:7)

하나님의 관점	하나님의 약속	변화하기
마태복음 1:21	이사야 7:14	빌립보서 2:5-11
누가복음 1:25	이사야 9:6	**기도**
누가복음 2:10-14	**성경적 예시**	시편35:9
요한복음 1:14	마태복음 1:20-25	
요한복음 3:16		
갈라디아 4:4-7		
디모데전서 3:16		
요한이서 1:7		

흡연 (Smoking)

(고린도후서 10:4) "우리의 싸우는 병기는 육체에 속한 것이 아니요 오직 하나님 앞에서 견고한 진을 파하는 강력이라"

"기독교인으로 살면서 담배를 피워도 될까요? 담배를 피우면 마음이 진정되거든요"라고 내게 묻는다면 나는 그에게 "지금 또 한 개비를 꼭 피워야 할만큼 당신은 담배의 지배를 받고 있나요? 그것이 당신을 진정시키는 담배의 힘인가요?" 되묻고 싶다.

하나님은 결코 사람이 육신의 지배를 받는 것을 의도하지 않으셨다. 하나님의 의도는 당신이 성령의 지배를 받는 것이다. 그러나 당신이 주님과 동행하려 할 때 그 일의 진전을 막는 것들이 있다. 그것들은 반드시 나쁜 일이거나 죄가 되지는 않는다. 그러나 예수님을 따르는 데는 방해가 되는 것들이다. 당신이 거듭난 그리스도인임에도 담배를 끊는 것이 불가능해 보이는 이유는 무엇인가? 바울 사도는 "경건의 모양은 있으나 경건의 능력은 부인하는 자"(딤후3:5)에 대해 언급하였다. 그것은 오늘날 그리스도인들의 모습에 대한 정확한 표현이다. 그들은 주일마다 교회에 출석하는 의식절차와 경건의 모양은 갖추고 있지만, 성령의 능력을 보여주지는 못한다.

예수님은 "나를 떠나서는 너희가 아무것도 할 수 없음이라"(요15:5) 말씀하셨다. 예수님을 믿고 십자가를 이해하게 되면 예수님께서 나의 죄를 위해 십자가에 못박히셨을 뿐만 아니라 나 또한 그리스도와 함께 십자가에 못 박혔음을 깨닫게 된다. 나는 더 이상 죄의 권세에 얽매이지 않고 예수 그리스도로 말미암아 죄에 대하여는 죽고 하나님께 대하여는 산 자이다. 죄가 더 이상 나를 지배하지 못한다. 믿는 자로서 나는 그리스도와 함께 십자가에 못 박혔다는 것이 원리이며, 신자로서 나의 옛 삶과 옛 본성은 이미 죽은 것이다. 물론 내가 육신의 소욕을 완전히 상실한 것은 아니지만, 나는 더 이상 그것들에 복종할 필요가 없다. 나는 더 이상 육신이 원하는 것들의 종이 아니라 예수 그리스도의 종이다. 내 삶의 목적은 하나님께 순종하고 그를 기쁘게 하는 것이다. 나는 예수 그리스도로 말미암아 죄를 극복할 수 있다.

하나님의 관점
창세기 2:7, 출 20:3, 5.
신명기 5:6-7, 9-10,
욥기 33:4
롬 6:6, 고전 2:5, 3:16-17
갈 2:20, 딤후 2:26
벧후 2:19, 요일 2:14

하나님의 약속
고린도전서 10:13
고린도후서 7:1
갈라디아서 6:7-8

성경적 예시
고린도전서 9:24-27

변화하기
시편 119:9-11
요 8:34, 36, 12:1-2, 13:14
고전 6:12, 19-20, 갈5:13, 24-25
딤후 3:5, 히 12:1, 벧전 2:16

기도
시편 119:37

갈보리채플 권장도서

오늘의 지혜말씀 (Wisdom For Today)
척 스미스 지음

창세기부터 요한계시록까지 365일 말씀 묵상집

강해설교의 명문 갈보리 채플의 창시자 척 스미스 목사의 1년 365일 말씀 묵상집으로 하루의 삶을 성경의 지혜의 말씀으로 시작하도록 계획 되었다. 지혜의 말씀을 통해 하나님을 찾도록 마음을 움직여 그분의 명철을 얻게 된다.

세상을 바꾼 사람들 (HARVEST)
척 스미스 지음

1970년대 사탄 문화권에서 방황하는 젊은이들에게 오직 성경 전체를 강해설교로 가르쳐 말씀의 진리 속에서 성령을 체험한 청년들이 미국 전역에 나가 12000여 교회를 개척하고 미국 최대교회 25개 중 13개를 석권한 현대에 살아 있는 갈보리채플 개척 이야기.

영적전쟁의 실체
브라이언 브로더슨 지음

인류 역사의 어두움이 절정에 가까워질수록 영적전쟁은 더욱 명백해진다. 이 전쟁은 단지 철학적 감각의 선과 악의 전쟁이 아니라, 이 땅의 그리스도인들과 마귀와의 전쟁이다. 본서는 사탄 문화권의 젊은이들을 복음의 승리로 이끌어낸 갈보리채플 척 스미스 목사의 후계자 브라이언 목사가 제언하는 영적전쟁의 승리의 비결이다.

동성애 치유 상담 시리즈 (전 3권)
이요나 목사 지음 (판매처- 갓피플몰)

동성애에 대한 성경적 이해와 탈동성애를 위한 복음적 해법 그리고 동성애자와 그 가족의 아픔과 탈동성애를 향한 소망과 영적 투쟁의 역사, 그리고 탈동성애자들의 상담사례와 증언
* 거기 누구 없소 나 아픈데 - 동성애 상담사례/ 간증
* 리애마마 동성애 탈출 - 이요나 목사 간증집
* 커밍 아웃 어게인 - 동성애 성경적 해법